U0491748

国家社会科学基金项目
“推动长江经济带制造业高质量发展研究”（19BL061）

长江经济带
创新驱动与绿色转型发展研究

RESEARCH ON INNOVATION-DRIVEN AND GREEN TRANSFORMATION DEVELOPMENT OF THE YANGTZE RIVER ECONOMIC BELT

吴传清　黄磊　邓明亮　黄成　杜宇　等 著

中国社会科学出版社

图书在版编目（CIP）数据

长江经济带创新驱动与绿色转型发展研究/吴传清等著．—北京：中国社会科学出版社，2020.12

ISBN 978-7-5203-7520-7

Ⅰ.①长…　Ⅱ.①吴…　Ⅲ.①长江经济带—区域经济发展—研究报告　Ⅳ.①F127.5

中国版本图书馆 CIP 数据核字(2020)第 236126 号

出 版 人　赵剑英
责任编辑　刘晓红
责任校对　周晓东
责任印制　戴　宽

出　　版　中国社会科学出版社
社　　址　北京鼓楼西大街甲 158 号
邮　　编　100720
网　　址　http：//www.csspw.cn
发 行 部　010-84083685
门 市 部　010-84029450
经　　销　新华书店及其他书店

印刷装订　北京君升印刷有限公司
版　　次　2020 年 12 月第 1 版
印　　次　2020 年 12 月第 1 次印刷

开　　本　710×1000　1/16
印　　张　28.75
插　　页　2
字　　数　457 千字
定　　价　158.00 元

目　　录

第一章

科技创新、对外开放与长江经济带高质量发展

第一节 引言

党的十九大报告提出“我国经济已由高速增长阶段转向高质量发展阶段”的论断。长江经济带是我国经济的重心和活力所在，长江经济带发展必须坚持生态文明建设的先行示范带、引领全国转型发展的创新驱动带、具有全球影响力的内河经济带的战略定位。国家先后颁布了《国务院关于依托黄金水道推动长江经济带发展的指导意见》（2014）、《长江经济带创新驱动产业转型升级方案》（2016）、《长江经济带发展规划纲要》（2016）、《关于加强长江经济带工业绿色发展的指导意见》（2017）等规划和政策文本，均强调长江经济带沿线省市应将生态保护与经济发展相结合，创新驱动产业转型升级，改善对外开放条件，不断提高经济发展质量。习近平在2018年深入推动长江经济带发展座谈会上的讲话中明确指出，要“使长江经济带成为引领我国经济高质量发展的生力军”。经济高质量发展是体现新发展理念的发展，科技创新是经济高质量发展的强大动能。当前，我国创新进入活跃期，关于科技创新，尤其是科技创新与经济高质量发展的关系问题受到学术界广泛关注，但对科技创新是否能够促进绿色全要素生产率提高，是否能够促进经济高质量发展等问题的研究仍然存在争议。开放发展是经济高质量发展的重要支撑。随着中国经济和世界经济的关联度不断提高，推动长江

经济带深化开放合作、促进经济要素有序自由流动、资源高效配置、市场深度融合，是有效推进长江经济带高质量发展的重要突破口。对外开放的过程既是商品进出口贸易的过程，同时也是技术输出和引进的过程。但是在对外开放的背景下，长江经济带沿线各地区科技创新是否能够促进绿色全要素生产率的提高？存在何种地区差异？国内鲜有研究能够系统回答相关问题。

基于此，拟采用长江经济带沿线108个地级以上城市面板数据，分析和回答对外开放背景下，科技创新如何影响整个地区绿色全要素生产率的问题，这对于新时代背景下长江经济带进一步鼓励科技创新、扩大和深化对外开放、实现更高质量的发展具有重要的理论指导意义和实践价值。

第二节　文献综述

科技创新影响经济高质量发展的机制是新时代背景下不可避免的研究话题，科技创新影响经济高质量发展的相关研究也因此成为学术界广泛关注的热点话题。关于科技创新影响经济发展质量的研究主要集中表现为促进论。陈丽娴等（2016）以技术进步评价地区创新能力，实证研究表明创新有助于优化我国经济增长质量；李强等（2017）提出，自下而上的制度创新能够通过提高创新水平，进而促进我国经济高质量发展；李艳等（2017）认为，出口产品的技术创新能够发挥质量支撑作用，进而优化地区经济质量结构水平；温涛等（2018）运用GMM模型研究发现，在经济“新常态”背景下，研发投入形成的创新要素是提高中国经济增长质量的重要途径；金碚（2018）提出，经济高质量发展的关键动因表现为科学发现、技术发明和产业创新，只有创新驱动才能实现经济的持续高质量发展。可以看出，虽然现有研究大多认为科技创新有助于经济高质量发展，但对于科技创新影响经济高质量发展的内在规律和地区差异仍需进一步研究。

近年来，关于区域经济发展质量的研究中，全要素生产率作为量化经济发展质量的替代性指标成为研究热点。而关于创新与全要素生产率的研究主要体现在全要素生产率和绿色全要素生产率两个方面。

一方面，部分学者从全要素生产率视角分析科技创新对全要素生产率的影响，研究结论主要表现为促进论，即科技创新能够促进全要素生产率的提高。较多学者支持创新能够促进地区全要素生产率的提升。王钺等（2017）运用空间计量分析方法和我国30个省份数据实证分析发现研发资本在区际间的流动能够显著促进区域全要素生产率提高；何玉梅等（2018）提出，环境规制和技术创新呈显著正相关关系，技术创新又进一步促进工业全要素生产率；代明等（2018）则从创新精神的角度指出企业家创业精神与创新精神有助于全要素生产率增长。

另一方面，部分学者从绿色全要素生产率的角度探讨科技创新与绿色全要素生产率的关系。较多学者支持科技创新能够促进绿色全要素生产率的提高。葛鹏飞等（2017）研究发现，科研创新能够通过纯技术进步路径显著提高“一带一路”沿线国家绿色全要素生产率；岳鸿飞等（2018）运用SBM－DDF及Luenberger生产率指数研究指出技术创新是驱动工业绿色发展的主要动力，对工业绿色全要素生产率的贡献度达到7%；葛鹏飞等（2018）将创新划分为基础创新和应用创新，实证研究发现，创新能够有效弱化金融发展对绿色全要素生产率的抑制作用；武宵旭等（2018）指出，创新能够发挥中介效应，缓解老龄化对绿色全要素生产率的负向影响；吴新中等（2018）认为，技术创新能够促进长江经济带工业绿色全要素生产率的提高。少量学者研究得出创新与绿色全要素生产率之间存在非线性关系。葛鹏飞等（2018）研究表明，基础创新对绿色全要素生产率的促进作用存在边际递减规律，而应用创新与绿色全要素生产率的影响则呈现出先降后升的“U”形非线性关系。同时也有学者的研究表明科技创新与绿色全要素生产率之间的关系存在不确定性。师博等（2018）基于中国制造业全样本分析指出创新投入能够显著提升绿色全要素生产率，但在市场竞争的影响下，创新投入对绿色全要素生产率的促进作用被弱化；同时创新投入对高技术制造业绿色全要素生产率表现为促进作用，但对中低端技术制造业则表现为负向抑制效应。

全球竞争背景下，加强科技创新，提高自主创新能力是我国取得竞争优势的必然选择，是我国深化改革开放的核心内容。实现建设创新驱动国家的战略目标，需要促进高水平对外开放与创新驱动的良性互动。

目前学术界在关于开放发展与绿色全要素生产率之间关系的研究中，部分学者认为，对外开放水平的提高有助于提高绿色全要素生产率。彭星等（2015）、杨世迪等（2017）认为，对外开放过程中，我国东西部地区对外直接投资有助于绿色全要素生产率的提高；武宵旭等（2018）指出，贸易开放度能够显著提高绿色全要素生产率。同时，少量学者提出不同的研究结论。黄秀路等（2017）、葛鹏飞等（2017，2018）研究发现，当前“一带一路”沿线国家国际贸易以初级产品为主，各国企业科技创新投入力度不足，贸易开放度的提高反而不利于绿色全要素生产率的提高。

综观现有研究成果，学术界已有较多研究涉及科技创新、对外开放与全要素生产率的关系，但相关研究仍有可改进之处。第一，关于科技创新能否促进绿色全要素生产率的研究结论存在较大差异，同时缺乏科技创新影响绿色全要素生产率空间异质性的研究。第二，现有研究多基于线性假设分析科技创新对绿色全要素生产率的影响，少有研究从非线性角度研究科技创新对绿色全要素生产率的影响机制。第三，少有研究基于其他因素约束分析科技创新影响绿色全要素生产率的机制，尤其是当前改革开放不断深化的背景下，对外开放约束下科技创新对绿色全要素生产率的影响研究尚不多见。第四，以长江经济带为对象的研究更为少见，随着长江经济带生态文明建设、创新转型发展的不断深入、全球影响力的不断提高，深入分析对外开放背景下科技创新如何影响长江经济带经济高质量发展，具有重要的实践意义和理论意义。基于此，本研究拟系统分析对外开放背景下，科技创新影响绿色全要素生产率的空间差异、影响规律和约束机制。

第三节　实证研究

Romer（1990）在新经济增长模型中提出，经济增长建立在内生技术进步基础上，所谓技术进步就是科技创新过程。在经济全球化背景下，对外开放战略的实施是科技创新要素引进的重要外源，对外贸易活动开展过程中的技术转移对我国创新能力的提高有着积极作用。在科技创新内外部资源结合的基础上，科技创新水平得到提高，成为实现高质

量发展的关键动因，有助于实现持续的高质量发展。参考现有研究成果，科技创新、对外开放影响长江经济带经济高质量发展的作用机理可以概括为对外开放对科技创新的溢出效应、科技创新的学习效应、科技创新对高质量发展的驱动效应（见图1－1）。

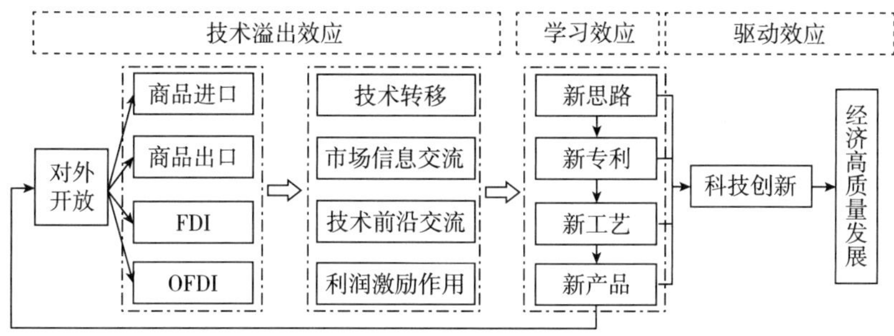

图1－1 对外开放、科技创新影响长江经济带经济高质量发展的作用机理

一 科技创新影响长江经济带高质量发展的空间差异

1. 模型构建与变量选取

长江经济带是我国生态文明建设的先行示范区、创新驱动带，厘清科技创新与高质量发展之间的关系，对长江经济带进一步加快科技创新、促进经济高质量发展具有重要的理论意义和实践价值。以相对全面分析科技创新影响长江经济带经济高质量发展的作用特征与空间差异为目标，构建如下分析模型：

$$\ln gtfp_{it} = \alpha_0 + \alpha_1 \ln ti_{it} + \beta \ln X_{it} + \lambda_i + \varepsilon_{it} \tag{1-1}$$

式中，α_0 表示常数项，α_1 表示科技创新影响长江经济带经济高质量发展的程度，β 表示系数向量，ε 表示随机扰动项，λ 表示不可观测的地区效应。$gtfp$ 表示长江经济带108个样本城市经济高质量发展水平，ti 表示各地区科技创新投入力度，X 表示各地区控制变量。

经济发展质量是一个综合性概念，不可计量因素的存在致使学术界大多采用替代性指标反映经济高质量发展水平。借鉴卢丽文等（2017）和郑垂勇等（2018）的研究方法，选取绿色全要素生产率衡量长江经济带经济高质量发展水平。长江经济带沿线地区绿色全要素生产率的测算中，利用基于松弛变量的方向距离函数（SBM－DDF）模型，以资本投入、劳动力投入、能源投入为投入指标，以 GDP 为期望产出指标、"三废"排放量为非期望产出指标。

科学技术支出费用是科技创新的支撑和基础，研发支出的多少直接影响地区科技创新水平的高低。核心解释变量为科技创新投入力度(ti)，根据现有研究成果和数据可得性，选择科学技术支出衡量地区科技创新投入力度。

基于估计结果可靠性考虑，选取以下指标作为控制变量：①选取人均 GDP 衡量地区经济发展水平（pgdp）；②采用人均行政区域土地面积反映地区人口密度（n）；③采用公共财政支出占 GDP 比重表示政府行为（gov）；④采用规模以上工业企业数表示地区工业发展水平（ind）；⑤选取教育经费投入占财政支出比重表示地区教育投入力度（edu）；⑥选取人均城市道路面积表示地区基础设施水平（traf）。

根据上述变量的选取，式（1－1）可改写为：

$$\ln gtfp_{it} = \alpha_0 + \alpha_1 \ln ti_{it} + \beta_1 \ln pgdp_{it} + \beta_2 \ln n_{it} + \beta_3 \ln gov_{it} + \beta_4 \ln ind_{it} + \beta_5 \ln edu_{it} + \beta_6 \ln traf_{it} + \lambda_i + \varepsilon_{it} \tag{1-2}$$

2. 数据来源与描述性统计

选取 2005—2016 年长江经济带沿线 11 个省份 108 个地级及以上城市作为研究样本，数据来自《中国城市统计年鉴》（2006—2017），部分缺失数据采用均值替换法补全。考虑各省市内部经济发展环境的相似性，将沪浙苏三省市相关城市列为长江经济带下游地区城市，将皖赣湘鄂四省相关城市列为长江经济带中游地区城市，将渝贵川滇四省市相关城市列为长江经济带上游地区城市。长江经济带整体和上中下游地区城市各变量样本统计结果如表 1－1 所示，长江经济带沿线上中下游地区城市各指标差距较大，地区差异明显。

长江经济带沿线城市科技创新投入力度和绿色全要素生产率的关系如图 1－2 所示，横轴和纵轴分别表示长江经济带沿线城市科技创新投入力度和绿色全要素生产率，科技创新投入力度与绿色全要素生产率总体上存在较明显的正向相关关系。图 1－2 中边沿观测点的存在表明科技创新投入力度与绿色全要素生产率之间的正相关关系可能存在差异，因此有必要通过计量检验进一步分析科技创新与绿色全要素生产率之间的关系。

表 1－1　长江经济带整体、上中下游地区城市各变量样本统计值

地区		*gtfp*	*ti*	*pgdp*	*n*	*gov*	*ind*	*edu*	*traf*	*fc*
所有城市	均值	1. 42	72596	35648	484	0. 16	1619	0. 22	166. 70	85200
	标准差	2. 67	248876	27042	296	0. 11	2237	0. 26	830. 15	187942
	最小值	0. 01	0. 13	99. 00	53. 05	0. 01	56	0. 00	0. 56	2. 00
	最大值	44. 32	3417109	199017	2287	1. 58	18792	4. 57	11936	1845923
上游城市	均值	1. 53	34415	23520	380. 35	0. 21	694	0. 22	122. 35	50763
	标准差	3. 50	172703	15361	238. 96	0. 15	1089	0. 28	808. 03	181703
	最小值	0. 01	0. 13	99. 00	53. 05	0. 01	56. 00	0. 00	0. 56	25. 00
	最大值	40. 51	2972639	82221	1013	1. 58	7130	2. 79	11936	1121599
中游城市	均值	1. 29	35503	30553	443. 08	0. 15	879	0. 21	129	54038
	标准差	2. 45	83583	20843	218. 09	0. 07	509	0. 30	554	86709
	最小值	0. 05	114	4009	146. 03	0. 01	93	0. 01	0. 83	1233
	最大值	44. 32	1016998	124122	1077	0. 36	2968	4. 57	9027	852255
下游城市	均值	1. 57	197093	61197	696. 69	0. 11	4307	0. 21	300	192593
	标准差	1. 80	443302	32785	385. 22	0. 10	3197	0. 11	1230	285133
	最小值	0. 02	174	8618	117. 37	0. 02	358	0. 02	1. 72	2. 00
	最大值	17. 18	3417109	199017	2286. 71	1. 49	18792	0. 99	11424	1845923

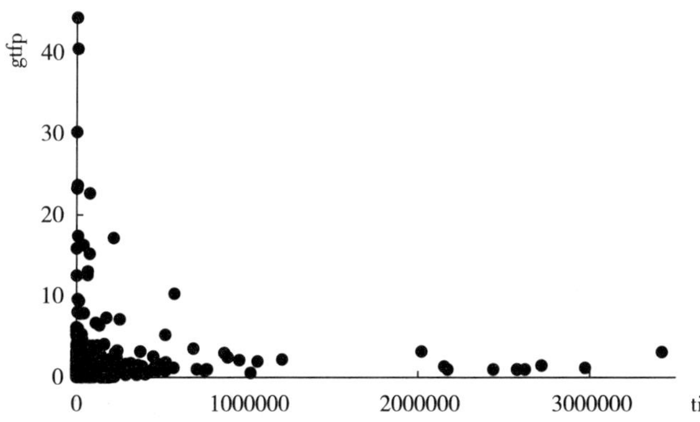

图 1－2　长江经济带沿线城市科技创新投入力度与绿色全要素生产率的关系

3. 实证结果与分析

Hausman 检验结果接受原假设，实证检验分析需采用随机效应模型。考虑异方差、内生性的影响和对滞后效应的考察，选取 GLS 分析方法解决长江经济带沿线城市异方差对估计结果的影响；采用科技创新投入力度滞后变量作为工具变量，同时运用系统 GMM 估计方法解决变量内生性问题；通过滞后变量法考察科技创新投入力度影响长江经济带沿线城市高质量发展的滞后效应。基于此，本研究检验科技创新对长江经济带经济高质量发展的影响，并对实证分析结果进行稳健性检验和地区差异性分析。

（1）科技创新对经济高质量发展的影响。科技创新能够促进长江经济带经济高质量发展（见表 1－2）。作为对照，模型 1 给出科技创新影响长江经济带沿线城市高质量发展的混合回归结果，模型 2 为采用随机效应模型的估计结果，模型 3 使用滞后一期的科技创新投入数据检验滞后效应，模型 4 运用两阶段系统 GMM 分析方法尽可能解决模型中内生性问题导致的估计偏误。模型 1 和模型 2 估计结果显示科技创新投入变量通过 5% 的显著性检验，且系数为正，表明科技创新投入的增加能够显著促进绿色全要素生产率的提高，即科技创新能够促进长江经济带经济高质量发展。模型 3 估计结果通过 10% 的显著性检验，可见科技创新投入对绿色全要素生产率的影响不仅体现在当期，证实了科技创新投入滞后效应的存在。在考虑内生性、异方差问题的基础上，模型 4 估计结果较模型 1、模型 2、模型 3 结果变化较小，且通过 5% 的显著性检验，可见模型估计结果具有可靠性。

表 1－2　科技创新影响长江经济带沿线城市绿色全要素生产率的检验

变量	模型 1	模型 2	模型 3	模型 4
ti	0.0256** (0.048)	0.0267** (0.032)	0.0409* (0.096)	0.0407** (0.018)
pgdp	0.0891 (0.146)	0.0902** (0.047)	0.1387** (0.023)	0.1399*** (0.010)
n	−0.0716 (0.121)	−0.0740 (0.122)	−0.0403 (0.391)	−0.0404* (0.098)

续表

变量	模型 1	模型 2	模型 3	模型 4
gov	0.2674*** (0.000)	0.2734*** (0.000)	0.0108* (0.087)	0.0085** (0.018)
ind	-0.1144*** (0.006)	-0.1161*** (0.007)	-0.1799*** (0.000)	-0.1786*** (0.000)
edu	0.0546* (0.052)	0.0556** (0.044)	0.1105* (0.053)	0.1107** (0.033)
traf	-0.0381** (0.049)	-0.0395** (0.042)	-0.1340*** (0.000)	-0.1326*** (0.000)
c	-1.6163*** (0.000)	-1.6238*** (0.000)	-1.9227*** (0.000)	-1.9266*** (0.000)

注：*、**、***表示统计值在10%、5%、1%的水平上显著，括号内为P值。采用"xtabond2"程序完成系统估计，系统GMM估计结果中，Sargan检验与Hansen检验的统计值和伴随概率分别为24.18、0.345和19.45、0.582。AR（1）和AR（2）检验的统计量和伴随概率分别为-3.21、0.077和-2.97、0.729。检验结果表明GMM模型中4变量的选取和估计结果具有合理性。

基于模型分析结果，科技创新能够明显促进长江经济带经济高质量发展，科技创新能够通过三个渠道发挥驱动效应。一是科技创新通过提高生产能力，促进绿色全要素生产率的提高。科技创新活动的开展能够形成新思路、发明新专利、设计新工艺、生产新产品，生产力的提高有助于长江经济带沿线城市商品和服务产量的提高，"把面包做大"提高全要生产率。二是科技创新能够提高能源利用效率，促进绿色全要素生产率的提高。科技创新产生的新工艺有助于提高能源利用效率，减少能源浪费，进而减少能源的使用量，有助于污染排放的降低，提高长江经济带沿线城市绿色全要素生产率。三是科技创新通过降低环境污染，促进绿色全要素生产率的提高。新专利、新工艺在生产过程中的运用能够提高能源资源利用效率，新产品的消费过程中能够进一步降低产品消费过程中的环境污染，生产生活过程中环境污染的降低，促进长江经济带沿线城市绿色全要素生产率的提高。综上所述，科技创新能够通过生产能力、能源效率的提高和环境污染的降低等作用促进绿色全要素生产率的提高，更好地满足人民对于美好生活的向往，通过创新驱动促进长江经济带沿线城市经济高质量发展。

控制变量中，经济发展水平（pgdp）对长江经济带绿色全要素生产率的影响显著为正，可见经济发展水平的提高有助于生产要素的集聚和基础设施的完善，能够促进绿色全要素生产率的提高，也表明地区经济发展与生态环境保护并不矛盾；人口密度（n）估计系数为负，但未通过显著性检验，表明地区人口集聚对绿色全要素生产率的负向影响尚不明显；政府行为（gov）对绿色全要素生产率的影响显著为正，公共财政支出在经济社会发展过程中负有保护生态环境的责任，公共财政支出力度的提高有助于长江经济带沿线城市生态环境的保护和生产效率的提高，能够促进长江经济带沿线城市绿色全要素生产率的提高；工业发展水平（ind）的估计系数显著为负，伴随工业企业数的增加，工业生产造成的环境污染也相应增加，对长江经济带沿线城市生态环境造成严重污染，显著抑制了绿色全要素生产率的提高；教育投入力度（edu）与绿色 TFP 的估计系数为正，且通过了 10% 的显著性检验，教育投入的增加能够为创新发展提供人才，有助于生态文明理念的传播和创新氛围的形成，能够促进绿色全要素生产率的提高；基础设施水平（traf）与绿色全要素生产率的估计系数显著为负，可见在以道路修建为代表的基础设施建设过程中导致建设用地增多，生态环境受到影响，不利于绿色全要素生产率的提高。

（2）稳健性检验。为检验模型估计结果的有效性，在运用控制变量、滞后效应、GMM 方法的基础上，采用以下方法对稳健性进行检验。第一，为消除长江经济带直辖市对估计结果的影响，分别剔除上海、重庆两个直辖市的样本构建模型 5，并在此基础上采用科技创新变量滞后一期构建模型 6；第二，考虑到样本非随机性和异常值对模型估计结果的影响，分别剔除 5% 的绿色全要素生产率极大值和极小值样本后构建模型 7，并在此基础上采用科技创新变量滞后一期构建模型 8；第三，剔除样本 2006 年和 2016 年两年样本后，采用 2007—2015 年长江经济带 108 个地级以上城市面板数据构建模型 9，并在此基础上采用科技创新变量滞后一期构建模型 10。根据估计结果，几种稳健性检验结果中估计系数和显著性水平虽有差异，但影响方向并未改变，且均通过了显著性检验，可见模型对科技创新影响长江经济带经济高质量发展的解释力度较好，实证结论稳健。

表 1 -3　　科技创新影响长江经济带沿线城市绿色全要素生产率的稳健性检验

变量	模型 5	模型 6	模型 7	模型 8	模型 9	模型 10
ti	0. 0348 ** (0. 013)	0. 0270 *** (0. 006)	0. 0138 * (0. 079)	0. 0145 ** (0. 021)	0. 0112 * (0. 081)	0. 0504 * (0. 090)
pgdp	0. 1048 * (0. 097)	0. 0178 * (0. 067)	0. 0700 * (0. 062)	0. 0273 * (0. 054)	0. 0764 ** (0. 037)	-0. 0028 * (0. 066)
n	-0. 0844 * (0. 085)	-0. 0824 * (0. 093)	-0. 0099 * (0. 084)	-0. 0084 ** (0. 014)	-0. 0574 * (0. 081)	-0. 0556 * (0. 095)
gov	0. 2931 *** (0. 000)	0. 3690 *** (0. 000)	0. 2180 *** (0. 000)	0. 2509 *** (0. 000)	0. 2890 *** (0. 001)	0. 3422 *** (0. 000)
ind	-0. 1011 ** (0. 021)	-0. 0575 (0. 137)	0. 0644 ** (0. 026)	-0. 0440 * (0. 095)	-0. 0997 * (0. 073)	-0. 0552 (0. 195)
edu	0. 0610 *** (0. 005)	0. 0926 (0. 120)	0. 0056 * (0. 069)	0. 0081 ** (0. 011)	0. 0542 * (0. 097)	0. 0773 (0. 128)
traf	-0. 0420 ** (0. 035)	-0. 0482 ** (0. 014)	-0. 0363 *** (0. 001)	-0. 0387 *** (0. 000)	-0. 0419 * (0. 051	-0. 0449 ** (0. 034)
c	-1. 5837 *** (0. 000)	-1. 1888 *** (0. 007)	-1. 3440 *** (0. 000)	-1. 1283 *** (0. 000)	-1. 6514 *** (0. 001)	-1. 2701 *** (0. 010)

注：*、**、*** 表示统计值在 10%、5%、1% 的水平上显著，括号内为 P 值。

（3）科技创新影响经济高质量发展的空间差异性。为进一步考察科技创新影响长江经济带沿线城市经济高质量发展的空间差异性，构建模型 11、模型 13、模型 15 分别考察长江经济带上中下游地区城市科技创新对经济高质量发展的影响，模型 12、模型 14、模型 16 则考察科技创新影响长江经济带上中下游各城市经济高质量发展的滞后效应（见表 1 -4）。长江经济带沿线城市科技创新对绿色全要素生产率的影响存在地区差异，虽然科技创新对长江经济带上中下游各城市绿色全要素生产率的影响均显著为正，但从影响系数来看，下游地区城市估计系数最小、中游次之，上游地区城市科技创新对绿色全要素生产率的促进作用最大。从滞后效应考察结果来看，科技创新对绿色全要素生产率的促进作用同样表现为上游最大，中游次之，下游促进作用相对较小。对比

表1－1科技创新和绿色全要素均值，长江经济带上中下游各城市科技创新投入均值依次上升，表明科技创新与绿色全要素生产率之间存在非线性关系的可能性较高。可以推测，伴随科技创新投入力度的提高，科技创新对绿色全要素生产率的促进作用存在递减的规律，对此可能的解释为，当科技创新投入力度较小时，科技创新能够显著提高生产能力，促进绿色全要素生产率的提高；伴随科技创新投入力度的进一步提高，生产能力提升同时带来的生态环境的破坏和污染，导致绿色全要素生产率的效率损失。与此同时，在科技创新投入力度提高的过程中，有可能由于规模报酬递减造成创新效率的损失，最终导致科技创新对绿色全要素生产率提高的驱动效应降低。

表1－4　科技创新影响长江经济带沿线城市绿色全要素生产率的空间差异性

变量	上游地区城市		中游地区城市		下游地区城市	
	模型11	模型12	模型13	模型14	模型15	模型16
ti	0.1032 * (0.051)	0.1259 * (0.058)	0.0659 * (0.082)	0.0811 ** (0.036)	0.0319 ** (0.036)	0.0283 * (0.075)
pgdp	0.1188 (0.306)	0.0424 * (0.071)	0.0342 * (0.074)	−0.0189 * (0.081)	−0.1128 * (0.053)	−0.4243 ** (0.020)
n	−0.0818 (0.105)	−0.0676 * (0.095)	−0.1515 ** (0.029)	−0.1476 ** (0.032)	−0.0192 * (0.075)	−0.0536 (0.154)
gov	−0.2470 * (0.069)	−0.3106 *** (0.009)	−0.3527 *** (0.001)	−0.3513 *** (0.000)	−0.3035 (0.162)	−0.6561 *** (0.006)
ind	0.2396 ** (0.023)	0.1785 * (0.070)	−0.0433 * (0.080)	−0.0761 * (0.080)	0.1243 * (0.075)	0.0124 (0.154)
edu	0.0694 (0.506)	0.0535 (0.606)	−0.1345 * (0.065)	−0.1654 ** (0.026)	−0.2024 (0.146)	−0.5266 ** 0.047
traf	−0.0310 (0.371)	−0.0342 (0.122)	−0.0560 ** (0.019)	−0.0538 ** (0.020)	−0.0323 * (0.089)	−0.0700 (0.122)
c	−2.2096 ** (0.014)	−1.9270 ** (0.033)	−0.5723 * (0.081)	−0.0926 (0.907)	−0.1329 ** (0.022)	1.4407 (0.289)

注：*、**、***表示统计值在10%、5%、1%的水平上显著，括号内为P值。

二 对外开放背景下科技创新对长江经济带经济高质量发展的驱动效应分析

基于前文检验结果，科技创新对长江经济带经济高质量发展的影响存在空间异质性，同时伴随科技创新投入的增加，其对长江经济带沿线城市经济高质量发展的正向边际效用有可能存在边际效应递减的变化趋势。为进一步分析科技创新驱动效应的演变规律，深入揭示科技创新对经济高质量发展影响的空间异质性，结合全面深化改革开放的背景，采用实际利用外资金额为门槛变量，深入揭示对外开放作用于科技创新对长江经济带沿线城市经济高质量发展的非线性影响效应。

1. 模型构建与数据说明

借鉴 Hansen（2010）提出的门槛回归模型，以实际利用外资金额为门槛变量，构建如下模型：

$$\ln gtfp_{it} = \alpha_0 + \alpha_1 \ln fc_{it} \cdot I(\ln ti \leqslant \gamma_1) + \alpha_2 \ln ti_{it} \cdot I(\ln fc > \gamma_1) + \cdots + \alpha_n \ln ti_{it} \cdot I(\ln fc \leqslant \gamma_n) + \alpha_{n+1} \ln ti_{it} \cdot I(\ln fc > \gamma_n) + \beta X_{it} + \varepsilon_{it} \quad (1-3)$$

式中，$gtfp$ 表示长江经济带沿线城市绿色全要素生产率，ti 表示各城市科技创新投入力度，fc 表示各城市实际利用外资水平，X 表示控制变量。γ 表示门槛值，当 $\ln ti \leqslant \gamma$ 时，$I=1$；当 $\ln ti > \gamma$ 时，$I=0$。

2. 实证结果及解释

基于科技创新影响长江经济带沿线城市经济高质量发展的空间差异性，分别对长江经济带沿线 108 个样本城市、上游地区城市、中游地区城市、下游地区城市科技创新与绿色全要素生产率之间的关系进行门槛检验。在面板门槛回归之前，利用 Hansen“自举法”（Bootstrap）通过重叠模拟似然比检验统计量 300 次，估计出 Bootstrap P 值，确定检验变量之间是否存在门槛效应和门槛数量。检验结果显示，长江经济带沿线 108 个城市、中游地区城市、下游地区城市均通过了单门槛、双门槛、三门槛检验，而长江经济带上游地区城市仅通过单门槛和双门槛检验。检验结果显示，深化对外开放为充分发挥科技创新对长江经济带经济高质量发展的驱动效应提供了新思路（见表 1－5）。

（1）对于长江经济带沿线 108 个样本城市，对外开放背景下，科技创新对长江经济带沿线 108 个城市经济高质量发展的驱动效应呈现出“N”形非线性特征（见表 1－5 模型 17 检验结果）。长江经济带沿线

表 1-5　对外开放背景下科技创新对长江经济带经济高质量发展的驱动效应

变量	沿线 108 个城市	上游地区城市	中游地区城市	下游地区城市
	模型 17	模型 18	模型 19	模型 20
c	-3.5806*** (0.009)	14.2468 (0.326)	-0.0654* (0.068)	-2.7225* (0.064)
pgdp	0.0504* (0.080)	0.2147* (0.069)	0.0475*** (0.008)	-0.2350 (0.369)
n	-0.1224** (0.043)	-3.3475*** (0.010)	-0.0981** (0.015)	-0.03261* (0.090)
gov	0.4251*** (0.000)	0.3919*** (0.010)	0.4338*** (0.000)	0.0226* (0.050)
ind	-0.3766*** (0.003)	-0.3865** (0.031)	-0.1945* (0.053)	-0.9222*** (0.003)
edu	0.0658** (0.016)	0.01303*** (0.005)	0.17373** (0.030)	0.4844* (0.088)
traf	-0.0574*** (0.006)	-0.0761* (0.095)	-0.0804*** (0.002)	0.0251* (0.057)
*fc*_1	0.0402* (0.086)	0.0833 (0.271)	0.0662** (0.020)	0.0903** (0.018)
*fc*_2	0.0824* (0.062)	0.0508* (0.082)	0.02308*** (0.003)	0.1536 (0.181)
*fc*_3	0.0297** (0.018)	0.0718** (0.022)	0.0479** (0.026)	0.0836* (0.063)
*fc*_4	0.1690** (0.032)		0.07745 (0.108)	0.1417*** (0.010)

注：*、**、*** 表示统计值在 10%、5%、1% 的水平上显著，括号内为 P 值。

108 个城市门槛效应检验通过单门槛、双门槛、三门槛检验，门槛值分别为 5.8836、12.3308 和 13.1712。当实际利用外资对数低于 5.8836 时，科技创新对绿色全要素生产率的估计系数为 0.0402，且通过 10% 的显著性检验，在第一门槛区间内科技创新能够显著促进长江经济带沿线城市经济高质量发展；当实际利用外资对数介于 5.8836 和 12.3308

之间时，估计系数显著为正且较第一门槛区间上升，即科技创新对绿色全要素生产率的促进效应增强；当实际利用外资对数介于 12. 3308 和 13. 1712 之间时，估计系数绝对值下降，促进效应减弱；当实际利用外资对数高于 13. 1712 时，科技创新估计系数绝对值较第三门槛区间增大，科技创新对绿色全要素生产率的促进作用增强。由此可见，在长江经济带深化对外开放过程中，伴随实际利用外资水平的上升，科技创新对绿色全要素生产率的影响呈现出显著正向“N”形非线性特征，因此，在深入推动长江经济带发展背景下利用好外资，能够在一定程度上规避科技创新对绿色全要素生产率促进作用下降的困境。

（2）对于长江经济带上游地区城市而言，对外开放背景下，科技创新对长江经济带上游地区城市经济高质量发展的驱动效应呈现出“U”形非线性特征（见表 1 – 5 模型 18 检验结果）。长江经济带上游地区城市门槛效应检验通过了单门槛和双门槛检验，门槛值分别为 9. 4252 和 13. 3779。在第一门槛区间内，即实际利用外资对数低于 9. 4252 时，科技创新对绿色全要素生产促进效应系数为 0. 0833，但未通过显著性检验，正向作用尚不明显；当实际利用外资对数介于 9. 4252 和 13. 3779 之间时，科技创新估计系数有所下降，且通过 10% 的显著性检验；在第三门槛区间，实际利用外资对数高于 12. 3779，科技创新对绿色全要素生产率的影响系数显著为正，系数绝对值较第二门槛区间开始上升。由此可见，伴随实际利用外资对数门槛区间的变化，科技创新对绿色全要素生产率的影响表现出“U”形正向非线性关系，但这种非线性关系仅在第二、第三门槛区间通过显著性检验。虽然这一检验结果与长江经济带 108 个样本城市的分析结果存在差异，但分析结果同样表明对外开放背景下，科技创新促进绿色全要素生产率提高效率递减的问题能够得到规避。

（3）就长江经济带中游地区城市而言，对外开放背景下，科技创新对长江经济带中游地区城市经济高质量发展的驱动效应呈现出“U”形非线性特征（见表 1 – 5 模型 19 检验结果）。长江经济带上游地区城市门槛效应检验通过了单门槛、双门槛和三门槛检验，门槛值分别为 8. 1259、9. 3409 和 9. 4717。当实际利用外资对数低于 8. 1259 时，科技创新变量估计系数为 0. 0662，在 5% 的显著性水平下显著，表明实际利用外资对数在第一门槛区间时，科技创新对长江经济带中游地区城市绿色全要素生产率具有显著正向促进效应；当实际利用外资对数位于第二门槛区间时，科技创新在1%的显著性水平下对绿色全要素生产率具有正向促进作用，但系数绝对值较第一门槛区间有所下降，驱动效应减弱；当实际利用外资对数介于9.3409和9.4717之间时，科技创新对绿色全要素生产率的促进作用开始上升，且通过5%的显著性检验；当实际利用外资对数高于9.4717时，科技创新对绿色全要素生产率的促进效应进一步增强，但估计系数未通过显著性检验。因此，在实际利用外资对数门槛区间的变化，科技创新对长江经济带中游地区城市绿色全要素生产率的促进作用呈现出“U”形影响规律，但这种非线性促进作用只在第一、第二、第三门槛区间显著。

（4）对于长江经济带下游地区城市，对外开放背景下，科技创新对长江经济带下游地区城市经济高质量发展的驱动效应呈现出“N”形非线性特征（见表1-5模型20检验结果）。长江经济带下游地区城市门槛效应检验通过了单门槛、双门槛和三门槛检验，门槛值分别为11.6941、11.992和12.3308。在第一门槛区间，科技创新对长江经济带下游各城市绿色全要素生产率的影响系数显著为正；当实际利用外资对数介于11.6941和11.992之间时，科技创新影响绿色全要素生产率的系数大于第一门槛区间估计值，但为通过显著性检验；在第三门槛区间，科技创新变量估计系数有所下降，但通过了显著性检验，即科技创新能够显著促进长江经济带下游地区城市绿色全要素生产率的提高；当实际利用外资高于12.3308时，科技创新对绿色全要素生产率的影响在第四门槛区间又开始增强，且通过了显著性检验。开放发展背景下，科技创新对长江经济带下游地区城市绿色全要素生产率影响效应的演变特征与长江经济带108个样本城市估计结果相一致，但在第二门槛区间影响作用不显著。因此，随着实际利用外资水平的上升，科技创新对绿色全要素生产率的影响呈显著正向“N”形非线性演变规律，深化对外开放在一定程度上能够有效规避科技创新促进长江经济带下游地区城市绿色全要素生产率提升过程中的边际效率递减问题。

由此可见，在实际利用外资门槛条件下，科技创新投入对经济高质量发展的影响表现出相对复杂的非线性关系，且实际利用外资的门槛效应呈现出明显的地区差异性，即科技创新对长江经济带108个样本城市经济高质量发展的驱动效应表现为“N”形正向非线性效应，对于长江经济带下游地区各城市而言则表现出“N”形条件正向非线性特征，在长江经济带上游和中游地区各城市均呈现出“U”形条件正向非线性特征。

第四节 研究结论与政策建议

一 研究结论

以长江经济带108个地级以上城市为研究样本，采用2005—2016年面板数据，从线性和非线性视角考察对外开放背景下科技创新对经济高质量发展的影响作用，可得出以下结论：

（1）科技创新能够促进绿色全要素生产率的提高，助力长江经济带沿线城市经济高质量发展；科技创新对绿色全要素生产能力的促进效应存在空间差异，具体表现为科技创新对长江经济带上中下游地区各城市绿色全要素生产率的促进效应呈现出递减特征。

（2）对外开放背景下科技创新对绿色全要生产率的促进作用存在门槛效应特征，表现出非线性关系；科技创新对长江经济带108个样本城市和下游地区各城市经济高质量发展的驱动效应表现为“N”形正向非线性效应，对长江经济带上游和中游地区各城市则呈现出有条件的正向“U”形非线性特征。

（3）科技创新能够显著促进长江经济带经济高质量发展，深化对外开放，能够在一定程度上有效规避科技创新对长江经济带沿线城市经济高质量发展驱动效应递减的问题。

二 政策建议

基于上述研究结论，提出以下政策建议：

（1）以创新驱动引领长江经济带沿线城市经济高质量发展。创新驱动是经济高质量发展的关键动因，长江经济带沿线城市经济高质量发展应以创新驱动为引领。一方面进一步发挥市场在技术研发方向、路径选择、创新要素配置过程中的导向作用，引导企业真正成为科技创新决策、研发投入、科研组织、成果转化的主体；另一方面加大科技创新投入力度，充分发挥各级政府在科技创新过程中的引领作用，充分发挥金融创新支持作用，完善科技创新成果转化激励政策体系，培养和吸引科技创新人才，营造激励创新的公平环境。提升科技创新能力，形成经济发展新思路、发明新专利、改进新工艺、生产新产品，提高生产能力、资源利用效率、降低生态环境污染，提高各城市经济发展质量，以创新驱动引领长江经济带经济高质量发展。

（2）以开放发展促进长江经济带沿线城市经济高质量发展。推动形成深度融合的开放创新局面，需要形成高质量对外开放与科技创新之间的良性互动机制，有效规避科技创新驱动经济高质量发展边际效率递减的困境。一方面高质量“引进来”，在商品进口、招商引资过程中，吸引全球高质量人才、技术、知识等创新生产要素流入；另一方面依托高质量“走出去”，在国际市场竞争过程中，加强市场、技术信息沟通交流，高效利用和吸收各种先进科技创新要素和资本。

（3）以阶段性、针对性政策保障科技创新、对外开放促进作用发挥。科技创新影响长江经济带沿线城市高质量发展存在非线性和空间异质性特征，应注重阶段性开放创新支持政策制定。在不同门槛区间内有针对地制定开放创新政策，适时动态优化调整科技创新和对外开放政策措施，科学处理科技创新、对外开放与高质量发展之间的关系，在高水平开放发展过程中有效利用国际创新要素，充分发挥科技创新对长江经济带高质量发展的促进作用。

第二章

长江经济带技术创新效率及其影响因素研究

第一节　引言

长江经济带横跨东中西三大经济地带，其人口规模、经济总量、创新资源和创新能力在全国版图中占据着重要地位。2014 年长江经济带人口和经济占全国比重高达 42.7% 和 44.8%，新产品销售收入占全国比重为 41.0%，集中了全国 1/3 的高校和一半左右的科技人员，是我国经济发展的复合增长极。国务院 2014 年 9 月颁布的《关于依托黄金水道推动长江经济带发展的指导意见》提出，依托创新驱动促进长江经济带转型升级，培育形成具有国际水平的产业集群。国家发改委 2016 年 3 月颁布的《长江经济带创新驱动产业转型升级方案》提出将长江经济带建成创新驱动引领带。2016 年 3 月颁布的《国民经济和社会发展第十三个五年规划纲要》明确提出，将长江经济带建设为生态文明先行示范带、创新驱动带、协调发展带。长江经济带作为推动国家创新驱动发展的重点战略区域，其技术创新效率处于何种水平？受哪些关键因素的影响？未来应重点从哪些方面发力提升长江经济带技术创新效率？本研究将重点围绕这三大核心问题展开。

学术界有关技术创新效率的研究成果较为丰富，大体集中在以下四个方面：一是以微观企业为研究对象，探析各类企业特别是大中型工业企业的技术创新效率。Zhang 等（2003）以中国 8341 个企业为样本，使用SFA模型分析大中型企业的研发效率，发现国企、港澳台企与外企研发效率逐次递增；潘雄锋和刘凤朝（2010）以中国工业企业为研究对象，运用C－D函数的SFA模型分析了其技术创新效率，发现创新效率呈上升态势；Bos等（2010）研究了欧盟制造企业的研发效率，发现欧盟地区企业均存在不同程度的效率不充分情形。二是以产业为研究对象，探究各产业尤其是制造业和高新技术产业的技术创新效率。Raab等（2006）采用五种投入与两种产出，通过DEA效率测度方法，比较了美国50个州的高新技术产业的相对效率；刘树林等（2015）基于链式DEA模型分析中国高技术产业阶段性创新效率，发现整体上类似"U"形变化趋势；刘迎春（2016）基于DEA模型分析了中国高新技术产业技术创新效率，结果表征整体效率较高。三是以宏观区域为研究对象，着重探讨国家或省域的技术创新效率。Nasierowski等（2003）运用DEA模型测度并分析了45个国家的技术创新效率，发现技术创新规模和创新资源配置对生产率增长变化有重要影响；解学梅和赵杨（2012）采用因子分析定权法对上海市技术创新效率进行了测算，发现创新投入产出均在增长，但技术创新效率却相对下降；杜程鹏等（2014）研究了中部地区技术创新效率，发现各省发展并不同步，各省存在问题也不尽相同，创新效率排名整体偏后。四是基于对技术创新效率的测度分析，探究影响技术创新效率的主要因素，主要集中在创新主体和创新环境对技术创新效率的影响研究，涉及企业、政府、高校科研院所与所有制、知识产权、城镇化、对外开放、生态环境等诸多方面。Sivak等（2011）采用中亚新兴发展中国家的企业数据进行检验，发现政府效率的改善有助于促进企业创新效率提升；韩先锋等（2014）运用超越对数SFA模型研究中国工业部门的技术创新效率，发现信息化可显著促进工业技术创新效率提升；周海涛等（2016）基于千余家企业的微观数据，发现政府科技经费可增强企业创新意愿。

总体而言，学术界关于技术创新效率的研究对象涉及企业、产业和区域，研究方法从传统参数线性模型和主成分分析模型到非参数DEA模型及随机前沿SFA模型。然而，现有研究成果较少关注到国家重点区域的技术创新效率，同时多偏向于静态的效率分析，未能反映区域效率的动态变化和空间分异。借鉴现有研究成果，采用非参数DEA－

Malmquist 指数模型和面板 Tobit 模型，辅以 ArcGIS 地理分析，探究长江经济带技术创新效率及其影响因素，以期厘清长江经济带技术创新效率变动规律，把握影响长江经济带技术创新效率提升的关键因素，探讨促进长江经济带建成创新驱动带的对策。

第二节　长江经济带技术创新效率的测度

一　测度方法

当前学术界测度技术创新效率的主流方法主要分为两大类：随机前沿分析 SFA 和数据包络分析 DEA。由于 SFA 只能评价单一产出多投入技术创新效率问题，而实际技术创新绝非一种产出，SFA 模型无法充分反映技术创新产出，因而选用 DEA 模型作为测度长江经济带技术创新效率的主要工具。DEA 可评价决策单元多投入多产出的相对效率，不受投入产出变量指标的量纲影响，无须设定具体的评价函数，效率评价过程较为科学客观，被广泛应用于相对效率评价。Charnes 等在“相对效率评价”概念基础上基于要素规模报酬不变假设提出首个 DEA - CCR 模型，随后 Banker 等引入规模报酬可变假设提出 BCC 模型，将技术效率分解为纯技术效率和规模报酬效率。本研究选用 CCR 模型和 BCC 模型对长江经济带技术创新效率进行测评。由于 DEA 模型属于静态效率测度，不能反映效率发展的动态变化，而 Malmquist 指数正是基于 DEA 模型的效率评价，将全要素生产率变动指数 TFPCH 分解为技术效率变动指数 EFFCH 和技术进步指数 TECH，更为全面地反映效率的发展变化。模型具体构建如下：

$$\min[\theta - \varepsilon(e^{-} S^{-} + e^{+} S^{+})]$$

$$\text{s.t.}\begin{cases}\sum_{j=1}^{n} x_j\lambda_j + S^{-} = \theta x_k \\ \sum_{j=1}^{n} y_j\lambda_j - S^{+} = y_k \\ \lambda_j \geqslant 0,\ j=1,\ 2,\ \cdots,\ n \\ S^{+} = (s_1^{+},\ s_2^{+},\ \cdots,\ s_q^{+})^{T} \geqslant 0,\ S^{-} = (s_1^{-},\ s_2^{-},\ \cdots,\ s_p^{-})^{T} \geqslant 0\end{cases} \tag{2-1}$$

式中，θ 为效率取值，在 0 和 1 之间；λ_j 为决策单元 j 的投入产出指标权重；x_j 为决策单元 j 的投入向量，y_j 为决策单元 j 的产出向量，p 为投入指标数，q 为产出指标数；e^- 为 p 维单位行向量，e^+ 为 q 维单位行向量；S^-、S^+ 分别为投入和产出松弛变量；ε 为非阿基米德无穷小量。当 $\theta=1$ 且 $\varepsilon(e^-S^-+e^+S^+)=0$ 时，决策单元 k 投入产出为 DEA 有效；当 $\theta=1$ 且 $\varepsilon(e^-S^-+e^+S^+)>0$ 时，决策单元 k 投入产出为弱 DEA 有效；当 $\theta<1$ 时，此时决策单元 k 为非 DEA 有效，需调整投入产出配置。附加凸性约束条件 $\sum_{j=1}^{n}\lambda_j=1$，即为可变规模报酬 BCC 模型。在可变规模报酬条件下得出的相对效率为纯技术效率 PE，而原 CCR 模型中求得的相对效率则为技术效率 EFF，又称总体效率，技术效率 EFF 等于纯技术效率 PE 与规模效率 SE 之乘积。

由于 DEA 模型对长江经济带技术创新效率分析属于静态分析，未能反映出长江经济带技术创新效率的动态变化，为此基于 DEA 模型的效率测度结果，构造 Malmquist 指数模型，反映不同时期技术创新效率变化，实现对长江经济带技术创新效率的全面动态分析。Malmquist 指数测度了在 t 期技术条件下，决策单元从 t 期到 $t+1$ 期投入产出技术效率变化，以及在 $t+1$ 期技术条件下，决策单元从 t 期到 $t+1$ 期技术效率变化，即 t 期到 $t+1$ 期全要素生产率变化。在规模报酬不变条件下，全要素生产率变化（*TFPCH*）可由技术效率变化（*EFFCH*）和技术进步（*TECH*）表示如下：

$$M(x_t, y_t, x_{t+1}, y_{t+1})=\frac{D^{t+1}(x_{t+1}, y_{t+1})}{D^t(x_t, y_t)}\times\left[\frac{D^t(x_{t+1}, y_{t+1})}{D^{t+1}(x_{t+1}, y_{t+1})}\times\frac{D^t(x_t, y_t)}{D^{t+1}(x_t, y_t)}\right]^{1/2}$$
$$=EFFCH\times TECH \qquad (2-2)$$

式中，D^t 与 D^{t+1} 分别代表参照 t 期和 $t+1$ 期的技术水平决策单元的相应的投入产出相对效率。当 M 大于 1 时，则从 t 期到 $t+1$ 期全要素生产率呈增长态势；当 M 等于 1 时，则表示呈停滞状态，当小于 1 时，则表示呈下降态势。由于技术效率（EFF）等于纯技术效率（PE）与规模效率（SE）之乘积，所以全要素生产变动又可进一步分解为下式：

$$M(x_t, y_t, x_{t+1}, y_{t+1})=TFPCH=EFFCH\times TECH=PECH\times SECH\times TECH \qquad (2-3)$$

技术效率变化（*EFFCH*）代表了两个时期相对技术效率的变化，它测定了从第 t 期到第 $t+1$ 期每一决策单元对生产可能性边界的追赶速度，称为“追赶效应”。技术进步（*TECH*）实际上是 t 和 $t+1$ 时期生产前沿面的移动，若 *TECH* 大于 1，则生产前沿面向前移动，发生了技术进步，称为“增长效应”，当然，这种技术进步可能来自其他高技术效率决策单元的辐射带动作用。

二 测度结果与分析

根据 DEA 模型和 Malmquist 指数法，测度技术创新效率所需指标包括投入和产出两大类。而区域技术创新是一个多投入、多产出不断发展变化的动态过程，影响因素众多。在坚持科学性、针对性、准确性、综合性等指标选取原则下，结合长江经济带技术创新状况并借鉴学者们在技术创新投入产出指标选取上的有益研究成果，谨慎地从智力投入和资金投入角度选取 R&D 人员全时当量和 R&D 经费内部支出代表技术创新投入反映长江经济带技术创新投入产出指标，从中间产出和最终产出角度选取发明专利授权量和新产品销售收入两个指标作为长江经济带技术创新成果的反映。运用 DEAP 2.1 软件测算长江经济带技术创新效率及其发展变动，并用 ArcGIS 10.2 软件基于自然断裂聚类分析法表征各省市历年技术创新效率的空间分布。所选指标原始数据来自《中国科技统计年鉴》（2009—2015）、《中国统计年鉴》（2009—2015）及长江经济带 11 省市 2009—2015 年统计年鉴，R&D 经费内部支出和新产品销售收入指标为经过各省市以 2008 年为基期的定基消费者物价指数平减所得的实际值。

1. 长江经济带技术创新的纯技术效率

长江经济带技术创新的纯技术效率呈上升趋势，高水平纯技术效率区显著扩张，低水平纯技术效率区明显收缩，长江经济带技术创新水平和管理创新水平正不断提升，技术创新投入产出配置呈不断优化状态。同时，尽管长江经济带总体纯技术效率呈不断上升状态，然而上中游地区纯技术效率水平相差甚大，以下游地区的纯技术效率最高，上游地区次之，而中游地区最低。下游地区长期一贯重视科技在经济发展中的作用，凭借自身雄厚的经济实力不断加大研发投入，吸引各地人才集聚，大力发展高新技术产业，所以其技术水平最为先进，管理水平最好，技

表 2－1　　2008—2014 年长江经济带技术创新的纯技术效率

地区＼时间	2008 年	2009 年	2010 年	2011 年	2012 年	2013 年	2014 年
重庆	0.685	0.802	0.764	1.000	0.893	0.863	0.889
四川	0.682	0.821	0.582	0.788	0.803	0.867	0.945
云南	0.916	1.000	1.000	1.000	1.000	1.000	1.000
贵州	1.000	1.000	1.000	1.000	1.000	1.000	1.000
上游	0.821	0.906	0.837	0.947	0.924	0.933	0.959
湖北	0.638	0.490	0.524	0.616	0.653	0.668	0.684
湖南	0.767	0.800	0.701	0.715	0.705	0.847	0.841
江西	0.463	0.537	0.617	0.575	0.712	0.869	0.894
中游	0.623	0.609	0.614	0.635	0.690	0.795	0.806
上海	1.000	1.000	1.000	1.000	1.000	1.000	1.000
江苏	1.000	1.000	1.000	1.000	1.000	1.000	1.000
浙江	0.802	0.831	0.903	1.000	1.000	1.000	1.000
安徽	0.346	0.431	0.464	0.608	0.674	0.848	0.888
下游	0.787	0.816	0.842	0.902	0.919	0.962	0.972
总体	0.754	0.792	0.778	0.846	0.858	0.906	0.922

注：根据 DEAP2.1 软件处理结果编制。上中下游地区划分依据《国务院关于依托黄金水道推动长江经济带发展的指导意见》，其中上游地区包括重庆、四川、云南、贵州，中游地区包括湖北、湖南、江西，下游地区包括上海、江苏、浙江、安徽。

术创新资源配置最优；上游地区受其经济条件所限，技术创新的人力投入和资金投入起点较低，但是近年来正大力发展高新技术产业，技术创新水平改善十分显著。而中游地区情况则相对较差，中游各省在所有年份都未达到纯技术效率有效，说明中游地区技术创新的资源配置效率较低，可能由于中游地区的钢铁、化工等传统产业仍然起到十分重要的产业支撑作用，而高新技术产业仍没有发挥其战略导向作用，高新技术产业发展较为薄弱，技术创新的投入资源配置不尽合理，管理水平较低，尤其是湖北省高新技术产业未引起足够的重视，存在较多的技术创新要素的闲置浪费，其纯技术效率水平一直在低位徘徊。需要指出的是，苏浙沪地区纯技术效率有效与云贵地区纯技术有效的原因并不相同，苏浙沪地区纯技术效率较高是由于苏浙沪的长三角城市群是我国的第一大经济增长极，长期重视高新技术产业发展，其技术创新的投入占整个长江经济带的65%以上，产出占75%以上，其技术水平一直远远领先全国其他地区，是我国技术水平最高区域之一；而云贵地区纯技术效率较高可能只是由于其技术创新投入初始阶段，类似企业生产中的边际报酬递减规律，云贵地区作为长江经济带经济最为薄弱的地区，缺少创新资源，投入少量的技术创新要素，即可导致相对较高的产出，致使其纯技术效率较高。

2. 长江经济带技术创新的规模效率

长江经济带技术创新的规模效率要明显高于纯技术效率，同时高水平规模效率区大幅扩张，中等水平规模效率区急剧收缩，长江经济带技术创新投入产出结构较为合理，技术创新产出投入规模整体较为适宜。与纯技术效率一样，大部分省市在绝大多数年份的规模效率并未达到有效状态，尽管上中下游地区规模效率呈不断改善状态，但投入规模仍然不够优化，存在创新要素的投入不足或无谓损失。从三大地区的规模报酬可以看出，上游地区大部分省份在多数年份技术创新投入呈现规模报酬递增状态，说明上游地区的技术创新投入仍然不足，加大技术创新投入，可带来产出较大程度的改善，这种情况也是符合上游地区稀少的创新资源状态；中游地区则呈现出两种差异较大的情况，湖北、湖南规模报酬除在2009年是递增外，其余年份均为规模报酬递减状态，说明湖北、湖南技术创新投入存在一定程度过剩，而江西则一定呈现出规模报酬递增状态，反映江西技术创新投入还有很大的上升空间，其规模效率不仅是中游地区也是整个长江经济带中最低的一个省份，江西需要对技术创新引起足够重视，加大对科技事业和高新技术产业的投入力度，而湖北、湖南则需不断优化技术创新资源的配置；下游地区的规模报酬状态同样差异悬殊，上海、江苏一直呈现良好的规模报酬不变状态，而浙江和安徽则长期呈现规模报酬递减状态，上海、江苏良好的投入状态是其长期重视创新驱动的结果，而浙江和安徽规模报酬递减的原因与湖北、湖南类似，需要优化其技术创新投入和产出配置，浙江中小民营企业较多，这些企业往往比较短视，满足于自身的成本优势，产品科技含量较低，而安徽从各方面经济条件看更类似于中游地区，其规模效率和湖北、湖南趋同是社会经济结构类似的自然结果。

表 2-2　2008—2014 年长江经济带技术创新的规模效率及规模报酬情况

时间 地区	2008 年		2009 年		2010 年		2011 年		2012 年		2013 年		2014 年	
重庆	0.983	drs	0.884	irs	0.990	irs	1	—	0.969	irs	0.997	drs	0.929	irs
四川	0.919	irs	0.950	irs	0.997	irs	0.998	irs	0.998	irs	0.998	drs	0.989	drs
云南	0.941	drs	0.889	irs	1.000	—	1.000	—	1.000	—	1.000	—	0.992	drs
贵州	1.000	—	0.826	irs	0.993	irs	0.989	irs	0.898	irs	1.000	—	1.000	—
上游	0.961		0.887		0.995		0.997		0.966		0.999		0.978	
湖北	0.909	drs	0.968	irs	1.000	—	0.983	drs	0.986	drs	0.981	drs	0.974	drs
湖南	0.957	drs	0.974	irs	0.993	drs	0.982	drs	0.981	drs	0.994	drs	0.993	drs
江西	0.597	irs	0.682	irs	0.770	irs	0.871	irs	0.755	irs	0.650	irs	0.629	irs
中游	0.821		0.875		0.921		0.945		0.907		0.875		0.865	
上海	1.000	—	1.000	—	1.000	—	1.000	—	1.000	—	1.000	—	1.000	—
江苏	0.951	drs	1.000	—	1.000	—	1.000	—	1.000	—	1.000	—	1.000	—
浙江	0.897	drs	0.997	irs	0.983	drs	0.975	drs	0.951	drs	0.947	drs	0.907	drs
安徽	0.985	drs	0.931	irs	0.996	irs	0.988	drs	0.978	drs	0.933	drs	0.914	drs
下游	0.958		0.982		0.995		0.991		0.982		0.970		0.955	
总体	0.922		0.918		0.975		0.981		0.956		0.954		0.939	

注：根据 DEAP2.1 软件处理结果编制。irs 表示规模报酬递增（increasing returns to scale）；drs 表示规模报酬递减（decreasing returns to scale）；—表示规模报酬不变（constant returns to scale）。D 表示地区，T 表示时间。

3. 长江经济带技术创新的综合技术效率

长江经济带技术创新的综合技术效率呈上升态势，技术创新能力不断增强，但仍未实现最优 DEA 有效状态，同时上中下游地区技术创新的综合技术效率分异明显，上下游地区明显高于中游地区，呈现出典型的“V”形分布，以 2014 年尤为显著。中游地区技术创新综合技术效率非 DEA 有效是由于其较低的纯技术效率和规模效率较低所引起，根本原因还是在于纯技术效率较低，低纯技术效率导致低规模效率，两者共同促成低综合技术效率，中游地区未能充分利用自身的技术创新资源，找准创新资源的高效率方向，闲置了大量的技术创新人力资源和财力资源，致使规模效率不高，产生需要减少创新资源投入的虚假现象。

上游和下游地区综合技术效率整体较好，上游地区技术创新起点低，发展快，效率较高，而下游地区创新能力是长期的累积。需要指出上游地区的重庆市，由于国家赋予重庆的多项政策优势及重庆自身不断努力，已聚集了较多的技术创新资源，如重庆的两江新区、中新第三个合作项目、国家自主创新示范区、中科院绿色智能研究所等平台为重庆集聚了大量创新的人力资源和财力资源，但对创新资源利用可能还不够充分，需进一步优化配置自身的优势创新资源，提高技术创新综合技术效率。另外，安徽也须加快创新驱动步伐，大力发展和承接苏浙沪高新技术产业，主动融入“长三角”地区，提升技术创新综合效率。

表 2 - 3　　2008—2014 年长江经济带技术创新的综合技术效率

地区＼时间	2008 年	2009 年	2010 年	2011 年	2012 年	2013 年	2014 年
重庆	0.673	0.709	0.756	1.000	0.865	0.861	0.826
四川	0.626	0.780	0.580	0.787	0.801	0.865	0.935
云南	0.862	0.889	1.000	1.000	1.000	1.000	0.992
贵州	1.000	0.826	0.993	0.989	0.898	1.000	1.000
上游	0.790	0.801	0.832	0.944	0.891	0.932	0.938
湖北	0.580	0.474	0.524	0.606	0.643	0.655	0.666
湖南	0.734	0.780	0.696	0.702	0.691	0.842	0.835
江西	0.276	0.366	0.475	0.501	0.538	0.565	0.563
中游	0.530	0.540	0.565	0.603	0.624	0.687	0.688
上海	1.000	1.000	1.000	1.000	1.000	1.000	1.000
江苏	0.951	1.000	1.000	1.000	1.000	1.000	1.000
浙江	0.719	0.829	0.887	0.975	0.951	0.947	0.907
安徽	0.341	0.402	0.462	0.601	0.659	0.791	0.812
下游	0.753	0.808	0.837	0.894	0.903	0.935	0.930
总体	0.706	0.732	0.761	0.833	0.822	0.866	0.867

注：根据 DEAP2.1 软件处理结果编制。

4. 长江经济带技术创新效率的变动趋势

由表 2 - 4 可知，全要素生产率变化指数在绝大多数年份相邻年份间大于1，表明长江经济带在2008—2014年，技术创新呈向好趋势发展。同时将全要素生产率指数进行分解，可以看到技术进步在2008—2009年、2009—2010年、2012—2013年小于1，说明长江经济带技术进步并不稳固，外生技术进步能力相对较弱。而技术效率变动指数则在除2011—2012年外都是大于1的，长江经济带追赶效应明显，技术创新效率不断提升，长江经济带技术创新的发展主要来自技术创新效率的增长。另外，对技术效率变化指数进行分解，长江经济带历年纯技术效率除2009—2010年外均大于1，说明长江经济带技术创新的资源配置管理水平正在逐年提升，然而规模效率变化指数则不容乐观，2011—2012年、2012—2013年、2013—2014年都是低于1，表明长江经济带技术创新的资源配置管理水平虽在提升，但仍不足以使创新资源配置效率水平得到显著改善，规模效率低下的状况没有得到彻底转变。长江经济带技术创新发展得益于综合技术效率改善，而综合技术效率改善又是得益于纯技术效率改善，只是这种改善的程度还不是特别大，技术创新发展的不利因素仍然存在。

表2-4　2008—2014年长江经济带Malmquist指数及其分解指数

时间＼指数	EFFCH	TECHCH	PECH	SECH	TFPCH
2008—2009年	1.058	0.972	1.058	1	1.028
2009—2010年	1.049	0.994	0.985	1.065	1.043
2010—2011年	1.110	1.183	1.101	1.008	1.313
2011—2012年	0.997	1.075	1.025	0.973	1.071
2012—2013年	1.059	0.897	1.064	0.995	0.949
2013—2014年	1.002	1.071	1.019	0.983	1.073
平均	1.044	1.028	1.041	1.003	1.074

注：根据DEAP2.1软件处理结果编制。

由表2-5可知，长江经济带大多数省市的全要素生产率处在不断改善的状态，而这种向好趋势是由11省市综合技术效率稳定增长的结果，其增长源泉来自11省市技术创新纯技术效率提升。上文提到长江经济带的技术进步并不稳定，这种不稳定并不是来自技术创新效率较差地区，而恰恰是来自技术创新源泉地上海和江苏。由于上海、江苏的产业结构已经进入高级阶段，创新资源高度集中，创新产出极为丰富，技术水平已达相当高度，难以像中上游地区那样迅速提升，更多表现为向外扩散其先进技术，推动周边相对落后地区技术进步，中上游地区技术进步迅猛在一定程度上受益于上海、江苏的技术扩散。上海、江苏等发达省市的技术向外扩散，被中上游地区消化吸收再提升，不仅推动了中上游地区技术进步，同时中上游地区技术效率也会得到提高，产生良好的技术溢出效应。

表 2-5　2008—2014 年长江经济带 11 省市技术创新 Malmquist 指数及其分解指数

区域＼指数	EFFCH	TECHCH	PECH	SECH	TFPCH
重庆	1.036	1.021	1.045	0.991	1.057
四川	1.069	0.962	1.056	1.012	1.029
云南	1.024	1.059	1.015	1.009	1.084
贵州	1	1.065	1	1	1.065
上游	1.032	1.027	1.029	1.003	1.059
湖北	1.023	1.044	1.012	1.011	1.069
湖南	1.021	1.06	1.015	1.006	1.083
江西	1.126	1.016	1.116	1.009	1.144
中游	1.057	1.040	1.048	1.009	1.099
上海	1	0.981	1	1	0.981
江苏	1.008	0.987	1	1.008	0.995
浙江	1.040	1.063	1.038	1.002	1.105
安徽	1.156	1.060	1.170	0.988	1.225
下游	1.052	1.023	1.052	1.000	1.077
平均	1.044	1.028	1.041	1.003	1.074

注：根据 DEAP2.1 软件处理结果编制。

第三节　长江经济带技术创新效率影响因素的实证研究

一　模型设定

在运用 DEA 模型测度效率时，效率取值范围被限定在 0 到 1 之间。对于取值受限的因变量，一般采用 Tobit 模型基于极大似然法 MLE 进行回归分析，以更为科学准确地分析导致因变量产生变动的主要影响因素。Tobit 模型具体形式如下：

$$y_i=\begin{cases}c_1, & 若\ y_i^*\leqslant c_1\\ x'_i\beta+\varepsilon_i, & 若\ c_1\leqslant y_i^*\leqslant c_2\\ c_2, & 若\ y_i^*\geqslant c_2\end{cases} \tag{2-4}$$

式中，β 为回归参数向量，x_i 为解释变量向量，y_i^* 为被解释变量向量，y_i 为被解释变量取值向量。Tobit 模型的典型形式是将 c_1 设定为 0，c_2 设定为正无穷大（$+\infty$）；随机扰动项 ε_i 服从期望为 0，方差为 σ^2 的正态分布 $N(0,\sigma^2)$。

二　变量选取与数据来源

基于技术创新主体和技术创新环境两个维度，参考已有研究成果，兼顾变量指标数据可得性，选取政府涉入强度、企业自主创新倾向、社会投入力度、城镇化水平、产业现代化程度以及对外开放程度等变量，考察长江经济带技术创新效率的主要影响因素，分别用 R&D 经费内部支出中政府投入资金比重（ZF）、R&D 经费内部支出中企业投入资金比重（QY），研发投入强度（RD），常住人口城镇化率（CZ），第二、第三产业比重（CY）和外贸依存度（KF）予以表现。技术创新效率影响因素分析模型最终形式如下：

$$TE_{it}=c+\beta_1\ln(ZF_{it})+\beta_2\ln(QY_{it})+\beta_3RD_{it}+\beta_4CZ_{it}+\beta_5CY_{it}+\beta_6KF_{it}+\varepsilon_{it} \tag{2-5}$$

式中，i 表示长江经济带 11 省市，t 为时期，2008，…，2014。为降低模型产生多重共线性可能性，对政府涉入强度（ZF）和企业自主创新倾向（QY）对数化处理，模型最终呈现出半对数面板 Tobit 模型形式。其中，技术创新效率（TE）取自上文测度的长江经济带技术创新综合效率，其余指标数据均来自《中国科技统计年鉴》（2009—2015）、《中国统计年鉴》（2009—2015）及长江经济带11省市2009—2015年统计年鉴。特别指出对外开放程度（KF）指标通过将进出口总额依据当年统计年鉴公布的美元兑人民币的平均汇率折算成人民币，采用以2008年为基期的定基消费者物价指数进行平减，得到以人民币计价的实际进出口总额，然后除以当年的实际GDP而获取。

三 实证结果与分析

由于长江经济带上中下游地区技术创新发展差异显著，进行整体回归并无明显的经济意义，也无法分清各指标对长江经济带技术创新效率的真实影响程度，因此不对长江经济带整体技术创新效率影响因素进行单独分析。采用Eviews9.0软件对上述面板Tobit模型进行回归分析，结果如表2-6所示。

表2-6 长江经济带上中下游地区技术创新效率影响因素回归结果

变量＼地区	上游地区	中游地区	下游地区
常数项	-0.605242	5.039087***	-1.157827
	(-0.464655)	(2.680711)	(-0.500239)
政府涉入强度(lnZF)	0.498976***	0.387640	0.877837***
	(3.078859)	(1.285066)	(3.626465)
企业自主创新倾向(lnQY)	0.685010***	2.529887***	3.362168***
	(2.634360)	(2.643194)	(3.317345)
社会投入力度(RD)	-34.71383***	-19.99483	24.00978**
	(-4.087072)	(-0.971967)	(2.287053)
城镇化水平(CZ)	-0.476321	2.658712**	-1.807600**
	(-0.885143)	(2.130582)	(-1.993270)
产业现代化程度(CY)	3.301448*	-4.499237**	5.380219*
	(1.860515)	(-1.983261)	(1.846974)
对外开放程度(KF)	0.992917***	-2.137291	0.156408
	(2.895014)	(-1.431143)	(0.824670)

注：根据Eviews 9.0回归结果编制。括号内为Z检验值，*、**、***分别代表通过10%、5%、1%的显著性检验。

根据实证分析结果可知：

（1）政府干预技术创新有助于提升长江经济带技术创新效率水平。政府对上游和下游地区技术创新效率在1%的显著性水平下有明显的促进作用，且对下游地区的推动作用要大于上游地区，而对中游地区技术创新效率提升则并无显著影响。上游地区和下游地区对区域技术创新高度重视，千方百计为提升科技创新水平，如重庆政府将世界笔记本电脑生产和设计龙头企业引入重庆，培植当地的电子信息产业；下游地区则长期深耕技术创新，如江苏十余年一直将技术创新作为政府年度考核重要内容，积极发展壮大本地科技企业，由于上游地区受制于自身经济条件限制，政府对技术创新的作用相对较弱；而中游地区政府对技术创新的关注则相对不足，对技术创新的作用还未体现出来，可能中游地区政府认为技术创新是一项长期而艰巨的任务，短期内难以见效，倾向于将资源投入已经成熟的传统产业，对技术创新投入和关注度相对不足。

（2）企业自主创新持续稳定地促进了长江经济带技术创新效率水平提升。企业的自主创新倾向对上中下游地区技术创新效率在1%的显著性水平下均有明显的推动作用，外在竞争压力和内在营利动机驱动企业高度重视技术创新，谋求自身长远发展。可以看出，企业作为最重要的市场主体，对技术创新效率的推动作用远大于政府的促进作用，政府只能对技术创新提升起辅助服务作用，实现技术创新最重要主体还是企业。典型如中游地区，尽管政府不倾向投入过多的资源进行技术创新，但是企业仍全力加大科技投入，加强技术创新，企业自主创新倾向对技术创新效率的促进作用甚至远大于上游地区，2014年中游地区来自企业的名义R&D经费内部支出高达828.6亿元，是上游地区的1.69倍。

（3）社会投入对长江经济带上中下游地区技术创新效率的影响差异显著。上游地区社会投入对技术创新效率提升具有明显的阻碍作用，中游地区则无明显影响，下游地区有显著的促进作用。究其原因，还是上游地区研发强度较低，2014年仅为1.22%，而全国的研发强度在2013年时已达2.01%，当研发强度较低时，研发投入不足以支持全社会的技术创新，容易产生研发资源浪费而抑制技术创新；中游地区研发强度至2014年也仅为1.47%，低于全国平均水平，除研发强度较低外，政府对技术创新也未能引起足够的重视，导致中游地区社会投入未能进入技术创新的前沿领域，无谓消耗了部分创新要素；而下游地区研发强度远高于中上游地区，2014 年下游地区的研发强度高达 2.55%，研发投入充足，下游地区创新驱动动能强大，基本实现了发展动力的顺利更替，社会投入可以有力支撑下游地区经济创新驱动发展，促进技术创新效率提升。

（4）城镇化进程对长江经济带上中下游地区技术创新效率的影响显著不同。上游地区的城镇化对技术创新效率没有显著影响，中游地区有显著促进作用，而下游地区却明显有阻碍作用。上游地区城镇化水平较低，正快速推进土地城镇化进程，加强基础设施建设，广建开发区，无暇顾及人口城镇化，未能充分调动劳动者创新积极性；中游地区城镇化水平高于全国平均水平，相较而言还是比较注重人口城镇化，中游地区也在全力推进土地城镇化，但中游地区同时十分注重加快人口城镇化，大城市城乡户籍转变条件较为宽松，积极主动接纳高素质劳动力，为高素质劳动者提供了较好的物质文化环境，激发了高素质劳动者工作积极性，有利于技术创新效率的提升；尽管下游地区城镇化水平远高于全国平均水平，但是对外来人口落户限制门槛很高，城镇化很难赢得高素质劳动力心理认同，在一定程度上制约了高素质人才工作积极性，对区域技术创新效率会有一定的制约效应。

（5）产业现代化促进了长江经济带上下游地区技术创新效率提升，却抑制了中游地区技术创新。在 10% 的显著性水平下产业现代化程度对长江经济带各区域技术创新效率均有显著影响，但对上下游地区有正向效应，对中游则有负向影响。原因仍在于上中下游地区支柱产业和主导产业科技含量不同，对技术创新效率的促进作用不同。上游川渝地区近年来依托两江新区、天府新区，大力发展物联网、云计算、机器人、新材料、新能源汽车等战略性新兴产业，产业结构在合理化的基础上趋向高级化，技术创新对经济增长的贡献越发凸显，而下游长三角地区长期是我国经济的第一增长极，新一代信息技术、高端装备制造、新能源、新材料等战略性新兴产业已渐成长三角地区支柱产业，产业结构已经相当成熟，科技创新已经成为经济增长的主导力量；而中游地区钢铁、有色金属、建材、纺织、船舶、石化等产能过剩产业仍是当地支柱产业，战略性新兴产业较为弱小，致使科技创新对经济增长的贡献较小，产业结构的高级化不是以产业结构的合理化为前提，中游地区产业现代化程度严重阻碍其技术创新效率的提升。

(6) 对外开放仅对长江经济带上游地区技术创新效率有显著正向影响，对中下游地区技术创新效率并无明显促进作用。尽管上游地区深处内陆，经济条件相对落，但受益于“一带一路”倡议和渝新欧大通道，使上游地区成为内陆开放的桥头堡，开展对外贸易可迅速引进国外先进而成熟的科学技术和管理方法，具有明显的技术创新后发优势，因而上游地区的对外贸易能显著促进其技术创新效率水平的上升。中游地区对外开放水平较低，2014 年外贸依存度仅为 10.21%，对国外的先进技术和生产方式引进不充足、利用不充分。下游长三角地区已基本完成了工业化，科学技术水平已经在全球处于较为领先水平，通过全球贸易进行的技术传递一般为技术输出国较为成熟的技术，贸易只是维持经济运行的一种方式，对技术创新效率提升没有明显促进作用。

第四节　结论与政策启示

一　主要结论

(1) 长江经济带技术创新效率呈快速上升态势，但上中下游地区技术创新发展极不平衡，下游地区技术创新效率最高，上游地区较高，中游地区最低，呈典型“V”形分布。下游地区长期一贯重视创新驱动，高度重视技术创新投入产出，而上游地区技术创新起点较低，但积极布局高新技术产业并取得显著成效，中游地区对技术创新重视程度不足，投往技术创新的要素较少且配置不合理。长江经济带技术创新一体化进程任重而道远，上中下游地区仍需加强科技交流，加快科技创新资源充分流动，促进技术创新效率逐步实现均衡，缩小上中下游地区悬殊的技术创新效率差距，中游地区要格外引起重视。

(2) 处于中等发展水平的长江经济带经济省市其发展路径倾向于依赖业已成熟的传统产业，创新动力相对不足，容易产生技术创新要素无谓损失。在效率分析可以看出，中游地区和安徽与川渝地区均未能实现 DEA 有效，这些省市的发展程度高于云贵地区，又低于苏浙沪地区，经济发展处于中等水平，并各自都有自己的传统支柱产业，以中游地区最为明显。自身拥有比较丰富的技术创新人力资源与较为雄厚的创新资金支持，但不倾向于将技术创新摆在自身发展的核心位置，整合自身的技术创新资源，大力发展高新技术产业。主要原因在于这些中等发达省市经济增长的要素驱动力还未耗尽，仍可维持较高的经济增长速度，使技术创新意识和动力不够强烈，在一定程度上存在创新资源的低效率配置。

（3）技术创新水平较为落后的长江经济带中上游地区更易发生技术进步，而技术创新能力较强的下游地区技术进步则较为缓慢。在对长江经济带技术创新效率变动分析中可以看到，中上游地区的技术进步指数除四川外都大于1，下游地区的安徽、浙江也大于1，只有技术水平最为先进的上海和江苏显著地小于1。中上游地区的技术进步除来自自身的技术追赶外，很大程度上是受益于下游源头创新地区的技术扩散，并且这种技术传递属于梯次传递，中游地区技术进步要大于上游地区。然而下游地区作为我国的三大创新源头之一，源头创新势头已不再高涨，今后各区域技术创新水平可能趋于收敛，中上游地区将难以享受到下游地区技术扩散的正外部性。

（4）企业的自主创新倾向和持续的创新社会投入是影响长江经济带技术创新的最重要因素，决定着长江经济带技术创新水平。尽管上中下游地区技术创新发展基础和发展环境各异，但企业自主创新却一致表现为显著地促进技术创新效率提升。中游地区最为典型，尽管政府对技术创新效率的提升投入不足，但中游地区企业投入大量资金开展技术创新并取得显著成效。上游地区受制于相对薄弱的经济基础，社会的技术创新投入有限，企业对技术创新效率提升的促进作用有待进一步加强和释放；下游地区凭借强大的经济基础，持续增强对技术创新的高投入力度，企业积极开展技术创新，对技术创新效率的促进作用最为强烈。

（5）政府干预、产业结构高级化、城镇化与对外开放水平对长江经济带上中下游地区影响差异显著。上下游地区政府积极布局科技含量高、创新能力强、带动作用的战略性新兴产业，极大优化了地区产业结构，释放了产业结构的创新动能，而中游地区政府则相对滞后，未能在依托产业发展促进技术创新上赢得先机。但中游地区在城镇化过程中彰显人的作用，稳步推进以人为本的城镇化，注重激发高素质人才创新积极性，上下游地区在推进以人为本的城镇化进程中稍显不足。对外开放水平仅对欠发达中上游地区作用显著，在正全力提升开放水平的上游地区表现得尤为明显，而对高度开放发达的下游地区技术创新发展则仅有水平效应，未能产生增长效应。

二 政策启示

（1）持续稳定地加大技术创新投入，确保技术创新投入要素的高效率配置。技术创新具有复杂性、长期性、非连续性，须持续加大对长江经济带全社会技术创新投入，保证充分而稳定的技术创新要素投入，巩固长江经济带技术创新要素支撑，降低长江经济带技术创新不确定性。同时要提升技术创新投入要素配置效率，长江经济带上中游地区特别是中游地区要逐步减少对产能过剩行业的创新要素投入，降低创新要素的无谓损失，加快将创新资源投入到事关区域未来长远发展的新一代高新技术产业，如大数据、云计算、智能制造、新能源汽车、机器人等高新技术产业，确保技术创新要素投入的高效率和高回报。

（2）充分发挥政府对技术创新发展的引导作用，增强政府的服务意识和战略意识。长江经济带技术创新效率水平的提升，离不开政府的大力支持，无论是经济发展条件好坏，技术创新能力高低，政府对上中下游地区技术创新的发展极为重要，是企业开展技术创新坚实后盾，单靠企业“孤军奋战”难以实现长江经济带技术创新效率水平的显著提升。长江经济带 11 省市政府可通过制定技术创新发展五年规划，根据时代发展潮流和趋势，明确本省市技术创新发展重点地区和重点领域，为企业开展技术创新提供必要的资金支持和平台支撑，提供无息低息科技创新贷款，打造更多的众创空间，使政府“保姆”作用落到实处。

（3）强化企业对技术创新的主体和主导作用，充分调动企业创新的积极性、主动性、创造性。企业是长江经济带技术创新最稳健因子，不论经济政策环境如何，出于外在竞争压力和内在营利动机，企业都会全力投入科学技术研发。要充分发挥企业的创新特性，尽可能为企业提供宽松的创新环境和多样化的创新扶持政策，鼓励企业尤其科技企业建立技术中心、工程技术研究中心、高新技术创业中心，专注于高尖端领域的技术创新，加快形成长江经济带科技创新企业集群，产生创新的协同效应和规模效应，降低企业创新成本，增强企业的市场竞争力，提升长江经济带技术创新原动力。

（4）改造升级传统产业，发展壮大战略性新兴产业，不断优化产业结构。长江经济带 11 省市特别是中游地区和安徽对于科技含量低的产能过剩产业要主动有序地进行改造升级和淘汰转移，清理产能过剩行业潜伏的大量“僵尸企业”，增加技术创新人力和财力资源的有效供给。同时，长江经济带特别是中上游地区要大力引进和培育战略性新兴产业，如新一代信息产业、高端装备制造业、新能源汽车产业、高端材料产业、生物产业等产业，这些产业科技含量极高，发展难度较大，需要投入大量的科技人才和发展资金。长江经济带如能将此类“高精尖新”产业发展为主导产业和支柱产业，技术创新动能将不断涌现，技术创新效率必然会发生质的飞跃。

（5）加大对外开放力度，增强上中下游地区技术创新成果和产品的流动性。对于经济欠发达长江经济带中上游地区，须提升地区开放程度，促进中上游地区与下游地区和国外发达地区技术创新成果流动，加快引进和利用先进技术创新成果，借助外部先进技术创新同化和改进中上游地区技术创新“短板”，实现中上游地区技术创新的后发优势，加快追赶下游地区技术创新水平。对于经济较发达的下游地区，提升对外开放程度对技术创新可能无显著影响，但高度开放的技术创新环境，可保证下游地区技术创新的先发优势地位，使发达下游地区可充分把握世界技术创新潮流，持续发挥技术创新龙头带动作用。

第三章

基于改进超效率 DEA 模型的长江经济带科技创新效率研究

第一节 引言

长江经济带横贯我国东中西三大经济地带，沿线 11 个省市人口和经济总量均超过全国的 40%，对促进我国区域经济社会协调发展具有举足轻重的战略地位。有关长江经济带发展的立体顶层设计已经建立并在逐步完善。然而，长江经济带发展也面临区域发展不平衡、产业转型升级任务艰巨等问题。习近平总书记提出，“要将长江经济带建设成创新驱动带”。2016 年 9 月发布的《长江经济带发展规划纲要》提出“长江经济带的发展应在改革创新和发展新动能上做‘加法’，把长江经济带建设成为我国生态文明建设的创新驱动带”。长江经济带发展必须贯彻落实“五大发展理念”，尤其要重视依靠科技创新驱动长江沿线地区实现跨越式发展。在此背景下，系统研究长江经济带 11 个省市的科技创新效率及其在全国的位置状况，深入分析长江经济带科技创新效率呈现的动态变化规律及其影响因素，不仅有利于揭示和预测长江经济带科技创新效率的演化趋势，而且有利于探索长江经济带提升科技创新效率的有效路径，对促进长江经济带沿线地区实现创新驱动发展具有较强的实践意义。

借鉴现有研究成果，将区域科技创新效率定义为区域科技创新活动中投入与产出的对比关系，用以反映区域科技创新活动的水平和质量，体现区域创新系统中资源的配置和使用效率。国内外学者关于区域科技创新效率的测算方法主要包括数据包络分析法（DEA）、主成分分析法（PCA）、Malmquist 指数法、随机前沿分析法（SFA）、层次分析法（AHP）等。

数据包络分析法（DEA）是国内外学术界测算科技创新效率中运用比较广泛的方法，包括经典 DEA 法和改进的 DEA 法。李泽霞等（2011）、芮雪琴等（2015）、余泳等（2015）、王仁祥（2017）、孙志红（2017）先后采用经典 DEA 法对我国 31 个省（区、市）的科技创新效率进行了测算与分析；王玉霞等（2010）、胡凯（2012）、孔原等（2014）、许珂等（2014）则运用经典 DEA 分析法对特定省份科技创新效率及动态演化趋势进行分析。在改进的 DEA 法运用中，冯志军等（2011）基于二阶段 DEA 模型对我国各省科技创新效率进行测算与分析；金怀玉等（2013）基于三阶段 DEA 模型，借助于各省滞后 4 期科技投入产出数据，对我国 30 个省份科技创新效率及其影响因素进行实证研究；曹振全等（2012）、侯强等（2015）、尤瑞玲等（2017）分别运用超效率 DEA 分析方法，完成特定区域科技创新效率的测算与分析。

主成分分析法（PCA）也被用于科技创新效率的测算。赵菁奇等（2016）、黄天蔚等（2016）采用 PCA 方法分别对长江经济带 11 省市文化产业园科技创新效率、创新能力进行量化研究。

研究区域科技创新效率还有一些其他方法。例如，在 Malmquist 指数方法的运用中，徐小钦等（2009）、何丹（2017）、尤瑞玲（2017）对我国各省市科技创新效率进行测算；王犁等（2009）、韩先锋等（2010）、张姣芳等（2011）先后采用非参数 Malmquist 指数法对我国 31 个省份科技创新效率进行评价。又如，陈敏等（2012）、马晓琳（2017）基于随机前沿分析方法（SFA）分别对我国东中西部的科技创新效率、木材加工制品行业科技创新效率进行测算；张龅等（2016）通过模糊层次分析法、云层次分析法完成科技创新效率的量化分析；童纪新等（2011）、雷琳洁等（2015）、赵菁奇等（2016）基于灰色关联度分析法，对江苏各城市、东部 9 省、长江经济带等不同对象的科技创新效率进行实证研究。此外，侯强等（2015）采用非径向的超效率 SBM 模型，严红等（2010）采用灰靶模型，彭迪云等（2016）利用耦合度模型和耦合协调度模型，陈华彬等（2016）运用系统聚类分析法，也是科技创新效率测度研究的有益探索。

综合文献分析可见：从研究方法来看，DEA、PCA、SFA、AHP 等分析方法在科技创新效率的测算中均有不同程度的运用，DEA 方法中采用经典 DEA 模型完成科技创新效率测算的研究最为普遍；从研究对象来看，现阶段科技创新效率的研究主要集中在全国 31 个省份的测算与比较，以长江经济带为特定对象的专题性研究尚不多见；从研究内容来看，现有研究大部分集中在科技创新效率值的计算，针对科技创新效率动态演变规律及影响因素的研究有待进一步深入。基于此，采用改进的 DEA 分析法，结合 PCA 方法构建 PCA – SE – DEA 模型，以长江经济带 11 省市科技创新效率的时空演变和影响因素为内容进行实证研究。

第二节　长江经济带科技创新效率的测度方法

尽管文献分析表明，DEA 方法在科技创新效率测度中运用最为广泛，但是其指标强相关带来测算结果难以比较的问题，始终未能得到充分解决，使得 DEA 模型的运用存在一定缺陷。换言之，假如投入和产出变量之间存在强相关性，那么区域科技创新效率将出现缺乏区分度的情况，进而影响测评结果的准确性。而超效率 DEA 模型（以下简称 SE – DEA 模型）的运用能够解决科技创新效率值辨识度低的问题。同时，PCA 分析法能够提取分析指标中相关性较强的公共因子，通过降维很好地解决了 DEA 模型中指标强相关带来的问题。因此，本研究将 PCA 分析法和 SE – DEA 模型相结合，引入对长江经济带科技创新效率的实证分析。

为了更详细地分析长江经济带科技创新效率的演变规律和影响因子，呈现其在全国的状况，本研究将在上述基础上采用 σ 收敛和绝对 β 收敛两种收敛分析方法检验科技创新效率的敛散性，使用 Tobit 面板回归模型对长江经济带科技创新效率的影响因素进行分析，并且对我国 30 个省份 2004—2015 年的科技创新效率进行整体测度。

一　PCA – SE – DEA 组合模型

不同于传统 CCR 模型，SE – DEA 模型将 DMU 从参考效率的“前沿面”分离，使科技创新效率值的测算结果有可能大于 1，从而实现对所有决策单元进行排序。“前沿面”可以理解为在不同投入搭配的情况下的最大产出，而所有搭配下的最大产出形成的一个多维空间面。选取基于投入导向的规模报酬不变的 SE－DEA 模型，假设有 n 个 DUM，每个 DUM 都有 m 种投入和 s 种产出，对于第 j 个决策单元 DUM_j，x_{ij} 表示第 i 种投入，y_{rj} 表示第 r 种产出，λ_j 表示 n 个 DUM 的投入产出指标权重，$\sum_{j=1}^{n} x_{ij}\lambda_j$ 为加权处理后 DMU 的投入量，$\sum_{j=1}^{n} y_{ij}\lambda_j$ 为加权处理后 DMU 的产出量，如式（3－1）所示：

$$\begin{cases} \min[\theta - \varepsilon(\sum_{i=1}^{m} S_i^- + \sum_{r=1}^{m} S_r^-)] \\ \sum_{j=1}^{n} x_{ij}\lambda_j + S_i^- = \theta x_{ij}, i \in (1,2,\cdots,m) \\ \sum_{i=1}^{n} x_{rj}\lambda_j + S_i^+ = y_{ij}, r \in (1,2,\cdots,s) \\ \lambda_j \geqslant 0, \mathrm{j} = 1,2,\cdots,\mathrm{n} \\ S_i^- \geqslant 0 \\ S_i^+ \geqslant 0 \end{cases} \tag{3-1}$$

式中，θ 表示相对效率，S_i^- 和 S_i^+ 表示松弛变量，ε 表示非阿基米德无穷小，通常取 $\varepsilon = 0.000001$。假设式（3－1）有最优解 θ^*、S_i^-、S_i^+、λ^*，那么 θ^* 即为科技创新效率值。

同时，采用 PCA 方法提取与长江经济带科技创新效率有较强相关性的公共因子。现有区域科技创新效率的研究主要选取人力资源、资金使用、环境污染作为投入指标，将政策环境作为投入指标引进科技创新效率的评价指标，建立包括政策投入、人员投入、资金投入和环境投入的指标体系。同时选取技术市场成交额（y_1）、高技术产业新产品销售收入（y_2）、专利申请数（y_3）和高技术企业数（y_4）作为科技创新效率产出指标。科技创新效率测度指标和数据来源见表 3－1。

上述 PCA－SE－DEA 组合模型一方面可以在保留各投入产出指标信息完整的基础上降低指标间的关联水平，另一方面能够发挥 SE－DEA 模型在评价决策单元相对有效性过程中的优势，从而更为精确地测度长江经济带 11 省市的创新效率。

表 3 -1　　指标选取与数据来源

	分项指标	具体指标	数据来源
投入指标	政策投入	科技成果转化文件数（x_{11}）	北大法律信息网
		科技金融改革创新文件数（x_{12}）	北大法律信息网
		科技创新财政税收支持文件数（x_{13}）	北大法律信息网
		科技创新基金支持文件数（x_{14}）	北大法律信息网
	人员投入	R&D 机构从业人员数（x_{21}）	《中国高技术产业统计年鉴》
		R&D 人员全时当量（x_{22}）	《中国高技术产业统计年鉴》
		普通本专科毕业学生数（x_{23}）	《中国统计年鉴》
	资金投入	R&D 经费（x_{31}）	《中国统计年鉴》
		新产品开发经费支出（x_{32}）	《中国高技术产业统计年鉴》
		科学技术支出（x_{33}）	《中国统计年鉴》
		国家财政性教育经费支持（x_{34}）	《中国统计年鉴》
	环境投入	高等院校数（x_{41}）	《中国统计年鉴》
		R&D 机构数（x_{42}）	《中国科技统计年鉴》
产出指标	技术市场成交额（y_1）		《中国统计年鉴》
	高技术产业新产品销售收入（y_2）		《中国高技术产业统计年鉴》
	专利申请数（y_3）		《中国科技统计年鉴》
	高技术企业数（y_4）		《中国高技术产业统计年鉴》

二　科技创新效率收敛性检验

为进一步分析长江经济带 11 省市科技创新效率区域差异的动态演变规律，采用 σ 收敛和绝对 β 收敛两种收敛分析方法检验科技创新效率的敛散性。首先通过以下方程完成对长江经济带科技创新效率的 σ 收敛检验，如式（3 -2）所示：

$$\sigma_t = \left\{N^{-1}\sum_{i=1}^{n}\left[IE_i(t) - \left(N^{-1}\sum_{k=1}^{n}IE_k(t)\right)\right]^2\right\}^{\frac{1}{2}} \tag{3-2}$$

式中，$IE_i(t)$ 为第 i 个地区在 t 时期科技创新效率，N 为省份数。当 $\sigma_{t+1} < \sigma_t$ 时，各省科技创新效率离散系数在缩小，存在 σ 收敛；当 $\sigma_{t+1} > \sigma_t$ 时，各省科技创新效率离散系数在扩大，存在 σ 发散。

长江经济带科技创新效率的绝对 β 收敛回归如式（3－3）所示：

$$\frac{\ln(IE_{i,T})-\ln(IE_{i,0})}{T}=\alpha+\beta\ln(IE_{i,0})+\varepsilon \tag{3-3}$$

式中，$IE_{i,T}$表示为 $t=T$ 时期的科技创新效率，$IE_{i,0}$表示基期第 i 个省的科技创新效率，$\frac{\ln(IE_{i,T})-\ln(IE_{i,0})}{T}$表示第 i 个省在 $t=T$ 时期以前科技创新效率的平均增长速度，α 为常数项，β 为系数，ε 为误差项。

若存在 $\beta<0$，则存在绝对 β 收敛，各地区科技创新效率增长率与其初始水平呈反向关系，即科技创新效率的增长与初始值成反比，后发地区表现出对先进区域的“追赶”趋势；若系数 $\beta>0$，则各地区不存在 β 收敛，即后发区域的“追赶”效应不明显。

三　Tobit 模型

在完成长江经济带 11 省市科技创新效率测算的基础上，将科技创新效率（IE）定义为响应变量，将其他影响因素定义为控制变量，采用两阶段分析法构建模型来研究科技创新效率（IE）的影响因素。因为 IE∈［1，2］，为“受限因变量”，若仍然使用普通最小二乘法会导致回归参数估计值有偏和不一致。因此，本研究采用 Tobit 模型来解决受限或截断因变量的建模问题，具体形式见式（3－4）：

$$Y_k=\begin{cases}\beta X_k+\mu_k,\ \beta X_k+\mu_k>0\\ 0,\ \beta X_k+\mu_k<0\end{cases} \tag{3-4}$$

式中，Y_k为受限因变量，X_k为控制变量，β 为参数集，$\mu_k\in N(0,\sigma^2)$，$k=1,2,\cdots,n$。

文献分析表明，地区发展水平、经济结构、政策环境是影响区域科技创新效率的主要因素，为进一步分析相关因素对科技创新效率的影响机制，选取经济发展水平、产业结构、人口数量、城镇化率、外商投资和研发经费作为影响因素完成 Tobit 面板分析，如表 3－2 所示。

表 3－2　　　长江经济带科技创新效率的影响因子

变量名	标签	变量含义	数据来源
经济发展水平	*GDP*	地区生产总值	《中国统计年鉴》
产业结构	*INDUS*	工业产值比地区生产总值	作者测算

续表

变量名	标签	变量含义	数据来源
人口数量	*POPU*	地区就业人口总数	《中国统计年鉴》
城镇化率	*URBAN*	地区城镇化率	《中国统计年鉴》
外商投资	*FORIN*	外商投资总额	《中国统计年鉴》
研发经费	*R&D*	研究与实验发展（R&D）经费	《中国科技统计年鉴》

第三节　长江经济带科技创新效率的动态性分析

首先采用 KMO 检验和 Bartlett 检验对各样本数据进行公共因子分析的适宜度考察，再用 SPSS22.0 软件完成投入指标的主成分分析。以 2015 年数据为例，科技创新效率投入指标 KMO 和 Bartlett 检验的结果见表 3－3，KMO 值为 0.767，可见科技创新效率投入指标之间的相关性较大；Bartlett 球形检验值 P 为 0.000，可见原假设在 0.001 的显著性水平上被拒绝，即否定科技创新效率投入指标间无显著相关性的假设。综合 KMO 和 Bartlett 检验的结果可以证明，本研究选取的科技创新效率投入指标变量之间具有强相关性，能够进行因子分析。

表 3－3　　科技创新效率投入指标 KMO 和 Bartlett 检验

取样足够的 KMO 度量		0.767
Bartlett 的球形度检验	近似卡方	616.202
	df	91
	Sig.	0.000

根据累计贡献率≥85% 的原则提取 4 个主成分，见表 3－4。这 4 个主成分累计贡献率达到 99%，能够代表初始投入指标的大部分信息。根据因子载荷矩阵中各变量得分，最终得到四个主成分得分，作为 SE－DEA 模型的投入指标。

表 3-4 初始因子载荷矩阵、特征值和累计贡献率

	成分			
	F1	F2	F3	F4
x_{11}	0.624	0.438	0.134	0.148
x_{12}	0.726	0.128	0.146	-0.015
x_{13}	0.516	0.496	0.254	0.143
x_{14}	0.647	0.456	0.166	0.168
x_{21}	0.488	-0.293	0.349	-0.089
x_{22}	0.967	-0.094	-0.035	0.025
x_{23}	0.778	0.428	0.149	0.434
x_{31}	0.975	-0.219	0.048	0.000
x_{32}	0.833	-0.032	-0.552	0.000
x_{33}	0.946	0.322	0.034	-0.001
x_{34}	0.914	-0.187	-0.255	-0.085
x_{41}	0.782	0.366	0.231	0.345
x_{42}	0.591	-0.071	0.289	-0.122
特征值	90.807	6.547	2.633	0.008
贡献率（%）	28.367	41.584	28.903	1.141
累计贡献率（%）	28.367	69.952	98.855	99.995

为使数据平滑且满足 SE-DEA 模型的输入输出数据要求，可进一步得到一个包括 4 个产出指标和 4 个投入指标的 SE-DEA 模型，并运用极大值标准模型对数据进行无量纲处理，以解决主成分分析中公共因子可能为负的问题，计算方法如式（3-5）所示：

$$F'_{ij} = \frac{0.1 + 0.9(F_{ij} - \min F_{ij})}{\max F_{ij} - \min F_{ij}} \tag{3-5}$$

式中，F_{ij}表示处理前的值，F'_{ij}表示处理后的值，$\max F_{ij}$表示最大值，$\min F_{ij}$表示最小值。完成数据的变换后，结果数据全部属于区间[0.1，1]内。

在对投入产出数据进行无量纲处理后，采用 DEA P2.1 对全国 30

个省（区市）的科技创新效率进行数据包络分析。为了显示 PCA – SD – DEA 模型在科技创新效率测算中的显著作用，本研究将经典 DEA 模型、PCA – DEA 组合模型、SE – DEA 模型、PCA – SE – DEA 模型四种方法分别进行科技创新效率测算，结果见表 3 – 5。从表 3 – 5 中可见，采用经典 DEA 模型计算出的科技创新效率值存在较多省份出现“1”的情况；采用 PCA – DEA 组合模型对原始数据进行降维处理后的计算结果得到有效改善；采用 SE – DEA 模型则进一步增加了不同省份科技创新效率值的区分度；而采用 PCA – SE – DEA 组合模型得到的结果显然比前述三者更加理想。

表 3 – 5　　全国 30 个省份科技创新效率统计（2015）

省份	经典 DEA 模型	PCA – DEA 组合模型	SE – DEA 模型	PCA – SE – DEA 组合模型
北京	0.56	0.92	1.62	1.70
天津	0.32	1.00	1.90	0.59
河北	1.00	0.10	1.33	0.60
山西	1.00	0.11	2.02	0.19
内蒙古	0.93	0.19	1.03	0.15
辽宁	0.79	0.72	0.74	0.48
吉林	0.73	0.60	1.59	0.27
黑龙江	0.44	0.31	0.76	0.24
上海	0.43	1.00	2.01	1.40
江苏	0.61	0.95	1.68	1.68
浙江	0.70	0.15	2.55	2.22
安徽	0.62	0.48	0.98	0.67
福建	0.35	0.14	1.66	0.81
江西	0.61	0.22	2.18	0.69
山东	0.34	0.27	1.10	0.97
河南	1.00	0.03	1.96	7.57
湖北	0.29	0.81	0.76	0.63

续表

省份	经典 DEA 模型	PCA - DEA 组合模型	SE - DEA 模型	PCA - SE - DEA 组合模型
湖南	0. 47	0. 08	1. 14	0. 58
广东	0. 39	0. 68	3. 20	69. 55
广西	0. 64	0. 07	1. 24	0. 25
海南	1. 00	1. 00	2. 38	0. 11
重庆	0. 47	0. 72	2. 94	0. 65
四川	0. 93	0. 16	1. 03	0. 68
贵州	0. 55	0. 04	1. 09	0. 24
云南	0. 43	0. 07	1. 63	1. 30
陕西	1. 00	1. 00	1. 00	1. 00
甘肃	1. 00	0. 01	0. 91	0. 08
青海	1. 00	0. 28	1. 10	0. 07
宁夏	1. 00	0. 19	1. 00	0. 06
新疆	0. 35	0. 17	4. 99	0. 20
mean	0. 66	0. 42	1. 65	3. 19

注：Mean 表示全国 30 个省份 2015 年科技创新效率平均值。

同时，采用 PCA - SE - DEA 组合模型对我国 30 个省份 2004—2015 年的科技创新效率进行测度，结果见表 3 - 6。从全国范围看，北京、上海、江苏、浙江四地的科技创新效率最高，几乎每年都位于 1 的水平之上，在全国处于领先地位。从长江经济带范围看，江苏、上海两地的科技创新效率遥遥领先，浙江、湖北居于中等偏上水平，云南、贵州的科技创新效率相对落后。从地区分布看，长江经济带 11 省市中属于东部地区的江苏、上海、浙江三地的科技创新效率在全国位居前列，属于中部地区的安徽、江西、湖北、湖南四地中仅湖北的科技创新效率表现较好，属于西部地区的四川、重庆、云南、贵州四地的科技创新效率均相对落后。从平均值的比较看，长江经济带 11 省市 12 年间的科技创新效率整体略低于全国平均水平，可见长江经济带各省市提高科技创新效率还有相当大的空间。

表3-6　　全国30个省份科技创新效率测度结果

年份 省份	2004	2005	2006	2007	2008	2009	2010	2011	2012	2013	2014	2015	mean
北京	6.78	4.18	3.77	6.34	5.03	4.27	5.84	9.50	6.22	5.50	4.35	1.70	5.62
天津	2.09	1.67	2.72	1.24	0.88	0.79	0.48	0.63	0.73	1.86	0.39	0.59	1.22
河北	0.52	0.45	0.51	0.63	0.34	0.27	0.46	0.43	0.54	0.46	0.22	0.60	0.44
山西	0.18	1.17	0.32	0.21	0.29	0.17	0.15	0.15	0.18	0.29	0.11	0.19	0.29
内蒙古	0.17	0.19	0.19	0.10	0.13	0.09	0.13	0.11	0.50	0.16	0.06	0.15	0.17
辽宁	0.90	0.77	1.02	0.69	0.74	1.04	0.60	0.47	0.74	0.51	0.23	0.48	0.70
吉林	0.75	0.27	0.45	0.20	0.75	0.40	0.30	0.39	0.35	0.80	0.07	0.27	0.43
黑龙江	0.34	0.35	0.58	0.34	0.43	0.76	0.24	0.36	0.41	0.58	1.30	0.24	0.52
上海	1.50	1.54	2.22	2.01	5.82	5.19	1.24	1.14	0.78	1.50	0.72	1.40	2.15
江苏	1.90	1.68	6.20	5.69	1.41	1.60	1.43	1.79	2.40	1.71	2.23	1.68	2.55
浙江	1.18	1.42	1.41	1.24	1.79	1.17	2.26	4.72	1.19	2.61	1.28	2.22	1.84
安徽	0.27	0.30	0.42	0.38	0.36	0.49	0.75	0.60	0.67	0.85	0.50	0.67	0.51
福建	0.60	0.83	0.88	1.03	0.48	0.58	0.44	0.59	0.54	0.63	0.31	0.81	0.63
江西	2.28	0.66	0.65	0.24	1.08	0.44	0.46	0.59	0.80	1.20	0.17	0.69	0.78
山东	0.88	1.03	1.13	1.57	1.90	1.52	8.58	6.59	0.89	8.21	0.70	0.97	3.00
河南	0.53	0.77	0.78	2.09	0.57	0.47	4.23	3.72	4.10	0.94	2.03	7.57	1.84
湖北	0.58	2.42	0.70	0.65	5.23	1.02	0.65	0.64	0.72	0.61	4.20	0.63	1.58
湖南	0.80	0.97	1.04	0.54	1.09	2.38	0.61	0.65	0.72	0.69	0.88	0.58	0.95
广东	7.68	3.56	2.93	2.72	2.55	6.67	2.55	3.23	2.27	3.28	5.44	6.95	3.90
广西	0.41	0.39	0.28	0.16	0.24	0.24	0.23	0.28	0.28	0.65	0.05	0.25	0.29
海南	0.10	0.06	0.30	0.06	0.08	0.08	0.04	0.04	0.05	0.17	0.01	0.11	0.09
重庆	0.81	0.60	2.13	0.26	0.67	0.32	0.44	0.36	0.36	0.70	0.19	0.65	0.62
四川	0.41	0.56	0.76	0.71	0.90	1.24	0.73	1.02	1.12	1.01	0.51	0.68	0.82
贵州	0.15	0.19	0.32	0.19	0.08	0.08	0.09	0.10	0.11	0.57	0.09	0.24	0.18
云南	0.36	0.27	0.30	0.14	0.12	0.13	0.09	0.10	0.18	0.40	0.14	1.30	0.20
陕西	1.38	1.27	0.56	0.36	0.52	0.39	0.43	0.61	0.92	0.72	0.28	1.00	0.68

续表

年份 省份	2004	2005	2006	2007	2008	2009	2010	2011	2012	2013	2014	2015	mean
甘肃	0.18	0.25	0.29	0.15	0.16	0.19	0.19	0.24	0.28	0.37	0.07	0.08	0.22
青海	0.03	0.01	0.06	0.06	0.14	0.16	0.10	0.16	0.13	0.12	0.02	0.07	0.09
宁夏	0.08	0.06	0.07	0.03	0.03	0.05	0.04	0.02	0.05	0.11	0.01	0.06	0.05
新疆	0.22	0.14	0.22	0.09	0.06	0.05	0.08	0.06	0.07	0.27	0.10	0.20	0.12
Mean1	1.13	0.93	1.11	1.00	1.13	1.08	1.13	1.31	0.94	1.25	0.89	1.09	1.18
Mean2	0.93	0.96	1.47	1.10	1.69	1.28	0.80	1.06	0.82	1.08	0.99	0.98	1.11

注：Mean1 表示全国科技创新效率平均值；Mean2 表示长江经济带科技创新效率平均值。

第四节 长江经济带科技创新效率的差异性分析

由前述讨论可知，长江经济带科技创新效率的区域差异十分明显。因此，需要对数据做进一步处理才能明确区域差异的演化趋势，预测各省科技创新效率能否趋同。首先对长江经济带科技创新效率进行 σ 收敛分析。根据式（3－2）可以计算出 11 个省市 2004—2015 年科技创新效率的 σ 收敛结果，见图 3－1。2008 年，长江经济带 11 省市科技创新效率 σ 收敛值达到峰值。2008 年之前 11 省市的科技创新效率区域差距呈不断扩大趋势；2008—2012 年 11 省市的科技创新效率 σ 收敛结果波动下降，说明科技创新效率的区域差距逐年下降；而 2012 年后，11 省市的科技创新效率区域差距又呈现扩大的趋势。

同时，对长江经济带科技创新效率进行绝对 β 收敛分析，以检验科技创新效率低的省市是否对科技创新效率高的省市有无有效“追赶”，相关结果见表 3－7。检验结果中的回归系数为正，意味着后发地区对优势地区尚无明显的“追赶”效应，且各地区之间的科技创新效率存在继续扩大的趋势。这一结论与 σ 检验分析的结果相吻合。

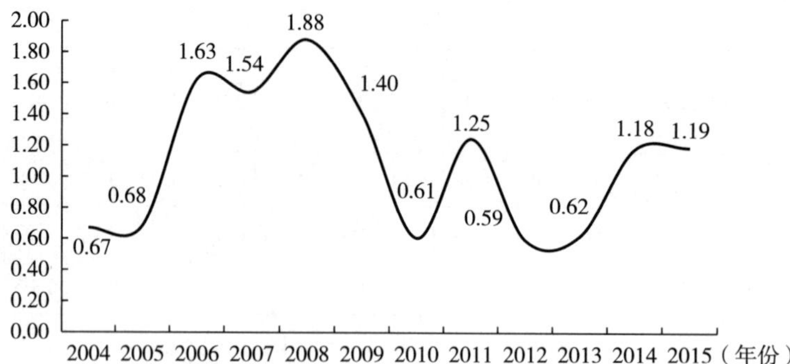

图 3－1　2004—2015 年长江经济带 11 省市科技创新效率 σ 收敛结果

表 3－7　2004—2015 年长江经济带 11 省市科技创新效率 β 收敛检验结果

IE	Coef.	Std. Err.	t	p	[95% Conf. Interval]	
β	1.7444422	0.0697863	10.67	0.000	0.6061136	0.8827707
α	－0.1154928	0.072552	－1.59	0.114	－0.2593035	0.028318

第五节　长江经济带科技创新效率的影响因素分析

基于上述测算，进一步建立包括以各省科技创新效率为响应变量、影响因素为控制变量的面板实证模型，采用两阶段分析法揭示科技创新效率的影响因素及其影响机制。选取经济发展水平（GDP）、产业结构（INDUS）、就业人口数量（POPU）、城镇化率（URBAN）、外商投资（FORIN）、研发经费（R&D）作为影响因素，并借助 Tobit 面板计量回归模型进行回归，解决科技创新效率受限因变量的问题。

所用 Tobit 面板模型如式（3－6）所示：

$$IE_{it} = \beta_0 + \beta_1 LNGDP_{it} + \beta_2 INDUS_{it} + \beta_3 LN\ POPU_{it} + \beta_4 URBAN_{it} + \beta_5 FORIN_{it} + \beta_6 R\&D_{it} + \varepsilon_i \quad (3-6)$$

式中，IEE_{it}为长江经济带中第 i 地 t 年的科技创新效率，β_j（$j=1$，2，…，11）为参数，ε_{it}为误差项。基于极大似然方法原理，经 Stata12.0 计算得出 Tobit 模型回归结果见表 3－8。

表 3－8　2004—2015 年长江经济带 11 省市科技创新效率影响因素回归结果

IE	Coef.	Std. Err.	z	P > z	[95% Conf. Interval]	
LNGDP	0.1546917	0.0520671	2.97	0.003	0.052642	0.2567415
INDUS	－0.0465503	0.0328733	－1.42	0.157	－0.1109807	0.0178801
LNPOPU	0.0535701	0.0565948	0.95	0.344	－0.0573536	0.1644938
URBAN	0.0073434	0.00175	4.20	0.000	0.0039134	0.0107733
FORIN	0.0000336	0.000034	0.99	0.324	－0.0000331	0.0001002
R&D	8.41*e*－08	1.64*e*－08	5.14	0.000	5.21*e*－08	1.16*e*－07
_ *cons*	－1.650644	0.2443099	－6.76	0.000	－2.129483	－1.171806

回归结果显示，各变量都在 5% 的检验水平中通过了显著性检验。各变量中除产业机构与地区科技创新效率呈负向相关关系外，其他变量均对科技创新效率产生正向相关关系。其中，研发经费对科技创新效率影响最大，表明科研经费投入始终是提高科技创新效率至关重要的核心要素；地区国民生产总值与科技创新效率显著相关，表明区域科技创新效率与区域经济发展水平存在明显一致性；地区就业人口与科技创新效率的正向相关关系，表明人作为科技创新的能动主体，参与就业人口的增加能够促进科技创新效率的提高；城镇化水平与科技创新效率的正向相关关系，表明我国大力实施的新型城镇化战略，对提高区域科技创新效率有明显的推动作用；外商投资与科技创新效率的正向相关关系，体现出区域积极承接国外资本投资和产业转移，会促进区域科技创新效率提升；地区产业结构与科技创新效率呈反向相关关系，表明科技创新能够促进产业结构的转型升级，而提升第三产业在经济发展中的比重则有利于进一步提升科技创新效率。

第六节　结论与启示

本研究基于超效率数据包络分析法和主成分分析法相结合构建 PCA－SE－DEA 组合模型，用以分析研究长江经济带 11 省市科技创新效率的演变规律与影响因素，研究结论至少包括三个方面。一是在

2004—2015 年的 12 年间，长江经济带科技创新效率平均值略低于全国平均水平。其中，江苏、上海、浙江、湖北等省市的科技创新效率在全国领先，云南、贵州两地的科技创新效率与其他地区的差距较大。二是长江经济带科技创新效率的波动在 2012 年后呈现比较明显的发散趋势，11 省市之间的科技创新效率差异日趋明显，长江上游地区科技创新效率普遍较低的态势进一步加剧。并且，长江中上游省市的科技创新"追赶效应"不明显，在"十三五"期间要缩小与长江下游地区的科技创新率差距需要付出更多的努力。三是经济发展水平、就业人口数量、城镇化率、外商投资、研发经费等因素对科技创新效率的提高有显著正向作用，而产业结构对科技创新效率的提高存在反向作用。

为了加快长江经济带建设创新驱动带，全面提高长江经济带的科技创新效率，长江经济带沿线省市可以采取若干针对性举措。例如，鼓励长江上游省份采取积极手段着力提高科技创新资源的投入产出比；推动长江下游省份继续实施产业结构转型优化升级，通过全面改革创新进一步深入发展创新型经济；全力支持长江中游省份加大承接产业转移力度，充分挖掘各自省份独特的科技创新潜力。特别是长江经济带 11 省市要在充分协调的基础上打破行政区划的限制和地方保护主义的局限，通过建立跨区域的科技创新治理联动机制、构建跨部门跨行业的协同创新机制等有效手段，共同营造全流域的良好创新创业生态，推进长江上中下游地区的协同发展和科技创新效率的整体提升。

第四章

长江经济带工业绿色创新发展效率及其协同效应

第一节　引言

绿色发展和创新发展是新发展理念的重要组成部分，长江经济带工业绿色创新协同发展对落实创新驱动战略、加快生态文明建设、实现高质量发展具有重要推动作用。《长江经济带创新驱动产业转型升级方案》（2016）提出以创新为动力，依托科技创新、制度创新双轮驱动，构建全方位创新发展体系。《关于加强长江经济带工业绿色发展的指导意见》（2017）要求进一步提高工业资源能源利用效率，降低工业发展对生态环境的影响。习近平总书记在武汉召开的深入推动长江经济带发展座谈会上（2018）强调要推动绿色产业合作，深入实施创新驱动发展战略，推动人才、资金、技术在上中下游地区合理流动。党和国家高度重视长江经济带工业绿色创新发展，提升长江经济带工业绿色发展效率和创新发展效率，实现工业绿色创新协同发展，是加快长江经济带高质量发展的应有之义。长江经济带工业绿色创新发展效率如何？工业绿色创新协同发展处于何种阶段？加快推动工业绿色创新协同发展的着力点何在？本研究侧重探讨上述三大问题，以期全面厘清长江经济带工业绿色创新协同发展思路。

学术界关于工业绿色发展效率和技术创新效率的研究主要集中在效率测度、影响因素识别、收敛机制检验、提升路径探讨四个维度（呙小明、黄森，2018；Chen et al.，2016）。工业绿色发展效率一般与地区发展水平和行业清洁度相关性较高，而工业创新发展效率则与产业科技含量紧密相关。重点探究经济发展、人力资本、产业集聚、技术创新、环境规制、能源结构、对外开放、产业转移等变量对工业绿色发展效率和技术创新效率的影响效应，但作用方向和作用强度因研究对象与研究时期不同而呈现出不同的研究结果（Zhang et al.，2018）。随着地区间日益频繁的经济联系和更加精细的专业化分工，人才、资金、技术在地区和行业间流动性加快，工业绿色发展效率和创新效率差距逐步缩小（李小娟、岳宏志，2017）。现有研究逐渐关注考虑工业环境非期望产出的创新发展效率，侧重反映工业的绿色创新能力（钱丽等，2018），但未能准确分离技术创新的环境非期望产出，绿色创新效率准确性有待提升。

关于工业绿色发展效率和创新发展效率的研究尺度，主要集中在企业、行业与地区三个层面，偏向对大中型工业企业、二位数工业细分行业与省域尺度工业绿色发展效率和技术创新效率研究（雷辉、郑艳，2018）。工业绿色发展效率的行业与地区分布与技术创新效率一致性较高，工业技术创新对工业发展具有重要支撑作用。东部地区特别是经济较发达省份工业企业效率显著高于中西部及东北地区省份（李晓阳等，2018），高技术制造业和节能环保工业细分行业绿色发展效率和技术创新效率要显著高于钢铁、煤炭、有色等科技含量较低的传统高耗能与重化工业行业（李静、倪冬雪，2015）。

关于工业绿色发展效率和创新发展效率的研究工具，一般采用数据包络分析 DEA 和随机前沿分析 SFA 测度工业绿色创新发展效率，前者无须设定生产函数形式，可处理多产出变量，对工业生产过程的拟合度更好，所以考虑非期望产出基于方向性距离函数的改进 DEA 模型成为工业绿色创新效率测度主流工具，如超效率 SBM 模型、网络 DEA 模型、两阶段 DEA 模型、RAM 模型等（游达明、黄曦子，2016；Liu et al.，2018）。采用普通线性面板模型、Tobit 模型、FGLS 模型等检验工业绿色技术创新效率的驱动机制（汪克亮等，2017），随着交通和信息网络基础设施愈益完善，地区间经济发展的人才、资金、技术交流更加频繁，空间交互效应逐渐引起学术界关注，采用空间计量模型探究工业绿色创新发展的驱动机制成为一种趋势（黄奇等，2015）。

总体而言，学术界关于工业绿色发展效率和创新发展效率的研究维度较为全面、研究方法较为成熟、研究尺度较为多元，为后续深入研究建立较为完善的分析框架。但现有研究关于国家战略支撑区域长江经济带的工业绿色发展效率和技术创新效率研究还不够，特别是关于工业绿色发展效率和技术创新效率的协同性研究仍处于起步阶段，无法把握长江经济带工业绿色创新协同发展思路。基于此，本研究将基于工业绿色创新协同发展机理，分别评估长江经济带工业绿色发展效率、工业创新发展效率及工业绿色创新发展协同效应，阐明长江经济带工业绿色创新协同发展的路径与方略。

第二节　工业绿色创新协同发展的理论机理

绿色发展与创新发展是工业高质量发展的必然要求，降低工业发展的环境负荷并增强工业发展的创新效益，是工业可持续发展的题中之义。工业绿色发展与工业创新发展互为依存，相互促进，其内在协同机理主要表现在以下三个方面：

（1）绿色技术支撑效应。技术创新是推动工业绿色发展的根本动力，传统产业改造升级和绿色新兴产业发展壮大依托于技术进步的推广应用，以绿色技术创新推动传统高耗能产业低碳循环化改造，加快高技术产业规模化发展（黄奇等，2015）。绿色科技创新，特别是关键共性绿色技术突破，能够有效革新生产工艺，推动生产过程低碳化、循环化、清洁化，极大提升工业发展的环境兼容性，对工业绿色清洁度提升具有质的飞跃。绿色技术创新对工业绿色创新协同发展具有基础性作用，有力支撑了工业绿色创新协同发展。

（2）绿色需求引致效应。传统粗放的工业发展模式造成严重的要素配置冗余和环境污染问题，使资源环境约束趋紧，逼近资源环境承载力上限，要求工业企业必须改进生产技术，提升资源能源利用效率，降低资源能源消耗强度和总量。另外，居民收入水平提升刺激了绿色产品需求，绿色生态产品成为主流消费趋势，消费者更加关注产品安全性和绿色性，消费升级倒逼企业加强绿色产品研发，提升产品绿色科技含量，以稳定并扩张市场份额。资源环境约束和消费升级引致工业绿色技术创新，加快工业绿色创新协同发展（毕克新等，2013）。

（3）绿色空间溢出效应。随着地区间高铁、高速公路、航空枢纽等构建的综合立体交通体系逐步完善，以互联网、大数据、云计算为基础的信息技术网络建立健全，空间联系紧密程度愈益凸显，绿色生产技术随着地区间频繁的劳动力、企业、产业流动而加速扩散（黄磊、吴传清，2018）。通过共建园区、对口支援、生态补偿等途径，绿色技术较为落后地区对邻近生产技术领先地区存在较强的学习效应，引进周边地区先进的绿色生产技术、设备与管理模式，地区间工业绿色技术差距逐步收敛，促进工业绿色创新发展的地区协同性提升。

第三节　研究方法和数据来源

一　研究方法

工业绿色发展效率反映工业绿色清洁生产能力，是指在当前生产技术和资源能源消耗条件下，工业生产所能增加与工业环境废弃物排放所能减少的最大程度。本研究采用全局超效率 SBM 模型测度长江经济带工业绿色发展效率。针对传统 DEA 模型无法反映投入产出变量的非比例松弛变动，对环境非期望产出的弱可处置性考虑不足，Tone（2011）提出，基于松弛测度的方向性距离函数 SBM－DDF 模型以反映投入产出变量的非比例改进程度并还原环境非期望产出的弱可处置性。为反映绿色发展效率的动态变化，不同年份效率必须具有相对可比性，借鉴 Andersen 和 Petersen（1993）与 Oh（2010）构建超效率 DEA 模型与全局生产技术集经验，构建基于松弛测度的全局超效率 SBM 模型，实现跨期效率与有效决策单元的可比性。具体如下：

$$\min\varphi = \frac{1/M\sum_{t=1}^{T}\sum_{m=1}^{M}(\bar{x}/x_{qm})}{1/(N+I)(\sum_{t=1}^{T}\sum_{n=1}^{N}\bar{y}/y_{qn}+\sum_{t=1}^{T}\sum_{i=1}^{I}\bar{b}/b_{qi})}$$

$$
\text{s.t.}\begin{cases}\bar{x} \geqslant \sum_{t=1,\neq p}^{T}\sum_{r=1,\neq q}^{Q}\lambda_r^t x_{rm}^t, \bar{x} \geqslant x_{qm}, m = 1,\cdots,M \\ \bar{y} \leqslant \sum_{t=1,\neq p}^{T}\sum_{r=1,\neq q}^{Q}\lambda_r^t y_{rn}^t, \bar{y} \leqslant y_{qn}, n = 1,\cdots,N \\ \bar{b} \geqslant \sum_{t=1,\neq p}^{T}\sum_{r=1,\neq q}^{Q}\lambda_r^t b_{ri}^t, \bar{b} \geqslant b_{qi}, i = 1,\cdots,I \\ \sum_{r=1}^{Q}\lambda_r^t = 1, \lambda_r^t \geqslant 0, r = 1,\cdots,Q \end{cases} \tag{4-1}
$$

式中，φ 即为在全局生产技术与可变规模报酬条件下（VRS）p 时期 q 决策单元的生态效率，可实现跨期生态效率的比较分析，识别有效决策单元的相对有效性。λ_r^t 表示 t 时期第 r 个决策单元投入、产出值的权重。$\sum_{r=1}^{Q}\lambda_r^t = 1, \lambda_r^t \geqslant 0$ 表示生产技术规模报酬可变（VRS）。x、y、b 分别表示决策单元的投入要素向量、期望产出向量和非期望产出向量。

上述方法主要涉及投入、期望产出、非期望产出三类变量。投入变量主要考虑劳动、资本、能源三种要素，分别选用规上工业企业平均用工人数、全社会工业固定资本存量、工业能源消耗反映，工业固定资本存量基于工业固定资产投资采用永续盘存法估算，折旧率参考张军等（2004）研究结论取为 9.6%；期望产出变量主要考虑工业总产出，选用规上工业企业销售产值反映，该指标包含在生产过程中的中间工业产品市场价值，可与工业生产过程的环境非期望产出进行匹配；环境非期望产出主要为工业生产废物，分别选用工业废水排放总量、工业废气排放总量、一般工业固体废弃物产生量反映。

工业创新发展效率是指工业创新投入转化为工业创新效益的充分度，反映工业创新驱动潜力，在既定工业研发投入下，工业技术创新产出所能达到的最大限度。采用全局超效率 SBM 模型测度长江经济带工业创新发展效率，主要涉及工业创新投入和产出两类变量，上述模型不考虑非期望产出即为工业创新发展效率测度工具。投入变量主要考虑研发人员、研发资本两类要素，分别选用规上工业企业 R&D 人员全时当量、规上工业企业 R&D 资本存量反映，研发资本存量基于 R&D 经费内部支出采用永续盘存法估算，折旧率参考肖文和林高榜（2014）做法取为10%；产出变量主要考虑工业创新成果的中间产出、最终市场价值，分别选用规上工业企业发明专利申请量、规模以上工业企业新产品销售收入反映。

表4－1　　工业绿色发展效率指标体系

指标层面	指标类型	基础指标	单位
要素投入	工业劳动力	规模以上工业企业平均用工人数	万人
	工业资本存量	全社会工业固定资本存量	万元
	工业能源消耗	工业能源消耗量	万吨标准煤
期望产出	工业总产出	规模以上工业企业销售产值	万元
非期望产出	工业废水	工业废水排放总量	万吨
	工业废气	工业废气排放总量	亿立方米
	工业固废	一般工业固体废弃物产生量	万吨

表4－2　　工业创新发展效率指标体系

指标层面	指标类型	基础指标	单位
创新投入	智力投入	规模以上工业企业R&D人员全时当量	人年
	资金投入	规模以上工业企业R&D资本存量	万元
创新产出	中间产出	规模以上工业企业发明专利申请量	件
	最终产出	规模以上工业企业新产品销售收入	万元

工业绿色创新协同效应是指工业绿色发展与工业创新发展的互补发展程度，反映工业绿色发展对工业创新发展的引致效应及工业创新发展对工业绿色发展的支撑作用。采用耦合协调度模型评估长江经济带工业绿色创新协同绩效。耦合度虽能反映工业绿色发展效率和工业创新发展效率的作用强度和作用方向，但其实质内涵仍是系统间的一致性比较测度，无法反映工业绿色发展和工业创新发展的整体功效和协同效应。因此，为评价工业绿色发展效率与工业创新发展效率的耦合协调程度，需构建两者间的耦合协调度模型：

$$D=\sqrt{C\times T},\ T=\alpha L+\beta E,\ C=\frac{\sqrt{L\times E}}{(L+E)/2} \tag{4-2}$$

式中，D 为工业绿色发展效率（L）和工业创新发展效率（E）的耦合协调度，反映工业绿色发展与工业创新发展的协同效应；T 为综合效益指数，C 为耦合度。α 和 β 分别为工业绿色发展效率和工业创新发展效率的待定权重，工业绿色发展与工业创新发展均为工业高质量发展的重要内涵，将权重 α 和 β 均取值为 0.5。参考黄磊等（2017）关于耦合协调度与耦合协调类型的分类方法，将工业绿色创新发展的耦合协调发展状况分为三大类十大亚类。

表 4－3　工业绿色发展效率和工业创新发展效率耦合协调度类型划分

失调衰退区间 0≤D＜0.4				过渡调和区间 0.4≤D＜0.6		协调发展区间 0.6≤D≤1			
极度失调衰退	严重失调衰退	中度失调衰退	轻度失调衰退	濒临失调衰退	勉强协调	初级协调	中级协调	良好协调	优质协调
0—0.1	0.1—0.2	0.2—0.3	0.3—0.4	0.4—0.5	0.5—0.6	0.6—0.7	0.7—0.8	0.8—0.9	0.9—1

注：尾行区间除右端区间外均为左闭右开，右端区间为左右全闭区间。

二　研究周期选择和数据来源

2013 年，长江经济带发展开始确立为国家重大战略，因此将研究时段确定为 2011—2016 年，以综合把握长江经济带发展战略确定前后工业绿色创新协同发展进程。基础数据取自《中国工业经济统计年鉴 2012》、《中国工业统计年鉴》（2013—2017）、《中国统计年鉴》（2012—2017）、《中国环境统计年鉴》（2012—2017）、《中国能源统计年鉴》（2012—2017）、《中国科技统计年鉴》（2012—2017）。所用涉及产品价值的指标均采用以 2011 年为基期的定基价格指数平减，其中工业固定资本采用工业固定资产投资价格指数平减；工业销售产值采用工业生产者出厂价格指数平减；由于官方未公布研发价格指数，参考朱有为和徐康宁（2006）的做法，构造加权研发价格指数并对 R&D 经费内部支出平减；规模以上工业企业新产品销售收入采用工业生产者出厂价格指数平减。长江经济带工业绿色创新发展地区差异巨大，将长江经济带做上中下游地区划分，上游地区包括云贵川渝四省份、中游地区包括鄂湘赣皖四省份、下游地区包括苏浙沪三省份。

第四节　实证结果分析

一　长江经济带工业绿色发展效率

（1）长江经济带工业绿色发展态势良好，工业绿色发展动能较强。2011—2016年长江经济带工业绿色发展效率保持较快增长态势，由2011年的0.587稳步提升至2016年的0.722，年均增长4.24%，增速远高于长江经济带以外地区，并于2015年超越长江经济带以外地区；长江经济带以外地区工业绿色发展效率保持平缓增长态势，由2011年的0.660波动缓慢上升至2016年的0.695，年均增长仅1.04%；全国平均工业绿色发展效率保持平稳增长态势，由2011年的0.633波动增长至2016年的0.705，年均增长2.17%。前期长江经济带工业绿色生产能力不高，传统高耗能、高污染产业产能化解压力较大，通过不断加快传统产业转型升级，加强绿色技术创新研发推广应用，工业绿色发展动能不断释放，绿色发展优势逐步凸显，成为引领全国工业绿色发展的生力军。

表4－4　2011—2016年全国及各地区工业绿色发展效率

年份/地区	2011		2012		2013		2014		2015		2016	
	效率	排名	效率	排名	效率	排名	效率	排名	效率	排名	效率	排名
全国	0.633		0.623		0.662		0.673		0.686		0.705	
长江经济带	0.587	2	0.599	2	0.647	2	0.669	2	0.695	1	0.722	1
非长江经济带	0.660	1	0.637	1	0.671	1	0.675	1	0.681	2	0.695	2
长江上游地区	0.457	3	0.450	3	0.499	3	0.517	3	0.547	3	0.584	3
长江中游地区	0.565	2	0.588	2	0.645	2	0.668	2	0.699	2	0.726	2
长江下游地区	0.789	1	0.812	1	0.847	1	0.874	1	0.885	1	0.901	1

资料来源：根据测算结果整理。

（2）长江经济带上中下游地区工业绿色发展绩效呈稳定的梯度递增格局，但中上游地区工业绿色发展潜力逐步凸显。2011—2016年上游地区工业绿色效率保持较快增长态势，由2011年的0.457快速上升至2016年的0.584，年均增长5.04%；中游地区工业绿色发展效率呈平稳快速上升态势，由2011年的0.565稳步提升至2016年的0.726，年均增长5.14%；下游地区工业绿色发展效率保持平稳增长态势，由2011年的0.789平缓上升至2016年的0.901，年均增长2.69%。长江经济带工业绿色发展的地区差异较大，中上游地区虽有显著的绿色追赶效应，但受经济实力和技术条件所限，与下游地区依然存在较大差距。

（3）长江经济带沿线11省份工业绿色生产能力普遍增强，整体处于全国中等水平。上海、江苏、浙江为第一梯队，工业绿色发展绩效整体处于全国领先水平，是促进长江经济带工业绿色发展的核心驱动源，引领长江经济带乃至全国工业绿色发展。安徽、江西、湖北、重庆为第二梯队，工业绿色发展效率在全国整体处于中等水平，工业绿色发展速度整体加快，以江西省最为典型，年均增长速度高达6.51%。湖南、四川、贵州、云南处于第三梯队，工业绿色发展绩效在全国处于相对靠后水平，有待进一步提升工业资源能源利用效率。长江经济带工业绿色发展绩效与地区经济发展水平整体呈正相关关系，经济发展程度较高的省份有能力支撑工业绿色技术创新研发，推动工业绿色转型升级。

二 长江经济带工业创新发展效率

（1）长江经济带工业创新发展动能充分，工业创新发展效率绝对水平与相对增速均优于全国平均水平。2011—2016年长江经济带工业创新发展效率呈“V”形较快增长态势，由2011年的0.625平缓下降至2013年的0.613，而后稳步快速增长至2016年的0.844，整体保持较快上升趋势，年均增长6.17%。长江经济带以外地区工业创新发展效率保持平稳增长态势，由2011年的0.446提升至2016年的0.597，年均增长5.99%。全国工业创新发展效率呈持续上升态势，由2011年的0.512稳步上升至2016年的0.687，年均增长6.07%。前期长江经济带处于工业转型升级的阵痛期，短期内低端工业创新成果有所减少，随着“三去一降一补”深入推进，研发资金和人才加快投入至高技术制造业和先进制造业，长江经济带工业创新动能逐步增强，引领全国经济高质量发展。

表4-5 2011—2016年长江经济带沿线11省份工业绿色发展效率

年份 地区	2011		2012		2013		2014		2015		2016	
	效率	排名	效率	排名	效率	排名	效率	排名	效率	排名	效率	排名
上海	0.732	9	0.744	9	0.782	8	0.835	7	0.857	7	0.894	7
江苏	0.840	6	0.891	4	0.946	4	0.957	4	0.986	5	1.000	5
浙江	0.795	7	0.801	7	0.814	7	0.831	8	0.813	8	0.808	8
安徽	0.593	12	0.611	14	0.652	14	0.682	12	0.724	11	0.765	11
江西	0.575	13	0.626	12	0.689	11	0.744	9	0.773	9	0.788	9
湖北	0.556	18	0.583	17	0.645	16	0.647	15	0.678	14	0.707	14
湖南	0.537	20	0.534	20	0.594	19	0.599	19	0.622	19	0.645	18
重庆	0.524	21	0.503	22	0.570	20	0.597	20	0.646	15	0.692	15
四川	0.460	24	0.449	24	0.517	24	0.549	22	0.594	21	0.637	20
贵州	0.437	25	0.429	25	0.469	26	0.479	25	0.498	24	0.534	24
云南	0.406	28	0.418	28	0.439	27	0.443	27	0.450	27	0.473	26

注：排名为全国排名。

资料来源：根据测算结果整理。

（2）长江经济带上中下游地区工业创新绩效整体呈梯度递增格局，上游地区工业创新动能较弱，中游地区保持平稳，下游地区工业创新发展动能强劲。2011—2016年上游地区工业创新发展效率呈“V”形衰退趋势，由2011年的0.734快速下降至2013年的0.559，后平稳上升至2016年的0.669，整体年均下降1.85%；中游地区工业创新发展效率保持平稳高速上升态势，由2011年的0.504稳步增长至2016年的0.878，年均增长11.73%，工业创新绩效提升最为迅猛；下游地区工业创新发展效率呈较快增长态势，由2011年的0.642快速上升至2016年的1.031，年均增长9.95%。上游地区是长江经济带工业创新发展的薄弱地区，应进一步强化对上游地区工业创新发展的支持力度，引导中下游地区工业创新资源向上游地区流动，协调长江经济带上中下游地区工业创新能力。

表 4-6　　2011—2016 年全国及各地区工业创新发展效率

地区＼年份	2011		2012		2013		2014		2015		2016	
	效率	排名	效率	排名	效率	排名	效率	排名	效率	排名	效率	排名
全国	0.512		0.514		0.530		0.545		0.576		0.687	
长江经济带	0.625	1	0.616	1	0.613	1	0.662	1	0.687	1	0.844	1
非长江经济带	0.446	2	0.455	2	0.483	2	0.477	2	0.512	2	0.597	2
长江上游地区	0.734	1	0.634	2	0.559	3	0.586	3	0.632	3	0.669	3
长江中游地区	0.504	3	0.546	3	0.566	2	0.607	2	0.674	2	0.878	2
长江下游地区	0.642	2	0.686	1	0.746	1	0.836	1	0.778	1	1.031	1

资料来源：根据测算结果整理。

（3）长江经济带沿线 11 省份工业创新发展差距扩张，大部分省份工业创新发展动能平稳增长，少数工业创新禀赋不足省份难以实现工业创新驱动。上海、江苏、浙江、安徽为第一梯队，工业创新发展效率在全国保持相对靠前水平或快速上升态势，以安徽省最为典型，工业绿色发展效率保持稳定的高速增长态势。江西、湖北、湖南、重庆为第二梯队，工业创新发展效率在全国整体处于中等水平，工业创新发展的基础条件较好，工业创新发展绩效整体较优。四川、贵州、云南为第三梯队，工业创新发展动能不足，工业创新发展效率出现倒退，年均下降速度分别为 0.36%、4.03%、4.94%。工业创新发展起飞条件较为严格，必须具有良好的产业、人才、资金基础与政策环境，应有重点地加快工业创新动能培育，特别是创新基础薄弱的云贵地区，稳健推动工业创新发展。

三　长江经济带工业绿色创新发展协同效应

（1）长江经济带工业绿色创新协同效应显著，绝对水平和相对增速均优于全国平均水平。2011—2016 年长江经济带工业绿色创新协同效应保持平稳增强态势，由 2011 年的 0.543 持续增长至 2016 年的 0.619，年均增长 2.65%，协同发展类型由勉强协调阶段上升至初级协调阶段，于 2016 年进入协调发展阶段。长江经济带以外地区工业绿色创新协同效应呈平缓增长态势，由 2011 年的 0.499 提升至 2016 年的 0.553，年均增长 2.06%，始终处于过渡调和区间。全国平均工业绿色创新协同效应亦呈平稳增长态势，由 2011 年的 0.515 稳步增长至 2016 年的 0.577，年均增长 2.29%，长期处于勉强协调阶段。长江经济带工业绿色创新协同效应整体处于全国领先水平，工业绿色发展与工业创新发展互动效应良好，两者互为支撑协同推进，引领全国工业绿色创新协同发展。

表 4－7　2011—2016 年长江经济带沿线 11 省份工业创新发展效率

年份 / 地区	2011		2012		2013		2014		2015		2016	
	效率	排名	效率	排名	效率	排名	效率	排名	效率	排名	效率	排名
上海	0.791	5	0.740	6	0.702	8	0.880	4	0.657	12	1.021	8
江苏	0.633	11	0.721	7	0.754	6	0.823	5	0.795	7	1.023	7
浙江	0.502	15	0.596	13	0.783	5	0.805	7	0.880	5	1.050	4
安徽	0.722	6	0.794	4	0.823	4	0.919	2	1.001	2	1.185	2
江西	0.315	23	0.339	23	0.399	21	0.509	17	0.501	17	0.734	11
湖北	0.373	19	0.410	19	0.440	20	0.421	21	0.495	18	0.558	19
湖南	0.607	13	0.640	9	0.603	11	0.577	12	0.700	10	1.033	5
重庆	1.019	2	0.606	11	0.503	17	0.613	10	1.008	1	1.030	6
四川	0.641	10	0.701	8	0.699	9	0.701	9	0.637	13	0.629	16
贵州	0.645	9	0.598	12	0.521	13	0.531	16	0.445	20	0.525	21
云南	0.632	12	0.631	10	0.514	16	0.500	18	0.440	21	0.491	22

注：排名为全国排名。

资料来源：根据测算结果整理。

（2）长江经济带上中下游地区工业绿色创新协同效应呈梯度递增格局，上游地区工业绿色创新协同效应最弱，中游地区协同效应明显，下游地区协同效应最强。上游地区工业绿色创新协同效应呈“V”形缓慢增长态势，由 2011 年的 0.536 下降至 2013 年的 0.512，后持续上升至 2016 年的 0.554，整体年均增长 0.68%，始终处于勉强协调阶段。中游地区工业绿色创新协同效应呈线性增长态势，由 2011 年的 0.511 持续快速提升至 2016 年的 0.627，年均增长 4.15%，由勉强协调阶段上升至初级协调阶段。下游地区工业绿色创新协同效应保持较快增长态势，由2011年的0.594增长至2016年的0.694，年均增长3.15%，由勉强协调发展阶段稳步趋近中级协调阶段。上游地区工业绿色创新协同发展仍处于起步阶段，中下游地区应加强对上游地区工业绿色技术创新支持，加快长江经济带全域工业高质量发展。

表4-8　　2011—2016年全国及各地区工业绿色创新协同效应

地区＼年份	2011			2012			2013		
	协调度	排名	类型	协调度	排名	类型	协调度	排名	类型
全国	0.515		勉强协调	0.519		勉强协调	0.532		勉强协调
长江经济带	0.543	1	勉强协调	0.545	1	勉强协调	0.556	1	勉强协调
非长江经济带	0.499	2	濒临失调	0.504	2	勉强协调	0.519	2	勉强协调
长江上游地区	0.536	2	勉强协调	0.516	3	勉强协调	0.512	3	勉强协调
长江中游地区	0.511	3	勉强协调	0.526	2	勉强协调	0.545	2	勉强协调
长江下游地区	0.594	1	勉强协调	0.610	1	初级协调	0.630	1	初级协调
地区＼年份	2014			2015			2016		
	协调度	排名	类型	协调度	排名	类型	协调度	排名	类型
全国	0.537		勉强协调	0.548		勉强协调	0.577		勉强协调
长江经济带	0.572	1	勉强协调	0.582	1	勉强协调	0.619	1	初级协调
非长江经济带	0.517	2	勉强协调	0.529	2	勉强协调	0.553	2	勉强协调
长江上游地区	0.524	3	勉强协调	0.537	3	勉强协调	0.554	3	勉强协调
长江中游地区	0.559	2	勉强协调	0.581	2	勉强协调	0.627	2	初级协调
长江下游地区	0.653	1	初级协调	0.643	1	初级协调	0.694	1	初级协调

资料来源：根据测算结果整理。

（3）长江经济带沿线11省份工业绿色创新协同效应以工业创新能力为主导，创新能力较强省份的工业绿色创新协同能力显著优于其他省份。上海、江苏、浙江、安徽处于第一梯队，工业绿色创新协同发展能力较强，始终处于协调发展阶段，江苏省于2016年率先进入中级协调发展阶段。江西、湖北、湖南、重庆、四川整体为第二梯队，工业绿色创新协同发展能力在全国处于中等水平，基本由过渡调和阶段进入协调发展阶段，工业绿色创新协同发展能力提升迅猛。贵州、云南为第三梯队，工业绿色创新协同发展能力较弱，在全国处于相对靠后水平，工业创新人才匮乏，工业绿色创新协同发展能力提升缓慢。长江经济带省域工业绿色创新协同发展能力仍为经济和技术主导型，上海、江苏、浙江应强化对云南、贵州等欠发达省份的工业技术创新支持，协调长江经济带省域工业绿色创新协同发展能力。

表 4-9　　2011—2016 年长江经济带沿线 11 省份工业绿色创新协同效应

地区＼年份	2011			2012			2013		
	协调度	排名	类型	协调度	排名	类型	协调度	排名	类型
上海	0.617	5	初级协调	0.609	6	初级协调	0.609	7	初级协调
江苏	0.604	7	初级协调	0.633	3	初级协调	0.650	3	初级协调
浙江	0.562	10	勉强协调	0.588	8	勉强协调	0.632	5	初级协调
安徽	0.572	9	勉强协调	0.590	7	勉强协调	0.605	8	初级协调
江西	0.461	21	濒临失调	0.480	22	濒临失调	0.512	18	勉强协调
湖北	0.477	19	濒临失调	0.494	20	濒临失调	0.516	16	勉强协调
湖南	0.534	13	勉强协调	0.541	12	勉强协调	0.547	12	勉强协调
重庆	0.605	6	初级协调	0.525	14	勉强协调	0.517	15	勉强协调
四川	0.521	14	勉强协调	0.530	13	勉强协调	0.548	11	勉强协调
贵州	0.515	15	勉强协调	0.503	17	勉强协调	0.497	20	濒临失调
云南	0.503	16	勉强协调	0.507	16	勉强协调	0.487	21	濒临失调

地区＼年份	2014			2015			2016		
	协调度	排名	类型	协调度	排名	类型	协调度	排名	类型
上海	0.655	5	初级协调	0.613	10	初级协调	0.691	3	初级协调
江苏	0.666	3	初级协调	0.665	3	初级协调	0.711	2	中级协调
浙江	0.640	6	初级协调	0.650	5	初级协调	0.679	6	初级协调
安徽	0.629	7	初级协调	0.653	4	初级协调	0.690	5	初级协调
江西	0.555	11	勉强协调	0.558	15	勉强协调	0.617	14	初级协调
湖北	0.511	19	勉强协调	0.538	17	勉强协调	0.560	17	勉强协调
湖南	0.542	14	勉强协调	0.574	14	勉强协调	0.639	12	初级协调

续表

地区＼年份	2014			2015			2016		
	协调度	排名	类型	协调度	排名	类型	协调度	排名	类型
重庆	0.550	13	勉强协调	0.635	6	初级协调	0.650	9	初级协调
四川	0.557	10	勉强协调	0.555	16	勉强协调	0.563	16	勉强协调
贵州	0.502	20	勉强协调	0.485	22	濒临失调	0.515	21	初级失调
云南	0.485	23	濒临失调	0.472	24	濒临失调	0.491	23	濒临失调

注：排名为全国排名。
资料来源：根据测算结果整理。

第五节　结论与政策启示

基于2011—2016年全国30个省份面板数据，采用全局超效率SBM模型和耦合协调度模型从全国视角分析长江经济带整体、上中下游地区、沿线11省市等层面全面评估长江经济带工业绿色发展效率、技术创新效率、绿色创新发展协同效应，得出如下研究结论：

（1）长江经济带工业绿色生产能力持续增强。长江经济带工业绿色发展效率稳步提升，加快推动工业生产低碳清洁绿色化，工业绿色发展效率逐步超越全国平均水平。内部上中下游地区工业绿色生产能力分异明显，上游地区工业绿色技术相对落后，中游地区次之，下游地区领先其他地区。沿线11省市工业绿色生产能力在全国处于中等水平，以苏浙沪三省份为驱动源。

（2）长江经济带工业创新动能后发优势明显。长江经济带工业高端创新要素资源逐渐配置至科技含量较高的先进制造业，传统低端无效过剩产能逐步淘汰转型，工业创新发展效率加快提升。工业创新发展存在严格的技术门槛，上中下游地区工业创新效率梯度差距更为显著，下游地区最强，中游地区平稳，上游地区滞后。沿线11省市工业创新能力整体在全国相对靠前，省域创新能力较强，但云贵等创新资源稀缺省份创新能力停滞倒退。

（3）长江经济带工业绿色创新发展协同性提升加快。长江经济带工业绿色创新协同发展逐步迈入高质量协调发展阶段，工业绿色发展需求引致绿色技术创新，进一步支撑工业绿色发展技术要求。上中下游地区工业绿色创新协同发展亦呈梯度递增格局，下游地区工业绿色创新发展协同效应远高于中上游地区。沿线 11 省份工业绿色创新协同发展整体在全国处于靠前水平，特别是技术创新能力较强省份，以苏浙沪皖四省份最为典型。

进一步明确长江经济带工业绿色创新发展思路，上述研究结论蕴含如下政策启示。

（1）强化绿色生产技术研发。加强传统工业绿色转型关键技术研发，围绕钢铁、有色、化工等传统行业，在长江经济带中上游地区率先突破一批工业绿色转型核心技术，支撑长江经济带传统工业绿色技术改造升级。培育绿色制造核心技术优势，以满足节能环保、新能源装备、新能源汽车等绿色制造产业技术需求为重点，加快核心关键技术研发，构建制造业绿色发展的技术支撑体系。积极发展工业绿色关键共性技术，遵循产品全生命周期理念，以提升工业绿色发展技术水平为目标，加大绿色设计、环保材料、绿色工艺与装备、再制造等领域共性技术研发力度，提升长江经济带在推动全国工业绿色创新发展的重要引领作用。

（2）提升绿色创新成果市场转化速率。紧扣市场绿色需求，开展市场调研，精准分析居民绿色产品需求，以个性化、柔性化、智能化为导向，最大化满足居民绿色产品需求，提升工业绿色创新成果的市场兼容性。完善技术交易市场，构建绿色技术创新成果信息平台，推动绿色专利技术市场化交易，消除绿色创新技术交易和科技成果转化制度壁垒，内化绿色技术研发成果经济效益外部性。提升绿色创新服务，加强节能环保咨询服务公司与工业企业紧密对接，强化节能环保服务对绿色制造技术创新的促进作用，推动节能环保制造业发展壮大，增强工业绿色创新协同发展的内生动力。

（3）建设开放创新平台。打造工业绿色创新资源集聚区，以上海张江等四大全面创新改革试验区为基础，加快整合长江经济带绿色创新资源，推动绿色创新资源要素流动，建设一批绿色创新协同发展示范区，带动长江经济带工业绿色创新协同发展。建设工业联合创新技术研究院，推动龙头企业与高校科研院所组建专业技术研究院，强化传统行业节能技术和废弃物循环再利用技术研发，加强新兴基础关键核心绿色技术创新。构建工业绿色技术创新联盟，支持骨干企业联合高校科研机构、行业协会共同搭建工业绿色技术研发试验平台，加快工业绿色新技术、新工艺、新产品的示范应用，加快工业绿色创新协同发展进程。

（4）发挥工业创新地区比较优势。严格遵循主体功能定位，优化调整工业生产布局，长三角优化开发区优先发展节能、节地、环保的先进制造业，长江中游地区、成渝地区等重点开发区加快传统制造业绿色技术改造升级，三峡库区、武陵山区等开发区严格限制工业化开发。培育绿色高技术产业集群，推进沿江工业节水治污与清洁生产技术改造，加快发展节能环保、新能源汽车、智能制造等高技术绿色工业集群。推进绿色创新协同城市试点示范，严控试点城市能耗、水耗、排放标准，梳理总结试点城市经验做法，以点带面推动长江经济带工业绿色创新协同发展。

（5）建立多元产业生态补偿制度。设立工业生态补偿基金，强化对上游地区开展工业绿色创新发展的资金支持，提高上游地区工业绿色生产与环境治理技术，降低工业污染排放和能源消耗强度。共建工业园区，鼓励中下游地区先进节能环保制造企业入驻上游地区，联合建设工业发展示范园区，税收分成比例适当偏向迁出地政府，平衡中下游地区先进节能环保企业迁出所产生的税收损失。开展工业绿色人才培训，引导中上游地区工业企业定期组织人员赴下游地区行业领军企业实习，增强上游地区工业研发人员的绿色创新能力，逐步缩小上中下游地区间工业绿色技术人力资本差距，增强长江经济带工业绿色创新发展协同性。

第五章

技术创新、空间溢出与长江经济带工业绿色全要素生产率

第一节　引言

党的十九大报告明确指出，我国经济已从高速增长阶段转向高质量发展阶段。随着经济结构调整和经济发展方式的改变，提高工业经济发展质量，已成为推动经济高质量发展的必由之路和客观要求。2016 年 1 月 5 日，习近平总书记在推动长江经济带发展座谈会中明确要求，"共抓大保护，不搞大开发"；习近平在 2018 年深入推动长江经济带发展座谈会上的讲话中明确指出，要"使长江经济带成为引领我国经济高质量发展的生力军"。长江经济带是我国生态文明建设的先行示范带，在推动我国经济高质量发展过程中发挥着重要的引领示范作用。工业发展既是长江经济带经济发展的核心动力，也是生态环境系统破坏的主要来源。关于长江经济带工业发展问题，《国务院关于依托黄金水道推动长江经济带发展的指导意见》（2014）、《长江经济带创新驱动产业转型升级方案》（2016）、《长江经济带发展规划纲要》（2016）、《关于加强长江经济带工业绿色发展的指导意见》（2017）等规划和政策文本，均强调缓解工业发展与资源环境的矛盾，实现工业绿色转型，完成工业发展新旧动能转换，创新驱动工业产业转型升级。经济高质量发展是体现新发展理念的发展，技术创新是长江经济带工业产业高质量发展的强大动能。提升工业绿色全要素生产率是长江经济带工业绿色转型升级的关键

环节，但是长江经济带工业绿色全要素生产率水平如何？存在何种时空演变规律？同时，技术创新在工业绿色全要素生产率提升过程中能够发挥何等作用？影响程度如何？技术创新在影响长江经济带工业绿色全要素生产率过程中的空间溢出效应如何？国内少有研究能够系统回答上述问题。

基于此，本研究尝试从三个方面对技术创新、空间溢出和长江经济带工业绿色全要素生产率相关研究进行补充和拓展：第一，采用2005—2016年面板数据，利用基于松弛变量的方向距离函数（SBM - DDF）模型测算长江经济带沿线108个地级以上城市工业绿色全要素生产；第二，基于Luenberger生产率指数方法，获取长江经济带工业纯技术进步效率，考察技术创新在影响长江经济带工业绿色全要素生产率过程中的贡献程度；第三，运用空间分析方法，进一步考察长江经济带工业绿色全要素生产率演变过程中的空间差异和溢出效应。

第二节　文献综述

现有关于工业绿色全要素生产率的研究主要聚焦于工业绿色全要素生产率测算和影响因素两个方面。学术界多根据各自研究领域和视角确定研究方法、指标和尺度，测度工业绿色全要素生产率，并对影响因素进行考察。

工业绿色全要素生产率测算中，学术界关于测算方法、指标选择、空间尺度、产业尺度各方面的选择存在差异。非参数方法和参数方法是中国工业绿色全要素生产率最主要的测算方法。非参数方法主要为数据包络分析方法（DEA）及其组合模型，如DEA - Malmquist方法、三阶段DEA、Super - DEA方法、SBM模型、SBM - Luenberger模型、Malmquist - Lunberger指数、DDF - ML指数、SBM - DDF - Luenberger模型等（万伦来、朱琴，2013；陈超凡，2016；李琳、刘琛，2018）；运用非参数方法测算中国工业绿色全要素生产率的研究中，武义青和陈俊先（2018）利用引入势效系数的方法测算河北省11个区市工业绿色全要素生产率，综合考察资本、劳动力、能源、资源在工业绿色发展过程中的作用。学术界测算中国工业绿色全要素生产率的指标主要包括投入指标和产出指标。其中，投入指标主要包括资本、劳动、能源投入三类，资本类指标主要包括固定资产净值、工业资本存量、固定资产投资、物资资本存量等（沈裕谋，2014）；劳动力指标则主要为工业企业年平均从业人员数（石风光，2015）；能源投入指标则主要包括工业能源消耗总量、规模以上工业增加能耗水平、煤炭消费量（马晓明、张泽宜，2016）。产出指标分期望产出和非期望产出指标，期望产出指标反映工业企业的经济产出情况，主要包括工业总产值、工业销售产值、工业增加值、工业企业主营业务收入（李斌、彭星，2013）；非期望产出反映中国工业企业发展过程中的环境污染产出，主要包括工业废水排放量、二氧化硫排放量、工业烟粉尘排放量、二氧化碳排放量、化学需氧量、工业固体废弃物等（杨文举、龙睿赟，2012）；部分学者则将环境污染变量作为投入指标，如张虎和宫舒文（2017）则将工业废水、废气、工业固体废弃物排放量作为投入指标测算工业绿色全要素生产率。学术界关于中国工业绿色全要素生产率的研究主要聚焦于省级、城市等空间尺度，关于省级工业绿色全要素生产率的研究主要包括我国31个省份；关于城市工业绿色全要素生产率的研究主要包括广东省21市、河北省11个区市等。从产业角度看，现有研究多以工业行业整体绿色全要素生产率为研究对象，也有部分学者从工业细分行业为研究对象，完成工业绿色全要素生产率的测算，张健东和曲小瑜（2017）利用中国食品工业绿色全要素生产率进行考察。

中国工业绿色全要素生产率的演变特征受多种因素影响。技术创新是驱动工业绿色发展的主要动力，技术进步是工业绿色全要素生产率增长的动力源泉，张虎和宫舒文（2017）指出，科研创新对工业绿色全要素生产率的促进作用在短期相对较弱。研发投入通过技术创新促进工业绿色全要素生产率的提高，万伦来和朱琴（2013）研究发现，企业自主研发、国外技术引进、国内技术转移三种方式对中国绿色全要素生产率的影响存在差异；其他研发投入影响因素还包括R&D投入强度、人力资本水平等。政策导向也是影响工业绿色全要素生产率重要的因素，环境规制是影响工业绿色全要素生产率最显著的政策因素，李斌和彭星（2013）指出，环境规制对工业绿色全要素生产率的提高存在“门槛效应”，马晓明和张泽宜（2016）却认为，环境规制对工业绿色全要素生产率的促进作用并不显著；影响工业绿色全要素生产率的其他政策导向因素还包括所有制结构、产权结构、排污收费制度、排污权交易试点政策、环境法制等。对外开放是学术界广泛关注的中国工业绿色全要素生产率影响因素，陈超凡（2016）运用 SYS - GMM 模型研究指出，外商投资对工业绿色全要素生产率的促进作用尚未完全发挥；中国工业绿色全要素生产率其他对外开放影响因素还包括外资依存度、外贸依存度等。学术界现有研究关注到影响中国工业绿色全要素生产率的因素还包括行业资本密度、工业化、信息化进程、工业产业结构、利润、人均 GDP、资本劳动力比、固定资本投资、企业规模、城市化率、互联网、禀赋结构等。

综观中国工业绿色全要素生产率研究现有成果，较多学者关注到中国工业绿色全要素生产率的测算和影响因素分析，但仍有可改进之处。第一，关于城市工业绿色全要素生产率的关注度尚显不足，现有研究多集中在对我国 31 个省份或细分行业工业绿色全要素生产率的考察，对于城市工业行业整体绿色全要素生产率的研究相对较少。第二，现有研究关于技术创新对工业绿色全要素生产率贡献率的研究相对较少，现有对工业绿色全要素生产率影响因素的研究多从外部环境分析，对工业绿色全要素生产率的分解研究相对不足。第三，现有工业绿色全要素生产率影响因素的研究多从时间序列进行考察，对于空间溢出效应的考察相对较少。第四，以长江经济带为对象的研究更为少见，长江经济带在我国工业经济高质量发展过程中发挥着重要的示范引领作用，对长江经济带工业绿色全要素生产率的研究具有重要的实践意义和理论意义。基于此，本研究拟系统分析技术创新对长江经济带工业绿色全要素生产率的贡献程度，并分析其空间溢出效应。

第三节 长江经济带工业绿色全要素生产率及技术创新贡献测度

一 研究方法与数据来源

1. 工业绿色全要素生产率测度模型与分解

参考 Fare 和 Grosskopf（2007）研究成果，若长江经济带工业行业生产过程中共包括 N 种投入、M 种期望产出、I 种非期望产出，则长江经济带工业行业绿色生产技术模型为：

$$P^t(x^t) = \Big\{(y^t, b^t): \sum_{k=1}^{K}\lambda_k^t y_{km}^t \geqslant y_{km}^t, \forall m; \sum_{k=1}^{K}\lambda_k^t b_{ki}^t \geqslant b_{ki}^t, \forall i; \sum_{k=1}^{K}\lambda_k^t x_{kn}^t \leqslant x_{kn}^t, \forall n; \sum_{k=1}^{K}\lambda_k^t = 1, \lambda_k^t \geqslant 0, \forall k\Big\} \tag{5-1}$$

式中，λ_k^t 表示决策单元权重，工业绿色生产规模报酬可变（VRS）则 λ_k^t 为非负值，且和为 1；工业绿色生产规模报酬不变（CRS）则 λ_k^t 为非负值。参考 Fare 和 Grosskopf（2010），运用 SBM 方向性距离函数和 Luenberger 生产指数表示长江经济带沿线 108 个地级及以上城市工业行业绿色全要素生产率（gtfp）：

$$\vec{S}_V^t(x^{t,k}, y^{t,k}, b^{t,k}, g^x, g^y, g^b) = \max_{g^x, g^y, g^b} \frac{\frac{1}{N}\sum_{n=1}^{N}\frac{s_n^x}{g_n^x} + \frac{1}{M+1}\left(\sum_{m=1}^{M}\frac{s_m^y}{g_m^y} + \sum_{i=1}^{I}\frac{s_i^b}{g_i^b}\right)}{2}$$

$$\text{s.t.}\begin{cases}\sum_{k=1}^{K}\lambda_k^t x_{kn}^t + s_n^x = x_{kn}^t, \forall n; \sum_{k=1}^{K}\lambda_k^t y_{km}^t - s_m^y = y_{km}^t, \forall m; \\ \sum_{k=1}^{K}\lambda_k^t b_{ki}^t + s_i^b = b_{ki}^t, \forall i; \\ \sum_{k=1}^{K}\lambda_k^t = 1, \lambda_k^t \geqslant 0, \forall k; s_n^x \geqslant 0, \forall n; s_m^y \geqslant 0, \forall m; s_i^b \geqslant 0, \forall i\end{cases}$$

$$gtfp_t^{t+1} = \frac{1}{2}\Big\{[S_c^t(x^{t+1}, y^{t+1}, b^{t+1}; g) - S_c^t(x^t, y^t, b^t; g)] + [S_c^{t+1}(x^{t+1}, y^{t+1}, b^{t+1}; g) - S_c^{t+1}(x^t, y^t, b^t; g)]\Big\} \tag{5-2}$$

式中，$S_c^t(x^t, y^t, b^t; g)$、$S_c^{t+1}(x^{t+1}, y^{t+1}, b^{t+1}; g)$ 为在本期技术水平下 t 期和 $t+1$ 期工业行业绿色生产无效率值；$S_c^t(x^{t+1}, y^{t+1}, b^{t+1}; g)$ 为 t 期技术水平下 $t+1$ 期工业行业投入产出无效率值；$S_c^{t+1}(x^t, y^t, b^t; g)$ 为 $t+1$ 期技术水平下 t 期工业行业投入产出无效率值。

为进一步量化分析技术创新对工业绿色全要素生产率的贡献程度，参考 Grosskopf（2003）分析方法，运用相邻前沿交叉参比 Luenberger 生产率指数，将长江经济带 108 个地级及以上城市工业绿色全要素生产率（gtfp）进一步分解为纯技术变化（lptp）、纯效率变化（lpec）、规模效率变化（lsec）、规模技术变化（ltpsc）4 种分解效率：

$$gtfp = lptp + lpec + lsec + ltpsc$$

$$lptp_t^{t+1} = \frac{1}{2}\left\{\left[\vec{S}_V^{t+1}(x^t, y^t, b^t; g) - \vec{S}_V^t(x^t, y^t, b^t; g)\right] + \left[\vec{S}_V^{t+1}(x^{t+1}, y^{t+1}, b^{t+1}; g) - \vec{S}_V^t(x^{t+1}, y^{t+1}, b^{t+1}; g)\right]\right\}$$

$$lpec_t^{t+1} = \vec{S}_V^t(x^t, y^t, b^t; g) - \vec{S}_V^{t+1}(x^{t+1}, y^{t+1}, b^{t+1}; g)$$

$$lsec_t^{t+1} = \left[\vec{S}_V^t(x^t, y^t, b^t; g) - \vec{S}_V^t(x^t, y^t, b^t; g)\right] + \left[\vec{S}_V^{t+1}(x^{t+1}, y^{t+1}, b^{t+1}; g) - \vec{S}_V^{t+1}(x^{t+1}, y^{t+1}, b^{t+1}; g)\right]$$

$$ltpsc_t^{t+1} = \frac{1}{2}\left\{\left[(\vec{S}_C^{t+1}(x^t, y^t, b^t; g) - \vec{S}_V^{t+1}(x^t, y^t, b^t; g)) - (\vec{S}_C^t(x^t, y^t, b^t; g) - \vec{S}_V^t(x^t, y^t, b^t; g))\right] + \left[(\vec{S}_C^{t+1}(x^{t+1}, y^{t+1}, b^{t+1}; g) - \vec{S}_V^{t+1}(x^{t+1}, y^{t+1}, b^{t+1}; g)) - (\vec{S}_C^t(x^{t+1}, y^{t+1}, b^{t+1}; g) - \vec{S}_C^t(x^{t+1}, y^{t+1}, b^{t+1}; g))\right]\right\} \quad (5-3)$$

式中，纯技术进步（lptp）反映了长江经济带工业绿色全要素生产率中技术创新的贡献率，若长江经济带工业存在技术创新，则工业生产技术前沿面将向前移动，原投入产出无效率值 $\vec{S}_V^{t+1}(x^t, y^t, b^t; g)$ 将逐步扩大。$\vec{S}_V^{t+1}(x^t, y^t, b^t; g) - \vec{S}_V^t(x^t, y^t, b^t; g)$ 表示以 t 时期数据为基准生产技术前沿面的移动幅度，反映不同技术水平下无效率值的变化量；$\vec{S}_V^{t+1}(x^{t+1}, y^{t+1}, b^{t+1}; g) - \vec{S}_V^t(x^{t+1}, y^{t+1}, b^{t+1}; g)$ 表示以 $t+1$ 时期为基准生产技术前沿面的移动幅度。跨期减法的运用过程主要针对相同研究对象，能够体现长江经济带工业生产可能性边界的移动情况，反映了工业纯技术进步，即工业绿色全要素生产率变化过程中技术创新的贡献程度。

2. 指标选取与数据来源

将环境污染产出作为非期望产出指标纳入 SBM - DDF 模型中，综合各运用资本投入、劳动力投入、能源投入、期望产出、非期望产出指标完成工业绿色全要素生产率的测算，相关数据均来自《中国统计年鉴》（2006—2017）和《中国城市统计年鉴》（2006—2017）。

（1）资本投入。借鉴岳鸿飞和徐颖（2018）的研究成果，采用永续盘存法对长江经济带工业资本存量进行估算，囿于市级数据可得性，采用各省份折旧率和固定资本形成平减指数推算固定资本存量：

$$K_t = K_{t-1}(1-\theta_t) + I_t/\lambda_t$$

$$\theta_t = \frac{(\text{当期固定资产折旧} - \text{前一期固定资产折旧})}{\text{前一期固定资产原值}}$$，其中，固定资产折旧 = 固定资产原值 - 固定资产净值。

$$\lambda_t = \frac{\text{当期全社会固定资产形成总额名义值}}{\text{基期全社会固定资产形成总额} \times \text{当期全社会固定资产形成总额指数}} \quad (5-4)$$

（2）劳动力投入。选取各城市第二产业年末城镇单位从业人员作为劳动力投入指标，反映长江经济带工业人员投入。

（3）能源投入。选取各城市工业用电量作为能源投入指标。

（4）期望产出。选取工业总产值作为期望产出指标，并以各省 PPI 指数平减为 2005 年不变价格。

（5）非期望产出。选取环境污染物排放量作为工业生产非期望产出，主要包括工业废水排放量、工业二氧化硫排放量和工业烟粉尘排放量。

二　测度结果与分析

1. 工业绿色全要素生产率测度结果

借助 MaxDEA Ultra 7.8 软件测算并分解长江经济带工业绿色全要素生产率，对 2006—2016 年长江经济带工业绿色全要素生产率加权平均得到整体水平，反映长江经济带整体和长江经济带上中下游地区工业绿色发展变化情况（见表 5－1）。

2006 年以来长江经济带工业绿色全要素生产率整体呈上升趋势。2006—2016 年长江经济带工业绿色全要素生产率均值为 3.56%，工业绿色发展逐步推进。就长江经济带上中下游城市（苏沪浙三省份相关城市纳入下游地区、皖赣湘鄂四省份相关城市纳入中游地区、渝贵川滇四省份相关城市纳入上游地区）工业绿色全要素生产率水平而言，2006—2016 年长江经济带下游地区城市工业绿色全要素生产率平均值最高（1.97%）、中游地区城市处于中等水平（1.04%）、上游地区城

表 5-1　　长江经济带工业 gtfp 增长率及其分解　　单位:%

地区	分解	2006 年	2007 年	2008 年	2009 年	2010 年	2011 年	2012 年	2013 年	2014 年	2015 年	2016 年	mean
长江经济带	gtfp	0.95	6.47	4.61	2.61	2.98	-0.49	3.35	11.21	-9.51	4.60	12.36	3.56
	lptp	0.65	1.60	-0.52	-1.74	1.06	-3.06	2.14	-0.42	1.15	0.72	0.32	0.17
	lpec	-1.33	2.29	3.60	3.44	2.07	2.14	2.82	8.04	-5.37	3.97	12.75	3.13
	lsec	-0.02	1.16	-1.07	-1.76	1.32	-1.74	-3.16	5.19	-5.85	-0.84	0.72	-0.55
	ltpsc	1.65	1.42	2.60	2.68	-1.47	2.17	1.55	-1.60	0.56	0.75	-1.44	0.81
上游地区	gtfp	0.32	0.41	0.60	-0.05	0.22	0.10	0.28	0.20	2.09	0.51	1.34	0.55
	lptp	0.42	0.19	0.09	-0.32	0.17	-0.40	0.09	0.10	1.57	0.16	0.26	0.21
	lpec	-0.24	0.21	0.48	0.18	0.08	0.35	0.24	0.23	0.53	0.34	1.98	0.40
	lsec	-0.01	0.00	0.03	-0.18	0.21	-0.23	-0.15	0.11	0.01	-0.06	-0.19	-0.04
	ltpsc	0.15	0.01	0.00	0.27	-0.23	0.38	0.11	-0.23	-0.01	0.08	-0.71	-0.02
中游地区	gtfp	0.35	1.08	1.10	0.91	0.68	0.27	1.00	1.29	-0.25	0.87	4.10	1.04
	lptp	0.18	0.68	0.20	0.07	0.69	-0.86	0.21	0.09	0.64	0.34	0.85	0.28
	lpec	0.09	0.50	0.94	1.10	-0.07	0.96	1.11	1.39	-0.63	0.47	3.29	0.83
	lsec	0.00	-0.10	0.04	-0.43	0.42	-0.52	0.19	0.32	-0.21	0.10	0.36	0.01
	ltpsc	0.09	0.00	-0.08	0.17	-0.36	0.68	-0.51	-0.50	-0.04	-0.04	-0.40	-0.09
下游地区	gtfp	0.28	4.98	2.91	1.75	2.08	-0.86	2.06	9.71	-11.36	3.23	6.91	1.97
	lptp	0.06	0.73	-0.80	-1.50	0.20	-1.80	1.85	-0.61	-1.05	0.23	-0.79	-0.32
	lpec	-1.19	1.59	2.18	2.17	2.06	0.83	1.47	6.43	-5.27	3.17	7.48	1.90
	lsec	-0.01	1.26	-1.14	-1.16	0.69	-0.99	-3.20	4.76	-5.65	-0.88	0.55	-0.52
	ltpsc	1.42	1.41	2.68	2.24	-0.88	1.11	1.95	-0.87	0.61	0.71	-0.33	0.91

注：本表给出的长江经济带工业 gtfp 增长率及其分解经由两步计算得到，第一步以长江经济带沿线 108 个地级及以上城市工业总产值为权重几何平均计算得到整体水平，第二步将整体水平减去 1 并乘以 100 得到长江经济带工业 gtfp 增长百分率及其分解；表中 mean 为 2006—2016 年平均值。

资料来源：根据测算结果整理。

市工业绿色全要素生产率平均值相对靠后（0.55%）。可见在长江经济带工业绿色发展过程中，中下游地区由于经济基础、发展理念、技术水平等条件的优越性，工业绿色全要素生产率相对较高，在长江经济带工业绿色发展过程中能够发挥引领作用；上游地区工业基础相对薄弱、工业技术改造升级相对滞后、污染密集型产业相对密集，工业绿色发展任重而道远。动态来看，长江经济带沿线 108 个地级及以上城市及上中下游地区相关城市工业绿色全要素生产率整体呈上升趋势，就增长速度而言，长江经济带各地区工业绿色全要素增长率呈上升趋势，其中长江经济带108个城市和长江经济带下游地区城市工业绿色全要素生产率增长率波动幅度相对较大，2014年以来呈现出快速增长趋势。但动态工业绿色全要素生产率的正值和增长并不能表明长江经济带工业绿色发展已经达到较高水平，并不能代表长江经济带工业绿色全要素生产率水平已经很高，而是长江经济带工业发展存在绿色发展趋势和改进。

长江经济带工业绿色发展技术改造升级逐步推进，技术创新水平缓慢上升。2006—2016年长江经济带工业绿色发展技术改进均值为0.17%，工业绿色发展技术逐步改造升级。就长江经济带上中下游城市工业绿色发展技术改进而言，2006—2016年长江经济带中游地区城市工业绿色发展技术改进平均值最高（0.28%）、上游地区城市处于中等水平（0.21%）、中游地区城市工业绿色发展技术改进平均值反而相对靠后（-0.32%）。可见，在长江经济带沿线城市产业结构调整和工业绿色发展技术改造升级过程中，下游地区先发优势明显，技术水平相对领先，在长江经济带沿线城市产业结构调整步伐较快，工业绿色发展技术改进速度反而较低；随着中上游地区经济的发展，工业发展水平在整体经济发展过程中能够发挥较大作用，工业技术创新速度加快，工业绿色发展技术改进水平领先。动态来看，长江经济带工业绿色发展技术改进整体平均值和上中下游地区城市平均值演变趋势尚不明显，2013年以来下游地区技术改进整体水平长期为负，但呈现出改进趋势。当然，技术改进的上升并不能代表长江经济带工业绿色发展技术水平已经达到高水平，在长江经济带工业绿色发展过程中仍需进一步改造传统工艺，推进技术创新，提高工业绿色发展新工艺、新技术的研发创新水平。

2. 技术创新贡献度

长江经济带2006—2016年平均纯技术变化（lptp）为0.17%、纯效率变化（lpec）为3.13%、规模效率变化（lsec）为-0.55%、规模技术变化（ltpsc）为0.81%，基于Luenberger指数加法原则，四者总和为长江经济带工业绿色全要素生产率（3.56%）。为考察技术创新对长江经济带工业绿色全要素生产率的影响，借鉴岳鸿飞和徐颖（2018）的研究方法，在所有分解指数上加1%，调整负值并计算各分解指标贡献权重。

技术创新改进和技术规模效率是长江经济带工业绿色全要素生产率提高的重要动力，是工业绿色发展的重要驱动力。2006—2016 年技术创新对长江经济带工业绿色全要素生产率增长的贡献平均值为15.53%，技术规模效率改进为23.89%，技术创新改进和技术规模效率在长江经济带工业绿色发展过程中发挥了重要作用，可见创新驱动是促进长江经济带工业产业转型升级、推进长江经济带工业高质量发展、构建长江经济带现代工业产业走廊的必由之路。同时也可以看到，纯效率变化和规模效率变化在长江经济带工业绿色全要素生产率的提高过程中仍然发挥着核心作用。

表 5－2　技术创新对长江经济带工业绿色全要素生产率增长的贡献 单位：%

地区	分解	2006 年	2007 年	2008 年	2009 年	2010 年	2011 年	2012 年	2013 年	2014 年	2015 年	2016 年	mean
长江经济带	lptp	33.39	24.81	5.58	-11.24	29.55	-58.64	42.80	3.79	-39.02	20.04	8.10	15.53
	lpec	-6.76	31.46	53.49	67.19	43.93	89.49	51.94	59.46	79.38	57.80	84.07	54.64
	lsec	19.84	20.62	-0.86	-11.55	33.24	-21.13	-29.40	40.69	88.02	1.84	10.51	5.94
	ltpsc	53.53	23.11	41.79	55.61	-6.72	90.28	34.66	-3.94	-28.38	20.32	-2.67	23.89
上游地区	lptp	32.87	26.97	23.68	17.30	27.73	14.60	25.37	26.05	42.12	25.73	23.58	26.62
	lpec	17.64	27.37	32.23	29.80	25.47	32.99	28.93	29.16	25.04	29.60	55.78	30.70
	lsec	22.98	22.71	22.44	20.85	28.58	18.77	19.89	26.45	16.61	20.76	15.13	21.08
	ltpsc	26.51	22.96	21.65	32.05	18.22	33.64	25.82	18.34	16.23	23.91	5.51	21.60
中游地区	lptp	27.04	33.13	23.45	21.78	36.16	3.29	24.20	20.60	43.58	27.48	22.88	25.42
	lpec	25.11	29.53	38.08	42.71	19.83	46.00	42.20	45.12	9.81	30.19	52.97	36.37
	lsec	22.87	17.68	20.37	11.65	30.37	11.33	23.76	24.90	20.98	22.64	16.77	20.15
	ltpsc	24.98	19.66	18.10	23.86	13.65	39.38	9.84	9.38	25.63	19.70	7.38	18.06
下游地区	lptp	24.68	19.22	2.85	-8.63	19.74	-25.36	46.97	2.85	0.71	16.97	1.94	11.43
	lpec	-4.42	28.81	46.02	55.07	50.41	58.09	40.68	54.18	58.02	57.68	77.70	48.57
	lsec	23.23	25.16	-2.08	-2.77	27.84	0.16	-36.29	42.00	63.21	1.67	14.22	7.96
	ltpsc	56.51	26.82	53.22	56.33	2.02	67.12	48.64	0.97	-21.94	23.69	6.14	32.04

注：mean 为 2006—2016 年平均值。

资料来源：根据测算结果整理。

对比科技创新对长江经济带上中下游地区工业绿色全要素生产率增长的贡献，2006—2016 年长江经济带上游地区工业绿色全要素生产率增长过程中技术创新贡献率最高，中游地区次之，下游地区相对靠后。长江经济带下游地区工业基础好、工业生产技术工艺相对领先，因此工业发展过程中纯效率变化、规模效率变化、规模技术变化能够发挥较大作用，技术创新改进对工业绿色全要素生产率的贡献程度被稀释；长江经济带中上游地区工业基础薄弱，技术水平相对靠后，加快工业绿色化改造升级，技术创新和研发在工业绿色全要素生产率的增长过程中能够发挥重要作用。

动态来看，技术创新对长江经济带整体工业绿色全要素生产率和长江经济带上中下游地区工业绿色全要素生产率的贡献率呈上升趋势，尤其是 2014 年以来，技术创新对绿色全要素生产率的贡献率上升进一步加快，技术创新在长江经济带工业绿色创新发展过程中发挥着越来越重要的作用。与此同时，技术创新对长江经济带工业绿色全要素生产率贡献率的提高，只能说明技术创新在长江经济带工业绿色发展过程中发挥了越来越重要的作用，并不能说明长江经济带工业绿色发展技术创新已经达到较高水平。近年来，尤其是长江经济带发展上升为国家战略以来，长江经济带工业发展环境规制逐步加强，新发展理念逐步深入人心，加快了长江经济带清洁生产、绿色生产技术在工业发展中的推广和应用，技术创新改进作用和技术规模效应逐步显现。能够预测，伴随长江经济带工业绿色生产技术和工艺的推广应用，尤其是长江经济带工业绿色发展共性技术的研发推广、长江经济带沿线合作研发和推广，技术创新和技术规模在长江经济带工业绿色全要素生产率的提高过程中将发挥增大的驱动作用。

第四节　空间溢出与长江经济带工业绿色全要素生产率

一　地区差异性分析

采用泰尔指数分解法检验长江经济带沿线 108 个城市工业绿色全要素生产率地区差异分析。将长江经济带沿线 $N = 108$ 个地级及以上城市

划分为上中下游 $K=3$ 个群组，每个群组样本容量为 N_k（上游地区 $N_1=31$、中游地区 $N_2=52$、下游地区 $N_3=25$），有：

$$T = T_b + T_w = \sum_{K=1}^{K} \frac{g_K}{G}\log\frac{g_K/G}{N_K/N} + \sum_{K=1}^{K}\frac{g_K}{G}\left(\sum_{i\in G_k}^{N_K}\frac{g_i}{g_K}\log\frac{g_i/g_K}{1/N_K}\right) \quad (5-5)$$

式中，g_K 表示 K 地区 $gtfp$ 总和，g_i 表示 i 城市 $gtfp$ 值，G 表示长江经济带沿线 108 个城市工业 $gtfp$ 总和，T_b 表示长江经济带上中下游地区之间工业 $gtfp$ 的差异，T_w 表示长江经济带上中下游地区工业 $gtfp$ 内部差异，T 表示长江经济带沿线 108 个城市间工业 $gtfp$ 总差异。

由于长江经济带沿线 108 个城市工业绿色全要素生产率存在负值，但泰尔指数分解过程中需取对数，所以在泰尔指数分解之前运用极大值标准模型进行无量纲化处理，计算公式为：

$$gtfp'_{i,j} = 0.1 + \frac{0.9(gtfp_{i,j} - \min gtfp_{i,j})}{\max gtfp_{i,j} - \min gtfp_{i,j}} \quad (5-6)$$

式中，$gtfp'_{i,j}$和 $gtfp_{i,j}$分别表示变换前、后的工业绿色全要素生产率，$\max gtfp_{i,j}$和 $\min gtfp_{i,j}$分别表示长江经济带沿线 108 个城市工业绿色全要素生产率中的最大值和最小值。对数据进行变换后，能够使数据全部属于区间［0.1，1］内。

长江经济带 108 个地级及以上城市工业绿色全要素生产率地区差异出现扩大趋势。2006 年以来，长江经济带上中下游地区城市工业绿色全要素生产率的内部差异是造成总差异最主要的原因，上中下游地区间的差异相对较小。比较上中下游地区工业绿色全要素生产率地区差异，长江经济带下游地区城市工业绿色全要素生产率地区差异最大，各城市间工业绿色全要素生产率变化差异较大；中上游地区工业绿色生产技术相对落后，各城市工业绿色全要素生产率地区差异较小。动态来看，2006 年以来，长江经济带工业绿色全要素生产率地区差异存在波动；伴随各城市工业技术创新的加快和新技术新工艺的推广，2015 年以来工业绿色全要素生产率地区差异有扩大的趋势。

二 收敛性分析

1. 绝对 β 收敛

根据 Sala - I - Martin 的研究，运用极大值标准模型对数据进行无量纲化处理，得到长江经济带沿线 108 个地级及以上城市工业绿色全要素生产率绝对β收敛回归方程（刘钒、邓明亮，2017）：

$$\frac{\ln(gtfp_{i,T})-\ln(gtfp_{i,0})}{T}=\alpha+\beta\ln(gtfp_{i,0})+\varepsilon \tag{5-7}$$

式中，$gtfp_{i,T}$和$gtfp_{i,0}$分别表示长江经济带沿线i城市在T时期和基础的工业绿色全要素生产率，$\ln(gtfp_{i,T})-\ln(gtfp_{i,0})/T$则表示$i$城市从$t=0$时期到$t=T$时期工业绿色全要素生产率的增长速度。若系数$\beta<0$，则存在绝对$\beta$收敛，即长江经济带工业绿色全要素生产率的增长与初始值成反比，落后地区存在“追赶”先进地区的趋势；若系数$\beta>0$，则各城市工业绿色全要素生产率不存在β收敛，即落后地区的“追赶”效应不明显。

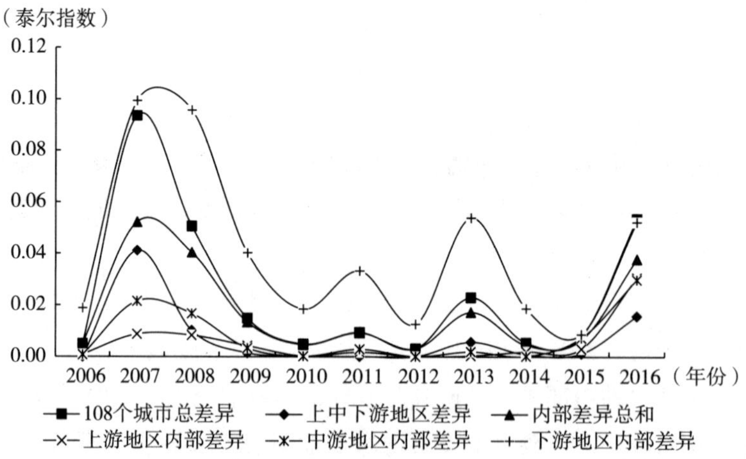

图5-1 长江经济带沿线108个城市工业绿色全要素生产率泰尔指数及分解

资料来源：根据测算结果绘制。

长江经济带工业绿色全要素生产率存在绝对β收敛，低生产率城市对高生产率城市有“追赶”效应。具体来看，长江经济带沿线108个城市和下游地区25个城市工业绿色全要素生产率收敛系数为负，且在1%的水平下通过显著性检验，可见从长江经济带108个城市尤其是下游地区25个城市工业绿色全要素生产率追赶效应明显，城市间工业绿色生产工艺和技术的学习与竞争激烈；中游地区52个城市和上游地区31个城市工业绿色全要素生产率绝对β收敛系数为负，但未通过显著性检验，低效率城市对高效率城市的“追赶”效应尚不显著。

表 5-3　长江经济带工业绿色全要素生产率绝对β收敛检验结果

地区	gtfp	Coef.	Std. Err.	t	P>|t|	[95% Conf. Interval]	
长江经济带沿线 108 个城市	β	-0.3159	0.0652	-4.8400	0.0000	-0.4439	-0.1880
	_cons	-0.4229	0.0459	-9.2100	0.0000	-0.5130	-0.3329
长江经济带上游地区	β	-0.0189	0.3920	-0.0500	0.9620	-0.7903	0.7525
	_cons	-0.2536	0.2604	-0.9700	0.3310	-0.7660	0.2589
长江经济带中游地区	β	0.2350	0.3370	0.7000	0.4860	-0.4272	0.8971
	_cons	-0.0731	0.2265	-0.3200	0.7470	-0.5181	0.3718
长江经济带下游地区	β	-0.3258	0.0572	-5.7000	0.0000	-0.4385	-0.2132
	_cons	-0.3566	0.0463	-7.7100	0.0000	-0.4477	-0.2655

资料来源：根据测算结果整理。

2. 条件 β 收敛

考虑长江经济带沿线 108 个城市差异性，各城市工业绿色发展存在异质性问题增长路径。影响各城市工业绿色发展进程存在差异的因素较多，如研发投入、经济基础、政府行为、工业发展水平、教育投入、基础设施等。鉴于数据可得性，构建如下分析模型：

$$\ln gtfp_{i,t} - \ln gtfp_{i,t-1} = \alpha + \beta_1 \ln gtfp_{i,t-1} + \beta_2 \ln ti_{i,t} + \beta_3 \ln pgdp_{i,t} + \beta_4 \ln gov_{i,t} + \beta_5 \ln ind_{i,t} + \beta_6 \ln edu_{i,t} + \beta_7 \ln traf_{i,t} + \varepsilon_{i,t} \quad (5-8)$$

式中，*ti* 采用科学技术支出衡量各城市研发投入、*pgdp* 选取人均 GDP 衡量地区经济发展水平、*gov* 采用公共财政支出占 GDP 比重表示政府行为、*ind* 采用规模以上工业企业数表示地区工业发展水平、*edu* 选取教育经费投入占财政支出比重表示地区教育投入力度、*traf* 选取人均城市道路面积表示地区基础设施水平。若 $\beta<0$，表明长江经济带沿线 108 个样本城市工业绿色全要素生产率存在条件收敛，各城市工业绿色全要素生产率地区差异存在缩小甚至消失的可能。

长江经济带工业绿色全要素生产存在条件 β 收敛，城市工业绿色全要素生产率增长与初始水平呈负相关关系。在研发投入、经济基础、政府行为、教育投入、基础设施、资源禀赋等条件的共同影响下，长江经济带沿线108个城市、上中下游地区均存在显著条件β收敛。研发投入对长江经济带108个城市、上游地区、中游地区、下游地区工业绿色全要素生产率收敛产生负向影响；经济基础、资源禀赋因素则产生正向促进作用。政府行为、教育投入、基础设施对长江经济带中游地区工业绿色全要素生产率的收敛存在显著促进作用，对整体、上游地区、下游地区的影响尚不明显。

表5-4　长江经济带工业绿色全要素生产率条件收敛检验

变量	$gtfp_{t-1}$	lnti	lnpgdp	lngov	lnind	lnedu	lntraf	_cons
长江经济带108个城市	-1.09*** (-0.03)	-0.14*** (-0.03)	0.34*** (-0.04)	0.05 (-0.04)	0.03 (-0.02)	0.02 (-0.04)	0.17*** (-0.01)	-5.70*** (-0.48)
上游地区	-1.07*** (-0.06)	-0.15** (-0.06)	0.29*** (-0.07)	-0.08 (-0.07)	-0.04 (-0.03)	-0.09 (-0.07)	0.16*** (-0.03	-5.40*** (-0.78)
中游地区	-1.12*** (-0.04)	-0.13*** (-0.04)	0.40*** (-0.05)	0.14** (-0.06)	0.18*** (-0.04)	0.14** (-0.06)	0.21*** (-0.02)	-7.05*** (-0.76)
下游地区	-1.13*** (-0.06)	-0.30** (-0.15)	0.50*** (-0.11)	0.12 (-0.12)	0.07 (-0.06)	0.17 (-0.16)	0.13*** (-0.03)	-7.86*** (-1.66)

注：括号内数值为标准误，**、***分别表示系数在5%、1%的显著性水平下显著。
资料来源：根据测算结果整理。

三　空间效应检验

为进一步考察长江经济带工业绿色全要素生产率的地区差异，采用全局Moran's I指数检验长江经济带沿线108个城市空间自相关关系：

$$Global\ Moran's\ I = \frac{\sum_{i=1}^{n}\sum_{j=1}^{n} W_{ij}(X_t - \bar{X})(X_j - \bar{X})}{S^2 \sum_{i=1}^{n}\sum_{j=1}^{n} W_{ij}}$$

$$S^2 = \frac{1}{n}\sum_{i=1}^{n}(X_i - \bar{X})^2, \bar{X} = \frac{1}{n}\sum_{i=1}^{n} X_i \tag{5-9}$$

式中，n为空间单元数，X_i和X_j为i城市和j城市工业绿色全要素生产率观测值，W_{ij}为空间权重矩阵，$I \in [-1, 1]$，能够直接显示长江经济带工业绿色全要素生产率空间集聚水平。$I>0$表明各城市工业绿色全要素生产率存在空间正相关，长江经济带工业绿色全要素生产率空间显著集聚；$I<0$表明存在空间负相关，相邻城市工业绿色全要素生

产率差异显著；$I=0$ 时则表明长江经济带各城市工业绿色全要素生产率随机分布，不存在空间溢出效应。

长江经济带沿线 108 个城市工业绿色全要素生产率存在显著正向空间自相关关系。以邻接关系设置空间权重矩阵，测算结果显示，在一阶邻接矩阵下，Moran's I 指数为 0.0275，Z 值大于 2.58，p = 0.0001，表明在 1% 的显著水平下呈现出显著正相关关系，即相邻城市的工业绿色全要素生产率在空间分布上存在集聚现象，工业绿色全要素生产率高的城市在空间距离上邻近，工业绿色全要素生产率低的城市同样在空间上靠近；在二阶邻接矩阵下，长江经济带沿线城市工业绿色全要素生产率同样存在显著空间正相关关系，但显著性水平和 Moran's I 指数较一阶邻接矩阵而言有所下降；在三阶邻接矩阵下，长江经济带沿线城市工业绿色全要素生产率的空间正相关关系不显著。可见，长江经济带工业绿色全要素生产率的增长存在显著空间溢出效应，但随着空间距离的扩大，空间溢出效应逐步下降。

表 5 - 5　长江经济带工业绿色全要素生产率空间自相关检验结果

空间权重矩阵	Moran's I 指数	方差	Z - score	p
一阶邻接矩阵	0.0275	0.0001	3.9677	0.0001
二阶邻接矩阵	0.0125	0.0000	3.2403	0.0012
三阶邻接矩阵	0.0027	0.0000	1.0177	0.3088

资料来源：根据测算结果整理。

第五节　研究结论与政策启示

一　研究结论

综合运用 SBM - DDF - Luenberger 模型、泰尔指数分解法、收敛分析方法、空间自相关检验等方法，考察技术创新在长江经济带工业绿色发展的贡献程度以及长江经济带工业绿色全要素生产率演变过程中的空间差异和溢出效应，可得出结论如下：

（1）长江经济带工业绿色全要素生产率整体呈上升趋势，技术创新改进和技术规模效率是长江经济带工业绿色全要素生产率提高的重要驱动力。2006 年以来，长江经济带沿线 108 个地级及以上城市工业绿色全要素生产率整体呈现出上升趋势，工业绿色发展新工业、新技术得到改进和推广；可以看到，纯效率变化仍然是长江经济带工业绿色全要素生产率改进的重要原因，技术创新和技术规模改变推动长江经济带沿线城市工业绿色发展的贡献仍有待进一步充分发挥。

（2）长江经济带沿线城市工业绿色全要素生产率呈现明显空间异质性。长江经济带 108 个地级及以上城市工业绿色全要素生产率地区差异有扩大可能，上中下游地区城市内部差异是造成长江经济带工业绿色全要素生产率地区差异的主要因素；低效率城市对高工业绿色全要素生产率城市存在显著“追赶”效应，城市间竞争加剧；长江经济带工业绿色全要素生产率的收敛过程受研发投入、经济基础、政府行为、教育投入、基础设施、资源禀赋等因素共同影响。

（3）长江经济带工业绿色全要素生产率的增长存在显著空间溢出效应，但随着空间距离的扩大，空间溢出效应逐步下降。长江经济带工业绿色全要素生产率高的城市存在地理空间的集聚，低效率城市同样存在空间集聚现象。工业绿色全要素生产率较高的城市存在对低效率城市的空间溢出效应，但随着空间距离的增大，这种空间溢出效应不断弱化。

二　政策启示

（1）技术创新是促进长江经济带工业绿色发展的重要动力，只有技术创新和改进才能实现工业全要素生产率的持续增长。目前，技术创新对长江经济带工业绿色发展的贡献仍未充分发挥，在长江经济带工业绿色发展过程中，一方面需进一步重视技术创新在工业高质量发展中的特殊地位和驱动作用，加大技术创新，培育技术创新能力，提高工业绿色生产能力、资源利用率，降低工业污染物排放，充分发挥技术创新改进对工业绿色全要素生产率的驱动作用；另一方面需要加快工业绿色发展新技术、新专利、新工艺的转化与推广，进一步发挥技术规模改进对长江经济带工业绿色全要素生产率的促进作用。

（2）综合运用差异化、针对性、阶段性措施推动长江经济带工业绿色发展。长江经济带工业绿色全要素生产率存在显著地区差异、时间差异，深入推进长江经济带工业绿色发展有必要“因城施策”“因时施策”。加大低效率城市绿色转型发展支持力度，促进高效率城市进一步发挥技术规模效率改进优势；中上游地区充分发挥工业绿色发展技术创新改造升级后发优势，下游地区充分发挥工业绿色发展规模效率优势；培育工业绿色技术创新氛围，培养工业企业绿色发展和市场竞争危机感，持续推进工业企业技术改造升级。

（3）推进长江经济带工业绿色发展共性技术研发、合作研发和推广，充分发挥高效率城市工业绿色发展技术空间溢出效应。伴随长江经济带战略的实施和推进，长江经济带沿线各城市工业经济联系进一步加强，长江经济带上中下游地区之间、发达城市和落后城市之间工业经济联合和合作加强，推动长江经济带工业绿色发展共性技术的研发、开展工业绿色发展研发合作，形成新工艺、新技术学习和交流机制，有助于充分发挥工业绿色全要素生产率空间溢出效应。

第六章

长江经济带高技术制造业创新效率的时空格局演变研究

第一节 引言

高技术制造业具有知识和技术要素密集、资源消耗低、附加值高等多方面优势，是实施创新驱动发展战略和推动新旧动能转换的重要载体。党的十九大报告提出我国经济已由高速增长阶段转向高质量发展阶段，正处在转变发展方式、优化经济结构、转换增长动力的攻关期，推动经济发展质量变革、效率变革、动力变革成为实现高质量发展的重要战略目标。高技术制造业作为高生产效率的保障，是新时期推动我国经济转型升级、实现“三大变革”的动力源泉。长江经济带在新时期区域发展总体格局中具有重要战略地位，是我国高技术制造业的主要集聚区。2018 年 4 月 26 日，习近平总书记在深入推动长江经济带发展座谈会上指出，要正确把握破除旧动能和培育新动能的关系，推动长江经济带发展动力转换，使长江经济带成为引领我国经济高质量发展的生力军。长江经济带作为我国创新驱动的重要策源地和引领带，解构高技术制造业创新效率演变的时空特征及内在机理，有助于加快推动高技术制造业效率变革，实现创新驱动引领长江经济带高质量发展的新局面。

第二节 相关文献综述

创新效率是高技术制造业活力的“源泉”，衡量了对创新资源的配置能力。提升高技术制造业创新效率是突破工业发展“瓶颈”、实现高质量发展的重要路径，也是重塑工业竞争优势的应有之义。国内学术界主要围绕高技术制造业创新效率评价及提升路径展开研究，其中，效率评价涉及全国、省域、产业、企业等多尺度（韩兵等，2018；胡亚茹、陈丹丹，2019）；创新效率提升路径着重从产业发展和区域环境两方面探讨不同因素对创新效率的作用机制，涉及资源依赖、企业规模、人力资本、研发投入、产业集聚、政府干预、政策体系等（邱兆林，2014；刁秀华等，2018；屈文建等，2019）。

高技术制造业创新效率评价方法主要包括数据包络分析（DEA）和随机前沿分析（SFA）。其中，随机前沿分析（SFA）属于参数法，需设定生产函数的具体形式和效率项的分布假设，一旦设定有误会导致结果出现偏误（王庆金等，2018）；数据包络分析（DEA）属于非参数法，相比SFA模型，DEA模型应用更为广泛，包括BCC模型和CCR模型，考虑非径向冗余的SBM模型、比较前沿面效率的Super－DEA、兼容径向与非径向的EBM模型等（刘秉镰、李锡庆，2017）。综合已有研究，工业基础和创新禀赋差异导致高技术制造业创新效率兼具低水平和区域异质性特征（肖仁桥等，2018）。

随着研究框架的不断完善，高技术制造业创新效率提升路径逐步成为国内学者关注的焦点。在供给侧结构性改革背景下，改革重点从政府拉动需求转向提升高技术制造业创新效率，持续推动经济发展（李彦龙，2018）。探索高技术制造业创新效率提升路径为区域产业政策制定提供了重要指引，有助于加快新旧动能转换，破解低效率创新困境，实现创新驱动引领经济高质量发展。虽然学术界围绕高技术制造业创新效率提升路径的研究汗牛充栋，但研究维度各有侧重，实证结果也存在分歧。

已有研究为完善高技术制造业创新分析框架提供思路借鉴，但通常将高技术制造业创新过程作为“黑箱”处理，较少关注中间环节的运行机制和转化过程。随着相关研究的不断深入，国内外学者基于价值链视角提出两阶段关联型网络DEA模型（余泳泽，2009），对高技术制造业技术研发阶段和技术转化阶段的效率进行分解测度（叶锐等，2012）。然而，国内学者仍普遍将技术研发和技术转化过程看作独立单元，忽视创新系统内各阶段的关联性（范德成、李盛楠，2018），导致效率分析中的“辛普森悖论”。已有研究通常采用 Kao 和 Hwang（2008）提出的关联型网络 DEA 模型，但规模报酬不变的假设过于严苛，肖仁桥等（2012）对模型进行改进，提出规模报酬可变的链式关联型网络 DEA 模型，拓展了模型应用领域，完善了网络 DEA 分析框架，为高技术制造业创新效率测度提供方法借鉴。

长江经济带是我国高技术制造业的重要集聚区，却尚未引起学术界广泛关注，鲜有文献围绕长江经济带高技术制造业创新效率展开研究，部分学者仍沿用传统 DEA 模型分析框架，没有从价值链视角采用网络 DEA 模型进行效率评价（戚湧、刘军，2017），长江经济带高技术制造业创新效率的研究尚处于起步阶段（史安娜等，2018），对低效率创新困境根源的探讨也相对薄弱（刘树林等，2018）。

本研究在借鉴已有研究成果的基础上，力图做出以下拓展：一是厘清高技术制造业创新中间环节的运行机制和转化过程，完善相关研究框架。二是采用规模报酬可变的投入导向关联型 NSBM 模型测度长江经济带沿线 11 省市高技术制造业技术研发阶段和技术转化阶段的效率，改进了传统网络 DEA 模型有偏的测算结果。三是解构长江经济带高技术制造业创新效率演变的时空特征和内在机理，阐述低效率创新根源，为探讨效率提升路径提供依据。

第三节　高技术制造业创新效率演变的内在机理分析

创新活动作为一项复杂的系统工程，是由一系列功能性研发环节和关联性服务环节组成的连续过程。创新周期包括从技术研发到产品开发等一系列环节，以实现市场效益为目标。借鉴余泳泽等（2009）、Guan（2010）、肖仁桥等（2012）的研究，将高技术制造业创新过程分为技术研发阶段和技术转化阶段。技术研发阶段是研发资源向科技成果转化的环节，技术转化阶段是科技成果向经济效益转化的环节，高技术制造业整体创新效率是两阶段效率的综合。由于区域创新禀赋和工业基础不同，差异化的目标导向使两阶段创新效率演变的内在机制不尽相同，厘清这一内容有助于研判高技术制造业创新效率的时空差异。

一 投入导向下技术研发效率演变机理

与传统制造行业相比，高技术制造业塑造竞争优势的关键在于通过持续的科技创新获取研发成果。技术研发效率决定了高技术制造业发展的活力，反映出科技产出与研发投入间的关系，通过持续投入科技人员和资金获得充足的科技成果。然而，地方政府需求推动形成了区域高技术制造业锦标赛式的竞争发展格局，导致高技术制造业难以摆脱依靠增加创新要素来提高研发成果的“投入导向”，陷入低效率创新困境。区域间差异化的目标导向决定研发效率演变的空间异质性，其中，发达地区重点发展高技术制造业知识、技术密集型环节提升价值链地位，加快要素从低端环节向高端环节配置，以提高科技产出质量为导向推动研发效率改善。发达地区高技术制造业集聚水平较高，但规模提升空间有限，集聚过度会引发拥挤效应，产能过剩导致研发效率趋于恶化；欠发达地区承接发达地区高技术制造业转移的劳动密集型环节会陷入“要素诅咒”，导致价值链低端锁定。虽然欠发达地区具有高技术制造业集聚潜力较大的后发优势，但创新禀赋不强，通过产业转移复制发达地区高技术制造业的“投入导向”，陷入低效率创新困境。基于上述分析，提出如下假设：

假设 1：发达地区高技术制造业整体创新效率较高，欠发达地区整体创新效率较低。

假设 2：发达地区高技术制造业技术研发效率较高，欠发达地区技术研发效率较低。

二 效益导向下技术转化效率演变机理

科技成果转化作为科技与经济融合的过程，旨在检验科技成果的应用价值和市场导向，需围绕新产品开发重点推动技术改造、市场营销、商业策划等服务环节建设，技术转化效率表现为经济产出与科技产出间的关系。科技产出作为创新的中间投入，是维系两阶段的纽带。提升技术转化效率要基于市场需求加快技术改造和新产品开发。然而，“投入大、周期长、风险高”特征使技术转化存在较大不确定性。一方面，由市场需求定位不准确导致高质量成果供给不足，会因技术改造成本较高、周期较长面临转化失败的风险。技术研发阶段产出质量也会影响技术转化效率，技术研发阶段的“投入导向”与技术转化阶段的“效益导向”错位是转化效率较低的主要原因。另一方面，科技成果转化受市场环境和制度环境影响较大。当前，我国创新生态尚未形成，专利认证、市场营销、商业策划等服务环节发展程度较低，延长了新产品的开发周期，降低了科技成果的时效性和竞争力。区域间差异化目标导向决定技术转化效率演变的空间特征。发达地区通过完善市场运行机制和科技服务体系，围绕缩短技术转化周期不断提高服务质量、降低交易成本，推动技术转化效率持续改善，而且高质量科技成果降低了技术转化的不确定性；欠发达地区由于技术研发阶段有效供给不足导致技术转化难度较大，技术转化成本上升、新产品开发周期延长降低技术转化效率。基于上述分析，提出以下假设：

假设3：发达地区高技术制造业技术转化效率较高，欠发达地区技术转化效率较低。

假设4：研发效率不高是高技术制造业陷入低效率创新困境的主要原因，提升技术研发效率是高技术制造业效率变革的实现路径。

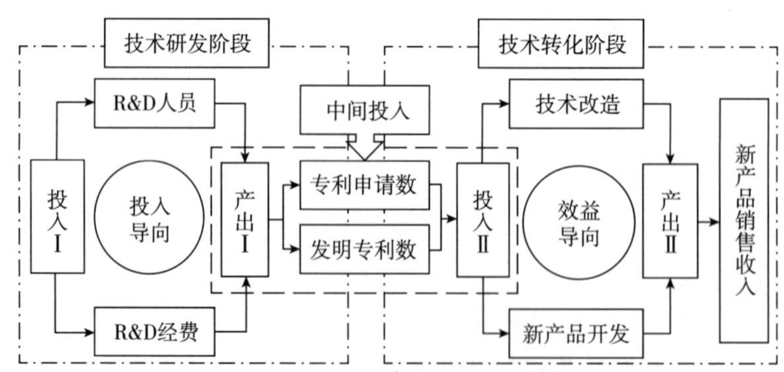

图6－1　高技术制造业创新两阶段链式结构

第四节　研究方法与数据来源

一　研究方法

根据Tone和Tsutsui（2010）提出的NSBM模型，对网络DEA模型有偏结果进行修正。采用规模报酬可变的投入导向型NSBM模型测算高技术制造业创新整体效率和两阶段效率。模型包括 $j(j=1, \cdots, n)$ 个决策单元，高技术制造业创新包括 k 个阶段，m_k 和 r_k 是阶段 $k(k=1, 2)$ 的投入数和产出数，(k, h) 表征阶段 k 与阶段 h 的关联性，$Z^{(k,h)}$ 是中间投入，λ_k 是阶段 k 的权重向量，s^{k-} 和 s^{k+} 分别是阶段 k 的投入冗余和产出冗余，ω^k 是表征节点 k 在模型中重要程度的相对权重，并满足约束条件，$\sum_{k=1}^{K}\omega^k = 1(\omega^k \geqslant 0)$，$\theta_0^*$ 为整体效率值。

$$\theta_0^* = \min_{\lambda^k, s^{k-}} \sum_{k=1}^{K} \omega^k \left(1 - \frac{1}{m_k}\left(\sum_{i=1}^{m_k} \frac{s_i^{k-}}{x_{i0}^k}\right)\right) \tag{6-1}$$

$$\text{s. t.} \begin{cases} x_0^k = X^k\lambda^k + s^{k-}(k = 1,\cdots,K) \\ y_0^k = Y^k\lambda^k - s^{k+}(k = 1,\cdots,K) \\ \sum_{j=1}^{n}\lambda_j^k = 1(k = 1,\cdots,K) \\ \lambda^k \geqslant 0, s^{k-} \geqslant 0, s^{k+} \geqslant 0 \\ Z^{(k,h)}\lambda^h = Z^{(k,h)}\lambda^k \end{cases} \tag{6-2}$$

式（6-2）是模型的约束条件。其中，前两行是生产的前沿条件，第三行是规模报酬条件，最后一行是关联产出的约束条件。在 NSBM 模型中，整体效率值是阶段效率值以 ω^k 为权重的加权平均。其中，阶段效率值可以表示为：

$$\theta_k = 1 - \frac{1}{m_k}\left(\sum_{i=1}^{m_k} \frac{s_i^{k-*}}{x_{i0}^k}\right)(k = 1,\cdots,K) \tag{6-3}$$

$$\theta_0^* = \sum_{k=1}^{K}\omega^k\theta_k \tag{6-4}$$

二　数据来源

对高技术制造业的技术研发阶段和技术转化阶段构建效率评价指标体系。技术研发效率反映科技产出与研发投入的关系。其中，研发投入用人力投入和资金投入衡量，科技产出用专利数衡量。选取 R&D 经费内部支出和 R&D 人员折合全时当量作为研发投入的代理指标，选取专利申请数和有效发明专利数作为科技产出的代理指标。技术转化效率反映经济产出与科技投入的关系。科技产出作为中间投入，既是技术研发阶段的产出，也是技术转化阶段的投入。技术转化是新技术、新专利转化为新产品的过程，需围绕技术应用和产品开发进行投入。选取技术改造经费支出、新产品开发经费支出作为科技投入的新增代理指标，选取新产品销售收入和出口交货值作为经济产出的代理指标。创新作为知识生产过程，创新产出不仅取决于当期投入，也与往期投入有关，因此R&D经费内部支出采用存量形式，根据永续盘存法计算。此外，由于创新过程具有时滞性，参考已有研究，取滞后期为2年。其中，技术研发滞后期取1年，研发投入为2009—2014年数据，科技产出为2010—2015年数据，技术转化滞后期取1年，经济产出为2011—2016年数据。目前，根据已公开的统计年鉴，反映高技术制造业发展的统计数据最新到2016年。

选取长江经济带沿线11省份作为评价单元，从省域层面和长江上中下游两个空间尺度对2011—2016年高技术制造业创新效率进行评价。相关数据均采自《中国统计年鉴》《中国高技术产业统计年鉴》《中国价格统计年鉴》、长江经济带沿线11省份统计年鉴。

第五节　实证结果与分析

一　长江经济带高技术制造业整体创新效率的时空差异

长江经济带高技术制造业整体创新呈“低效率、空间分异”特征，区域效率分化的加剧引致全局效率下降。与全国平均水平相比，长江经济带高技术制造业处于集聚发展阶段，“投入导向”更为明显。2011—2016年长江经济带高技术制造业集聚水平从0.843上升到0.898，高于全国平均水平；整体创新效率从0.511下降到0.381，低于全国平均水平；反映要素配置扭曲的投入无效率从0.489上升到0.619，高于全国平均水平。粗放式的规模扩张导致创新效率逐步恶化，印证长江经济带高技术制造业创新低效率的事实。

长江经济带高技术制造业整体创新效率呈下上中游梯度递减的空间分异特征，投入导向驱使下的“中游塌陷”是引发区域效率分化、导致高技术制造业创新低效率的根源。2013年，长江经济带高技术制造业整体创新效率从0.507下降到0.379，中游地区整体创新效率从0.408下降到0.154，投入无效率从0.592上升到0.846，均占全局效率损失和投入无效率的72.4%。2011—2016年长江经济带高技术制造业区域创新效率分化程度逐步加剧，基尼系数从0.126上升到0.225，差异化发展方式导致高技术制造业创新效率的空间演变特征不尽相同。与全国平均水平相比，下游地区高技术制造业呈集聚水平、创新效率的“高高”特征，处于创新驱动发展阶段；中上游地区呈集聚水平、创新效率的“低低”特征，处于要素集聚发展阶段。下游地区高技术制造业创新效率远高于中上游地区，验证假设1。上海、江苏、重庆兼具创新高效率、集聚高水平特征，是长江经济带高技术制造业的发展高地。

表6-1　2011—2016年长江经济带沿线11省份高技术制造业整体创新效率

地区 \ 年份	2011	2012	2013	2014	2015	2016	产业集聚
上海	0.821	0.734	0.763	0.874	0.842	0.842	1.704
江苏	1.000	1.000	1.000	1.000	1.000	1.000	2.213
浙江	0.372	0.356	0.132	0.135	0.134	0.239	0.642
安徽	0.439	0.507	0.130	0.162	0.167	0.209	0.588
江西	0.400	0.396	0.133	0.122	0.154	0.159	0.899
湖北	0.347	0.338	0.105	0.124	0.102	0.096	0.566
湖南	0.377	0.390	0.247	0.225	0.209	0.202	0.539
重庆	0.799	0.823	0.836	0.958	0.973	1.000	1.122
四川	0.385	0.371	0.510	0.190	0.100	0.169	0.959
贵州	0.145	0.190	0.086	0.093	0.068	0.093	0.335
云南	0.534	0.470	0.230	0.185	0.150	0.186	0.136
下游地区	0.731	0.697	0.632	0.670	0.659	0.694	1.520
中游地区	0.391	0.408	0.154	0.158	0.158	0.166	0.648
上游地区	0.466	0.463	0.415	0.357	0.323	0.362	0.638
长江经济带	0.511 (0.126)	0.507 (0.122)	0.379 (0.224)	0.370 (0.231)	0.354 (0.246)	0.381 (0.225)	0.882
全国	0.587 (0.134)	0.593 (0.133)	0.439 (0.219)	0.438 (0.221)	0.430 (0.229)	0.445 (0.205)	0.714

注：全国为29个省份（剔除西藏、青海，不含港澳台）的效率均值，括号内为效率的基尼指数；长江经济带下游地区包括沪苏浙，中游地区包括皖赣鄂湘，上游地区包括渝川贵滇，下同。

表6-2　2011—2016年长江经济带沿线11省份高技术制造业投入无效率

地区＼年份	2011	2012	2013	2014	2015	2016
全国	0.413	0.407	0.561	0.562	0.570	0.555
长江经济带	0.489	0.493	0.621	0.630	0.646	0.619
下游地区	0.269	0.303	0.368	0.330	0.341	0.306
中游地区	0.609	0.592	0.846	0.842	0.842	0.834
上游地区	0.534	0.537	0.585	0.643	0.677	0.638

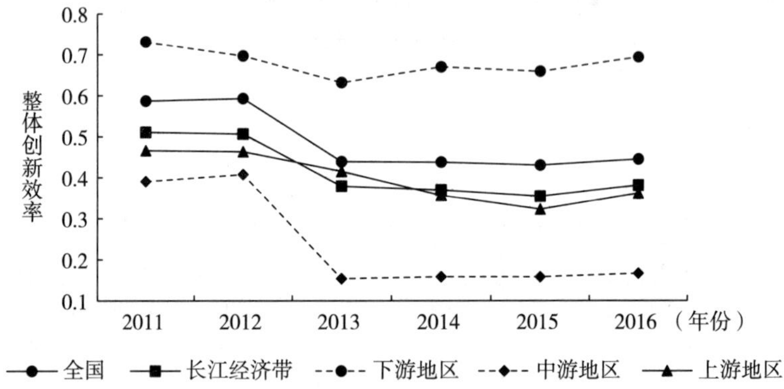

图6-2　2011—2016年长江经济带上中下游地区高技术制造业整体创新效率

二　长江经济带高技术制造业创新两阶段效率的时空演变特征

（1）长江经济带高技术制造业技术研发效率和技术转化效率与整体创新效率呈相同的时空演变特征，区域效率分化是全局效率下降的直接原因，粗放式要素集聚是全局效率下降的根本原因。2011—2016年长江经济带高技术制造业技术研发效率从0.402下降到0.327，基尼指数从0.157上升到0.262；技术转化效率从0.620下降到0.436，基尼指数从0.115上升到0.198。与全国平均水平相比，更高程度的区域效率分化导致长江经济带高技术制造业创新效率持续下降。究其原因，低效率的根源在于产业发展的“投入导向”。2011—2016年长江经济带高技术制造业技术研发投入无效率从0.598上升到0.673，技术转化投入无效率从0.380上升到0.564，均高于全国平均水平。创新要素配置扭曲加剧了区域创新效率分化，进而演变为全局创新的低效率。

表6－3　　2011—2013年长江经济带沿线11省份高技术制造业分阶段创新效率

地区＼年份	2011		2012		2013	
	技术研发	技术转化	技术研发	技术转化	技术研发	技术转化
上海	0.643	1.000	0.468	1.000	0.526	1.000
江苏	1.000	1.000	1.000	1.000	1.000	1.000
浙江	0.254	0.490	0.287	0.426	0.106	0.158
安徽	0.402	0.476	0.489	0.525	0.140	0.119
江西	0.202	0.597	0.213	0.579	0.080	0.186
湖北	0.271	0.424	0.263	0.413	0.078	0.132
湖南	0.266	0.488	0.372	0.408	0.254	0.240
重庆	0.599	1.000	0.646	1.000	0.672	1.000
四川	0.205	0.565	0.307	0.434	0.505	0.515
贵州	0.154	0.136	0.127	0.252	0.089	0.083
云南	0.427	0.642	0.421	0.519	0.232	0.228
下游地区	0.632	0.830	0.585	0.809	0.544	0.719
中游地区	0.285	0.496	0.334	0.481	0.138	0.169
上游地区	0.346	0.586	0.375	0.551	0.375	0.456
长江经济带	0.402 (0.157)	0.620 (0.115)	0.418 (0.143)	0.596 (0.115)	0.335 (0.227)	0.424 (0.224)
全国	0.446 (0.175)	0.728 (0.119)	0.501 (0.160)	0.684 (0.117)	0.397 (0.232)	0.481 (0.214)

从区域层面看，技术研发效率和技术转化效率下上中游梯度递减的空间分异特征也十分明显。“投入导向”驱动下长江经济带中游地区陷入高技术制造业锦标赛式的无序竞争发展阶段，技术研发效率和技术转化效率的“中游塌陷”导致长江经济带高技术制造全局创新的低效率。2013年，中游地区的创新要素配置扭曲程度较高，导致长江经济带高技术制造业创新面临严重的效率分化和效率恶化问题。其中，技术研发投入无效率（0.862）和技术转化投入无效率（0.831）远高于下游地

区和上游地区。技术研发效率从 0. 334 下降到 0. 138，占长江经济带效率损失的 86. 19%；技术转化效率从 0. 481 下降到 0. 169，占长江经济带效率损失的 65. 81%。下游地区高技术制造业技术研发效率和技术转化效率均高于全国平均水平，中上游地区均低于全国平均水平，验证假设 2 和假设 3。

长江经济带下游地区具有科技研发和市场转化的先发优势，但规模扩张空间有限。转移高技术制造业低附加值环节为价值链攀升拓展了空间，市场机制逐步健全加快创新要素向高附加值环节配置，纾解了因集聚过度引发的拥挤效应，通过“腾笼换鸟”推动研发效率改善。此外，人力资本的不断积聚强化了创新禀赋，知识产权保护、研发补贴政策等制度激励为研发效率改善营造良好的外部环境，巩固了下游地区技术研发的龙头地位，但高质量技术转化需要的投入更高、周期更长、风险更大。2011—2016 年下游地区高技术制造业技术研发效率从 0. 632 下降到 0. 544，再上升到 0. 606；技术转化效率从 0. 830 下降到 0. 719，再上升到 0. 781，处于要素配置优化的调整期。其中，浙江是下游地区的“效率洼地”。

表 6-4　2014—2016 年长江经济带沿线 11 省份高技术制造业分阶段创新效率

年份 地区	2014		2015		2016	
	技术研发	技术转化	技术研发	技术转化	技术研发	技术转化
上海	0. 748	1. 000	0. 684	1. 000	0. 685	1. 000
江苏	1. 000	1. 000	1. 000	1. 000	1. 000	1. 000
浙江	0. 123	0. 147	0. 088	0. 180	0. 134	0. 344
安徽	0. 148	0. 175	0. 157	0. 178	0. 157	0. 261
江西	0. 083	0. 161	0. 088	0. 220	0. 109	0. 210
湖北	0. 072	0. 176	0. 060	0. 143	0. 054	0. 138
湖南	0. 206	0. 245	0. 190	0. 229	0. 153	0. 251
重庆	0. 916	1. 000	0. 946	1. 000	1. 000	1. 000
四川	0. 171	0. 210	0. 084	0. 115	0. 130	0. 208
贵州	0. 062	0. 124	0. 046	0. 090	0. 050	0. 137

续表

地区 \ 年份	2014		2015		2016	
	技术研发	技术转化	技术研发	技术转化	技术研发	技术转化
云南	0.154	0.216	0.119	0.180	0.126	0.246
下游地区	0.624	0.716	0.591	0.727	0.606	0.781
中游地区	0.127	0.189	0.124	0.192	0.118	0.215
上游地区	0.326	0.387	0.299	0.346	0.326	0.398
长江经济带	0.335 (0.253)	0.405 (0.214)	0.315 (0.273)	0.394 (0.227)	0.327 (0.262)	0.436 (0.198)
全国	0.388 (0.241)	0.487 (0.206)	0.371 (0.259)	0.490 (0.207)	0.339 (0.249)	0.551 (0.182)

长江经济带中上游地区兼具规模扩张的后发优势和技术创新的后发劣势，工业化和城镇化快速推动下，通过“筑巢引凤”承接下游转移的高技术制造业低附加值环节会强化“投入导向”，引发区域锦标赛式的无序竞争，粗放式集聚会加剧要素配置扭曲，造成技术研发效率恶化。此外，技术研发阶段与技术转化阶段关联性较强，技术研发无效供给会提高技术转化成本和周期，造成技术转化效率恶化。因此，“投入导向”和“关联扭曲”加剧了中上游地区创新要素配置扭曲，导致技术研发和技术转化的低效率。2011—2016 年上游地区高技术制造业技术研发效率从 0.346 下降到 0.326，技术转化效率从 0.586 下降到 0.398；而中游地区技术研发效率由 0.285 下降到 0.118，技术转化效率从 0.496 下降到 0.215。中上游地区处于要素配置恶化的阵痛期，其中贵州和云南是上游地区的“效率洼地”。

（2）技术研发效率不高是长江经济带高技术制造业低效率创新的根源。2011—2016 年长江经济带高技术制造业技术研发效率均低于技术转化效率。一方面，技术研发阶段和技术转化阶段关联性较强，中间产品的无效供给导致技术转化阶段的配置扭曲，技术研发阶段的低效率会引致技术转化阶段的低效率，最终演变为整体创新过程的低效率。另一方面，长江经济带技术研发效率的区域分化程度比技术转化效率更高，由要素配置扭曲引起的效率损失更大。因此，提升技术研发效率是推动长江经济带高技术制造业效率变革、摆脱创新低效率困境的主要路径，验证假设4。

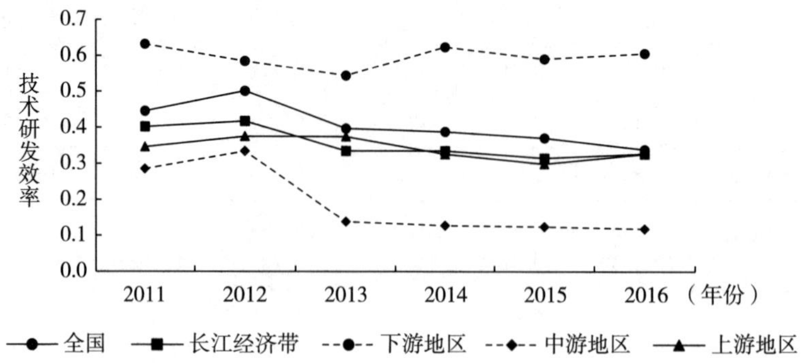

图6-3　2011—2016年长江经济带上中下游地区高技术制造业技术研发效率

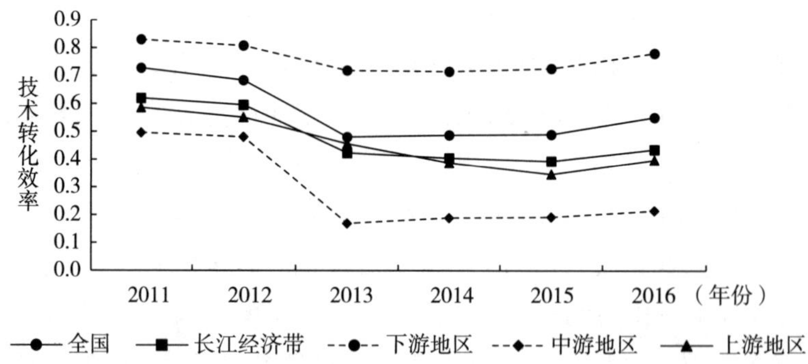

图6-4　2011—2016年长江经济带上中下游地区高技术制造业技术转化效率

第六节　研究结论与政策建议

一　研究结论

采用基于规模报酬可变的投入导向NSBM模型，从长江经济带沿线11省份和上中下游两个空间尺度测算了2011—2016年长江经济带高技术制造业创新过程的整体效率和两阶段效率，并探讨了效率演变的时空特征和内在机理。结论如下：

（1）长江经济带高技术制造业创新呈“低效率、空间分异”特征，内部效率分化加剧导致了整体效率下降。与全国平均水平相比，长江经济带高技术制造业处于集聚发展阶段，整体创新效率较低，内部呈下上中游梯度递减的空间分异特征。下游地区处于创新驱动发展阶段，高技术制造业发展呈集聚水平、创新效率的“高高”特征，中上游地区处于要素集聚发展阶段，高技术制造业发展呈集聚水平、创新效率的“低低”特征。上海、江苏、重庆是高技术制造业发展高地，兼具高集聚水平、高创新效率的特征，是长江经济带高技术制造业发展的优势地区。

（2）长江经济带高技术制造业技术研发效率和技术转化效率与整体创新效率呈相同的时空演变特征，且均呈下上中游梯度递减的空间分异特征。区域效率分化是全局效率下降的直接原因，粗放式要素集聚是全局效率下降的根本原因。其中，长江下游地区处于要素配置优化的调整期，中上游地区处于要素配置恶化的阵痛期。粗放式集聚引发创新要素配置扭曲，不仅导致上游和下游局部地区的“效率洼地”（浙江、贵州、云南），也造成“中游塌陷”，导致长江经济带高技术制造业创新面临“局部高效，全局低效”的不利境地。

（3）技术研发效率不高是长江经济带高技术制造业创新低效率的主要原因，提升技术研发效率是推动长江经济带高技术制造业“效率变革、摆脱创新低效率困境”的主要路径。区域锦标赛式的无序竞争会强化“投入导向”，加剧地区效率分化，中间产品的无效供给会导致技术研发阶段和技术转化阶段的“关联扭曲”，最终会演化为长江经济带高技术制造业创新全局的低效率。

二　政策建议

当前我国经济发展处于由要素驱动向创新驱动转型时期，推动长江经济带高技术制造业创新效率变革，是实现制造业高质量发展的重要路径。应围绕优化空间布局、挖掘内陆发展潜力、充分发挥各地区比较优势，推动区域科技合作和高技术制造业的一体化发展，为长江经济带创新驱动拓展新空间，推动高技术制造业创新由“局部高效”向“全局高效”转变，将长江经济带打造成引领我国经济高质量发展的生力军。提出如下政策建议：

（1）充分发挥政府引导作用，建立区域科技合作的长效机制，加强长江经济带高技术制造业空间布局的顶层设计。建立更加有效的区域互动发展机制，避免各地区不分功能、不加协调推进同质性高技术制造业建设，造成创新资源分布的不平衡和低效率。完善长江经济带跨行政区的科技合作机制，推动下游研发优势和中上游市场优势相结合，加快形成布局合理、协同联动的空间发展格局，合理引导创新要素向中上游地区流动，共建共享一批区域性产学研合作创新平台和高技术制造业创新联盟，依托产业链构建技术研发、技术转化协同联动的创新链。通过加强长江经济带高技术制造业发展的规划、组织、协调，汇聚新旧动能转化的区域合力。

（2）加快完善“制度—市场”互动的科技服务体系，提高技术创新的市场效益，营造高效的技术转化生态。构建企业主导、政府参与、市场服务的科技创新体系，补齐技术转化的服务“短板”，重点改善中上游地区的创新生态。发挥服务型政府引领作用，完善金融、财税、人才、法规等政策，降低技术转化的制度性成本，深化科技成果使用、处置和收益权改革。借助“互联网+”打造区域性、行业性技术交易O2O平台，支持技术转移机构与天使投资、创业投资等合作建立投资基金，加强技术转化引导资金、高技术企业创业投资基金联动发展。鼓励企事业单位设置研发机构，扶持市场中介机构发展，为高技术企业创新提供信息咨询、风险评估、产权交易等市场服务，降低技术转化的成本和周期，提高技术的时效性和竞争力。加强技术经纪人队伍建设，促进创新成果与市场需求有效对接。

（3）加快物质资本和人力资本协同集聚，推动形成以质量效益为导向的技术研发体系，实现高技术制造业高效率运转。破解长江经济带高技术制造业创新“高投入、低产出”困境，重点围绕技术研发方向、路线选择和资源优化配置提升新专利、新技术的质量，要大力培育中小型高技术企业，盘活大中型企业创新资源，避免因同质性、重复性投入导致结构性过剩。提高下游地区高技术制造业准入门槛，合理控制政府研发投入规模，不断完善市场退出机制，推动过剩产能向中上游地区有序转移。加大对核心技术研发的财政支持力度，提高发明专利申请标准，加强知识产权保护，激发企业创新活力。完善人才流动机制，发挥下游地区人才劳动池的溢出效应，重点推动中上游地区人力资本与物质资本协同集聚，建立有效的科技型人才引、留、育机制，保障高技术企业人才供给。中上游地区要发挥好资金、人才、政策等因素对技术研发的促进作用，同时构建以创新效益为主的考评机制，倒逼高技术制造业技术研发从“投入导向”向“产出导向”和“过程导向”转变。

第七章

偏向型技术进步对长江经济带全要素能源效率影响研究

第一节　引言

党的十九大报告提出，我国经济已由高速增长阶段转向高质量发展阶段，推动经济发展的质量变革、效率变革、动力变革，提高全要素生产率已成为我国经济发展的重要战略目标。推动长江经济带发展，是党中央、国务院科学谋划中国经济新棋局，做出的既利当前又惠长远的重大举措。长江经济带在新时代我国区域发展总体格局中具有重要战略地位，虽然总体蕴含巨大增长潜力，但要素结构不合理和区域发展不平衡成为长江经济带转型的最大障碍。随着产业梯度转移加快，能源约束极大制约了长江中上游地区工业发展的质量和效率，陷入价值链低端锁定困境。2014 年国务院颁布的《国务院关于依托黄金水道推动长江经济带发展的指导意见》提出，打造沿江绿色能源产业带，优化能源消费结构、提升能源利用效率。落实长江经济带有关能源的重大战略举措，提高全要素能源效率成为当务之急（吴传清、董旭，2016）。内生增长理论强调技术是长期增长源泉，强化技术的核心地位，对于转换增长动力、提高经济发展质量和效率具有重要意义（黄先海、宋学印，2017）。2016 年国家发改委等三部委联合发布的《长江经济带创新驱动产业转型升级方案》以及党中央颁布的《长江经济带发展规划纲要》都将实施创新驱动战略作为长江经济带转型发展的重要手段。然而，区域要素供给的不充足和不均衡会导致有偏型技术进步。长江经济带发展正经历由要素驱动向创新驱动转变，推动内生技术进步，改善区域要素配置结构，提升长江经济带全要素能源效率，这也符合“改造存量、优化增量”的转型发展思路。当前，探索质效提升型技术路径作为新发展理念指导下长江经济带建设的重要命题，也是我国政策聚焦和学术研究的热点，需要厘清偏向型技术进步对长江经济带全要素能源效率的影响关系。

国外对偏向型技术进步的研究较为成熟。最早可追溯到 Hicks（1932）提出的诱致性创新理论，他将生产要素相对价格变化看作偏向型技术进步形成的微观基础。随后国外学者从其他方面进行了补充和扩展，包括偏向型技术的特征、形成原因及影响因素等（Klump et al.，2008；Edmonds et al.，2012；Carraro and De Cian，2013）。

国内学术界研究偏向型技术进步起步较晚，大多文献普遍关注技术进步对经济发展的贡献，鲜有研究技术进步的偏向问题。早期文献主要测算我国整体的技术进步方向，随着研究尺度微观化，文献涉及更为广泛的领域（雷钦礼，2013；沈春苗、郑江淮，2016）。当前，经济发展模式正向创新驱动转变，我国资本偏向型技术进步呈现与要素禀赋结构相匹配的特征（杨飞，2013）。一方面，经济转型促进与要素禀赋结构相适应的偏向型技术进步；另一方面，引导与要素禀赋结构相匹配的技术进步提高了经济转型效率。综观现有研究技术进步偏向的文献，缺乏对长江经济带相关问题的研究。

自索罗（Solow）提出全要素生产率分析框架，作为驱动经济增长的重要引擎，全要素生产率被广泛运用于新古典增长核算。现有文献测算全要素生产率只基于资本和劳动，在能源约束凸显下其度量准确性无疑受到挑战。关于全要素能源效率的研究侧重分析效率的变化及影响因素。基于要素投入产出的测算结果表明，我国全要素能源效率总体呈低水平上升趋势（李兰冰，2012）。随着研究尺度向区域层面延伸，全要素能源效率的变化表现出显著的区域异质性，东部地区明显高于中西部地区（汪克亮等，2011）。长江经济带全要素能源效率同样受到国内学者广泛关注，其效率变化呈现与区域层面相同的时空分异特征（朱远、刘国平，2017）。此外，部分学者从能源消费、环境规制、产业结构等多维视角探索了长江经济带全要素能源效率提升路径（王兆华、丰超，2015）。

偏向型技术进步和全要素生产率都体现在生产要素中，随着研究的不断深入，国内外学者开始关注偏向型技术进步对全要素生产率的影响，从而将偏向型技术进步的影响内生化，也为效率提升的技术路径提供了新的分析视角。国内关于偏向型技术进步影响全要素能源效率缺乏系统研究，涉及长江经济带的文献更少。学术界主要采用效率分解法衡量偏向型技术进步对全要素生产率的影响关系，模型设定的改进实现了更为广义的分析。效率分解法基于产出增长的变化建立全要素生产率与偏向型技术进步的变化关系（钟世川、毛艳华，2016），研究要素禀赋结构有助于理解区域技术进步偏向形成及对全要素能源效率的影响方式。

本研究在借鉴已有研究成果的基础上，力图作以下拓展：第一，将能源约束纳入分析框架，以全要素能源效率衡量经济发展的质量和效率，并基于非中性技术进步视角分析长江经济带上中下游地区全要素能源效率变化及提升路径。第二，以区域要素禀赋结构为切入点，探讨偏向型技术进步对全要素能源效率的影响方式，为推进供给侧结构性改革、探索经济转型的技术路径提供理论指导。第三，采用三要素超越对数生产函数，改善了传统 CD 函数和 CES 函数由模型设定和约束条件的局限，从而提高测算结果及分析的准确性。

第二节　偏向型技术进步影响全要素能源效率的一般机制

微观层面上，技术进步源于要素禀赋结构的变化。在经济发展的不同阶段，发展目标和发展方式决定技术进步偏向形成的导向特征，而要素禀赋结构差异使偏向型技术进步对全要素能源效率的影响不尽相同。要素禀赋结构变化作为转变发展方式的“晴雨表”，映射出区域间差异化的发展目标和发展方式，构成偏向型技术进步影响全要素能源效率的内在机理。本研究借鉴 Acemoglu（2007）对技术进步偏向形成机理的研究思路，探讨经济发展不同阶段下技术进步偏向形成及对全要素能源效率的影响差异。

一 以经济增长为导向的偏向型技术进步

在低水平发展阶段，经济增长更多依靠基础要素集聚。追求经济发展速度决定技术进步偏向使用高产出要素，形成以经济增长为导向的偏向型技术进步。价格作为要素选择的基本依据，偏向使用相对廉价要素成为初始创新的主要动力。虽然成本节约效应为促进技术进步提供物质基础，但过分依赖廉价要素集聚会导致经济结构固化，甚至演变为要素错配，降低全要素能源效率。随着发展水平的提升，要素结构失衡制约了经济增速提升，需要增加稀缺要素来弥补结构“短板”，优化要素禀赋结构。在以增长为目标的阶段，廉价要素和稀缺要素的规模化集聚是实现经济快速增长的主要路径，以增长为导向的偏向型技术进步难以弥补要素错配带来的潜在绩效损失，导致全要素能源效率处于较低水平。

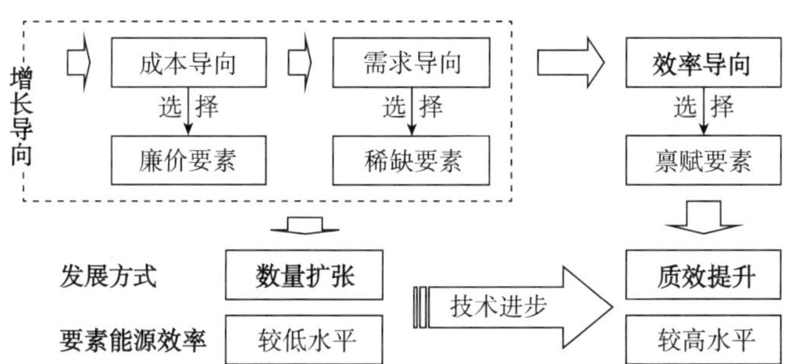

图7－1 偏向型技术进步影响全要素能源效率的一般机理

二 以效率提升为导向的偏向型技术进步

随着经济发展水平进一步提升，要素约束逐步凸显，依赖要素粗放式集聚的发展模式难以为继，经济增长需转向以技术进步为动力，以提升发展质量和效率为目标，不断优化要素禀赋结构，推动技术进步偏向使用高效率要素。在较高发展阶段，高端要素集聚会挤出并替代基础要素，不断激发创新动力。以效率为导向的偏向型技术进步通过优化要素禀赋结构促进全要素能源效率的提高。一方面，技术进步加快本地区人力资本积累，高端要素规模化和专业化集聚优化了要素配置效率；另一方面，技术溢出推动形成溢出地与受益地间基于错位分工的要素集聚路径，为产业转型升级营造良性区域格局。

总之，偏向型技术进步的导向特征反映不同阶段下对发展速度与发展质量的权衡抉择，体现了增长动力转换的过程。不同地区技术进步偏向差异实质是要素禀赋结构变化的结果，这也决定了全要素能源效率提升路径的不同。

第三节　模型设定和估算方法

一　基础模型

国内文献普遍采用 CD 函数和 CES 函数测度偏向型技术进步。事实证明，传统模型中存在诸多局限，前者条件约束不符合经济现实，后者参数分析受制于模型设定及要素数量。相比之下，超越对数函数更具易估计性和包容性优势（张健华、王鹏，2012），能够无约束地估计多要素模型。本研究采用三要素超越对数生产函数对相关参数进行估算。由于模型展开较为复杂，仅呈含有时间参数的简化形式，如下所示：

$$\ln Y_{it} = \alpha_c + \sum_{lk} f(\alpha_l, \alpha_{lk}, \ln A_{l0}) + t\sum_{lk} g(\alpha_l, \alpha_{lk}, \gamma_l\gamma_k, \ln A_{l0}) + t^2\sum_{lk} k(\alpha_{lk}, \gamma_l) + \ln X_{lit}\sum_{lk} u(\alpha_l, \alpha_{lk}, \ln A_{k0}) + t\ln X_{lit}\sum_{lk} v(\alpha_{lk}, \gamma_k) + (1/2)\ln(X_{lit})\ln(X_{kit})\sum_{lk} \alpha_{lk} \tag{7-1}$$

式中，α_c 为截距项，α_l 和 α_{lk} 为待估系数，Y 表示经济产出，X_l 表示第 l 类要素投入，包括劳动、资本和能源，A_l 表示第 l 类要素效率，其变化率为 γ_l。根据式（7－1）可推导出要素产出弹性和要素效率变化率。

$$E_l = \partial \ln Y / \partial \ln X_l = \alpha_l + \alpha_{lk}\sum_k \ln A_{k0} + t\alpha_{lk}\sum_k \gamma_k + \alpha_{lk}\sum_k \ln X_k \tag{7-2}$$

$$\alpha_{Lt} = \alpha_{LL}\gamma_L + \alpha_{LK}\gamma_K + \alpha_{LE}\gamma_E \tag{7-3}$$

式中，α_{Lt} 是劳动与时间交互项系数，α_{LL}、α_{LK}、α_{LE} 是要素交互项系数。同理，推导出其他两类要素与时间交互项系数表达式，估算出要素效率变化率 $\gamma_L\gamma_K\gamma_E$。然而，国内学者普遍采用时间变量刻画非中性技术进步，没有反映效率变化率。

二 测算偏向型技术进步

首先，计算技术进步偏向性指数，如下：

$$D_{LK} = -\frac{\partial \ln(FL/FK)}{\partial t} = \frac{\partial FK/\partial t}{FK} - \frac{\partial FL/\partial t}{FL} \tag{7-4}$$

偏向性指数是由技术进步带来资本与劳动在边际产出增长上的相对变动。D_{LK}大于0，则技术进步引起资本边际产出增长快于劳动，技术进步偏向使用资本和节约劳动；反之偏向使用劳动和节约资本。D_{LK}等于0，称技术进步是希克斯中性的。

Acemoglu（2002）同样基于边际产出增长视角对技术进步偏向概念进行了界定，他将要素偏向型技术进步归结为提高要素相对边际产出，表达式为：

$$TCI_{LK} = \partial(F_L/F_K)/\partial A \tag{7-5}$$

基于技术进步差异概念，这是早期国内学者研究借鉴的主要方法之一，公式为：

$$Bias_{lk} = \alpha_{lt}/E_l - \alpha_{kt}/E_k \tag{7-6}$$

关于技术进步偏向性测算公式的差异源于采用不同的生产函数。Acemoglu 采用 CES 函数。CES 函数作为研究的主流方法，更加受国内外学者的推崇。

三 测算偏向型技术进步对全要素能源效率的影响

根据投入产出关系，全要素能源效率衡量从产出变化中剔除要素投入后其他因素的实际贡献，采用索洛余值法将全要素能源效率分解为如下形式：

$$TFEEG = \gamma_L E_L + \gamma_K E_K + \gamma_E E_E \tag{7-7}$$

据式（7-7）可知，不同要素组合的技术进步偏向性指数间存在完全共线性，即约束条件 $TCI_{LK} + TCI_{KE} + TCI_{EL} = 0$。在量化分析时需厘清不同偏向型技术进步对全要素能源效率的影响，这是实证部分的主要思路。

$$TFEE = \alpha_c + \alpha_{LK} TCI_{LK} + \alpha_{KE} TCI_{KE} + \alpha_{EL} TCI_{EL} + \varepsilon_{it} \tag{7-8}$$

式中，系数反映不同偏向型技术进步对全要素能源效率的影响，也体现出要素禀赋结构和资源配置上的差异。据式（7-8），全要素能源效率取决于效率变化率与产出弹性的共同作用，这决定了不同区域的效率改善路径存在差异。对增长驱动型路径，增加高产出要素扭曲要素配置，阻碍全要素能源效率提升；对于效率驱动型路径，增加高效率要素替代低效率要素能够提升全要素能源效率，这与前文理论部分相一致。

四　变量选择与数据来源

1. 变量选择

长江经济带沿线 11 省市的经济产出用地区生产总值表示，构造 GDP 平减指数将各年的现价 GDP 折算为以 1997 年为不变价格的实际 GDP。固定资本存量的估算依据永续盘存法，公式为 $K_{it}=I_{it}+(1-\delta_i)K_{it-1}$。其中，$I_{it}$为全社会固定资产投资，统一折算为以 1997 年为不变价格的实际水平，δ_i 为资本折旧率。学术界对折旧率取值尚无统一定论，为刻画地区资本贡献差异，参考张健华和王鹏（2012）关于中国各省市资本折旧率的计算结果。基期资本存量的估算根据投资比率法，公式为 $K_0=I_0/(\delta+g)$，g 为样本期内投资的几何平均增长率，I_0 为基期固定资产投资。劳动投入用年末从业人员数表示，能源投入用能源消耗总量表示。此外，要素价格用定基价格指数表示。劳动力价格用工资价格指数表示，资本价格用固定资产投资价格指数表示，能源价格用工业购进价格指数中燃料、动力类价格指数表示。

2. 数据来源

本研究所需数据均采自 1998—2016 年的《中国统计年鉴》《中国能源统计年鉴》《中国劳动统计年鉴》和长江经济带沿线 11 省市统计年鉴。

五　估算方法

模型待估系数有 14 个，时间跨度只有 19 年，采用普通最小二乘法（OLS）会因变量间较强的共线性得到失真结果。本研究采用单因变量偏最小二乘法（PLS）估计模型系数，通过交互检验法确定 PLS 抽取成分数为 2。此外，选择对式（7－8）进行岭回归分析，从而得到符合实际的回归系数。

第四节　实证结果及分析

一　长江经济带上中下游地区全要素能源效率

采用 SPSS22.0 对基础方程进行偏最小二乘估计，并运用索洛余值法计算长江经济带上中下游地区全要素能源效率及其构成，结果如表 7－1 所示。

表 7－1　　　　长江经济带上中下游地区全要素能源效率

<table>
<tr><td colspan="2">全要素能源效率/区域</td><td colspan="2">长江下游地区</td><td colspan="2">长江中游地区</td><td colspan="2">长江上游地区</td></tr>
<tr><td rowspan="2">TFEE</td><td>1997 年</td><td colspan="2">0.0374</td><td colspan="2">0.0327</td><td colspan="2">0.0252</td></tr>
<tr><td>2015 年</td><td colspan="2">0.0442</td><td colspan="2">0.0384</td><td colspan="2">0.0291</td></tr>
<tr><td colspan="8">全要素能源效率来源构成</td></tr>
<tr><td rowspan="2">劳动（L）</td><td>γ_L</td><td>0.1283</td><td rowspan="2">80%</td><td>0.0052</td><td rowspan="2">7%</td><td>0.0041</td><td rowspan="2">8%</td></tr>
<tr><td>EL</td><td>0.2553</td><td>0.4822</td><td>0.5453</td></tr>
<tr><td rowspan="2">资本（K）</td><td>γ_K</td><td>0.0194</td><td rowspan="2">11%</td><td>0.1038</td><td rowspan="2">60%</td><td>0.0538</td><td rowspan="2">60%</td></tr>
<tr><td>EK</td><td>0.2343</td><td>0.2032</td><td>0.3031</td></tr>
<tr><td rowspan="2">能源（E）</td><td>γ_E</td><td>0.0103</td><td rowspan="2">9%</td><td>0.0324</td><td rowspan="2">33%</td><td>0.0242</td><td rowspan="2">32%</td></tr>
<tr><td>EE</td><td>0.3574</td><td>0.3663</td><td>0.3559</td></tr>
<tr><td colspan="2">类型</td><td colspan="2">效率改善型</td><td colspan="2">增长驱动型</td><td colspan="2">增长驱动型</td></tr>
<tr><td colspan="2">技术进步偏向</td><td colspan="2">$L \to K \to E$</td><td colspan="2">$K \to E \to L$</td><td colspan="2">$K \to E \to L$</td></tr>
</table>

注：长江下游地区包括上海、浙江、江苏；中游地区包括安徽、江西、湖北、湖南；上游地区包括重庆、四川、贵州和云南。样本期为 1997—2015 年，本表仅呈现 1997 年和 2015 年全要素能源效率。

据表 7－1 结果，长江经济带上中下游地区全要素能源效率差异显著，且呈依次递增趋势。下游地区全要素能源效率主要由劳动构成，其产出弹性为 0.2553，远低于中游地区的 0.4822 和上游地区的 0.5453，但下游地区的劳动效率为 0.1283，远高于中游地区的 0.0052 和上游地区的 0.0041。由此可知，长江经济带下游地区全要素能源效率提升呈效率驱动型，其技术进步偏向劳动力集聚；长江中上游地区全要素能源效率构成较为相似，主要来源于资本和能源的集聚，其技术进步偏向资本集聚，全要素能源效率提升呈增长驱动型。

二　长江经济带上中下游地区技术进步偏向性指数

根据回归结果计算出的长江经济带上中下游地区技术进步偏向性指数如图 7－2 所示。

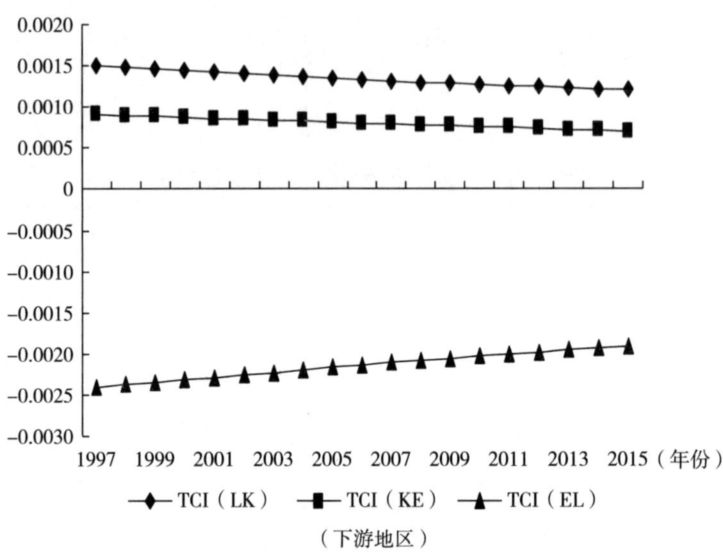

（下游地区）

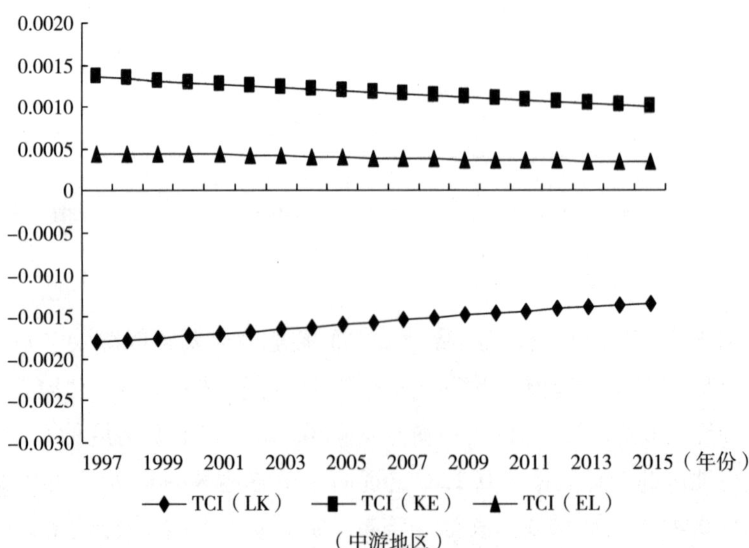

（中游地区）

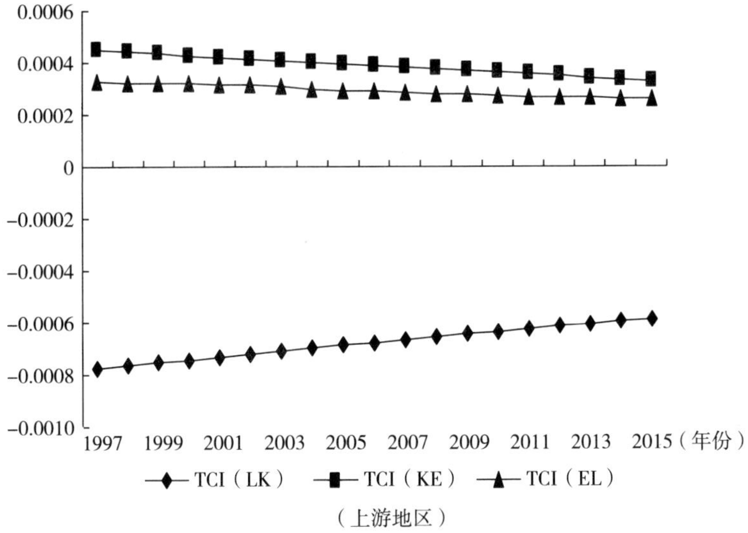

图7-2　长江经济带上中下游地区技术进步偏向性指数

长江经济带上中下游地区不同要素间的技术进步偏向性指数都呈现递减收敛的趋势，这与雷钦礼（2013）的研究结果相一致。由于技术进步偏向性指数的符号只表示方向，所以指数无论正负，只要向原点收敛，都表示其呈现递减趋势。从要素配置结构上，长江下游地区技术进步偏向与中上游地区存在明显差异。长江下游地区的技术进步偏向依次是劳动力、资本和能源；而中上游地区技术进步偏向结构相似，依次是资本、能源和劳动力，但数值上存在细微差异。研究长江经济带上中下游地区的技术进步偏向差异需要从区域要素禀赋结构入手，深入分析技术进步偏向形成的内在机理。

表7-2对比了长江经济带11省市1997年与2015年的要素禀赋结构变化。根据定义可知，要素禀赋结构与要素投入绝对量无关，只取决于区域间要素投入的相对富裕程度。本研究以长江下游地区为参照，结合各地区要素禀赋结构及其变化特征，探讨技术进步偏向形成的本源，以及对全要素能源效率影响的内在机理。

长江经济带各地区要素禀赋结构具有以下特征。第一，要素结构变化反映出长江经济带整体偏向于资本和能源的集聚，这符合我国沿海工业转型及内陆工业发展背景。第二，长江中上游地区的资本扩张速度明显，但并没有改变下游地区的资本禀赋优势。第三，长江经济带各地人力资本积累水平逐步提高。高素质劳动力向长江下游转移使该地区人力资本水平明显较高，从而形成下游地区的人力资本禀赋和中上游地区的基础劳动禀赋。

表 7－2　　　　长江经济带 11 省市要素禀赋结构

禀赋结构		长江下游地区			长江中游地区				长江上游地区			
		上海	江苏	浙江	安徽	江西	湖北	湖南	重庆	四川	贵州	云南
L/K	1997	0.045	0.392	0.287	1.050	1.230	0.617	1.046	0.996	0.971	1.610	0.807
	2015	0.033	0.029	0.033	0.054	0.046	0.046	0.057	0.035	0.053	0.060	0.068
L/E	1997	0.152	0.549	0.517	0.754	0.995	0.542	0.740	0.646	0.700	0.454	0.648
	2015	0.120	0.157	0.190	0.352	0.310	0.223	0.257	0.191	0.244	0.196	0.284
K/E	1997	3.372	1.403	1.798	0.718	0.809	0.878	0.708	0.648	0.721	0.282	0.804
	2015	3.648	5.517	5.721	6.570	6.705	4.892	4.516	5.444	4.602	3.253	4.156
H/L	1997	0.116	0.026	0.032	0.023	0.024	0.046	0.024	0.023	0.025	0.028	0.016
	2015	0.439	0.229	0.247	0.133	0.126	0.163	0.148	0.185	0.12	0.095	0.099

注：作者根据物质定义法计算整理而成，仅呈现 1997 年与 2015 年的结果。人力资本占比（H/L）用年末就业人员数中大专及以上学历人员占比表示。

从要素价格变化趋势上看，劳动力价格呈现快速上升趋势，其年增幅度（10.9%）远高于资本（1.8%）和能源（4.3%）。要素投入的成本优势使各地要素结构变化偏向于增加资本投入。虽然自 2011 年起，加快经济结构调整以及化解产能过剩等外部因素导致能源价格相对走低，但整体上并没有改变资本作为最廉价要素的地位。要素价格变化为分析偏向型技术进步形成本源提供微观证据。

长江下游地区全要素能源效率大部分源于劳动力，结合区域要素禀赋结构，长江下游地区的人力资本优势明显，产业转移和产业结构调整加快推动本地劳动力结构的优化，人力资本积累水平提升，基础劳动力向中上游地区回流，从全要素能源效率构成可以看出，全要素能源效率来源是与技术进步偏向以及要素禀赋结构呈现内在一致的。长江中上游地区的全要素能源效率来源较为相似，这也与技术进步偏向性和要素禀赋结构上的相似性呈现一致。长江中上游地区的全要素能源效率绝大部分源于资本和能源，而源于劳动力较少，劳动力的高产出特征被粗放式集聚下的低效率抵消，从而使中上游地区依靠资本和能源的集聚推动效率改善。相比之下，长江下游地区依靠人力资本集聚的高效率推动全要素能源效率的提升，呈现效率驱动型特征；而中上游地区依靠资本和能源对经济增长的推动，呈现增长驱动型特征。

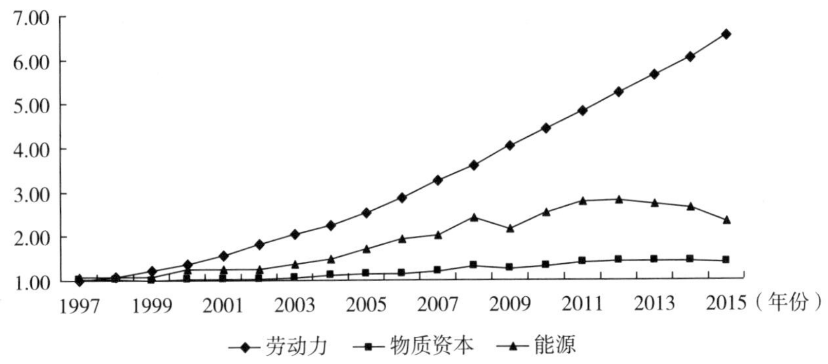

图 7－3 要素价格变化趋势

注：采用全国要素价格指数替代长江经济带要素价格水平。

三 长江经济带上中下游地区偏向型技术进步对全要素能源效率的影响

结合长江经济带各地区要素禀赋结构可知，长江下游地区技术进步主要是依靠物质资本和人力资本双重禀赋要素集聚实现，要素禀赋结构变化反映出效率驱动型的发展路径，技术进步逐步替代要素集聚成为经济发展的主要动力。表 7－3 中反映出不同技术进步偏向对全要素能源效率都是正向改善，这说明依靠人力资本和物质资本积累实现偏向型技术进步对全要素能源效率的改善。

根据回归结果，对比长江下游与中上游地区可知，不同要素组合的技术进步偏向对全要素能源效率的促进作用存在差异。其中，长江下游地区在资本和能源间的技术偏向指数对全要素能源效率的作用最显著，这主要是源于去重工业化背景下，将高能耗产业转移到处于工业化发展初期的中上游地区，推动了下游地区经济向高端化发展的转型升级，人力资本和物质资本等禀赋要素集聚成为全要素能源效率提升的主要动力。加快高端制造业发展和对传统产业的改造，通过自主创新能力提高能源效率的提升是长江下游地区全要素能源效率提升的主要实现路径。长江中上游地区的情况较为相似，这也类似于其要素禀赋结构变化和技术进步偏向形成机理的一致，能源与劳动间技术进步偏向于使用能源显著推动全要素能源效率的提升。长江中上游地区基础劳动力集聚充足，工业化所需的能源储备较为缺乏。相对而言，上游地区的工业化进程更为滞后，这就决定了在优化能源与劳动中偏向于能源投入，能够推动本地经济的发展。长江中上游地区资本偏向型技术进步决定了资本投入在要素配置中充当润滑剂功能。增强对能源产业的资本投入，不断优化劳动和能源间的配置关系。

表7-3　长江经济带各地区偏向型技术进步对全要素能源效率的影响

变量/地区	长江下游地区	长江中游地区	长江上游地区
C	0.071	0.056	0.043
TCI_{LK}	-7.146***	4.442***	7.762***
TCI_{KE}	-12.771***	-5.835***	-11.969***
TCI_{EL}	4.712***	-17.555***	-19.625***
R^2	0.991	0.986	0.932

注：***表示在1%的统计水平上显著。

第五节　研究结论与政策启示

一　研究结论

（1）长江经济带全要素能源效率总体稳步提升，但区际差异显著。长江下游地区全要素能源效率略高于中游地区，显著高于上游地区。随着时间变化，全要素能源效率的区际差距不仅没有收敛，甚至逐步扩大。不同经济发展方式决定全要素能源效率提升路径同样存在明显差异，长江下游地区呈效率改善型，中上游地区呈增长驱动型。

（2）技术进步偏向形成的内在机理与区际要素禀赋结构变化密切

相关。长江经济带上中下游地区技术进步偏向性指数呈递减收敛趋势，下游地区以人力资本的专业化集聚为主，形成技术进步偏向的效率导向特征，中上游地区以物质资本的规模化集聚为主，形成技术进步偏向的增长导向特征。

（3）偏向型技术进步对全要素能源效率具有明显促进作用，但不同的经济发展方式和要素禀赋结构导致区际间全要素能源效率提升的差异化微观路径。为实现全要素能源效率的持续改善，长江下游地区需优化资本与能源间的配置结构，强化资本偏向型技术进步，长江中上游地区需优化能源与劳动间配置结构，强化能源偏向型技术进步。

二　政策启示

（1）完善创新软环境。不仅要从制度和政策上完善政策体系，还要营造良性的创新氛围，塑造独特的创新文化，建立健全相关法律法规，推动形成政策创新、立法创新和科技创新的三轮驱动，实现经济发展方式向质量效率型转变。长江经济带各地区的技术进步整体上改善了全要素能源效率，但其上升空间有限，构建良好的技术创新软环境对地区经济发展和效率改善都至关重要。此外，还要激发社会创新创业活力，培育开放式创新创业生态系统，引导金融和社会资本投资区域创新创业，强化区域创新能力在经济发展中的作用。从而实现创新理念转变，不断推动构建长江经济带完整的技术创新生态环境。

（2）加强技术合作。长江经济带是我国创新驱动的重要策源地，高等院校和科研机构等创新资源密集，具有多个国家级创新示范区。但创新资源分布不均衡，区域技术创新封闭独立，限制了各地技术创新能力的提升。长江经济带各地偏向型技术进步形成机理和全要素能源效率改善路径差异较大，需要完善长江经济带区域技术合作框架，统筹协调各区域技术创新主体，建立共同参与、利益共享、风险共担的协同创新机制。不断完善区域技术资源共建共享和利益平衡机制，促进跨区域发展实现互惠互利、合作共赢。

（3）促进技术成果转化。依托公共服务平台建设加快科技创新成果的转化，提高技术进步对经济发展的贡献。推动市场导向型的技术创新向效率提升和应用导向的技术创新转变，不断推动新技术、新产品、新业态和新模式的创新，实现产业服务化、高端化、智能化、知识化和低碳化发展。建立技术交易中心，形成跨地区的技术转化路径。共建科技成果产业化试验平台，面向产业需求开展中试和技术熟化，加快对新技术的应用和推广。促进创新成果与市场需求对接，深化科技成果使用，为创新成果转化营造良好的外部环境。

（4）优化资源要素配置。各地区要因地制宜并因势利导地强化区域竞争优势，围绕优势产业集聚，打造一批世界级产业集群，加快重点产业领域规模化、体系化、高端化发展。各地区应围绕有序承接产业转移搭建服务平台出台系统性的规划，不断提升优势要素的配置效率，加快区域层面要素流动，推动要素结构的再配置。围绕区域间差异化的偏向性技术进步，下游地区要强化现代服务体系的建设，中上游地区推动传统产业的规模化和高端化发展，从而构建从经济带到城市群为一体的产业协同发展走廊，打破地区封锁和利益樊篱。

（5）推动服务型政府建设。加快推动决策型政府向服务型政府转变，优化地方政府的制度运行，强化政府政策设计—政策执行—绩效评价—信息反馈的政策体系建设。政府应围绕提高要素结构与经济发展适配性的提升优化资源配置，推动优势资源在技术创新中发挥作用，加快推动过剩要素的市场退出。此外，地方政府应因地制宜地实行差异化产业政策，引导一般制造业项目向中上游地区转移，进而统筹推进产业、人才、区域、科技一体化发展的综合政策服务体系。地方政府要在实现经济创新驱动的过程中实现由领导型政府向服务型政府的转变，以推动技术创新为目标强化政策的执行和评价。

第八章

长江经济带农业绿色全要素生产率测度及影响因素研究

第一节　引言

根据《全国主体功能区规划》（2010），长江流域主产区是我国重要的农产品主产区之一，在我国农业发展格局中占据重要的战略地位。2011—2015 年长江经济带农林牧渔业总产值持续稳定增长，占全国比重历年接近 40%；2015 年突破 40%，达到 40.28%（吴传清等，2017）。《国务院关于依托黄金水道推动长江经济带发展的指导意见》（2014）、《长江经济带创新驱动产业转型升级方案》（2016）和《长江经济带发展规划纲要》（2016）等国家“顶层设计”均强调提升长江经济带农业现代化水平。《中华人民共和国经济和社会发展第十三个五年规划纲要》（2016）将“农业现代化道路”的内涵特征明确表述为“产出高效、产品安全、资源节约、环境友好”。发展现代农业必须兼顾科技创新与环境保护，农业绿色全要素生产率是衡量现代农业发展质量的重要指标。长江经济带农业绿色全要素生产率在全国处于何种水平？其演变有何显著特征？又受哪些主要因素的影响？探讨这些问题，有利于科学研判长江经济带现代农业发展水平，为促进长江经济带农业可持续发展提供决策依据。

根据研究的空间尺度不同，现有农业绿色全要素生产率研究成果文献大体可分为三类：一是全国农业绿色全要素生产率研究（薛建良、李秉龙，2011；崔晓、张屹山，2014）；二是31个省份农业绿色全要素生产率研究（李谷成等，2011；于伟咏等，2015）；三是“四大板块”（东部地区、中部地区、西部地区、东北地区）农业绿色全要素生产率研究（王奇等，2012；杜江等，2016）。目前，学术界关于长江经济带农业问题研究成果，主要聚焦农业发展水平评价、全要素生产率测度、环境污染治理研究等（邓明亮等，2017），关于长江经济带农业绿色全要素生产率的研究成果相对稀少。

研究思路如下：采用考虑碳排放的全要素生产率模型，测度分析长江经济带农业绿色全要素生产率及其演变特征；构建面板数据模型，检验长江经济带农业绿色全要素生产率的影响因素；根据分析结果，归纳研究结论，提出相应的政策建议。

第二节　长江经济带农业绿色全要素生产率测度

一　研究方法与数据来源

目前，学术界多偏向采用随机前沿分析法（SFA）、数据包络分析法（DEA）等方法测度农业绿色全要素生产率（揭懋汕等，2016；梁俊、龙少波，2015）；采用ML指数、GML指数构建农业绿色全要素生产率指数（潘丹、应瑞瑶，2013；肖锐、陈池波，2017）。由于传统DEA模型的松弛问题，基于松弛的效率模型（Slacks - Based Measure，SBM）近年来被学者广泛采用（李谷成，2014；叶初升、惠利，2016）。借鉴已有研究成果，选用SBM模型、GML指数测度农业绿色全要素生产率。

假设考察样本中有$K(K=1, 2, \cdots, k)$个决策单元，每个决策单元有三个要素：投入向量x、期望产出向量y、非期望产出向量u（$x \in R_{+}^{M}$，$y \in R_{+}^{N}$，$u \in R_{+}^{I}$，M、N、I分别为每个决策单元投入、期望产出、非期望产出的数量）。参考Tone（2001）的研究成果，考虑非期望产出的SBM模型可表述为：

$$\rho^{*} = \min \frac{1 - \frac{1}{M}\sum_{m=1}^{M}\frac{s_i^x}{x_m^k}}{1 + \frac{1}{N+I}\left(\sum_{n=1}^{N}\frac{s_n^k}{y_n^k} + \sum_{i=1}^{I}\frac{s_u^k}{u_i^k}\right)}$$

$$\text{s. t.}\begin{cases} x_m^k = \sum_{k=1}^{K}\lambda_k x_m^k + s_m^x \\ y_n^k = \sum_{k=1}^{K}\lambda_k y_n^k - s_n^y \\ u_i^k = \sum_{k=1}^{K}\lambda_k x_i^k + s_i^u \\ s_m^x \geqslant 0, s_n^y \geqslant 0, s_i^u \geqslant 0, \lambda_k \geqslant 0 \end{cases} \tag{8-1}$$

式中，s^x、s^y、s^u 分别代表投入松弛变量（衡量投入过剩）、期望产出松弛变量（衡量期望产出不足）、非期望产出松弛变量（衡量非期望产出不足），λ_k 为各个决策单元的权重。等式右侧的分子分母分别为决策单元实际投入、产出到生产前沿面的平均距离，即投入无效率程度和产出无效率程度。目标函数 $\rho^* \in [0, 1]$，当 $\rho^* = 1$ 时，表明决策单元生产有效率，当 $\rho^* < 1$ 时，则表明决策单元存在效率损失，在投入产出上可进一步改进。

由于全要素生产率需要结合指数方法进行计算，传统的 ML 指数不具备传递性，因此选取 GML 指数表示绿色全要素生产率变化。参考 Oh（2010）的研究成果，GML 指数可表述为：

$$GML^{t,t+1}(x^{t+1}, y^{t+1}, u^{t+1}; x^t, y^t, u^t) = \frac{1 + D^G(x^t, y^t, u^t)}{1 + D^G(x^{t+1}, y^{t+1}, u^{t+1})} \tag{8-2}$$

若期望产出增加、非期望产出减少，则 $GML^{t,t+1} > 1$，表明绿色全要素生产率提高；反之，则表明绿色全要素生产率降低。

测度农业绿色全要素生产率指数包含投入、期望产出和非期望产出指标。农业投入指标包括：①土地投入。用农作物播种面积表示。②劳动力投入。将农业总产值占农林牧渔业总产值的比重乘以第一产业就业人数，求得种植业劳动力投入。③机械投入。将农业总产值占农林牧渔业总产值的比重乘以农业机械总动力，求得种植业机械总动力。④灌溉投入。用有效灌溉面积表示。⑤柴油投入。用农用柴油使用量表示。⑥化肥投入。用农用化肥施用折纯量表示。⑦农药投入。用农药使用量表示。⑧农膜投入。用农用塑料薄膜使用量表示。期望产出用农业总产值表示，为降低价格变动带来的影响，根据粮食类消费价格指数

(1997 年为基期）对农业总产值进行调整。非期望产出用农业碳排放量表示，参考李波等（2011）的研究成果，碳排放总量由有效灌溉面积、农作物总播种面积、农用柴油使用量、农用化肥施用折纯量、农药使用量和农药塑料薄膜使用量 6 种碳排放源数量乘以各自排放系数加总。

为在全国视野下考察长江经济带沿线省份农业绿色全要素生产率，根据投入产出指标数据，采用 MAXDEA7.0 软件测度全国 31 个省份农业绿色全要素生产率指数，并以各年度 31 个省份农业绿色全要素生产率指数几何平均值为当年全国农业绿色全要素生产率指数，以各年长江经济带沿线省份农业绿色全要素生产率指数几何平均值为当年长江经济带农业绿色全要素生产率指数。考虑到重庆 1997 年设为直辖市，将样本期选取为 1997—2015 年。相关数据来源于《新中国农业六十年统计资料汇编》和历年《中国统计年鉴》、《中国农村统计年鉴》、31 个省份统计年鉴。

二 测度结果与分析

1. 全国视野下长江经济带农业绿色全要素生产率

总体而言，1997—2015 年全国、长江经济带农业绿色全要素生产率均有所改善，但长江经济带年均农业绿色全要素生产率指数低于全国水平。1997—2015 年全国年均农业绿色全要素生产率指数为 1.03，农业绿色全要素生产率年均增长率为 2.96%；长江经济带年均农业绿色全要素生产率指数为 1.024，农业绿色全要素生产率年均增长率为 2.4%。

从农业绿色全要素生产率指数的变化情况来看［见图 8－1（a)］，1997—2015 年长江经济带农业绿色全要素生产率指数在大部分年份都低于全国农业绿色全要素生产率指数，且波动较大。其中，1998 年、2003 年、2004 年、2005 年、2006 年、2009 年、2011 年长江经济带农业绿色全要素生产率指数小于 1，农业绿色全要素生产率出现恶化，其他年份农业绿色全要素生产率均有所改善，2012 年以来长江经济带农业绿色全要素生产率持续改善。

从农业绿色全要素生产率累积变化指数的变化情况来看［见图 8－1（b)］，长江经济带农业绿色全要素生产率变化指数基本都小于全国水平。根据农业绿色全要素生产率的变化情况，大致可分为三个阶段：

①1997—2003年。长江经济带、全国农业绿色全要素生产率累积变化指数波动上升，长江经济带农业绿色全要素生产率累积变化指数与全国水平的差距逐渐缩小。②2004—2011年。2004年全国、长江经济带农业绿色全要素生产率均遭遇重创，2004—2011年全国、长江经济带农业绿色全要素生产率逐渐恢复，但长江经济带农业绿色全要素生产率累积变化指数与全国水平的差距也快速扩大。③2012—2015年。长江经济带、全国农业绿色全要素生产率累积变化指数快速上升，长江经济带农业绿色全要素生产率累积变化指数与全国水平的差距呈缩小趋势。

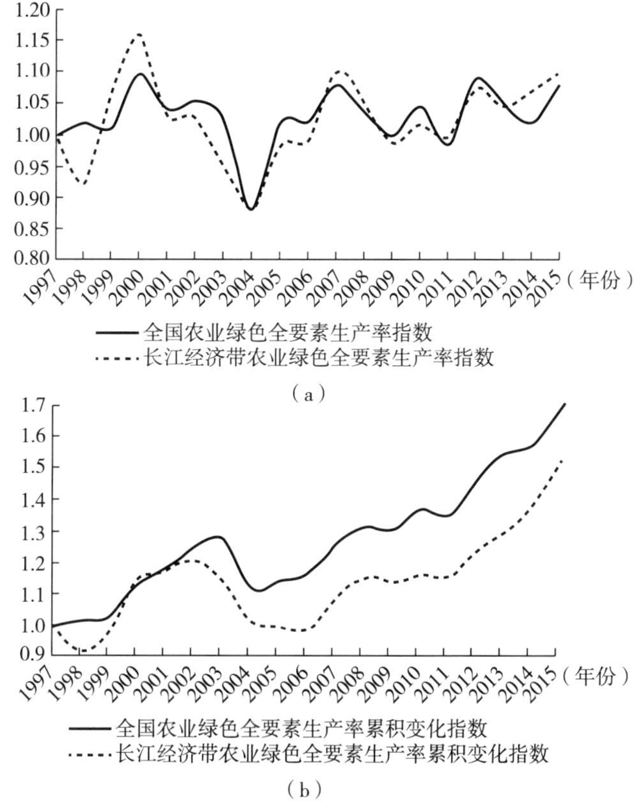

图8-1　全国、长江经济带农业绿色全要素生产率指数和累积变化指数

资料来源：根据测算结果整理。

2. 长江经济带上中下游地区农业绿色全要素生产率

长江经济带包括上游地区重庆市、四川省、贵州省、云南省四省份；中游地区安徽省、江西省、湖北省、湖南省四省份；下游地区上海市、江苏省、浙江省三省份。由表 8－1 可见，1997—2015 年长江经济带上中下游地区年均农业绿色全要素生产率指数分别为 1.013、1.024、1.037；长江经济带上中下游地区农业绿色全要素生产率均有所改善，年均增长率分别为 1.3%、2.4%、3.7%，下游地区高于全国水平，中上游地区均低于全国水平。

分阶段来看，1997—2003 年长江经济带上中下游地区农业绿色全要素生产率均有所改善，中下游地区年均增长率较高；2004—2011 年长江经济带上中下游地区农业绿色全要素生产率年均增长率均较低，下游地区年均增长率相对较高，上游地区农业绿色全要素生产率甚至出现恶化；2012—2015 年长江经济带上中下游地区农业绿色全要素生产率年均增长率均高于之前水平，上游地区年均增长率甚至高达 10.1%。由此可见，长江经济带下游地区凭借其经济技术优势，农业绿色全要素生产率基本处于领先地位。

表 8－1　长江经济带上中下游地区年均农业绿色全要素生产率指数

地区＼年份	1997—2003	2004—2011	2012—2015	1997—2015
下游地区	1.035	1.019	1.080	1.037
中游地区	1.034	1.010	1.037	1.024
上游地区	1.001	0.980	1.101	1.013

注：均值为几何平均值，下同。

3. 长江经济带沿线省份农业绿色全要素生产率

从 1997—2015 年长江经济带沿线省份年均农业绿色全要素生产率指数来看（见表 8－2），除安徽省、贵州省外，其他省份年均农业绿色全要素生产率指数均大于 1；贵州省农业绿色全要素生产率变化较小，安徽省农业绿色全要素生产率出现恶化，其他省份农业绿色全要素生产率均有所改善；湖南省、浙江省、江苏省农业绿色全要素生产率年均增长率最高，分别为 6.9%、5.8% 和 4.8%，高于全国 2.96% 的水平，而其他省份均低于全国水平。

表 8-2　　长江经济带沿线省份年均农业绿色全要素生产率指数

地区＼年份	1997—2003	2004—2011	2012—2015	1997—2015
上海市	1.067	1.000	0.934	1.006
江苏省	1.009	1.046	1.116	1.048
浙江省	1.029	1.011	1.210	1.058
安徽省	0.962	0.999	1.023	0.992
江西省	1.006	0.979	1.088	1.012
湖北省	1.036	1.017	1.026	1.025
湖南省	1.141	1.046	1.014	1.069
重庆市	1.011	0.992	1.053	1.011
四川省	1.013	1.033	1.023	1.024
贵州省	0.961	0.915	1.269	1.000
云南省	1.023	0.985	1.075	1.017
均值	1.022	1.002	1.072	1.024

资料来源：根据测算结果整理。

分阶段来看，长江经济带沿线省份在1997—2003年、2004—2011年、2012—2015年三个阶段农业绿色全要素生产率大部分都有所改善。但1997—2003年安徽省、贵州省农业绿色全要素生产率出现恶化，2004—2011年安徽省、江西省、重庆市、贵州省、云南省农业绿色全要素生产率出现恶化，2012—2015年上海市农业绿色全要素生产率出现恶化。2012—2015年长江经济带大部分沿线省份农业绿色全要素生产率基本都呈快速增长趋势，浙江省、贵州省农业绿色全要素生产率年均增长率均超过20%，表明近年来长江经济带农业生产要素得到有效利用，在保证农业经济增长的同时，也兼顾到农业生态环境保护。

第三节　长江经济带农业绿色全要素生产率影响因素的实证分析

一　模型设定和数据来源

农业生产具有地域性特点，自然条件、技术条件、政策条件和社会经济条件的不同，是导致农业生产地域性的主要影响因素。参考已有研究成果，兼顾数据可得性，选取受灾率，灌溉设施水平，机械化水平，人力资本存量，第二、第三产业发展水平，财政支出水平，对外开放水平 7 个解释变量。

（1）受灾率（*DR*）。用各省份受灾面积占农作物总播种面积比重表示。农业生产发展容易受到气候变化、自然灾害等自然条件影响，长江经济带是洪涝灾害多发区，且从 20 世纪 60 年代以来长江中下游地区农业洪涝灾害发生总体呈上升趋势（张桂香等，2015），受灾率可能会对农业绿色全要素生产率产生不利影响。

（2）灌溉设施水平（*IA*）。用各省份有效灌溉面积衡量灌溉设施水平。农田水利灌溉设施具有较强的正外部性，有利于优化农业资源配置，提高农业生产率。但我国农田水利灌溉设施状况薄弱，农村居民在主要公共服务中对灌溉设施的满意度最低（He et al.，2015），这可能会对农业绿色全要素生产率产生消极作用。

（3）机械化水平（*ML*）。用各省份单位农作物播种面积的农用机械总动力表示。农业机械化是农业现代化的必然选择，推动农业机械化可以改善农业设施装备条件，减少劳动力投入，推动农业规模经营，大大提高农业生产效率。

（4）人力资本存量（*HC*）。用各省份农村人均人力资本表示。教育可以培训农民掌握新技术的能力，从而提高农业全要素生产率（Chen et al.，2008），农村人力资本是农村教育培训和医疗保障的集中体现，不仅可以提高地区农业技术创新水平，而且还有利于促进农业科技成果的吸收、转化、推广和应用。

（5）第二、第三产业发展水平（*IS*）。用各省份第二、第三产业增加值占地区生产总值比重表示。一方面，第二、第三产业发展会吸引农业生产要素流出，不利于农业生产发展；另一方面，也会通过技术外溢对农业生产发展产生正外部性。

（6）财政支出水平（*FE*）。用各省份农林水事务支出占地区财政一般预算支出比重表示。由于农业财政支出的作用具有一定的滞后性，选取滞后一期的农业财政支出水平作为解释变量。财政政策可以引导农业生产良性发展，提高农村劳动力生产积极性，但对环境的消极影响也可能会使其在长期中对生产率增长没有太大贡献（Gautam，2015）。

（7）对外开放水平（OP）。用各省份进出口总额（人民币值）占地区生产总值比重表示对外开放水平，各地区进出口总额（人民币值）由各地区进出口总额（美元）乘以当期人民币兑美元汇率得到。对外开放会对本国的绿色技术进步同时造成正向技术溢出效应和负向的产品结构效应（景维民、张璐，2014），我国农业国际化一方面可以通过引进国外先进农业技术，提高农业生产水平；另一方面可能伴随农业生产结构固化、农产品市场风险加剧等问题，不利于农业可持续发展。

基于上述分析，为考察长江经济带农业绿色全要素生产率的影响因素，构建如下面板数据模型：

$$\ln GTFP_{i,t} = \beta_0 + \beta_1 \ln DR_{i,t} + \beta_2 \ln PS_{i,t} + \beta_3 \ln ML_{i,t} + \beta_4 \ln HC_{i,t} + \beta_5 \ln FE_{i,t-1} + \beta_6 \ln IS_{i,t} + u_i + \varepsilon_{i,t} \tag{8-3}$$

式中，$GTFP$ 为处理后的农业绿色全要素生产率累积增长指数，由于绿色全要素生产率指数是以上年为 1 的环比指数，参照李谷成等（2011）的研究方法，此处将其转化为 1997 年为 1 的累积增长指数；$i=1, 2, \cdots, 11$ 表示长江经济带沿线 11 省份；t 表示年份；u_i 为各省份不可观测的固定效应；$\varepsilon_{i,t}$ 为随机扰动项。面板数据模型中所有变量的描述性统计如表 8-3 所示。

在所选取解释变量中，人力资本存量数据采自中央财经大学中国人力资本与劳动经济研究中心的《中国人力资本报告（2017）》，其他解释变量数据均来源于历年《中国统计年鉴》、《中国农村统计年鉴》和长江经济带沿线 11 省份统计年鉴。相关变量描述性统计如表 8-3 所示。

表 8-3　　变量描述性统计

变量	单位	观测数	均值	标准差	最小值	最大值
农业绿色全要素生产率（$GTFP$）	—	198	1.23	0.55	0.39	3.35
受灾率（DR）	%	198	23.20	13.12	0.26	68.94
灌溉设施水平（IA）	千公顷	198	1958.81	1125.03	184.09	4400.34

续表

变量	单位	观测数	均值	标准差	最小值	最大值
机械化水平（*ML*）	千瓦/公顷	198	20.31	9.61	6.73	51.85
人力资本存量（*HC*）	千元	180*	80.33	40.97	24.1	217.35
财政支出水平（滞后一期）（*FE*）	%	198	8.21	3.22	1.20	15.12
第二、第三产业发展水平（*IS*）	%	198	86.24	6.94	69.12	99.56
对外开放水平（*OP*）	%	198	30.07	39.18	4.02	172.14

注：*由于上海市农村人均人力资本数据缺失，因此人力资本存量观测数为180。

二 实证结果及分析

经检验，随机扰动项同时存在组间异方差、组内自相关和组间同期相关，因此采用全面FGLS方法进行回归较为合理。为检验模型稳健性，加入固定效应模型（FE）回归结果进行对比。此外，采用全面FGLS方法对长江经济带上中游地区分别进行回归，以考察长江经济带上中下游地区农业绿色全要素生产率影响因素的区别。回归结果如表8－4所示，从固定效应模型和全面FGLS的回归结果来看，各影响因素估计系数的显著性和符号基本保持一致，由此可见模型较为稳健。

表8－4　长江经济带农业绿色全要素生产率影响因素回归结果

$\ln GTFP_{i,t}$	长江经济带		下游地区	中游地区	上游地区
	FE	全面FGLS	全面FGLS	全面FGLS	全面FGLS
$\ln DR_{i,t}$	-0.0829***	-0.0211***	-0.0538**	-0.0161	-0.0111
	(-3.28)	(-3.31)	(-2.03)	(-0.56)	(-0.57)
$\ln IA_{i,t}$	-1.035***	-0.682***	-0.643	-0.194	-0.366*
	(-6.02)	(-8.69)	(-0.38)	(-0.81)	(-1.81)
$\ln ML_{i,t}$	0.207**	0.110***	-0.208	0.0292	0.329**
	(2.37)	(3.40)	(-0.75)	(0.36)	(2.30)
$\ln HC_{i,t}$	1.022***	0.875***	1.465***	0.655***	0.653***
	(7.24)	(13.35)	(2.62)	(2.74)	(5.24)

续表

$\ln GTFP_{i,t}$	长江经济带		下游地区	中游地区	上游地区
	FE	全面 FGLS	全面 FGLS	全面 FGLS	全面 FGLS
$\ln FE_{i,t}-1$	0.0385	0.0431***	-0.104	0.0509**	0.0318
	(0.93)	(4.90)	(-0.54)	(2.31)	(0.49)
$\ln IS_{i,t}$	-4.429***	-3.904***	-1.658	-1.915*	-6.059***
	(-6.07)	(-14.16)	(-0.40)	(-1.95)	(-6.84)
$\ln OP_{i,t}$	-0.284***	-0.122***	-0.595***	-0.192**	-0.0000458
	(-5.14)	(-4.82)	(-4.58)	(-2.16)	(-0.00)
省份虚拟变量	√	√	√	√	√

注：括号内为 t 统计量，*、**、*** 分别表示在 10%、5% 和 1% 的统计水平上显著。

根据表 8-4 中的全面 FGLS 方法回归结果，可以发现：

（1）受灾率对长江经济带农业绿色全要素生产率有显著的负向影响。我国自然灾害频发，但防灾减灾技术落后，自然灾害对长江经济带农业发展更是影响深远。分流域来看，受灾率对下游地区农业绿色全要素生产率有显著的负向影响，而对中上游地区影响并不显著，这是由于长江下游地区人口集中，农业生产规模较大，灾害防控机制不完善，因此受自然灾害影响较大。

（2）灌溉设施水平对长江经济带农业绿色全要素生产率有显著的负向影响。这与李谷成等（2015）的研究结论一致。我国农田水利设施状况普遍较为薄弱，农田水利设施作为一种公共品，供小于求会导致“过度使用”和“拥挤效应”问题，从而降低农业绿色全要素生产率。分流域来看，灌溉设施水平对上游地区农业绿色全要素生产率有显著的负向影响，而对中下游地区影响并不显著。由此可见，上游地区农田水利设施供求最不平衡，需要加快农田水利设施建设。

（3）机械化水平对长江经济带农业绿色全要素生产率有显著的正向影响。长江经济带幅员辽阔，地形复杂，在丘陵山区实现机械作业难度大，因此必须因地制宜推进农业生产机械化。分流域来看，机械化水平对上游地区农业绿色全要素生产率有显著的正向影响，而对中下游地区影响并不显著，这是由于我国水稻等农作物生产的综合机械化水平偏低，而小麦生产基本实现耕种收机械化。

（4）人力资本存量对长江经济带农业绿色全要素生产率有显著的正向影响。这与韩海彬等（2014）的研究结论不同，可能是由于考察样本和人力资本测算方法的不同所致。长江经济带人力资本水平较低，必须加大对教育培训和医疗保健的投资，提高农民综合素质。分流域来看，人力资本存量对长江经济带上中下游地区农业绿色全要素生产率均有显著的正向影响，说明人力资本积累为长江经济带农业绿色发展做出巨大贡献。

（5）财政支出水平对长江经济带农业绿色全要素生产率有显著的正向影响。农业财政支出有利于促进农村技术创新，完善农村基础设施，提高农村劳动力生产积极性，提高农业绿色全要素生产率。分流域来看，财政支出水平对长江经济带中游地区农业绿色全要素生产率有显著的正向影响，而对上下游地区的影响不显著，说明上下游地区农业财政支出结构有待优化。

（6）第二、第三产业发展水平对长江经济带农业绿色全要素生产率有显著的负向影响。长江经济带第二、第三产业发展使农业生产要素大量流出，而其带来的技术溢出效应并不明显，第二、第三产业发展对农业的“反哺”效应亟待提高。分流域来看，第二、第三产业发展对长江经济带中上游地区农业绿色全要素生产率有显著的负向影响，而对下游地区的影响不显著，这可能是由于下游地区经济社会发展水平高，农村第一、第二、第三产业融合发展程度较高。

（7）对外开放水平对长江经济带农业绿色全要素生产率有显著的负向影响。加入世贸组织以来，中国农业基本融入世界贸易体系，农业全面对外开放的格局基本形成，但长江经济带农业发展应对国际市场风险能力较弱。分流域来看，对外开放水平对长江经济带中下游地区农业绿色全要素生产率有显著的负向影响，而对上游地区没有显著影响，这是由于中下游地区对外开放水平较高，农业发展受到对外开放带来的冲击较大。

第四节　研究结论与政策启示

一　研究结论

（1）1997—2015 年长江经济带农业绿色全要素生产率有所改善，但低于全国水平。从年均增长率来看，长江经济带农业绿色全要素生产率年均增长率为 2.4%，而全国农业绿色全要素生产率年均增长率为 2.96%。从农业绿色全要素生产率指数动态变化来看，长江经济带农业绿色全要素生产率指数在大部分年份都低于全国水平。从农业绿色全要素生产率累积变化指数的动态变化来看，长江经济带农业绿色全要素生产率变化指数基本也都小于全国水平。

（2）长江经济带农业绿色全要素生产率呈现出一定的地区差异，近年来长江经济带上中下游地区和大部分沿线省份农业绿色全要素生产率均快速增长。总体来看，1997—2015 年下游地区农业绿色全要素生产率年均增长率最高，中游地区次之，上游地区最低；除安徽省、贵州省外，其他沿线省份农业绿色全要素生产率均有所改善，湖南省、浙江省、江苏省农业绿色全要素生产率年均增长率最高。分阶段来看，2012—2015 年长江经济带沿线省份农业绿色全要素生产率基本都呈快速增长趋势，大部分省份在此阶段的农业绿色全要素生产率年均增长率都高于 1997—2003 年、2004—2011 年年均增长率。

（3）自然条件、技术条件、政策条件和社会经济条件是长江经济带农业绿色全要素生产率农业绿色全要素生产率的重要影响因素。机械化水平、人力资本存量和财政支出水平对长江经济带农业绿色全要素生产率有显著的正向影响，而受灾率、灌溉设施水平，第二、第三产业发展水平和对外开放水平对长江经济带农业绿色全要素生产率有显著的负向影响。长江经济带上中下游地区农业绿色全要素生产率的影响因素存在差异，上游地区受灌溉设施水平、机械化水平、人力资本存量和第二、第三产业发展水平显著影响，中游地区受人力资本存量，财政支出水平，第二、第三产业发展水平和对外开放水平显著影响，而下游地区受受灾率、人力资本存量和对外开放水平显著影响。

二 政策启示

（1）扩大财政支农支出规模。提高财政支农支出比重可有效提高长江经济带农业绿色全要素生产率。长江经济带沿线省份应健全财政投入稳定增长机制，在保证财政支农支出规模稳定增加的同时，促进财政支农支出比重达到稳定水平。此外，还必须优化财政支农支出结构，探索建立以绿色发展为导向的农业补贴制度。

（2）加强农田水利工程建设。长江经济带农田基础设施较薄弱，受灾率、灌溉设施水平直接影响长江经济带农业绿色全要素生产率。长江经济带沿线省份应全面推进长江经济带农田水利工程建设，特别是水库、堤防、农田灌排设施和水源工程，建立工程后续管理体制机制，确保基础设施持续发挥效益。

（3）促进农业技术创新与应用。提高机械化水平、增加人力资本存量均可有效地提高长江经济带农业绿色全要素生产率，长江经济带沿线省份应重点推动节水灌溉、光伏农业、地膜回收利用、水肥一体化和植保机械等绿色农业技术创新，积极开展主要农作物生产全程机械化推进行动，并加强化肥农药种类及科学施用、农作物病虫害识别与防治、农机使用和维修等实用技术培训，培养“新型农民”，促进农业技术的推广应用。

（4）推进农村市场体系建设。长江经济带农村地区投资回报率低，不利于吸引生产要素的流入，第二、第三产业发展并未有效地促进长江经济带农业绿色全要素生产率提高。长江经济带沿线省份应加快发展现代商品市场体系，培育农村要素市场，大力发展农村商贸流通服务业，促进农村第一、第二、第三产业融合发展。

（5）健全农业对外开放统筹管理机制。对外开放对长江经济带农业绿色全要素生产率发展产生负向冲击，长江经济带农业国际竞争力亟待提高。长江经济带沿线省份应完善农业开放支持政策体系，健全科学、灵活、有效的农产品调控机制，充分利用国际国内两个市场、两种资源，深入拓展农业对外开放广度和深度，推动农业现代化快速发展。

第九章

长江经济带绿色发展的难点与推进路径研究

第一节 长江经济带在新时期全国空间结构格局优化中的战略地位

长江经济带长期以来作为我国人口集聚最多、经济体量最大、发展潜力最强的经济地带，在协调区域发展，培育增长动能，建设生态文明，优化空间结构中发挥着重要的战略支撑作用（吴传清、董旭，2016）。2010 年 12 月国务院出台的《全国主体功能区规划》明确指出，沿长江通道横轴（长江经济带黄金水道）是我国“两横三纵”为主体的城市化战略格局的重要发展主轴，长江流域主产区是我国“七区二十三带”农业战略格局的重要农业主产区，青藏高原——川滇生态屏障是我国“两屏三带”为主体的生态安全战略格局的重要生态屏障，长江经济带对构建高效、协调、可持续的国土空间“三大战略格局”起到重要支撑作用。2014 年 9 月国务院颁布的《国务院关于依托黄金水道推动长江经济带发展的指导意见》明确提出，依托黄金水道推动长江经济带发展，有利于挖掘中上游广阔腹地蕴含的巨大内需潜力，促进经济增长空间从沿海向内陆拓展。2014 年 12 月召开的中央经济工作会议明确指出，优化经济发展空间格局要重点实施“一带一路”、京津冀协同发展、长江经济带三大战略。2017 年 2 月国务院颁布的《全国国土规划纲要（2016—2030）》再次强调，以三大战略为引领，积极谋划区域发展新格局，拓展区域发展新空间。新时期下长江经济带已成为落实我国“四大板块”区域发展总体战略的重要抓手和推进我国“三大支撑带战略”的重要支撑，在我国国土空间开发格局中居于优先发展位置。长江经济带是国土空间开发格局中的重要主轴，那么长江经济带战略的来龙去脉究竟如何，经历何种发展历程才得以确立国家战略顶层地位？在新时期下长江经济带又应承担哪些战略定位，以更好地发挥长江经济带在促进国土空间合理优化开发的重要支撑作用？

一　长江经济带战略的发展历程

改革开放以来，长江经济带开发与发展大体经历了四个阶段，初步构想阶段、开始启动阶段、中期探索阶段和全面发展阶段。其间，长江经济带开发经过数次沉浮，先后两次被确立为国家战略形成开发高潮，又先后两次因国家整体战略重点布局与体制机制原因而落入开发低谷。

初步构想阶段（1984—1992 年），1984 年 12 月陆大道院士在“全国经济地理与国土规划学术研讨会”上根据“点—轴开发理论”率先提出“T”形发展战略格局（陆大道，2014），明确指出 20 世纪末期 21 世纪初期我国应重点发展两条一级轴线——海岸地带轴与长江沿岸轴，其中海岸地带轴覆盖现今环渤海地区、长三角地区和珠三角地区，长江沿岸轴大体覆盖现今长三角地区、长江中游城市群、成渝城市群、滇中城市群和黔中城市群，与长江经济带覆盖范围相当。陆大道院士的沿海沿江“T”形开发格局主张分别被国家计划委员会（2003 年部门调整更名为国家发展和改革委员会）1987 年编制的《全国国土总体规划纲要（草案）》与 1990 年编制的《全国国土总体规划纲要》采纳，正式提出“在生产力的总体布局方面，以东部沿海地带和横贯东西的长江沿岸相结合的‘T’形结构为主发展轴线，以其他主要交通干线为二级发展轴线，按照点、线、面逐步扩展的方式进一步展开生产力布局”（吴传清，2008）。彼时为长江沿岸地区开发第一次上升为国家战略。但是，受制于改革开放初期国家相对薄弱的经济发展基础，只能集中优势经济资源要素（人才、资金、信息、技术与政策）优先启动产业基础和开放条件相对较好的沿海地带轴，1980 年设立的三大经济特区，1981 年设立的汕头经济特区，1984 年设立的 14 个沿海开放城市、1985 年设立的 3 个沿海经济开放区以及 1988 年设立的海南经济特区，整个

20世纪80年代优先开放开发城市均位于沿海地带轴，长江沿岸轴总体处于自我发展阶段，长江沿岸轴的开放开发仍停留在规划构想阶段，并未实质性启动，长江沿岸轴发展战略尚为一个潜在的国家战略。

开始启动阶段（1992—2005年），长江经济带的开放开发正式启动同样是伴随改革开放的纵深推进而逐步展开，最为关键的节点事件是上海浦东西区的开发和三峡工程的启动，国家再次提出要重点发展"长江三角洲及长江沿江地区经济"（吴传清，2014）。1992年4月，七届全国人大五次会议通过《关于兴建长江三峡工程的决议》，决定将兴建三峡工程列入国民经济和社会发展十年规划。1992年6月，国务院召开长江三角洲及长江沿江地区经济发展规划座谈会。1992年10月，中央决定以上海浦东为龙头，开放芜湖、九江、黄石、武汉、岳阳、重庆6个沿江城市和三峡库区，实行沿海开放城市和地区的经济政策。1992年10月，党的十四大报告指出"以上海浦东开发为龙头，进一步开放长江沿岸城市，尽快把上海建成国际经济、金融、贸易中心城市之一，带动长江三角洲和整个长江流域地区的新飞跃"。1995年9月，党的十四届五中全会通过的《中共中央关于制定国民经济和社会发展"九五"计划和2010年远景目标的建议》提出："要突破行政区划界限，在已有经济布局的基础上，以中心城市和交通要道为依托，进一步形成以上海为龙头的长江三角洲及沿江地区经济带等若干跨省（区、市）的经济区域。"1996年3月，全国人大八届四次会议通过的《中华人民共和国国民经济和社会发展"九五"计划和2010年远景目标纲要》明确提出："以浦东开放开发、三峡建设为契机，依托沿江大中城市，逐步形成一条横贯东西、连接南北的综合型经济带。"长江经济带得以再次居于国家战略地位并正式启动实质性建设，然而受制于沿岸省市分割的行政体制与尚不完善的交通基础设施，长江经济带仍旧未能形成一条横贯东西、连接南北的协调经济带。

中期探索阶段（2005—2013年），由于长江沿线各省市间的交流合作存在较大的行政区划条块分割，同时国家亦未成立强有力的协调体制机制，长江经济带的开发仍旧处于一种内生自我开发阶段。但受益于同期沿省市的沿江开发战略，沿岸省市纷纷重视沿江地区开放开发，在沿江地区建立经济技术开发区和城市新区，沿江地区已成为沿线省市产业最密集、人口最集中、经济最发达的地区。沿线省市为进一步扩大发展空间，抢抓发展机遇，打破行政体制分割障碍，打通沿江交通网络已逐渐达成共识，开始自下而上地尝试探索长江经济带整体协同发展的合作协调机制。2005 年，长江沿江九省市签订《长江经济带合作协议》，但最终还是因行政壁垒等限制，使长江流域航运和经济被割裂并未得到改善，协议效果不佳。基于地方合作的协同发展滞后效应，沿线省市开始寄希望于中央政府，使长江经济带发展上升为国家发展重大战略，由中央政府顶层设计长江经济带的协同发展机制。2009 年以来，长江沿线七省二市不断地共同请求中央，“将长江经济带的发展上升为国家战略”，此请求亦引起学术界和相关专家的呼应。但是由于 21 世纪头十年西部大开发、中部崛起、东北振兴等国家战略相继提出，中央政府难以投入过多的精力至长江经济带战略发展。沿江省市在产业合作、基础设施建设、开放开发、生态保护等方面仍旧存在过度投资、重复建设、地方保护等问题，相互之间竞争多于合作，整体经济发展极不平衡，亟待出台强有力的战略调整。

全面发展阶段（2013 年至今），新时期长江经济带发展再次上升为国家战略的重大背景是新常态，面临着“增速换挡”、结构调整、动能转换、城乡统筹、区域协调、生态恶化等诸多挑战，迫切需要寻找新的复合增长极支撑我国经济社会全面发展，而经过多年自我发展与国家间断性投入的长江经济带已在经济体量、增长速度、产业基础、创新资源、交通网络、联系密度、生态资源等诸多方面均形成良好条件，能够成为新常态支撑我国经济社会生态全面发展的有效抓手，客观要求长江经济带发展上升为支撑国家发展的重大战略，成为挺起新时期中国发展的“脊梁”。2013 年 7 月，习近平总书记视察武汉时提出：“长江流域要加强合作，发挥内河航运作用，把全流域打造成黄金水道。”总书记对长江流域发展提出新要求，长江流域发展引起中央高度重视。2014 年 3 月，李克强总理首次在政府工作报告中提出：“依托黄金水道，建设长江经济带。”长江经济带发展再次上升为国家战略。2014 年 9 月，国务院出台了《国务院关于依托黄金水道推动长江经济带发展的指导意见》，要求进一步采取措施加速长江经济带发展。并于当年成立了国家推动长江经济带发展领导小组，张高丽副总理任组长，负责统一指导和统筹协调长江经济带发展战略实施，协调跨地区跨部门重大事项，督促检查重要工作的落实情况。长江经济带发展确立为国家重大战略，打造中国经济新支撑带，开始进入全面发展阶段。

二 长江经济带发展的战略定位

2015 年 10 月，党的十八届五中全会通过的《中共中央关于制定国民经济和社会发展第十三个五年规划的建议》提出："要在已经确定的全面建成小康社会目标要求的基础上，努力实现经济保持中高速增长等新的目标。实现'十三五'时期发展目标，必须牢固树立创新、协调、绿色、开放、共享的发展理念。"长江经济带发展必须紧紧围绕"五大发展理念"，方能破解发展难题，释放发展优势。2016 年 1 月，习近平总书记视察重庆时特别强调："新的发展理念就是指挥棒，要坚决贯彻。当前和今后相当长一个时期，要把修复长江生态环境摆在压倒性位置，共抓大保护，不搞大开发。"2016 年 3 月，全国人大通过的《中华人民共和国国民经济和社会发展第十三个五年规划纲要》指出："推进长江经济带发展，必须坚持生态优先、绿色发展的战略定位，把修复长江生态环境放在首要位置，把长江经济带建设成为我国生态文明建设的先行示范带、创新驱动带、协调发展带。"2016 年 9 月，中共中央办公厅正式印发的《长江经济带发展规划纲要》明确提出："长江经济带发展必须围绕生态优先、绿色发展的理念，把长江经济带建设成为生态文明建设的先行示范带、引领全国转型发展的创新驱动带、具有全球影响力的内河经济带、东中西互动合作的协调发展带。"

1. 生态文明建设的先行示范带

长江是中华民族的母亲河，是中华文化的重要发祥地，千百年来，长江流域以水为纽带，连接上下游、东西部、左右岸、干支流，形成完整开放的自然生态系统。长江经济带横跨我国"两屏三带"生态安全战略中的八大国家级重点生态功能区，森林资源丰富、水资源充裕、生物种类繁多，生态流量充足，在涵养江河湖泊水源，调节气候变化、保护生态多样性与防治水土流失方面发挥着巨大功效，是我国生态文明建设的重要支撑带，构成我国生态文明建设的"绿色脊梁"。截至 2015 年年底，长江经济带九省二市国家级和省级自然保护区有 1087 个，国家级和省级自然保护区面积为 1778. 8 万公顷，湿地面积为 11542. 9 千公顷，森林面积为8466.06万公顷，森林积蓄量为531041.23亿立方米，占全国比重分别为39.67%、21.53%、40.76%、35.08%，高于长江经济带国土面积占全国比重的21.23%，森林覆盖率为41.53%，远高于全国平均水平21.63%。除长江经济带先天生态禀赋充裕外，其对生态环境保护和修复治理高度重视，不遗余力地加强区内生态文明建设，巩固生态文明建设成果，将长江经济带建设成山清、水秀、天蓝的绿色生态廊道。截至2015年年底，累计建设地质公园166个，建设总投资达259.51亿元，分别占全国比重的33.54%和48.54%；2015年恢复矿山占用损坏面积8.62千公顷，治理投入52.25亿元，分别占全国比重的21.02%和41.18%；累计除涝面积8565.5千公顷，当年新增除涝面积146.8千公顷，分别占全国比重的37.71%和39.84%；累计治理水土流失面积46831.1千公顷，新增水土流失治理面积1928.8千公顷，水土保持及生态项目当年完成投资达100.61亿元，分别占全国比重的40.52%、35.82%和52.14%。长江经济带已成为我国生态文明建设的先行示范带，落实绿色发展理念，为维护国家生态系统稳定的可持续发展做出了重大贡献。

2. 引领全国转型发展的创新驱动带

长江经济带是我国创新驱动的重要策源地，教育与科技创新资源富集，先进制造业、高技术产业与战略性新兴产业，特别是生物医药产业、航空航天产业、新一代信息技术产业与新材料产业发展迅猛，创新投入经费充足，创新智力资源集中，创新成果丰硕。总体而言，长江经济带创新投入与创新产出极为庞大，创新驱动规模效应和旁侧效应显著，创新驱动能力强劲，是我国最具创新活力的区域之一，有力地支撑着长江经济带经济社会的高速增长与全国经济社会的长期稳定发展。截至2015年，长江经济带高技术产业企业高达14600家，从业人员平均数为595.84万人，分别占全国比重的49.27%与43.00%，聚集着全国近一半的高技术企业与从业人员；长江经济带高技术产业主营业务收入高达64706.24亿元，利润总额为3856.55亿元，分别占全国比重的46.23%和42.92%，其中医药制造业主营业务收入占全国比重的44.41%，航空、航天器及设备制造业主营业务收入占全国比重的31.91%，电子及通信设备制造业主营业务收入占全国比重的41.89%，计算机及办公设备制造业主营业务收入占全国比重的57.51%，医疗仪器设备及仪器仪表制造业主营业务收入占全国比重的61.94%，信息化学品制造业主营业务收入占全国比重的66.00%。长江经济带对全国高技术产业起到强大的支撑作用，有力地推动着我国产业创新驱动转型升级，增强经济增长的产业竞争力。另外，长江经济带云集着丰富的创新资源，为长江经济带保持持久强劲创新能力提供不竭动力支撑。截至2015年年底，长江经济带集中了研究与开发机构1255家，高等院校1101所，分别占全国比重的34.38%与43.01%；R&D人员全时当量高达172.87万人/年，R&D经费内部支出高达6249.25亿元，发明专利授权数高达12.10万件，分别占全国比重的45.99%、44.10%和45.92%。长江经济带依托区域人才、技术、智力和高端产业优势，坚持创新发展理念，正加速推动经济由要素驱动、投资驱动向创新驱动转变，成为引领全国转型发展的创新驱动带。

3. 具有全球影响力的内河经济带

长江作为货运量居全球内河第一的黄金水道，长江经济带集聚着大量的人口和经济，上中下游分布着三大城市群，其中长三角城市群为世界级城市群，长江中游城市群和成渝城市群为国家级城市群，内部具有横贯东西、连接南北、通江达海密集的水陆空立体交通运输网络，对周边地区有着极强的辐射引领作用；长江经济带也是一条密集产业带，已形成电子信息产业、装备制造业、船舶产业、钢铁化工产业、有色金属产业、纺织服装产业、汽车产业等世界级产业集群，通过“渝新欧”“蓉欧快铁”“汉新欧”“湘新欧”“义新欧”“合新欧”等中欧班列与沿海沿江大港深度融入国际市场参与国际竞争，已具备较强的国际竞争力。截至2015年年底，长江经济带国内生产总值与人口数量高达30.52亿元与5.88亿人，集聚了全国42.23%和42.87%的经济体量与人口总量，进出口货物总额高达1.67万亿美元，占全国比重的42.22%，其中金属制造业、汽车制造业销售产值分别为1.58万亿元和3.36万亿元，分别占全国比重的41.93%和47.82%，纺织服装、服饰业销售产值为1.12亿元，占全国比重的50.23，铁路、船舶、航空航天和其他运输设备制造业销售产值为1.04万亿元，占全国比重的52.34%。长江经济带经济地位，特别是产业地位接近全国的一半分量，这是其他任何一个经济区域都无法比拟的，庞大的经济体量和密集的人口数量要求构建发达的综合交通运输网络，满足区内人流物流的充分流动，加快经济社会发展。截至 2015 年年底，长江经济带公路里程、铁路营运里程分别高达 200.20 万千米与 3.46 万千米，占全国比重的 43.74%和 28.63%，内河航道里程则高达 9.03 万千米，占全国比重的 71.09%，货运量与客运量分别为 177.14 亿万吨和 98 亿万人，分别占全国比重的 42.42%和 50.47%。具有国际竞争力的世界级产业集群、完备的现代综合立体交通网络、功能健全的世界级国家级城市群，践行创新、协调、开发发展理念，使长江经济带成为具有全球影响力的内河经济带。

4. 东中西互动合作的协调发展带

长江经济带横跨九省二市，辖区面积高达 203.85 万平方千米，占全国比重的 21.23%，其上中下游地区与东中西部地区具有极强的耦合性，下游、中游和上游地区大体分属于我国国土空间的东部、中部和西部地区，上中下游地区经济社会发展呈显著阶梯状分布格局。

各地区具备独特的梯度比较优势，下游长三角地区经济发达拥有雄厚的资金和先进的技术，而中上游地区开发强度相对较低具有较为充足的后备土地和劳动力，同时拥有丰富的矿产、水利与生态资源，交叉的比较优势使上中下游地区具备良好的协调发展基础，长三角地区能够充分发挥辐射引领作用，促进中上游地区有序承接产业转移，推动上中下游地区协同发展（郑德高等，2015）。截至 2015 年年底，中上游地区已建立了安徽皖江、江西赣南、湖南湘南、湖北荆州、重庆沿江和四川广安六大国家级承接产业转移示范区，重点承接下游长三角地区乃至整个东部地区产业转移。2015 年下游地区 R&D 人员全时当量、R&D 经费内部支出、发明专利授权量分别占长江经济带的 68.86%、66.89%、72.86%，研发强度高达 2.61%，远高于同期全国 2.06%的平均水平，下游地区形成对中上游地区的绝对技术和资金优势；而 2015 年中上游地区城镇化率仅为 50.21%，低于同期全国平均水平 56.1%，更远低于下游地区的 64.19%，中上游地区尚有 1.83 亿的非城镇人口，城市后备劳动力充足，且中上游地区城镇单位就业人员平均工资与城镇私营单位就业人员平均工资分别为 55373 元与 34687 元，远低于下游地区的

67940 元与 41051 元，中上游地区较下游地区具有显著的劳动力资源优势和成本优势。另外，中上游地区较下游地区具有明显的生态资源优势，为下游地区经济社会快速发展提供了有效的生态屏障与丰富的生态产品，中上游地区国家级和省级自然保护区数量与面积分别占长江经济带的 83.99% 与 92.56%，森林面积与森林积蓄量占长江经济带的 86.41% 与 91.25，森林覆盖率为 43.30%，远高于下游地区的 32.98%。长江经济带上中下游地区梯度发展格局与交叉比较优势，秉持绿色、协调、开发发展理念，使长江经济带有条件建设成为我国东中西部区域协调发展的示范带（成长春，2015）。

第二节　长江经济带绿色发展的难点

一　水生态环境形势严峻

长江经济带是我国一条巨型流域经济带，依托长江黄金水道连接上下游、东西部、左右岸，水生态环境是维续长江经济带赖以存在发展的重要基础，关系着产业的持续发展与居民的身心健康。然而，长江经济带水生态环境发展不容乐观，水污染严重，上游地区水土流失加剧，中下游地区湖泊、湿地生态功能退化，特别是沿江大型湖泊蓄水滞洪功能削弱，枯水期延长，水体富营养化导致水质下降，部分河段饱受重金属污染，其中沿江工业及生活废水排放点源污染、农业生产面源污染以及船舶运输流动源污染为主要污染来源（靖学青，2016）。长江经济带总体仍处于工业化中期，沿江地区成为沿江省市农业现代化与工业化城镇化的主战场，长江经济带产业耗水总量与强度、产业废水排放总量与强度均处于高位水平，使长江经济带特别是经济欠发达的中上游地区面临持续加大的水生态环境压力（邹辉、段学军，2015）。截至 2015 年年底，长江经济带用水总量高达 2622.7 亿立方米，占全国比重的 42.97%，特别是工业用水量达 830.2 亿立方米，占全国比重的 62.20%，万元国内生产总值用水量为 85.93 立方米，高于全国平均水平 84.44 立方米，万元工业增加值用水量为 72.32 立方米，远高于全国平均水平 48.51 立方米。长江经济带经济社会发展消耗了全国大部分水资源，用水强度在高位区间运行，同样长江经济带废水排放总量与排放强度保持高位水平，成为全国排放废水中有毒有害物质的主要承载区。截至2015年年底，长江经济带废水排放高达318.86亿吨，占全国比重的43.36%，其中废水中的主要毒害物质氨氮、铅、镉、六价铬、砷含量分别高达99.84万吨、43.91吨、9.12吨、14.44吨、66.59吨，占全国比重分别为43.42%、55.28%、57.67%、61.18%、59.41%。长江经济带既是一条繁荣的产业密集带，同时也是一条黄色的污染容纳带，面临着巨大的水生态环境退化、治理与修复压力，成为长江经济带绿色发展的痛点与难点（段学军等，2015）。

二　重化工产业比重较高

长江经济带特别是中上游地区长期是我国传统制造业的重要基地，沿线布局了五大钢铁公司和七大炼油厂等诸多大型重化工业生产基地，正处于全面加速推进工业化时期，船舶、造纸、钢铁、电力、化工、食品加工、采矿、有色金属、建材等高污染、高能耗的资源性行业与产能过剩行业是长江经济带的重要支柱产业（付保宗，2017）。特别是随着下游长三角与东部沿海发达地区产业转型升级，推动产业结构逐步迈向智能化、绿色化、高端化、服务化，中上游地区依托劳动力、资源成本比较优势积极承接下游地区资源密集型与劳动力密集型非环境友好型产业，而引导未来经济社会发展的战略性新兴产业的发展空间可能会受到挤压。中上游地区产业结构会进一步重化工业化，给中上游地区造成巨大的生态环境压力，最终通过流域生态系统联动性，将中上游地区严重的生态环境压力传导至长江经济带的各个地区（侯小菲，2015）。2015年长江经济带九省二市六大高耗能产业销售产值占工业销售总产值比重均高于20%，而中上游地区的江西、贵州、云南更是高达39.93%、39.60%和48.70%，成为维系长江经济带经济稳定增长的绝对原动力，也是长江经济带生态系统不稳定的重要原因。重化工业的产业结构与长江经济带强大的制造能力匹配，使长江经济带部分重化工产品产量庞大，在全国占据着绝对支配地位。2015年长江经济带硫酸、化学农药原药、化学纤维、水泥产量分别高达5551.5万吨、208.9万吨、3873.65万吨、115620.4万吨，分别占全国比重的61.85%、55.86%、80.17%、49.01%。长江经济带尚未摆脱高能耗、高投入、高排放的粗放扩张型发展模式，仍旧延续着重化工型产业化趋势，存在着绿色发展与经济稳定增长的两难取舍，构成长江经济带绿色发展短期难以逾越的褐色门槛。

三　协同发展机制不健全

目前，跨省级协调管理长江经济带发展的政府职能部门仅有 1988 年成立的长江水利委员会与 2002 年成立的长江航务管理局。前者是水利部的派出机构，主要负责长江流域水资源管理；后者为交通的派出机构，主要负责长江流域航运管理，行政级别分别为副部级和厅局级。两者均设立于武汉市，同时这两个政府职能部门均为单一要素职能管理机构，难以肩负起推进整个长江经济带长中下游地区协调合作与发展一体化的重任。而 2014 年成立长江经济带发展领导小组由中央政治局常委领导，理论上拥有强大的组织动员能力，但由于领导小组不是一个正式的政府职能部门，中央决策意志必须通过政府职能实现，领导小组类似一个临时协调机构，只能起到协调管理长江经济带的临时突发问题，同时小组长只是由中央政治局常委兼任，而非专职应对处理长江经济带建设与发展事务，所以尽管领导小组有着高效的组织动员能力，但其综合治理能力依然有限。此外，虽然长江经济带整体及上中下游均建立了常态的对话沟通平台，如长江沿岸中心城市经济协调会、长江上游地区省际协商合作联席会、长江中游城市群省会城市会商会与长江三角洲城市经济协调会，并发表了加快绿色发展与加强生态保护合作的《武汉共识》《长沙宣言》等集体倡议，但相关合作平台和协议缺乏强有力的约束力，难以对长江经济带一体化绿色发展产生实质影响（徐长乐等，2015）。缺乏统一有效的协调发展机制，使在水生态环境管理方面，纵向的管理部门职能存在交织和重叠，在“有利可图”的事务管理上存在过度介入现象，而在“无利可图”的事务上存在相互推诿等问题（徐丽梅，2015）。部门之间缺乏协调，导致了众多的标准、程序、专项规划和治理政策相互矛盾与冲突，特别是上中下游地区难以就生态补偿的形式与标准达成一致意见，造成了诸如项目审批效率低下、地区间行政壁垒巨大等难题，加剧了流域绿色发展的困境（段学军等，2015）。

此外，沿江港口岸线无序开发、法律制度体系不完善，绿色政绩考评体系滞后。长江沿线省市基于综合交通运输方式便利性考量，纷纷将沿江地区作为重点开发区，力图将沿江地区打造成推动经济加速发展的增长极，大规模开发沿江岸线地区，发展港口经济，将能源、石化、建材、冶金、造纸等高耗能、高污染、产能过剩行业布局在沿江地区。2015 年长江经济带规模以上港口码头长度达 926.77 千米，而长江通航里程仅为 2838 千米，开放强度高达 33.66%，其中港口泊位数为 14248 个，万吨级大港有 416 个。沿线港口地大规划无序开发，存在严重的重复建设现象，对岸线资源乱占滥用、占而不用、多占少用、粗放利用，是造成沿江生态环境系统不稳定的重要原因（李干杰，2016）。长江经济带作为支撑国家经济发展最终的东西轴线，然而至今尚未出台一部规范长江流域绿色开发的综合性法律法规，涉及长江流域管理的法律法规主要为《中华人民共和国水法》《中华人民共和国环境保护法》《中华人民共和国港口法》《中华人民共和国航道法》等全国性水利、环保、港口、岸线、航道治理专项法规，这些法律法规虽然都在一定程度上规范了长江流域开发，但实际上相互之间存在交叉与矛盾，特别是对涉及长江流域综合性绿色开发事务上的可操作性较差，长江经济带绿色发展尚处于没有健全流域综合开发法制保障的自发探索阶段，在一定程度上诱导了长江经济带开发的自发性与盲目性（罗清和、张畅，2016）。特别是中上游地区仍处于全面推进工业化时期，经济发展基础较为薄弱，提升经济社会发展水平与满足居民物质文化需求成为地方政府的主要任务，致使当前的政绩考评体系仍为 GDP 导向，GDP 依然是衡量政绩的主要依据，更加激励了中上游地区地方政府在生态保护与经济发展权衡取舍抉择，地方政府竞相降低招商引资中的环境准入门槛，大力发展建材、石化、冶金、钢铁、能源等快速拉动 GDP 的高能耗、高污染、过剩产能型产业。绿色 GDP 导向的政绩考评体系滞后、长江流域综合性绿色开发管理的法律法规缺失以及沿江岸线开发无序严重制约了长江经济带绿色发展进程。

第三节　长江经济带绿色发展的推进路径

“五大发展理念”与“共抓打保护，不搞大开发”是习近平总书记对长江经济带发展方向的重要指示，绿色发展是新时期长江经济带发展的必然选择。围绕长江经济带绿色发展的重难点，破解长江经济带绿色发展症结，应当从绿色基础设施、绿色产业、水资源生态环境保护、绿色城镇、绿色乡村、绿色政治等方面着手加速推进长江经济带绿色发展进程，以充分发挥长江经济带发展的巨大生态效益、经济效益、社会效益。

一 绿色基础设施

沿江地区的无序开发严重制约了长江经济带绿色发展步伐，而造成这一现象的重要原因则是绿色基础设施建设的滞后，沿江开发区与周边地区缺乏有效的生态屏障，无法缓解沿江地区开发产生的超负荷生态压力，必须加快推进沿江地区绿色基础设施建设，构筑绿色生态网络，促进沿江地区开发与生态环境协调发展（杨桂山等，2015）。绿色基础设施是指内部具有连通性的自然区域及相连的工程设施，通过廊道连接构成一个开放包容的绿色空间网络，具有稳定生态系统的重要功能与价值，可维系环境、经济、社会的可持续发展（李开然，2009）。应在长江经济带开发强度较高的沿江地区建立系统化、网络化的绿色生态走廊，特别是沿江绿道、公园、湿地、森林，严禁在绿色基础设施范围开展高能耗、高水耗、重污染型产业化开发，使绿色基础设施成为沿江经济技术开发区与长江岸线的生态屏障，将长江经济带东西近3000千米的岸线地区修复为一条巨型绿色生态廊道，以积极主动的方式建设好、管理好、维护好、恢复好、协调好沿江优化开发区、重点开发地区和重点生态功能地区主体功能。绿色基础设施建设对长江经济带发展具有极强的战略性，是一种致力于实现人与自然和谐发展的“双赢”长远策略，关系着长江经济带环境、经济、社会系统的永续发展，绝非通过某一孤立的局部地区努力能够完成，须长江经济带九省二市政府、社会组织、个体达成共识并付诸努力实践。为此，中央应加快编制出台实施《长江经济带绿色基础设施建设规划》，充分发挥规划引领作用，引导长江经济带各地区通力合作共建生态网络，明确长江经济带绿色基础设施网络建设目标、重点内容与核心区域，以建构其基本框架，提高绿色基础设施网络建设效率，助推长江经济带绿色发展（杨宜勇等，2017）。

二　绿色产业

长江经济带绿色发展必须扎根于绿色产业的发展，绿色产业是推动长江经济带绿色发展的持久动力与根本基础，脱离于绿色产业的绿色发展如同空中楼阁一般无法落地。绿色产业并非指代内涵与外延明确的若干具体产业，传统的第一产业、第二产业及服务业中均存在部分产业已为或即将转变为绿色产业。绿色产业注重产业的绿色化，产业发展与生态环境和谐相容，指既能拉动经济增长促进经济发展，同时又具有防治环境污染、改善生态环境、保护自然资源功能的环境友好型产业（刘国涛，2005）。培育壮大绿色产业是长江经济带绿色发展的必由之路，其着力点主要有三个层面。第一，长江经济带国家级和省级重点生态功能区及沿江岸线地区要加快编制产业准入负面清单，按照主体生态功能定位，以保护和修复生态环境、提供优质生态产品为主要任务，明确禁止类与限制类产业清单，存量与增量产业必须具有涵养水源、保持水土与维护生态多样性功能，严禁高能耗、高排放、高污染型产业进入。对负面清单的执行情况实施定期动态监测，检查结果与重点生态功能区和岸线地区财政转移支付规模挂钩，确保负面清单制度的有效实施。第二，改造升级传统重化工型产业，发展壮大高技术产业与战略性新兴产业。加快钢铁、石化、建材、有色金属、纺织等“两高一剩”产业技术改造步伐，加强国际产能合作，逐步消解过剩产能，提升传统支柱产业绿色生产水平，增强市场竞争力与发展后劲。同时紧抓发展机遇，依托国家重大项目和重点工程，加快发展高端装备制造、新一代信息技术、节能环保、生物技术、新材料、新能源等技术密集型、知识密集型、资金密集型产业，培育形成若干世界级绿色高新技术产业集群（吴传清，2015）。第三，建设生态工业园区，开展工业园区循环化改造行动。通过对工业园区内的基础设施和园区企业的绿色设计、清洁生产、污染预防、能源有效使用及企业内部合作，着力构建内生循环园区内生态链和生态网，最大限度地提升资源利用效率，力求在工业源头上将污染物排放量降至最低，实现工业清洁生产，规范推广“回收—再利用—设计—生产”的循环经济发展模式，推动长江经济带工业绿色发展、循环发展、低碳发展，实现经济效益、生态效益、社会效益的有机统一。

三 水环境、水生态、水资源

长江经济带对我国“两屏三带”的生态安全战略格局起到重要支撑作用，持续提供优质生态产品，但其生态系统因不合理开发遭到严重侵蚀，当前和今后相当长一个时期要把保护和修复长江生态环境摆在首要位置。而长江生态问题的核心在于水的治理，必须切实保护和改善水环境，大力保护和修复水生态，有效保护和利用水资源，确保一江清水得以永续利用。首先，保护和改善水环境的重点在于控制水污染，特别是工业废水与生活污染点源污染、农业化肥农药面源污染以及船舶运输移动源污染。实行最严格的岸线保护制度，禁止在长江沿线新建石化、煤化、造纸、印染、电镀等重污染产业；提高环境排放标准，对不达标排放的存量工业企业一律停产限期整顿，整理仍不达标则依法有序关闭；提升城镇污水垃圾处理能力，确保城市工业与生活污染排放入江总量稳步减少。严格控制农业面源污染，发展低碳、循环、生态农业，实施农药、化肥减量利用与替代利用，建设农业面源污染综合治理示范区。严格防控船舶移动源污染，加快推广应用低排放、高能效、标准化的节能环保型船舶，建立健全船舶环保标准，增强船舶应对紧急突发事件污染源扩散的快速接受处置能力（杜耘，2015）。

其次，保护和修复水生态的重点任务在于恢复长江水生态功能，必须妥善处理好流域江河湖泊关系，维护水生生物多样性以及加强沿江森林保护和生态修复。协调三峡水库与中下游水系生态关系，稳定中下游河湖基本生态用水，加强洞庭湖、鄱阳湖、洪湖等大型湖泊滞洪调蓄能力，继续实施退田环湖工程，确保河湖数量面积不减少，质量不降低。加强对中华鲟、扬子鳄、白鳍豚等珍稀鱼类国家级自然保护区建设管理，严厉打击对长江珍稀动植物的滥捕滥采违法犯罪活动，切实改善修复长江珍稀濒危水生物生境，根据需要采取必要的就地与迁地保护措施，保障长江生物多样性。全面保护沿江森林绿色资源，实施长江防护林体系建设、水土流失及岩溶地区石漠化治理、退耕还林花草、退牧还草等重大生态修复工程，加强自然保护区、森林公园与湿地公园建设维护，增强水源涵养、水土保持等生态功能（刘振中，2016）。

最后，保护和利用水资源的重点任务是提高水资源使用效率，必须加强水源地保护，优化水资源配置，建设节水型社会。建设沿江、沿河、环湖水资源保护带与生态隔离带，清退转移关闭重要水源区附近高污染型重化工企业，优化调整沿江取水口与污水排放口布局，适度压缩取水口与污水排放口数量，全面加强饮用水源地水质保护提升。建立健全长江流域水资源统一管理制度，优化水源水质结构，推进流域大中型水库、干支流调水与沿江大城市与主要农产区引水工程协同进行，切实增强全流域水资源调配和保障能力。落实最严格的水资源管理制度，划定水资源开发利用红线与用水效率红线，严格控制水资源耗用总量与强度，强化高耗水产业用水限额管理，全面开展农业、工业和城镇节水行动，大力推动全社会牢固树立节水意识并付诸实践（刘毅等，2015）。

四　绿色城市群、绿色城镇和美丽乡村

绿色空间是绿色发展的直接表现与承载空间，长江经济带绿色发展必须统筹协调绿色国土空间开发，培育绿色城市群，打造绿色城镇，建设美丽乡村，创造宜居生态的美好家园。以长江三角洲城市群为龙头，以长江中游城市群和成渝城市群为支撑，以黔中和滇中两大区域性城市群为补充，以沿江其他地级市为依托，将生态文明理念融入城市群发展，推动城市群之间、城市群内部产业布局、生态保护、环境治理等协调联动（尚勇敏，2014）。引导城市功能布局和空间形态与沿江山脉水系自然环境相融合，增强城市群产业发展、基础设施、公共服务与资源环境的综合承载能力，大力发展循环经济，打造循环产业链条，倡导绿色低碳生活消费方式，促进城市群发展由规模粗放扩张向内涵绿色提升转变，形成区域联动、结构优化、集约高效、低碳清洁、和谐宜居的绿色城市群格局（肖金成、黄征学，2015）。

以沿江特大城市、大中城市与县城、中心镇为重点，科学评价城市综合承载能力与发展潜力，稳步有序推动农业转移人口市民化，推进基本公共服务均等化，合理确定城市规模、开发边界和开发强度，增强城市包容性，提升城市开放水平，控制开发强度，提高城市绿色度。同时大力建设特色小镇，立足并不断优化产业生态位，坚持生态优先、资源整合，集聚资本、技术、人才、信息等高端要素，培育发展特色生态产业，促进产业发展与生态保护之间形成动态平衡，将特色小镇建设成集生态功能、创新功能、产业功能、文化功能、绿色功能、人居功能等于一体的综合绿色开发空间（盛世豪和张伟明，2016）。

推进美丽乡村建设，全面改善“三农”面貌。加强乡村道路建设改造，实现乡村路面硬化、等级化，完成乡村现有危旧房更新改造，全面实现乡村基础设施提档升级。加快乡村环境综合整治，关闭沿河近山重化工厂，实现农村垃圾、污水减量化，开展乡村植树造林行动，增加农村森林植被覆盖率。立足当地农业资源禀赋优势，发展特色农业、特色农产品加工业与生态农业，推进乡村、第一、第二、第三产业融合绿色循环发展，增加农民收入，改善乡村环境。提升乡村公共服务产品数量和质量，实现乡村义务教育、环境保护、基本医疗和公共卫生、公共服务、基本生活保障等基本公共服务全覆盖（邬晓霞、张双悦，2017）。

五　绿色政治

长江经济带绿色发展离不开科学的顶层设计与健全的体制机制，特别是在流域协同管理、绿色政绩考核导向、生态环境保护约束、生态补偿机制建立等方法都需要国家自上而下构建较为清晰的制度框架，通过绿色政治加速绿色发展进程。

建立流域综合职能管理机构，整合长江水利委员会、长江航务管理局等国务院部委派出机构与国家推动长江经济带发展领导小组，成立长江经济带建设发展委员会，扩大其相应职能与权力，由中央政治局常委专任委员会主任，同时不再兼任国务院副总理等职位，专门负责长江经济带协调、统筹、发展、建设事宜，沿江省市成立相应省级委员会，由一名省委常委专任省级委员会主任。长江经济带绿色发展必须依托于具有高级行政权力和高效组织动员能力的政府职能机构长江经济带建设发展委员会，特别是在绿色发展规划编制、绿色承接产业转移机制设计、流域综合开发管理法律制定、突发环境事件应急处理以及地区行政壁垒破解与一体化市场构建等方面，长江经济带建设发展委员会是长江经济带加快实现绿色发展的有效政治保障（彭劲松，2014）。

建立绿色政绩考核评价体系，将自然资源损耗与环境修复治理成本纳入政绩考评体系，逐步建立健全生态环境损害问责制度和领导干部自然资产离任审计制度，切实转变唯 GDP 忽视生态环境的政绩考评导向（任胜钢、袁宝龙，2016）。对重点生态功能区、农产品主产区和沿江环湖地区，根据实际生态环境状况，逐步弱化GDP、财政收入、工业增加值、城镇化率等主要经济指标考核分量，加大环境治理投资、大气水体土壤质量、生物多样性指数、GDP能源水耗强度等绿色发展指标考核权重。将地区绿色发展程度，特别是资源利用效率、环境治理力度、环境质量水平、生态保护强度、绿色增长质量、绿色生活水平、公众环境满意程度等方面，作为当前政绩考评绿色化转变的重要方向。强化绿色政绩考核结果运用，将评价结果作为地方领导班子调整和领导干部选拔任用、培训教育、奖励惩戒的重要依据，增强各级政府和领导干部绿色发展的积极性、主动性和约束性。

建立健全“三位一体”生态补偿机制，特别是中央对中上游地区的纵向专项财政生态补偿机制、下游地区对中上游地区的横向流域生态补偿机制，以及下游地区对中上游地区的绿色产业生态补偿机制（郝寿义、程栋，2015）。长江经济带特别是中上游地区广阔的生态功能区在保持水土、涵养水源和维护生物多样性等方面发挥了巨大的生态功能，为全国提供了优质的生态产品，并牺牲了部分发展机会，经济社会发展程度相对滞后，基于区域发展总体战略考量，中央应加大对长江经济带贫困地区特别是重点生态功能区贫困县的专项财政转移支付生态补偿力度，力争使长江经济带所有贫困县摘除“贫困帽”。中下游地区依托优越的区位条件与发展禀赋，率先成为国家主要增长极之一，经济发展程度走在前列，同时也是长江流域污染排放的主要来源区，上游地区却承担了生态环境污染、破坏和保护的主要生态赤字，支撑着长江经济带生态功能的持续稳定，中下游地区应当就生态补偿标准和力度作出妥协，加快加大对上游地区特别是三峡库区流域生态补偿。除“输血”扶贫型资金生态补偿，更应加强对中上游地区“造血”致富型产业生态补偿，下游地区与中上游地区合作共建飞地园区，利用下游地区的资金技术优势，大力培育发展绿色高端先进制造业和战略性新兴产业，特别是大数据、云计算、物联网等新一代信息技术产业、生物产业和新材料产业、文化创意产业等绿色产业，实行税收分成，利益共享，同时立足自身资源生态优势，大力发展生态农业、生态旅游业、生态物流业等“零污染”产业，使中上游地区逐渐形成强大的内生“造血”致富能力（黄磊、文传浩，2015）。

第十章

政府竞争、市场分割与长江经济带绿色发展效率研究

第一节　引言

长江经济带是我国生态文明建设的先行示范带。2018 年 4 月，习近平总书记在“深入推动长江经济带发展座谈会”上指出，探索协同推进生态优先和绿色发展的新路子，将长江经济带打造成为有机融合的高效经济体。绿色发展作为长江经济带高质量发展的重要内容，应依靠效率变革和动力变革协同推进。2019 年 5 月印发的《关于构建市场导向的绿色技术创新体系的指导意见》指出，绿色技术创新作为绿色转型的重要动力，是推进生态文明建设、推动高质量发展的重要支撑。当前，长江经济带仍存在地方无序竞争、市场分割发展的不利局面，推进有为政府和有效市场相结合是推动长江经济带绿色转型的重要方式。在区域协调发展、生态文明建设、正确处理政府与市场关系等多重语境下，探讨长江经济带绿色发展的效率变革和动力变革，对推动长江经济带高质量发展具有重要意义。

学术界关于政府竞争与市场分割影响绿色发展效率的研究主要聚焦以下三个方面。一是政府竞争对绿色发展效率的影响。政府竞争主要通过主导要素配置和推动绿色技术进步影响绿色发展效率。经济赶超、官员晋升的双重激励强化了以增长和晋升为导向的政策偏好（李长青等，2018），引致地方以破坏生态环境为代价更快地发展经济，加剧绿色发

展效率损失。同时地方政府在经济赶超与环境规制之间摇摆不定会导致环境政策实施的不连续，在不同竞争动机下采取异质性环境规制策略（薄文广等，2018），表现为环境规制政策的“逐底竞争”加快污染型产业增长，“逐顶竞争”推动绿色技术进步。政府竞争加快了 FDI、金融资本、人力资本等高端要素集聚，促进了绿色经济增长，地区间财政偏向的策略互动也会提升创新能力（卞元超、白俊红，2017）。然而，过度的政府竞争加剧市场分割和分工趋同，偏离地区比较优势的投资政策导致区域资源误配和地方债务，强化财政分权对科技支出的抑制作用，阻碍技术进步，降低技术效率（邓晓兰等，2019）。二是市场分割对绿色发展效率的影响。市场分割主要通过降低规模效率和技术效率、阻碍技术进步抑制绿色发展效率（魏楚、郑新业，2017）。地方政府倾向于利用国际市场规模效应替代国内市场规模效应获取环境红利和要素红利，不仅导致本地市场扭曲，也会对资源的跨区域配置产生不利影响（苏永照，2017）。市场分割限制了企业通过吸引 FDI 获取技术效应的能力与动力（龚新蜀、王曼，2018），削弱技术进步的节能减排效应。此外，部分学者认为适度的财政分权能有效缓解市场分割导致的效率损失（金培振等，2015）。三是关于绿色发展效率的时空特征。相关研究采用考虑非期望产出的 SBM 模型研判绿色发展效率的时空特征，部分学者采用 EBM 模型对 SBM 模型使用单一距离函数导致的效率偏误进行改进（高鸣、宋洪远，2017）。绿色发展效率作为衡量经济发展质量的重要指标，包括绿色技术效率和绿色全要素生产率两个维度（Honma and Hu，2008），综合体现经济增长、资源节约、环境保护等内涵，涉及能源、技术、水资源、社会消费及福利水平等维度（车磊等，2018）。长江经济带绿色发展效率相关研究聚焦以下三个方面：一是绿色发展效率的演变特征和空间差异；二是绿色发展效率的影响因素，涉及产业集聚、经济水平、城镇化率等维度；三是基于优化要素配置的绿色发展效率提升路径。已有研究鲜有从政府与市场关系视角探讨绿色发展效率的驱动机理，涉及空间分析的研究有待完善，研究尺度多聚焦省域层面，城市层面的研究也亟待拓展。

借鉴已有研究成果，本研究拟做以下拓展：一是采用兼容径向与非径向的 EBM 模型测算长江经济带 108 个地级及以上城市绿色技术效率，消除考虑单一距离函数导致测算结果的偏误；二是构建时间空间双固定的面板 SDM 模型实证检验政府竞争与市场分割对绿色发展效率的非线性影响和空间效应，揭示政府竞争与市场分割之间的相互关系；三是基于全要素生产率分解视角进一步探讨政府竞争与市场分割对绿色发展效率影响的路径差异。

第二节 理论分析与研究假设

政府竞争和市场机制是资源配置的主要方式，厘清政府竞争与市场分割对绿色发展效率的影响机理，有助于为新时期区域更高质量的绿色发展和协调发展提供思路借鉴。

一 政府竞争对绿色发展效率的影响机理分析

政府竞争的本质是对发达经济体的追赶和同质经济体的超越，其目的在于获取经济利益和政治利益。集权型政治体制推动地方形成为经济增长和政治晋升而竞争的锦标赛格局，政府干预程度增强不仅会推动本地经济快速增长，也会通过引致地方政府竞争影响周边地区的要素配置效率。经济发达地区处于竞争优势地位，“为高质量发展竞争”推动产业高端化、生态化发展，环境、创新、外资等政策的逐顶竞争倒逼生产要素从污染和劳动密集型行业转移到知识技术密集型行业。经济欠发达地区处于竞争劣势地位，为经济增长和政治晋升而竞争加快承接发达地区的低端产业以实现经济追赶，推动规模效率快速提升（高琳、高伟华，2018）。经济追赶空间越大，地区间经济互补性越强，通过产业转移对发达地区绿色发展效率的提升作用越大。随着追赶空间的缩小，地区间同质竞争逐步增强，为扩大经济规模会加剧环境、外资等政策的逐底竞争，污染天堂效应和要素诅咒陷阱会强化对投入和污染型增长的路径依赖，压缩绿色发展效率提升空间。据此，提出如下研究假设：

假设1：地区经济增长方式由要素驱动向效率驱动转变，绿色发展效率呈先下降后上升的演变特征。

假设2：政府竞争对绿色发展效率的影响呈非线性特征，经济追赶空间较大，政府竞争对绿色发展效率的促进作用越强。

假设3：政府竞争对周边地区绿色发展效率具有正向空间效益，追赶空间越大，促进作用越强。

二　市场分割对绿色发展效率的影响机理分析

市场分割的本质在于要素价格鸿沟阻碍统一市场的形成，在增长导向和晋升导向驱动下，市场分割推动地区经济快速增长，却一定程度上限制资源的合理流动和有效配置。适度市场分割有助于形成优势共享的区域经济布局。较高的市场分割导致要素市场碎片化，加剧技术要素扭曲，制约产业结构升级和绿色技术进步（孙博文等，2018），降低了要素再配置效应和污染减排效应。经济发达地区处于转型发展阶段，"为创新竞争"会阻碍技术要素流动，削弱国内技术创新的规模效应。经济欠发达地区集聚特征明显，市场分割会加剧本地要素流失，极大地制约规模效率的提升。较低的市场分割会引致市场失灵，地方政府完全主导要素流动，加剧空间要素配置失衡。经济发达地区要素过度集聚导致拥挤效应，加剧要素配置扭曲。市场分割也会削弱技术进步的空间溢出效应，阻碍地区技术合作和成果转移转化，抑制周边地区的效率提升和技术进步。同时市场分割导致跨区域环境协同治理难以实现，环境污染的负外部性制约绿色发展效率提升。据此，提出如下研究假设：

假设4：市场分割对绿色发展效率的影响呈非线性特征，较高或较低的市场分割均不利于绿色发展效率提升。

假设5：市场分割对绿色发展效率具有负向空间效应，阻碍技术要素的跨区域流动，制约产业升级和污染减排。

三　政府竞争与市场分割交互效应对绿色发展效率的影响机理分析

政府竞争与市场分割对绿色发展效率的影响相互抵消。一方面，政府竞争抵消了由市场分割对绿色发展效率的负向影响（张彩云等，2018）。政府竞争推动地区间经济追赶，增强区域经济互补性，从而降低要素流动的行政壁垒；另一方面，市场分割增强了政府竞争对绿色发展效率的正向影响。市场分割加剧区域经济分化，增强了地区间经济追赶的空间。据此，提出如下研究假设：

假设6：政府竞争与市场分割对绿色发展效率产生正向交互影响。

第三节 研究方法与数据来源

一 研发方法

1. 城市绿色技术效率测度

为了避免 SBM 模型和 CCR 模型在距离函数设置上存在的缺陷，采用兼容径向（CCR）与非径向（SBM）混合距离函数的 EBM 模型，消除因考虑单一距离函数导致测算结果的偏误。在此基础上，将污染指标作为约束条件纳入模型分析中，构建包含非期望产出的非方向 EBM - Undesirable 模型。

$$\lambda^{*} = \min \frac{\theta - (\varepsilon_x / \sum_{i=1}^{m} \omega_i^-) \sum_{i=1}^{m} \frac{\omega_i^- s_i^-}{x_{ik}}}{\eta + (\varepsilon_y / \sum_{r=1}^{s} \omega_r^+) \sum_{r=1}^{s} \frac{\omega_r^+ s_r^+}{y_{uk}} + (\varepsilon_y / \sum_{u=1}^{n} \omega_u^-) \sum_{k=1}^{q} \frac{\omega_u^- s_u^-}{z_{uk}}} \tag{10-1}$$

式中，ε_x 和 ε_y 是投入和产出的非径向比例，θ 和 η 是投入和产出的径向效率，$S_i^- S_r^+ S_u^-$ 是投入、期望产出和非期望产出的非径向冗余，m、s、n 是投入、期望产出和非期望产出的个数；$\omega_i^- \omega_r^+ \omega_u^-$ 是投入、期望产出和非期望产出的相对比例。为进一步识别长江经济带城市绿色技术效率的变化来源，测算各项投入的无效率。

$$I_i = 1 - \left(\theta - \frac{\varepsilon_x s_i^-}{x_{i0}}\right) = (1-\theta) + \frac{\varepsilon_x s_i^-}{x_{i0}} = \delta + \frac{\varepsilon_x s_i^-}{x_{i0}} \tag{10-2}$$

式中，等号右边第一项是径向无效率，第二项是非径向无效率。

2. 政府竞争与市场分割对绿色发展效率影响的空间计量模型

基于上文理论分析，政府竞争与市场分割对绿色发展效率的影响可能存在空间效应，采用 Moran's I 指数检验绿色发展效率的全局空间相关性，据此构建空间计量模型。遵循从特殊模型到一般模型的一致性检验原则，对模型进行选择。经检验，绿色发展效率的全局 Moran's I 指数在多数年份通过 5% 显著性检验，LR 检验和 LM 检验通过时间空间双固定的面板 SDM 模型检验。因篇幅所限，此处省略相关结果。

$$GDE_{it} = \delta \sum_{j=1}^{108} \omega_{ij} \times GDE_{jt} + \beta_1 Lgc + \beta_2 Lgc^2 + \beta_3 MarSeg + \beta_4 MarSeg^2 +$$

$$\beta_5 Lgc \times MarSeg + \beta_x X_{it} + \theta \sum_{j=1}^{108} \omega_{ij} \times (Lgc_{it} + MarSeg_{it}) + u_i + v_t + \varepsilon_{it} \tag{10-3}$$

式中，GDE_{it}表示城市绿色发展效率，包括基于超效率 EBM 模型测度的绿色技术效率，基于 SBM 模型测度的绿色全要素生产率及分解项（绿色技术效率变化和绿色技术进步变化）。*Lgc*、*MarSeg* 表示政府干预和市场分割，是核心解释变量，二次项和交互项用来检验变量的非线性影响和交互影响。ω_{ij}为空间权重矩阵，采用经济空间权重矩阵综合考虑城市的相互影响，矩阵元素 $\omega_{ij} = (1/d^2) \times (1/|\tilde{y}_i - \tilde{y}_j|)$，$i \neq j$；$\omega_{ij} = 0$，$i = j$。$d$ 为城市间的球面距离，$\tilde{y}_i \tilde{y}_j$ 表示第 i、j 个城市在研究期内的人均实际 GDP。δ 为空间自回归系数，β 为解释变量的回归系数，θ 为核心解释变量的空间滞后项回归系数。X_{ij}为控制变量，包括产业结构（*Ind*）、金融资本（*Fin*）、对外开放（*Open*）、经济水平（*Pgdp*），为缓解异方差性将经济水平作对数处理。u_i 表示固定效应，v_t 表示时间效应、ε_{ij}表示扰动项。

二　变量选取与数据来源

1. 效率评价指标

效率评价包括劳动、资本、能源、技术四类投入和地区生产总值、工业废水、工业二氧化硫、工业烟粉尘四类产出。参考已有研究，劳动投入采用城镇单位从业人员数与城镇私营和个体从业人员数之和表征。资本投入通过永续盘存法计算，采用 GDP 平减指数对固定资产投资进行折算，折旧率为9.6%。能源投入采用全社会用电量表征。技术投入采用地方一般公共预算支出中科学技术支出表征。期望产出采用地区生产总值表征，折算为以 2003 年为基期的不变价格水平。非期望产出采用工业废水、工业二氧化硫、工业烟粉尘排放量表征。

2. 核心解释变量

借鉴缪小林（2017）等的研究，政府竞争选择经济赶超水平作为代理变量，政府竞争 =（相邻城市最高的 GDP/本地 GDP），即对周边经济水平较高地区的追赶。市场分割通常用要素价格与市场平均价格的相对差距表示。由于城市层面缺少产品、资本的价格水平，考虑数据可得性，采用城市职工实际工资与长江经济带平均工资的相对差距表征。

3. 数据来源

以长江经济带 108 个地级及以上城市为研究对象，下游地区包括沪苏浙皖四省的 41 个城市，中游地区包括鄂湘赣三省的 36 个城市，上游地区包括川渝黔滇四省的 31 个城市。其中，将 2011 年之前的巢湖市数据并入合肥市；贵州省的铜仁市和毕节市是 2011 年之后才设立的，因此剔除两个城市。样本跨度为 2003—2017 年，2017 年地区生产总值、固定资产投资、全社会用电量数据采自长江经济带沿线 11 省市统计年鉴，其余数据采自《中国城市统计年鉴》，部分缺省数据采用插值法补齐。

第四节 实证结果与分析

一 长江经济带城市绿色技术效率的演变特征及空间差异

长江经济带绿色技术效率呈先降后升的“U”形变化特征，总体仍处于较低水平，其中，纯技术效率是影响长江经济带绿色技术效率变化的主要原因。2003—2013 年，长江经济带绿色技术效率呈持续下降态势，以要素集聚为特征的粗放式增长推动经济规模提高，却带来环境恶化、效率下降、成本上升等发展难题，加深要素配置的空间失衡。2014 年以来，国家层面出台了一系列推动长江经济带发展的战略与政策，确立以“共抓大保护、不搞大开发”为导向、以“生态优先、绿色发展”为引领的绿色转型思路，推动长江经济带绿色技术效率和纯技术效率快速上升。

长江经济带城市绿色技术效率呈下游、上游、中游递减的分异特征。其中，下游地区是引领长江经济带绿色转型发展的核心地区，政府加大对高耗能、高污染产业的关、改、搬、转实施力度推动产业高端化、生态化、智能化发展，绿色发展成效显著。上游地区加快生态产业化和产业生态化发展推动经济发展与生态环境保护协调共生，绿色技术效率快速提升。中游地区作为承接下游产业转移的重要区域，依靠粗放式要素集聚推动工业化发展，加大了生产系统和生态系统的配置扭曲压力，绿色技术效率上升相对缓慢。

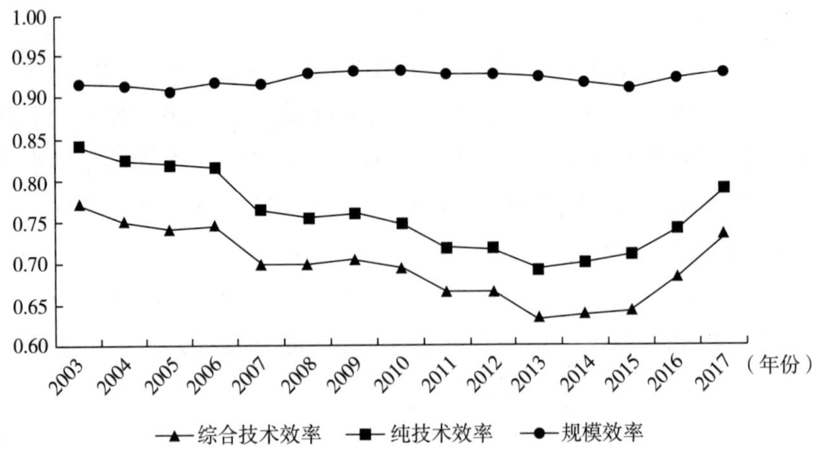

图 10－1　2003—2017 年长江经济带城市绿色技术效率演变

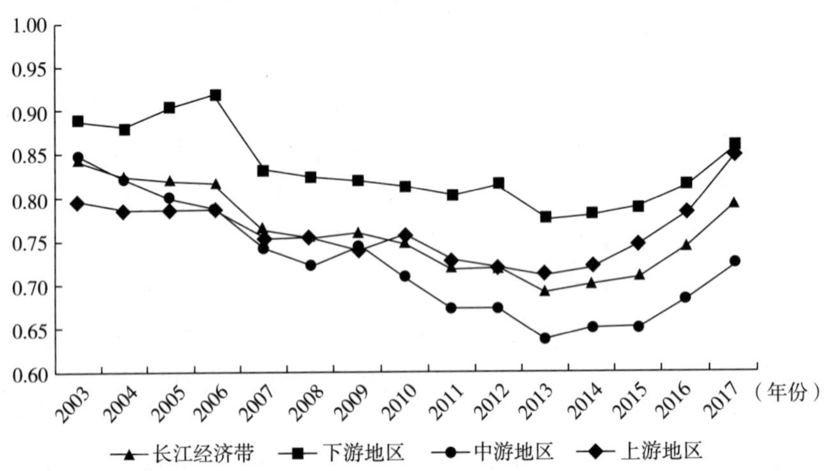

图 10－2　2003—2017 年长江经济带上中下游地区城市绿色技术效率演变

从效率变化来源上看，长江经济带投入无效率呈能源 > 技术 > 劳动 > 资本的变化特征。2013 年以前，地区间“为增长竞争”加剧要素配置扭曲，技术投入效率大幅下降极大地制约了经济转型。2013 年以后，产业转移推动上中下游地区产业协调性逐步增强，加快优化要素空间配置，经济增长方式由要素驱动向效率驱动转变，验证了假设 1。

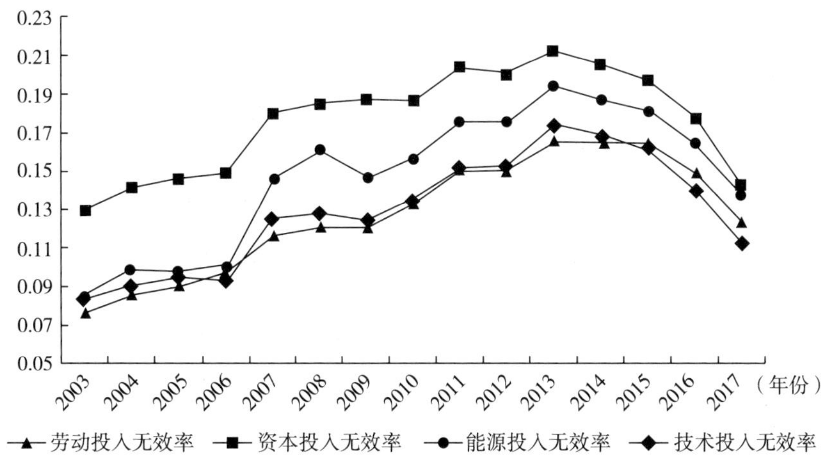

图 10－3　2003—2017 年长江经济带投入无效率来源

二　政府竞争与市场分割对长江经济带城市绿色发展效率影响的实证检验

长江经济带城市绿色发展效率的空间自相关系数均通过 1% 显著性水平，表明采用空间计量模型检验政府竞争与市场分割对长江经济带城市绿色发展效率的影响是有效的。

1. 政府竞争与市场分割对长江经济带城市绿色技术效率影响的实证检验

模型（2）显示，政府竞争对绿色技术效率的影响呈“U”形变化特征，验证了假设 2。当政府竞争处于“U”形曲线两端时，经济追赶效应会推动地区间形成错位分工的发展格局，通过优化要素的空间配置提升绿色技术效率，拓展发达地区转型空间和提升欠发达地区规模效率，发挥中心城市的辐射示范效应；当政府竞争处于“U”形曲线拐点附近时，经济利益和政治利益驱使“为增长竞争”加深了投入型和污染型增长的路径依赖，制约产业结构升级，加剧要素配置扭曲。模型（1）、模型（5）、模型（6）与模型（2）中关于政府竞争对绿色技术效率的空间效应显著为正结果一致，表明地区间的经济追赶空间越大，通过产业转移推动周边地区绿色技术效率提升作用越强，验证了假设 3。模型（4）显示，市场分割对绿色技术效率的影响呈倒“U”形变化特征，修正模型（3）中关于市场分割对绿色技术效率影响不显著的结果，验证了假设4。当市场分割处于倒“U”形曲线两端时，要素完全流动和完全不流动会导致“污染避难所”效应和要素市场碎片化，制约绿色技术效率提升。模型（3）、模型（5）、模型（6）与模型（4）中关于市场分割对绿色技术效率的空间效应不显著为负结果一致，表明市场分割阻碍要素跨区域流动，地区间同质竞争加剧要素配置扭曲，降低周边地区绿色技术效率，验证了假设5。模型（5）和模型（6）显示，政府竞争与市场分割的交互效应对绿色技术效率具有正向促进作用。对于经济发达地区，适度的市场分割通过加快高端要素集聚推动经济转型，强化政府竞争对绿色技术效率的正向影响；对于欠发达地区，较高的经济追赶空间推动区域产业转移，加快要素空间的再配置，弱化市场分割对绿色技术效率的负向影响，验证了假设6。

表10－1　政府竞争与市场分割对长江经济带城市绿色技术效率影响的空间回归结果

变量	绿色技术效率（*Efficiency*）					
	模型（1）	模型（2）	模型（3）	模型（4）	模型（5）	模型（6）
W × Efficiency	0.240*** (7.00)	0.236*** (6.89)	0.236*** (6.86)	0.238*** (6.93)	0.245*** (7.16)	0.239*** (6.97)
Lgc	-0.029*** (-3.15)	-0.078*** (-4.11)	—	—	-0.034*** (-3.57)	-0.081*** (-4.26)
Lgc square	—	0.003*** (2.96)	—	—	—	0.003*** (2.88)
MarSeg	—	—	0.005 (0.179)	0.156** (2.24)	-0.062 (-1.56)	0.089 (1.12)
MarSeg square	—	—	—	-0.261** (-2.39)	—	-0.239** (-2.16)
MarSeg × Lgc	—	—	—	—	0.015** (2.13)	0.010 (1.46)
W × Lgc	0.058*** (3.11)	0.055*** (2.94)	—	—	0.059*** (3.14)	0.056*** (2.99)

续表

变量	绿色技术效率（*Efficiency*）					
	模型（1）	模型（2）	模型（3）	模型（4）	模型（5）	模型（6）
W×MarSeg	—	—	-0.028 (-0.48)	-0.027 (-0.48)	-0.002 (-0.03)	-0.003 (-0.03)
Industry	0.061*** (4.03)	0.056*** (3.69)	0.055*** (3.67)	0.051*** (3.37)	0.058*** (3.79)	0.050*** (3.26)
Pgdp	0.216*** (6.88)	0.199*** (6.22)	0.244*** (7.92)	0.252*** (8.15)	0.220*** (6.97)	0.209*** (6.48)
Open	-0.848*** (-4.64)	-0.795*** (-4.34)	-0.769*** (-4.24)	-0.753*** (-4.16)	-0.825*** (-4.50)	-0.766*** (-4.18)
Financial	-0.037*** (-3.27)	-0.037*** (-3.25)	-0.038*** (-3.30)	-0.037*** (-3.20)	-0.038*** (-3.32)	-0.037*** (-3.22)
R^2	0.767	0.768	0.764	0.765	0.767	0.769
Log-L	1790.06	1794.82	1782.36	1785.42	1792.53	1799.36

注：根据MATLAB2017a软件测算结果整理。括号内为t值，***、**、*分别表示通过1%、5%、10%的显著性水平检验，下同。

产业结构和经济水平对绿色技术效率的影响显著为正，对外开放和金融深化对绿色技术效率的影响均显著为负。产业结构升级能够释放空间要素的再配置红利，表现为对高污染、高耗能等传统行业改造升级，提升节能减排成效，培育关联性较强的生产性服务业和竞争力较强的战略性新兴产业；当前，我国外资利用负面清单制度尚不完善，外资进入劳动密集型和污染密集型等传统行业门槛较低，加剧“污染天堂”效应；经济发达地区绿色发展意识较强，对生态产品需求较高，清洁生产和环境治理等技术研发较快。金融资本过度集聚于实体经济，加剧了投入型增长和污染型增长的路径依赖。

2. 政府竞争与市场分割对长江经济带城市绿色全要素生产率影响的实证检验

政府竞争与市场分割对绿色全要素生产率影响的变化特征与绿色技术效率相似，模型（2）和模型（4）验证了政府竞争的“U”形影响和市场分割的倒“U”形影响，模型（5）和模型（6）显示，政府竞争与市场分割的交互效应对绿色全要素生产率具有正向影响。模型（1）—模型（3）显示，产业结构和经济水平显著促进绿色全要素生产率提升；模型（4）—模型（6）显示，金融深化和对外开放显著抑制绿色全要素生产率提升。

表 10－2　政府竞争与市场分割对长江经济带城市绿色全要素生产率影响的空间回归结果

变量	绿色全要素生产率（*GTFP*）					
	模型（1）	模型（2）	模型（3）	模型（4）	模型（5）	模型（6）
W × GTFP	0.190*** (5.42)	0.191*** (5.46)	0.189*** (5.39)	0.193*** (5.51)	0.198*** (5.66)	0.199*** (5.70)
Lgc	−0.032*** (−2.68)	−0.095*** (−3.86)	—	—	−0.039*** (−3.22)	−0.098*** (−4.001)
Lgc square	—	0.004*** (2.93)	—	—	—	0.003*** (2.79)
MarSeg	—	—	0.020 (0.52)	0.211*** (2.34)	−0.080 (−1.54)	0.102 (0.99)
MarSeg square	—	—	—	−0.331*** (−2.35)	—	−0.288** (−2.02)
MarSeg × Lgc	—	—	—	—	0.023*** (2.60)	0.018* (1.96)
W × Lgc	0.057** (2.36)	0.053** (2.19)	—	—	0.057** (2.35)	0.053** (2.20)
W × MarSeg	—	—	−0.033 (−0.45)	−0.033 (−0.44)	−0.004 (−0.06)	0.003 (0.04)
Industry	0.074*** (3.78)	0.067*** (3.44)	0.069*** (3.54)	0.063*** (3.25)	0.069*** (3.51)	0.059*** (2.99)
Pgdp	0.359*** (8.82)	0.336*** (8.12)	0.389*** (9.79)	0.399*** (10.00)	0.367*** (8.97)	0.351*** (8.42)
Open	−0.925*** (−3.92)	−0.854*** (−3.61)	−0.850*** (−3.64)	−0.830*** (−3.55)	−0.890*** (−3.77)	−0.813*** (−3.44)

续表

变量	绿色全要素生产率（GTFP）					
	模型（1）	模型（2）	模型（3）	模型（4）	模型（5）	模型（6）
Financial	-0.047*** (-3.17)	-0.046*** (-3.13)	-0.046*** (-3.11)	-0.045*** (-3.01)	-0.047*** (-3.17)	-0.045*** (-3.06)
R^2	0.676	0.678	0.674	0.675	0.678	0.680
Log-L	1378.21	1382.87	1373.31	1376.25	1381.85	1388.08

将绿色全要素生产率分解为绿色技术效率变化和绿色技术进步变化，进一步检验了政府干预与市场分割对绿色全要素生产率影响的路径差异。模型（1）—模型（3）显示，政府竞争对绿色技术效率变化的影响呈“U”形特征，是影响绿色技术效率变化的主要原因，市场分割的影响不显著。地方政府拥有要素配置的主导权，为抢占产业发展制高点逐步转向“为创新竞争”，加剧了人才、技术等高端要素的空间错配。模型（4）—模型（6）显示，市场分割对绿色技术进步变化的影响呈倒“U”形特征，是影响绿色技术进步变化的主要原因，政府竞争的影响不显著。市场分割通过提高技术要素流动成本和降低技术溢出范围，阻碍了地区间展开污染防治、清洁生产等绿色技术合作，加剧投入型和污染型增长的路径依赖。

表 10-3　　基于绿色全要素生产率分解的空间回归结果

变量	被解释变量（Dependence）					
	绿色技术效率变化（GEC）			绿色技术进步变化（GTC）		
	模型（1）	模型（2）	模型（3）	模型（4）	模型（5）	模型（6）
W×Dependence	0.169*** (4.78)	0.166*** (4.68)	0.167*** (4.71)	0.196*** (5.49)	0.194*** (5.43)	0.191*** (5.34)
Lgc	-0.091*** (-3.55)	—	-0.096*** (-3.74)	-0.021 (-1.37)	—	-0.020 (-1.33)
Lgc square	0.004*** (3.01)	—	0.004*** (2.90)	0.001 (0.49)	—	0.001 (0.41)
MarSeg	—	0.100 (1.06)	-0.011 (-0.10)	—	0.115** (2.10)	0.094 (1.50)

续表

变量	被解释变量（*Dependence*）					
	绿色技术效率变化（*GEC*）			绿色技术进步变化（*GTC*）		
	模型（1）	模型（2）	模型（3）	模型（4）	模型（5）	模型（6）
MarSeg square	—	-0.149 (-1.01)	-0.103 (-0.69)	—	-0.183** (-2.13)	-0.176** (-2.01)
MarSeg × Lgc	—	—	0.0180* (1.89)	—	—	0.003 (0.54)
W × Lgc	0.043* (1.72)	—	0.046* (1.81)	0.017 (1.14)	—	0.015 (1.03)
W × MarSeg	—	0.062 (0.81)	0.093 (1.21)	—	-0.089** (-1.99)	-0.079* (-1.76)
Industry	0.026 (1.25)	0.027 (1.34)	0.022 (1.08)	0.036*** (3.00)	0.031*** (2.61)	0.031** (2.55)
Pgdp	0.370*** (8.58)	0.428*** (10.29)	0.385*** (8.85)	-0.010 (-0.38)	0.006 (0.25)	-0.007 (-0.26)
Open	-0.199 (-0.81)	-0.217 (-0.89)	-0.190 (-0.77)	-0.691*** (-4.76)	-0.656*** (-4.60)	-0.664*** (-4.57)
Financial	-0.056*** (-3.66)	-0.055*** (-3.57)	-0.056*** (-3.60)	0.008 (0.84)	0.008 (0.93)	0.008 (0.84)
R^2	0.616	0.612	0.617	0.673	0.674	0.674
Log - L	1318.90	1312.25	1322.19	2177.38	2179.65	2181.99

注：被解释变量均为以基期为参照的全局变化率。

经济水平和金融深化是影响绿色技术效率变化的重要因素。经济水平显著促进绿色技术效率变化，金融深化显著抑制绿色技术效率变化。经济水平提升会加快推动要素的再配置，通过加强污染减排提升生态治理成效；政府的增长和晋升导向驱动金融资本集聚传统行业，极大制约了产业结构升级。产业结构和对外开放是影响绿色技术进步变化的重要因素。产业结构显著促进绿色技术进步变化，在“不搞大开发、共抓大保护”和“生态优先、绿色发展”的战略理念下，长江经济带沿线地区加快推动清洁生产、环境治理等技术研发，强化了科技对产业绿色转型的支撑作用。对外开放显著制约绿色技术进步变化，企业倾向通过引进 FDI 快速获取技术增长，降低本地技术研发激励，阻碍区域间技术合作。

三　基于长江经济带上中下游地区的检验

根据政府竞争与市场分割对长江经济带城市绿色发展效率影响的“U”形和倒“U”形变化特征，确定影响路径拐点。政府竞争和市场分割与拐点的距离衡量了其对绿色发展效率的影响关系。政府竞争与拐点距离越远，其对绿色发展效率的促进作用越强；反之则越弱。市场分割与拐点距离越近，其对绿色发展效率的促进作用越强；反之则越弱。

表 10－4　长江经济带上中下游地区政府竞争和市场分割与拐点的平均距离

变量		地区	2003 年	2007 年	2010 年	2013 年	2017 年
政府竞争	GTFP	上游地区	5.630	5.833	5.927	6.023	5.029
		中游地区	8.007	7.880	7.855	7.632	7.429
		下游地区	7.951	7.959	8.241	8.340	8.344
	GEC	上游地区	4.991	5.260	5.379	5.451	5.386
		中游地区	7.562	7.383	7.354	7.065	6.557
		下游地区	7.364	7.036	7.685	7.824	7.834
市场分割	GTFP	上游地区	0.080	0.073	0.063	0.112	0.170
		中游地区	0.069	0.071	0.067	0.046	0.067
		下游地区	0.086	0.101	0.115	0.109	0.083
	GTC	上游地区	0.081	0.076	0.065	0.109	0.163
		中游地区	0.066	0.071	0.063	0.045	0.068
		下游地区	0.082	0.099	0.109	0.113	0.082

2013 年以来，下游地区政府竞争对绿色发展效率的促进作用稳步增强，逐步形成基于错位分工的一体化发展格局。政府竞争与绿色全要素生产率和绿色技术效率变化拐点的平均距离逐步上升。下游地区技术

壁垒逐步降低，推动技术转移转化，技术溢出效应逐步增强。市场分割与绿色全要素生产率和绿色技术进步变化拐点的平均距离呈先升后降的变化特征，对绿色发展效率的促进作用逐步增强。中上游地区政府竞争与绿色全要素生产率和绿色技术效率变化的平均距离逐步下降，地区间同质性竞争逐步增强。市场分割的平均距离快速上升，阻碍了绿色技术研发的动力变革。其中，上游地区面临较高的市场分割，局部地区发展难以摆脱“污染避难所”和“要素诅咒”困境。

第五节　研究结论与政策建议

一　研究结论

（1）长江经济带增长方式由要素驱动向效率驱动转变。城市绿色技术效率总体呈“U”形变化特征，但下游、上游、中游递减的空间分异特征明显，纯技术效率是影响绿色技术效率变化的主要原因。随着长江经济带发展政策体系不断完善，要素空间的再配置推动绿色技术效率快速上升。

（2）政府竞争与市场分割对绿色发展效率的影响路径存在差异。其中，政府竞争通过经济增长和金融深化对绿色技术效率变化的异质性影响，形成与绿色发展效率的“U”形关系。市场分割通过产业结构和对外开放对绿色技术进步变化的异质性影响，形成与绿色发展效率的倒“U”形关系。适度的市场分割推动了政府竞争对要素的空间再配置，地区间的经济追赶效应抵消市场分割制约产业结构升级、加深投入型和污染型增长路径依赖的负面影响。政府竞争与市场分割对绿色发展效率产生显著的正向和负向空间溢出影响。

（3）政府竞争与市场分割对绿色发展效率的影响存在地区差异。下游地区政府竞争与市场分割对绿色发展效率的促进作用稳步增强，形成基于错位分工的区域一体化发展格局。中上游地区同质性竞争逐步增强，难以摆脱投入型和污染型增长的路径依赖。

二　政策建议

（1）构建绿色转型与区域协调相融合的政策体系。构建以绿色转型为导向的考评体系，减少增长类指标的考核比重，逐步增加生态治理、科技创新等质量效益类指标的比例，加大对企业绿色管理、绿色制度创新、绿色技术研发等方面的财税支持力度，对绿色产品生产和消费进行适当补贴。通过市长联系会议加强区域产业政策的协调性，制定市场准入负面清单和绿色转型路线图，加快淘汰低端落后产能。加快“飞地经济”建设，依托承接产业转移示范区、跨地区合作园区等平台共建产业合作基地和资源深加工基地，合理引导土地、技术、管理等互补资源的再配置。加强长江经济带沿线地区在规划衔接、基础设施建设、环保联防联控、科技创新、产业布局调整等方面的合作。形成以上海、武汉、成都、重庆等中心城市为核心引领长三角、长江中游、成渝城市群发展、城市群辐射带动区域融合互动的发展格局。积极探索以城市群为空间载体，引导金融资本向优势产业流动。

（2）完善以市场为导向的绿色技术创新生态。建立政产学研金介等多主体深度协同的绿色技术创新生态，推动市场优势和制度优势有效结合。发挥技术创新市场对研发方向、路线选择、成果交易、转移转化、产权保护等环节的导向作用。建立数字化咨询服务平台，提高政府决策的科学性，依据考评结果合理配置创新资源。培育一批绿色技术创新龙头企业，布局一批国家级工程研究中心、科技资源共享服务平台、产业技术创新联盟等技术创新平台。依托大数据等信息技术精准定位企业技术需求，完善校企在高技术人才培育、基础研发合作、成果转化方面的对接机制。面向企业创新开放公立的国家实验室和大型科研设备，培育一批技术转移机构，提高大学和科研院所的成果转化效率。设立长江经济带绿色技术研发基金，加大地方配套资金，引导天使投资基金、创业投资基金支持绿色技术创新转化，建立综合性国家级和专业性区域绿色技术交易市场。

（3）健全长江经济带市场一体化发展机制。消除阻碍要素跨地区、城乡、行业流动的歧视性、隐蔽性准入限制，健全公平竞争、法治规范的市场环境，建立鼓励创新、包容审慎的市场监管体系。中央和地方政府要共建长江经济带沿线地区资源共享的开放式平台，加快创新要素向市场经济发达的下游地区聚集，形成下游地区技术研发和中上游地区技术孵化的技术创新格局，增强下游地区科技服务业与中上游地区传统制造业的协调性，实现上中下游产业的同步转型升级。同时也要规范平台管理，加强产权保护与运营。创新大数据、云计算、物联网、区块链等现代信息技术应用，推动传统制造降本增效。培育一批开放、高效、绿色的供应链平台，加快企业级工业物联网平台建设，引导跨行业、跨地域市场互联互通、资源共享，促进市场合理布局、产业有序转移，深入推进智能制造和服务型制造。完善地区自然资源资产交易机制和服务平台，健全用水权、排污权、碳排放权、用能权初始分配与交易等制度，培育各类产权交易平台，建立健全用能预算管理制度。完善长江经济带各省份外资市场准入负面清单制度，利用技术入股、合作设立企业等方式推动国外绿色技术创新成果在国内转化，建设国际合作绿色技术创新园区。

第十一章

长江经济带生态环境绩效评估及其提升路径

2016年1月5日，习近平总书记在重庆主持召开推动长江经济带发展座谈会，指出“当前和今后相当长一个时期，要把修复长江生态环境摆在压倒性位置，共抓大保护，不搞大开发”。2016年9月，中央正式印发的《长江经济带发展规划纲要》强调“把保护和修复长江生态环境摆在首要位置，共抓大保护，不搞大开发，努力建成绿色生态廊道”。2017年7月13日，原环境保护部（现为“生态环境部”）等三部委联合出台的《长江经济带生态环境保护规划》指出，长江经济带生态环境形势仍然严峻，要把生态环境保护摆在优先位置，确保一江清水延绵后世。2017年10月18日，习近平总书记在党的十九大报告中进一步明确“以共抓大保护、不搞大开发为导向推动长江经济带发展”。2018年4月26日，习近平总书记在武汉主持召开深入推动长江经济带发展座谈会上强调“把修复长江生态环境摆在压倒性位置，逐步解决长江生态环境透支问题”。国家高度重视长江经济带生态环境保护，将生态环境保护摆在长江经济带发展的压倒性位置，以长江经济带生态环境保护推动生态文明建设，引领我国经济高质量发展。长江经济带生态环境绩效水平如何？提升长江经济带生态环境绩效路径何在？对进一步加强长江经济带生态环境建设、推动长江建成我国生态文明建设的先行示范带、加快我国生态文明建设进程具有重要的理论价值和现实指导意义。

第一节 相关文献综述

生态环境绩效，是指社会总产出与生态环境影响的相对比值（许和连、邓玉萍，2014），其中生态环境影响是指在社会生产生活过程中产生的污染物使生态环境的资源承载能力遭受削弱并导致生态环境系统稳定性降低，生态环境绩效即为考虑环境成本的经济、社会、环境综合效益（黄磊等，2017）。随着经济社会高速发展带来的环境问题愈益凸显，提升生态环境绩效降低生产生活活动对生态环境的负面影响已成为学术界必须回应的理论与现实问题，研究生态环境绩效的变化趋势、生态环境问题的主要根源、探究生态环境绩效的提升路径与策略对推动环境、经济、社会协调可持续发展意义重大。当前我国生态文明建设正加速推进，绿色发展成为主流发展趋势，环境绩效研究为学术界持续关注的热点话题，已形成较为系统的生态环境绩效研究分析框架。

研究维度主要集中在生态环境发展水平、环境效率及环境全要素生产率三个层面。通过构建一套评估指标体系从单一维度评估生态环境绩效，一般而言生态环境发展水平的指标体系内涵较环境效率与环境全要素生产率指标体系要丰富得多，可以从生产环境、生活环境、自然环境等多个维度评估生态环境绩效水平。而关于环境效率与环境全要素生产率评估指标体系一般从投入产出关系出发基于生产函数构建，具有较强的理论基础，根据生态环境绩效测度结果分析经济发展、环境规制、外商投资等核心变量对生态环境绩效的影响效应（陈燕丽等，2018）。

研究尺度主要考虑企业、产业、区域三个层面。企业作为最重要的市场主体，企业层面生态环境绩效一直是生态环境绩效研究的重点领域，关注企业生态环境绩效与企业环境信息披露、企业经营绩效关系，结果一般表明具有正相关关系，但偏向采用单一指标衡量企业生态环境绩效，缺乏理论依据和科学内涵（徐建中等，2018）。产业层面生态环境绩效偏向关注环境污染产出多排放大的工业、农业及其细分行业，评估产业生态环境绩效水平，判识产业绿色发展存在的突出问题。一般而言，污染密集型工业细分行业（如钢铁行业、石化产业、高耗能行业、养殖行业）的生态环境绩效较差，提升产业生态环境绩效的重点任务在于减少高耗能行业污染排放（徐杰、陈明禹，2017）。区域层面生态环境绩效偏向从宏观整体把握地区（以省域和市域为主）生态环境建设进展。一般而言，经济较发达地区与东部地区生态环境绩效要显著高于欠发达地区与中西部地区，生态环境绩效水平与经济发展水平密切相关（张建升，2016）。

研究方法偏向采用指数分析法与数据包括分析 DEA。基于研究对象的环境发展重点，构建生态环境绩效评估指标体系，采用熵值法、主成分分析法、层次分析法、投影寻踪模型等指数分析法定量分层评估生态环境发展水平（李晓星等，2018）。但生态环境绩效评估的主流方法仍为 DEA，具有较强的理论依据，可以处理多投入、多产出，对现实生产过程的模拟度较高，生态环境绩效评估结果较为可靠，一般采用改进的 DEA 模型，如跨期 DEA、基于松弛测度的 SBM、非径向 DEA 模型、全局 GML 指数（汪克亮等，2016），改进的 DEA 模型对环境非期望产出的处理能力较强，极大地提升生态环境绩效评估的准确性。

关于长江经济带生态环境绩效研究主要集中在生态环境绩效评估、生态环境绩效影响因素、提升生态环境绩效的路径选择。关于生态环境绩效评估侧重从产业和区域层面探讨生态环境发展水平、环境效率、环境全要素生产率，特别是绿色发展水平评价和绿色发展效率测度（卢丽文等，2016），较少关注长江经济带企业层面生态环境绩效。关于生态环境绩效影响因素则重点考察环境规制、产业集聚、产业结构、城镇化等影响效应，探讨生态环境绩效与经济发展的相互关系、环境库兹涅茨曲线在长江经济带的存在性。关于长江经济带生态环境绩效的提升路径侧重从减少污染排放、优化生产布局、调整产业结构、加强区域合作等方面探究，特别是基于长江经济带所面临的突出环境问题提出相应的环境治理思路（吴传清、吴重仪，2018）。

综观学术界关于生态环境绩效的研究成果，已形成较为系统的生态环境绩效研究框架，生态环境绩效的研究方法较为成熟、研究尺度较为多元、研究维度较为全面。但生态环境绩效的研究仍有亟待拓展之处：一是研究维度较为单一，从生态环境发展水平、环境效率、环境全要素生产率等单一视角评估生态环境绩效，研究结论的稳健性有待商榷。二是生态环境绩效提升路径的科学依据不足，未能充分考虑研究对象的特殊性，环境对策的有效性仍有待提升。三是关于长江经济带生态环境绩效研究系统性不足，需全面评估长江经济带生态环境绩效并系统把握生态环境绩效提升路径。基于此，从生态环境质量、生态效率、绿色全要素生产率三个维度对长江经济带生态环境绩效进行全面评估，进一步有针对性地提出促进长江经济带生态环境绩效提升的对策路径。

第二节　研究方法与数据来源

学术界关于生态环境绩效的研究方法较为成熟，借鉴已有研究成果，采用的主流生态环境绩效评估方法——指数评价法和数据包络分析 DEA 对长江经济带生态环境质量、生态效率、绿色全要素生产率进行全面测评。

一　研究方法

1. 生态环境质量评估方法

参考吴传清和黄磊（2017）关于生态环境质量评价的相关研究成果，从工业环境、农业环境、生活环境、自然环境四大维度综合评估长江经济带生态环境质量。共选取 26 项指标构建长江经济带生态环境质量评估指标体系，其中 16 项正向指标，10 项负向指标。由于自然生态环境在生态环境系统中处于基础性地位，是其他子环境存在发展的基本条件，选取 8 项指标评估自然生态环境质量，而其他子环境系统均选用 6 项指标衡量。

采用熵权 - TOPSIS 模型作为评价长江经济带生态环境质量水平和指标权重的确定工具。TOPSIS（Technique for Order Preference by Similarity to Ideal Solution）模型是一种逼近理想解的排序方法，主要根据研究对象与正、负理想解的相对距离进行优劣评价，该方法能够客观全面地反映各方案的综合评价值，然后根据综合评价值大小对各方案进行排序，通过在目标空间中定义一个测度，以此测量目标接近正理想解和远离负理想解的程度来评估研究地区生态环境质量水平。在采用 TOPSIS 模型评价长江经济带生态环境质量水平前，采用对数据信息挖掘最充分的客观赋权法——熵值法确定指标权重。为保证不同年度生态环境质量水平具有可比性，各指标权重在所有年度相等，将研究周期内各省份指标数据合并构建全局指标数据矩阵。

表 11－1　　　　长江经济带生态环境质量评估指标体系

目标层	系统层	准则层	指标层	属性	单位
生态环境	工业生态环境	工业生产环境	万元工业增加值工业废水排放量	负向	吨/万元
			万元工业增加值工业废气排放量	负向	万立方米/万元
			万元工业增加值工业固体废弃物产生量	负向	吨/万元
		工业治理环境	工业废水处理率	正向	%
			工业废气处理率	正向	%
			工业固体废弃物处理率	正向	%
	农业生态环境	农业生产环境	每公顷耕地面积化肥施用量	负向	吨/公顷
			每公顷耕地面积农药使用量	负向	千克/公顷
			耕地减少面积中建设占用比重	负向	%
		农业治理环境	耕地减少面积中生态退耕比重	正向	%
			有效灌溉面积占耕地面积比重	正向	%
			节水灌溉面积占耕地面积比重	正向	%
	生活生态环境	生活消费环境	人均城镇生活污水排放量	负向	吨/人
			每吨生活污水排放量中化学需氧量含量	负向	千克/人
			每吨生活污水排放量中氨氮含量	负向	千克/人
		生活宜居环境	建成区绿化覆盖率	正向	%
			城市生活污水处理率	正向	%
			生活垃圾无害化处理率	正向	%
	自然环境	自然环境状态	草原面积占国土面积比重	正向	%
			湿地面积占国土面积比重	正向	%
			沙化面积占国土面积比重	负向	%
			森林覆盖率	正向	%
		自然环境修复	自然保护区面积占国土面积比重	正向	%
			地质公园投资建设强度	正向	万元/公顷
			矿山恢复治理强度	正向	万元/公顷
			水土流失治理面积占国土面积比重	正向	%

2. *生态效率评估方法*

生态效率，是指考虑生产环境成本后要素投入与产出的相对大小

（罗能生、王玉泽，2017）。科学合理地处理环境成本是准确测度生态效率关键所在，选用全局超效率方向性 SBM（Global Directional Slack - based Measure）模型。方向性距离函数可以有效区分期望产出与非期望产出，但由于方向性距离函数属于径向比例函数，只能测度无效 DMU 的投入产出比例变动，未能考虑投入产出变量的非零松弛项，容易高估生态效率。为解决这一问题，Fukuyama 和 Weber（2009）将方向性距离函数和松弛测度模型结合提出方向性 SBM 模型，极大地提升了生态效率评估的准确性。但传统 SBM 模型只能识别截面有效单元和无效单元，无法对有效单元的有效性作进一步区分，测度结果不具有跨期可比性。因此，本研究采用全局超效率 SBM 模型测度长江经济带生态效率，保证生态效率测度结果的准确性与跨期可比性。

生态效率测度主要涉及三类变量：一般投入、期望产出、非期望产出。一般投入变量基于新古典增长理论，主要考虑劳动、资本、能源三类变量，分别选用年末就业人口（万人）、全社会固定资本存量（亿元）、能源消费总量（万吨标准煤）进行衡量，其中全社会固定资本存量根据 Goldsmith（1951）提出的永续盘存法进行测算，折旧率采用张军等（2004）研究成果确定为 9.6%。期望产出主要考虑全社会总产出，以地区生产总值（亿元）衡量。非期望产出主要考虑温室气体、环境污染物两类物质，分别选用二氧化碳排放量（万吨）、废水排放量（万吨）、二氧化硫排放量（万吨）、一般工业固体废物产生量（万吨）进行衡量，实际采用熵值法构建环境非期望产出指数作为代理变量。其中，二氧化碳排放量根据 IPCC 制定的《国家温室气体清单指南》第二卷（能源）第六章提供的参考方法估算。

3. 绿色全要素生产率评估方法

遵循并借鉴 Oh（2010）处理思路，以全局方向性 SBM 距离函数为基础，进一步测度绿色发展全要素生产率指数 GML（Global Malmquist - Luenberger），并在可变规模报酬条件下，GML 指数分解为全局效率变化指数（GEFFCH）与全局技术进步指数（GTECH）乘积。由于 GML 指数以各期的生产可能集作为参考集，相邻两期在测算全局方向性 SBM 距离函数时是参考同一全局生产前沿，不存在前沿交叉现象，故 GML 指数只能分解为效率变化和技术变化两类指数，无法做进一步细分。可依据全局效率变化指数和全局技术进步判识绿色全要素生产率变动的主要驱动力。由于全局 GML 指数以全局 SBM 模型为基础，长江经济带绿色全要素生产率变动评价指标体系与生态效率评价指标体系相同，不再赘述长江经济带绿色全要素生产率变动评价的指标选取。

二　研究周期选择和数据来源

自 2013 年长江经济带发展确立为国家重大战略，以 2011 年为研究时段起点，研究长江经济带发展重大战略确定前后的生态环境绩效变化，研究周期确定为 2001—2016 年。选用指标基础数据均源于《中国统计年鉴》（2012—2017）、《中国工业经济统计年鉴（2012）》、《中国工业统计年鉴》（2013—2017）、《中国农村统计年鉴》（2012—2017）、《中国环境统计年鉴》（2012—2017）、《中国能源统计年鉴》（2012—2017）、《中国高技术产业统计年鉴》（2012—2017）、《中国城市（镇）生活与价格年鉴（2012）》、《中国价格统计年鉴》（2013—2017），所选用涉及市场价值的指标值均为价格平减后的实际值。为准确反映长江经济带生态环境绩效，将长江经济带置于全国范围下，分析长江经济带生态环境绩效在全国的相对水平，因数据缺失等原因，港澳台地区和西藏自治区未参与测算，仅显示长江经济带沿线 11 省市环境绩效。为系统分析长江经济带生态环境绩效的地区差异，将长江经济带做上中下游地区划分，上游地区包括云贵川渝四省份，中游地区包括鄂湘赣三省份，下游地区包括苏浙沪皖四省份。

第三节　长江经济带生态环境绩效评估结果及其分析

采用上文介绍的研究方法，从生态环境质量、生态效率、绿色全要素生产率三个维度全面评估 2011—2016 年长江经济带生态环境绩效。为提升评估结果的准确性，从长江经济带与全国平均水平、长江经济带上中下游地区、长江经济带沿线 11 省市三个视角比较分析长江经济带生态环境绩效的绝对水平和相对地位，明确长江经济带生态环境绩效在全国的相对位置与内部地区差异、省际差异，增强后文对策建议的有效性。

一　生态环境质量水平

（1）就长江经济带综合生态环境质量与全国平均水平比较而言，长江经济带总体生态环境质量整体保持平缓上升态势，略优于全国平均水平。2011—2016 年长江经济带综合生态环境质量由 0.490 平稳上升至 0.517，年均增长 1.08 个百分点；长江经济带以外地区由 0.481 波动上升至 0.497，年均增长 0.65 个百分点；全国平均综合生态环境质量由 0.485 上升至 0.505，年均增长 0.81 个百分点。长江经济带综合生态环境质量优于全国平均水平，长江经济带综合生态环境质量绝对水平和相对增长速度均领先于全国平均水平，特别是长江经济带工业生态环境质量与自然生态环境质量显著优于长江经济带以外地区。长江经济带综合生态环境质量增长稳定性较强，对全国生态环境系统稳定和生态功效提升发挥着主导作用，为全国生态环境质量提升驱动源。

表 11－2　　2011—2016 年全国及各地区综合生态环境质量

地区＼年份	2011		2012		2013		2014		2015		2016	
	得分	排名	得分	排名	得分	排名	得分	排名	得分	排名	得分	排名
全国	0.485		0.491		0.496		0.494		0.498		0.505	
长江经济带	0.490	1	0.497	1	0.501	1	0.502	1	0.511	1	0.517	1
非长江经济带	0.481	2	0.488	2	0.493	2	0.489	2	0.490	2	0.497	2
长江上游地区	0.486	2	0.493	2	0.494	2	0.490	2	0.506	2	0.513	2
长江中游地区	0.476	3	0.487	3	0.484	3	0.488	3	0.494	3	0.498	3
长江下游地区	0.505	1	0.509	1	0.521	1	0.524	1	0.529	1	0.536	1

资料来源：根据测算结果整理。

（2）就长江经济带上中下游地区综合生态环境质量比较而言，上中下游地区综合生态环境质量呈稳定右偏“V”形分布，上游地区综合生态环境质量较好，中游地区最差，下游地区最优。2011—2016 年上游地区综合生态环境质量水平由 0.486 上升至 0.513，年均增长 1.06 个百分点；中游地区综合生态环境质量水平由 0.476 上升至 0.498，年均增长 0.92 个百分点；下游地区综合生态环境质量水平由 0.505 上升至 0.536，年均增长 1.20 个百分点。上中下游地区综合生态环境质量绝对水平和相对增速呈正相关，上游地区综合生态环境质量增长速度较快，绝对水平较高，中游地区增长速度最慢，绝对水平最低，下游地区则保持平稳增长态势，综合生态环境质量处于领先水平。上中下游地区间综合生态环境质量差距呈缓慢扩张趋势，生态环境质量较好地区具有先发优势，生态环境质量较差地区在短期内难以取得显著的生态环境绩效。

（3）就长江经济带沿线11省份综合生态环境质量比较而言，长江经济带省份间综合生态环境质量整体差异不大，增长速度波动幅度较小，大部分省份保持平稳缓慢增长态势。上海、江苏、浙江、重庆四省份为第一梯队，综合生态环境质量领先于长江经济带其他省份，处于全国前列；江西、湖北、湖南、四川四省份为第二梯队，综合生态环境质量处于全国中等水平，保持相对较快提升速度；安徽、贵州、云南三省份则处于第三梯队，综合生态环境质量改进不明显，长期处于全国相对靠后水平。浙江省综合生态环境质量一直处于全国前五位，重庆市受益于工业生态环境和农业生态环境的快速优化促使综合生态环境质量提升迅猛，构成长江经济带生态环境质量提升的核心增长极。尽管云南省年均增长速度为1.09个百分点，但工业、农业、生活生态环境质量过低，难以在近期凸显出综合生态环境质量提升成效。长江经济带沿线省份生产、生活环境质量提升相对较快，自然生态环境质量极为平稳，使长江经济带沿线省份综合生态环境质量与经济发展水平呈显著正相关关系。

二　生态效率水平

（1）就长江经济带生态效率与全国平均水平比较而言，长江经济带生态效率绝对水平低于全国平均水平，但提升速度远高于全国平均水平，长江经济带生态发展动力强劲。2011—2016年长江经济带生态效率呈平稳较快增长态势，由0.391稳步增长至0.521，于2015年超过长江经济带以外地区，年均增长5.92个百分点；长江经济带以外地区生态效率呈平缓增长态势，由0.427缓慢增长至0.490，年均增长2.78个百分点；全国平均生态效率亦呈平稳增长态势，由0.414稳步增长至0.501，年均增长3.91个百分点。长江经济带主导全国生态效率变动趋势，更加注重环境保护的生态低碳发展模式已成为主流趋势，长江经济带是推动全国生态绿色发展的主要驱动力。

表 11-3　2011—2016 年长江经济带 11 省份综合生态环境质量

年份 地区	2011		2012		2013		2014		2015		2016	
	得分	排名	得分	排名	得分	排名	得分	排名	得分	排名	得分	排名
上海	0.528	2	0.540	2	0.549	2	0.544	2	0.545	3	0.548	4
江苏	0.505	8	0.502	9	0.525	6	0.530	4	0.542	4	0.548	5
浙江	0.515	4	0.520	4	0.525	5	0.535	3	0.534	5	0.554	3
安徽	0.472	24	0.473	25	0.486	19	0.489	18	0.495	15	0.495	17
江西	0.481	13	0.485	17	0.488	18	0.493	15	0.501	12	0.497	13
湖北	0.474	21	0.483	19	0.484	21	0.492	16	0.496	14	0.497	15
湖南	0.473	23	0.493	12	0.479	25	0.479	22	0.484	21	0.500	12
重庆	0.508	7	0.516	7	0.509	9	0.499	11	0.560	2	0.567	2
四川	0.491	10	0.494	10	0.497	11	0.486	20	0.492	16	0.496	16
贵州	0.479	17	0.479	22	0.490	17	0.476	23	0.481	23	0.494	19
云南	0.468	25	0.481	20	0.480	24	0.499	14	0.491	18	0.494	18

注：排名为全国排名。

资料来源：根据测算结果整理。

（2）就长江经济带上中下游地区生态效率比较而言，上中下游地区生态效率呈严格梯度递增格局，上游地区生态效率最低、中游地区较高、下游地区最高，地区分异显著。2011—2016 年上游地区生态效率呈平稳增长态势，由 0.295 持续增长至 0.348，年均提升 3.36 个百分点；中游地区生态效率亦呈平稳增长态势，由 0.351 持续上升至 0.400，年均增长 2.61 个百分点；下游地区生态效率保持稳定的快速上升态势，由 0.516 持续增长至 0.784，年均增长 8.74 个百分点，是长江经济带生态效率变化趋势最好、提升速度最快的地区，引领长江经济带低碳循环生态发展。长江经济带中上游地区逐渐摒弃原有粗放发展模式，加快推广低碳循环生态生产方式和生活方式，提升环境、经济、社会发展综合效益，下游地区在这一过程中起到示范带动作用。

（3）就长江经济带沿线 11 省份生态效率比较而言，长江经济带省份间生态效率差异显著，极化分异趋势明显，绝大部分省份保持稳定增长态势。上海、江苏、浙江、重庆为第一梯队，在全国处于较高水平，生态效率呈平稳加速上升态势，持续推动生产生活过程低碳化，减少经济社会发展的环境代价，是长江经济带生态效率提升的核心增长极；江西、湖北、湖南、四川为第二梯队，在全国处于中等位置，生态效率整体保持相对平稳，对低碳清洁生产生活方式的需求逐步提升；安徽、贵州、云南为第三梯队，在全国处于相对靠后水平，生态效率前期损失较大，绝对水平整体偏低。长江经济带经济较发达省份对绿色发展重视程度较高，生态效率稳步快速上升，经济欠发达省份在前期偏向牺牲环境代价换取经济社会发展，但随着“两型”社会与生态文明建设进程加快，生产生活过程逐步低碳清洁高效化，生态效率逐步提升。

表 11－4　　2011—2016 年全国及各地区生态效率

年份 地区	2011		2012		2013		2014		2015		2016	
	得分	排名	得分	排名	得分	排名	得分	排名	得分	排名	得分	排名
全国	0.414		0.434		0.437		0.444		0.456		0.501	
长江经济带	0.391	2	0.406	2	0.423	2	0.441	2	0.468	1	0.521	1
非长江经济带	0.427	1	0.450	1	0.445	1	0.445	1	0.450	2	0.490	2
长江上游地区	0.295	3	0.299	3	0.317	3	0.319	3	0.332	3	0.348	3
长江中游地区	0.351	2	0.353	2	0.368	2	0.373	2	0.378	2	0.400	2
长江下游地区	0.516	1	0.552	1	0.571	1	0.615	1	0.670	1	0.784	1

资料来源：根据测算结果整理。

三　绿色全要素生产率水平

（1）就长江经济带绿色全要素生产率与全国比较而言，长江经济带绿色全要素生产率整体保持较快增长态势，绿色生产率提升速度显著快于全国平均水平。2011—2016 年长江经济带绿色全要素生产率指数均大于 1，绿色全要素生产率呈稳定增长态势，年均增长 4.62 个百分点；长江经济带以外地区绿色全要素生产率指数呈“U”形变动趋势，在 2011—2013 年呈衰减态势，在 2013—2016 年呈增长态势，绿色全要素生产率整体呈下降态势，年均下降高达 1.19 个百分点；全国平均绿色全要素生产率指数亦呈“U”形变动趋势，受长江经济带强势带动作用，绿色全要素生产率整体呈上升态势，年均增长 0.90 个百分点。长江经济带绿色发展成效逐渐凸显，较早地转变经济发展方式，注重绿色技术推广和生态环境保护，加快建设全国生态文明建设的先行示范带。

表 11－5　　2011—2016 年长江经济带 11 省份生态效率

地区＼年份	2011		2012		2013		2014		2015		2016	
	得分	排名	得分	排名	得分	排名	得分	排名	得分	排名	得分	排名
上海	0.805	4	0.856	3	0.834	4	0.900	4	0.945	4	1.026	2
江苏	0.450	9	0.503	8	0.563	8	0.631	6	0.768	6	1.052	1
浙江	0.501	8	0.540	7	0.580	7	0.622	7	0.662	7	0.733	7
安徽	0.308	20	0.306	20	0.309	19	0.307	19	0.305	20	0.325	21
江西	0.350	15	0.360	15	0.360	16	0.363	16	0.362	16	0.373	17
湖北	0.345	16	0.342	17	0.365	15	0.367	15	0.378	15	0.403	15
湖南	0.359	14	0.358	16	0.381	14	0.389	14	0.396	14	0.424	13
重庆	0.391	13	0.406	13	0.455	10	0.465	10	0.486	10	0.509	10
四川	0.291	21	0.297	22	0.308	20	0.305	20	0.326	19	0.354	20
贵州	0.243	24	0.233	26	0.235	26	0.232	26	0.234	26	0.240	27
云南	0.255	23	0.259	24	0.270	22	0.273	22	0.282	22	0.289	24

注：排名为全国排名。
资料来源：根据测算结果整理。

（2）就长江经济带上中下游地区绿色全要素生产率比较而言，上中下游地区绿色全要素生产率增速整体呈右偏“V”形分布，上游地区较高，中游地区最低，下游地区最高。2011—2016 年上游地区绿色全要素生产率指数均大于 1，绿色全要素生产率呈平稳增长态势，年均增长 2.90 个百分点；中游地区绿色全要素生产率指数也均大于 1，绿色全要素生产率呈持续增长态势，年均增长 2.58 个百分点，略低于上游地区，绿色发展成效相对不足；下游地区绿色全要素指数均大于 1，绿色全要素生产率保持快速增长态势，年均增长高达 7.94 个百分点，绿色发展成效显著，持续加大绿色技术应用推广，倡导绿色生活方式，发展壮大绿色清洁产业。长江经济带绿色发展的薄弱环节在中上游地区，特别是中游地区面临传统高耗能产业转型升级压力，绿色发展进程相对曲折。

表 11－6　2011—2016 年全国及各地区绿色全要素生产率变动

地区＼年份	2011		2012		2013		2014		2015		2016	
	得分	排名	得分	排名	得分	排名	得分	排名	得分	排名	得分	排名
全国	0.923		0.952		1.026		1.023		1.133		1.009	
长江经济带	1.027	1	1.046	1	1.028	2	1.046	1	1.086	2	1.046	1
非长江经济带	0.868	2	0.902	2	1.025	1	1.010	2	1.162	1	0.988	2
长江上游地区	1.008	2	1.051	1	1.003	3	1.039	2	1.045	3	1.008	2
长江中游地区	1.005	3	1.043	2	1.012	2	1.015	3	1.055	2	1.005	3
长江下游地区	1.064	1	1.042	3	1.066	1	1.077	1	1.151	1	1.064	1

资料来源：根据测算结果整理。

（3）就长江经济带沿线 11 省份绿色全要素生产率比较而言，长江经济带各省份绿色全要素生产率普遍呈上升态势，但增长速度差异显著，绿色发展成效分化明显。上海、江苏、浙江、重庆处于第一梯队，绿色全要素生产率保持快速增长态势，依托较强的经济基础持续强化绿色技术创新投入，推动生产过程低碳、清洁、循环、绿色化，绿色发展动能最强，成效最突出，是引领长江经济带绿色发展的关键地区；湖北、湖南、四川处于第二梯队，绿色全要素生产率增速在全国处于中等水平，绿色发展成效逐渐明显，绿色发展红利初步显现；安徽、江西、贵州、云南处于第三梯队，绿色全要素生产率增速在全国处于相对靠后位置，绿色发展动力不稳定，对传统粗放型经济发展模式的依赖性较大，需警惕绿色发展新动能培育过程中的传统路径依赖。长江经济带经济发展较高省份绿色发展绩效较好，经济发展水平较低省份绿色发展绩效相对较弱，绿色发展空间溢出效应和示范带动效应有待进一步加强。

表 11－7　2011—2016 年长江经济带 11 省份绿色全要素生产率变动

地区＼年份	2011		2012		2013		2014		2015		2016	
	得分	排名	得分	排名	得分	排名	得分	排名	得分	排名	得分	排名
上海	1.064	4	0.974	27	1.079	3	1.050	7	1.086	11	1.050	8
江苏	1.120	1	1.118	4	1.122	2	1.217	2	1.370	4	1.185	1
浙江	1.079	3	1.074	7	1.073	4	1.063	6	1.108	9	1.079	4

续表

地区＼年份	2011		2012		2013		2014		2015		2016	
	得分	排名	得分	排名	得分	排名	得分	排名	得分	排名	得分	排名
安徽	0.995	21	1.008	19	0.994	18	0.992	24	1.067	14	1.011	21
江西	1.027	10	1.000	22	1.008	13	0.998	23	1.030	23	1.012	19
湖北	0.993	22	1.066	9	1.007	14	1.029	12	1.065	15	1.032	14
湖南	0.996	18	1.064	10	1.021	9	1.018	13	1.072	13	1.034	13
重庆	1.040	7	1.120	2	1.023	8	1.044	8	1.047	19	1.054	6
四川	1.022	12	1.036	15	0.992	20	1.066	5	1.088	10	1.040	12
贵州	0.960	26	1.007	21	0.988	23	1.009	17	1.026	24	0.998	27
云南	1.012	15	1.044	13	1.010	12	1.035	10	1.023	25	1.025	15

注：排名为全国排名。

资料来源：根据测算结果整理。

第四节　提升长江经济带生态环境绩效的路径与方略

上文的实证结果表明长江经济带生态环境绩效虽然整体优于全国平均水平，但内部地区差异与省际差异显著，总体增长速度仍有待提升，以适应建设生态文明先行示范带的发展要求，推动经济加快实现高质量发展。基于此，进一步提升长江经济带生态环境保护绩效，必须加快生态环境功能恢复，推动三次产业绿色发展，健全生态环境协同保护体制机制。

一　强化生态系统功能修复

1. 加强环境污染治理

削减污染排放，降低环境负荷。大力整治工业污染，禁止沿江新增化工项目，坚决取缔“十小”企业，重点整治造纸、印染、制革、电镀、有色等高污染行业，推进沿江重化工企业集中入园，推进绿色工厂建设，加强工业污染排放及处理设施在线监测监管，对限期仍不达标的排污企业一律关停。强化农业面源污染治理，实施农药、化肥减量利用和替代利用行动，扩大生物有机化肥施用比例，引导科学合理施肥，提高化肥利用效率，降低农业畜禽、水产养殖污染物排放强度，加强长江中下游湖泊及干支流畜禽禁养区管理。严格处理城镇污水垃圾，加强城镇污水处理基础设施建设，提高城镇污水集中处理水平，逐步实现沿江城镇污水和垃圾全收集全处理，切实加强城市黑臭水体无害集中化处理。严格防控船舶污染，建立健全船舶环保标准，完善船舶污染物接收处理，集中处理船舶生活污水和垃圾，强化水上危险品运输安全环保监督监管，加强船舶油气泄漏风险防范，推广使用天然气、页岩气、太阳能、电力等清洁能源动力船舶，全面降低船舶污染排放。

2. 维护生态系统多样性

拓展绿色生态空间，保护生物生境。强化水源地保护，建设沿江、沿河、环湖水资源保护带和生态隔离带，增强水源涵养和水土保持能力，深入实施退田还湖、退耕还湖、生态补水工程，推进富营养化湖泊生态恢复，提升长江水源地生态系统稳定性和生态服务功能。加强水生生物多样性保护，重点强化珍稀濒危水生生物物种保护力度，新建一批水生动植物自然保护区和种质资源保护区，优化保护地结构和布局，根据需要采取就地和迁地保护措施，着力提升水生生物保护和监管能力，使淡水豚、扬子鳄、中华鲟、江豚及其他珍稀物种得到全面保护。推进森林生态系统保护，全面保护天然林资源，建设长江防护林体系，深入实施退耕还林、退牧还草工程，加强银杉、水杉、珙桐等珍稀濒危植物及微小种群野生植物生境恢复，稳步推进浙江、湖北、湖南、四川、云南等省份国家公园试点，强化自然保护区、森林公园、地质公园、风景名胜区建设和保护，加强沿江森林保护和生态修复。

3. 优化岸线资源利用

保护岸线资源，推动岸线绿色有序开发。科学划定岸线主体功能，按照《长江岸线保护和开发利用总体规划》要求，明确保护区、保留区、控制利用区和开发利用区边界，不同功能区保护发展重点各有侧重，增强保护区和保留区岸线生态系统稳定功能，加强水资源、水生态环境、水产种质资源保护，有效保护自然岸线生态环境，控制利用区要严控新增开发利用项目，整合优化岸线利用设施，开发利用区应进一步提升岸线使用效率，合理安排沿江工业与港口岸线，促进岸线绿色生态开发，强化岸线的生态服务功能。有序利用岸线资源，利用沿江自然人文景观资源，开辟休闲绿化景观带，为居民提供便捷舒适的近水空间，为沿江动植物保留更多的绿色生态空间，并加快建立岸线资源占用补偿和有偿使用制度，内部化岸线资源的外部性，合理确定岸线资源开发成本，促进岸线资源集约有序开发，保障岸线生态功能稳步提升。

二 增强产业绿色发展新动能

1. 推动工业绿色发展

推进绿色制造，降低环境影响。优化工业生产布局，按照主体功能区布局，根据地区资源环境承载能力和国土开发适宜性确定工业发展方向和开发强度，严格遵循“生态优先、绿色发展”战略定位，构建特色突出、错位发展、互补发展的工业发展新格局。加快传统制造业绿色化改造，结合长江经济带共抓大保护重点以及工业发展实际情况，推广节能、节水、节地型新工艺、新设备、新材料，淘汰化解钢铁、水泥、电解铝、船舶等严重过剩产能，推动钢铁、石化、有色金属、纺织服装等行业清洁化、低碳化、绿色化转型，使沿江传统制造业企业和重化工企业生产技术和管理水平达到全国前列，引领行业发展。发展壮大节能环保产业，推动节能环保装备制造业集群化发展，加快建设汽车零部件、工程机械、重型机床等再制造业集聚区，推动重金属污染防治、污水污泥处置、挥发性有机物治理等核心技术产业化，加强共伴生矿产资源回收利用，优化尾矿稀有金属分选和回收，提升大宗固体废物利用率，建设资源综合利用基地。

2. 大力发展环保服务业

提升绿色环保服务，增强产业环境效益。加快发展绿色金融，创新开发绿色信贷、绿色债券、绿色保险等绿色金融产品，对环保、节能、清洁能源、绿色交通、绿色建筑、生态农业等领域的项目投融资、运营维护、风险管理提供金融服务，为传统纺织、钢铁、有色等高污染高排放型工业与粗放低效型农业绿色化转型升级提供资金支持。优化节能环保服务，提高节能环保技术研发能力及节能环保服务业专业化水平，加快新型节能生产技术应用推广，支持发展生态修复、环境风险与损害评价服务，推进水权、碳排放权、排污权交易，增强节能环保产业专业化技术支撑。支持产业绿色融合发展，促进有条件的制造领军企业向绿色创意孵化、绿色研发设计、绿色售后服务等产业链两端延伸产品价值，推进信息化与工业化深度融合，提高绿色制造智能化服务，鼓励发展生产、生活、生态有机结合的复合型农业，将农业发展与环境保护、创新创业有机结合。

3. 推动农业高效生态发展

提升农业绿色效益，增强环境兼容性。优化农业空间布局，推动农业低碳绿色高效发展，在农业生产与水土资源匹配良好地区，大力发展优势特色农产品与经济作物，提升绿色发展经济效益，在资源过度利用、环境问题突出、生态系统脆弱地区，加强农业污染治理，严格执行退耕还林、退田还湖政策，修复农业生态系统。强化农业资源保护和利用，全面加强农业面源污染防控，鼓励使用有机肥、生物肥料和绿肥种植，推广高效、低毒、低残留农药，提高畜禽粪污收集和处理集约化水平，实行水资源红线管理，推进地表水过度利用和地下水超采区综合治理，提高农民有偿用水意识和节水积极性。强化农业绿色科技人才支撑，充分利用农业高等教育与职业教育，拓宽农业培训渠道，培养农村环境监测、生态修复、绿色生产等方面技能型人才，提高农业绿色科技入户率、到田率，为农业绿色发展提供坚实人才保障，依托绿色科技进步和农民绿色技能提升引领农业绿色发展。

三　完善生态环境协同保护制度

1. 建立负面清单管理制度

实行负面清单管理，控制开发强度。加快编制推行产业准入负面清单，将环境容量消耗较大、创新能力较弱、经济效益贡献度较低的行业纳入限制发展类行业，将污染排放超出地区资源环境承载能力阈值的行业列为禁止发展类行业，对限制和禁止类行业进行严格监控审批，根据地区产业结构变动实际情况与环境保护重点动态调整产业准入负面清单。加强空间准入负面清单管制，划定生态保护红线，严控生态环境脆弱地区及沿江干支流一千米范围内开发活动，严禁新建化工园区和新增工业项目，对不符合环保要求占用滥用岸线、河段、土地，突破生态保护红线的园区、企业，限期无条件迁移退出，到期仍未迁出的企业直接关停，确保生态系统承载能力不恶化降低。明确环境准入负面清单管理底线，强化长江经济带大气、水、土壤环境重点管控区污染排放，重点从污染物种类、排放量、强度和浓度上管控开发建设活动，削减涉污新建、改扩建项目污染物排放总量，循环利用环境废弃物，对整顿仍不达标的管控单元严格执行区域限批。

2. 完善污染联防联控机制

强化污染联防联控，协同推进生态保护。推进环境信息公开共享，各级政府应定期公布本行政区域内生态环境质量状况、政府环境保护工作落实情况等相关信息，重点排污企业应主动真实公开污染物排放及处理等环境信息，保证流域间环境信息共享畅通，增强应对突发环境事件的预见性。建立规划环评会商机制，充分考虑上下游地区环境利益，将流域上下游地区意见作为相关地区开展开发利用规划环评编制和审查的重要参考依据，如若上下游地区就开发利用规划及重大项目的环评意见未能达成一致，应审慎批准相应规划与项目，提升全流域环境协同治理积极性。环境事件共同响应机制，制订长江经济带跨界突发环境事件应急预案，当发生跨界突发环境事件，上游地区政府应立即采取应急措施，将环境事件信息第一时间报告生态环境部并告知下游地区政府，下游地区应积极配合上游地区协同应对处置跨界突发环境事件，防止污染进一步扩散，增强环境污染联防联控的组织与协调能力。

3. 推进长江生态补偿制度

创新生态补偿方式，提高生态补偿效率。优化纵向生态补偿，设立生态补偿专项财政资金，加大中央财政和省级财政对长江经济带禁止开发区、重点生态功能区转移支付力度，将生态补偿转移支付额度与环境保护绩效挂钩，逐步提升生态贫困地区基本公共服务水平，将生态补偿与环境保护、精准扶贫有机结合。推动横向生态补偿，按照“谁受益，谁开发，谁补偿”的原则，推动上中下游开发地区对生态保护地区进行横向生态补偿，补偿标准参考生态功能区向下游地区提供的生态服务价值量及因保护生态环境所牺牲的发展机会成本，以新安江流域横向生态补偿试点为范本逐步向长江经济带全域推广。加快要素生态补偿，“输血”与“造血”补偿同步进行，通过直接资金生态补偿快速提升生态致贫居民生活水平，逐步建立下游受益地区对上游生态保护地区对口支援机制，向生态功能区输送绿色生产技术和绿色科技人才，与生态贫困地区共建生态产业园区，发展绿色生态产业，共享企业上缴财政税收，增强生态欠发达地区的内生发展能力。

第十二章

长江经济带产业结构优化与生态文明建设的耦合协调关系研究

第一节　引言

打造生态文明建设先行示范带是长江经济带发展战略的首要战略定位。2018 年 4 月，习近平总书记在深入推动长江经济带发展座谈会上的讲话强调，生态环境保护的成败归根结底取决于经济结构和经济发展方式，要正确把握生态环境保护和经济发展的关系，探索协同推进生态优先和绿色发展新路子。产业结构优化是推动经济绿色发展和生态文明建设的内在动力，也是我国经济高质量发展的内在要求。研究长江经济带产业结构优化与生态文明建设的耦合协调关系，对协同推动长江经济带高质量发展实践具有重要意义。

学术界考察产业结构优化一般涉及产业结构合理化、高度化、高效化三个维度。其中，产业结构合理化用于衡量要素投入结构和产出结构的耦合程度，是表征产业间协调水平和资源有效利用程度的重要指标（干春晖等，2011）；产业结构高度化用于测度产业结构向高级阶段演进的程度，一般而言，产业结构高度化越高，劳动密集型产业比例越低，知识密集型和技术密集型产业占比越高，生产的中间产品和最终产品比例也越高，这是产业结构演进和转型升级的成果体现（雷国胜、蔡芳，2019）；产业结构高效化用于刻画高效率产业的结构效益，是指在技术经济条件不变的假设下，随着资源配置优化，高效率产业比重逐渐提升的过程（刘秉镰、李兰冰，2015）。学术界关于产业结构优化的研究成果大多数仅考虑其中的一至两项指标，如将产业结构优化分解为产业结构合理化和高级化，分别考察人力资本、产业转移、环境规制等因素与产业结构优化的关系（高雪莲等，2019）。

关于生态文明建设质量的评估，学术界一般采用构建评价指标体系的方法。主要有三类：一是基于可持续发展理念构建人类发展指数、人类可持续发展指数等测度人类可持续发展水平，以此来近似衡量生态文明建设质量（Bravo，2015）；二是基于“压力—状态—响应”及其衍生系统模型构建指标体系，如“驱动力—状态—响应”“压力—状态—影响—响应”“驱动力—压力—状态—影响—响应”等，一般涉及产业发展、资源环境、生态效益、生态文明响应等因素（张欢等，2014）；三是根据国家有关政府部门颁布的政策文件构建指标体系，包括空间布局、经济发展、环境保护、生态文化、制度建设等维度（黄成、吴传清，2019）。测算方法的差别主要体现在指标赋权方面，一般分为主观赋权法和客观赋权法。近年来，随着生态文明建设相关研究的深入，为规避对测评结果的主观性影响，多数学者更倾向于采用客观赋权法。

现有文献关于协调发展的实证研究大多通过对多个相互作用的系统建立耦合协调度模型来测度。触及长江经济带不同系统间协同发展的研究维度包括能源效率、生态文明建设、新型城镇化、经济增长质量、产业发展水平、交通物流可达性等（王维，2017）。研究成果较多，测算方法相对成熟。然而，学术界关于产业结构优化与生态文明建设的关系研究成果较少。按研究思路可分为两类：一类是在生态文明建设的背景下，考察产业结构的变动规律和影响机制（李洁，2016），这类研究有别于传统研究框架，多将生态文明建设的相关因素纳入研究体系中，强调生态文明建设对产业结构的影响；另一类则是直接考察生态文明建设与产业结构之间的互动关系，通过构建生态文明建设质量评价指标体系考察产业结构与生态文明建设的耦合协调关系、产业结构高级化与生态文明建设的协整关系、产业结构升级对生态文明建设的本地效应和区际影响等（韩永辉等，2015）。研究尺度主要为省级，城市和县域尺度研究相对较少（郭跃芳，2017）。

综观学术界相关研究成果，关于长江经济带产业结构优化与生态文明建设的耦合协调关系研究较少，且大多数研究考察产业结构优化时仅考虑产业结构合理化和高度化，忽视了产业结构高效化的维度。本研究对这一领域研究的边际贡献是构建包含产业结构合理化、高度化、高效化三重内涵的产业结构优化指数，并基于省级面板数据实证研究产业结构优化与生态文明建设的耦合协调关系。研究思路是：首先分别测算长江经济带产业结构优化指数和生态文明建设质量；其次实证分析长江经济带产业结构优化与生态文明建设的耦合协调度和同步关系，并在全国视野下进行比较；最后基于研究结论提出促进长江经济带产业结构优化与生态文明建设协调发展的对策建议。

第二节 研究方法与数据来源

一 等权重加权法

根据产业结构合理化、高度化、高效化的理论内涵，三项指标均为产业结构优化的重要体现，且各有侧重，适合采用等权重加权法将三项指标合成产业结构优化指数，以此来评估产业结构优化水平。步骤如下：

第一步，分别测算各分项指标值。学术界通常采用结构偏离度衡量产业结构合理化水平。计算公式为：

$$E = \sum_{i=1}^{n}\left|\frac{Y_i/L_i}{Y/L}-1\right| = \sum_{i=1}^{n}\left|\frac{Y_i/Y}{L_i/L}-1\right| \tag{12-1}$$

式中，E 表示产业结构偏离度，Y 表示产值，L 表示就业，n 表示产业部门数，i 表示三次产业。为了将产业的相对重要性纳入分析框架，简化计算绝对值的步骤，引入泰尔指数对式（12－1）进行改进。改进后的计算式为：

$$TL = \sum_{i=1}^{n}\left(\frac{Y_i}{Y}\right)\ln\left(\frac{Y_i/Y}{L_i/L}\right) \tag{12-2}$$

当 TL 为 0 时，产业结构达到均衡状态，测度结果数值越小，产业结构与均衡状态之间的偏离度越小，产业结构合理化水平越高。

产业结构高度化水平一般采用产值比例与劳动生产率的乘积来衡量，公式为：

$$G_{it} = \sum_{n=1}^{N} r_{int} L_{int} \tag{12-3}$$

式中，i、n、t 分别表示省份、产业部门、年份，G_{it} 为第 t 年 i 省份产业结构高度化水平测度值，r_{int} 为第 t 年 i 省份第 n 产业的增加值占总体产业的比重，L_{int} 为第 t 年 i 省份第 n 产业的劳动生产率，N 为产业总数。

产业结构高效化水平可利用全要素生产率衡量，一般采用数据包络分析法。由于传统的 SBM 模型可能出现多个有效决策单元效率值同时为 1 的测算结果，导致无法比较同时处于前沿面的有效决策单元，而超效率 SBM 模型测算的效率值不限于 1，能有效地提升测算结果的可比较性，因此采用基于非期望产出的超效率 SBM 模型测度长江经济带沿线 11 省份全要素生产率，以此评估产业结构高效化水平。模型构建如下：

$$\rho_t^* = \min\rho' = \left(\frac{1}{n}\sum_{n=1}^{N}\frac{x_n^l - s_n^x}{x_n^j}\right) \Big/ \left[\frac{1}{M+1}\left(\sum_{m=1}^{M}\frac{y_m^l + s_m^y}{y_m^l} + \sum_{i=1}^{I}\frac{b_i^l + s_i^b}{b_i^j}\right)\right] \tag{12-4}$$

$$\text{s.t.} \sum_{k=1}^{K} z_k y_m^k - s_m^y = y_m^l, i = 1, \cdots, M; \tag{12-5}$$

$$\sum_{k=1}^{K} z_k b_i^k + s_i^b = b_i^l, i = 1, \cdots, I; \tag{12-6}$$

$$\sum_{k=1}^{K} z_k x_n^k + s_n^x = x_n^l, n = 1, \cdots, N; \tag{12-7}$$

$$z_k \geqslant 0,\ s_m^y \geqslant 0,\ s_i^b \geqslant 0,\ s_n^x \geqslant 0,\ k = 1,\ \cdots,\ K(k \neq l) \tag{12-8}$$

式（12-4）为效率值 ρ_l^* 的计算公式，式(12-5)—式(12-8)表示约束条件。模型表示 $k(k=1, 2, \cdots, K)$ 个决策单元利用 $n(n=1, 2, \cdots, N)$ 种投入 x_n^k，得到 $m(m=1, 2, \cdots, M)$ 种期望产出 y_m^k，以及 $i(i=1, 2, \cdots, I)$ 种非期望产出 b_i^k，z_k 为决策单元权数，S 表示投入与产出的松弛变量。

第二步，对分项指标做标准化处理。由于产业结构合理化为负向指标，而产业结构高度化、高效化为正向指标，故采用不同的标准化算法。计算公式如下：

$$x'_{ij}(t) = \frac{x_{ij}(t) - \min[x_j(t)]}{\max[x_j(t)] - \min[x_j(t)]} \tag{12-9}$$

$$x'_{ij}(t)=\frac{\max[x_j(t)]-x_{ij}(t)}{\max[x_j(t)]-\min[x_j(t)]} \quad (12-10)$$

式中，$x_{ij}(t)$表示第t年第i个省份第j个指标，$x'_{ij}(t)$表示标准化后的指标，$\max[x_j(t)]$表示第t年第j个指标的最大值，$\min[x_j(t)]$表示第t年第j个指标的最小值。产业结构合理化测度结果采用式（12－9）进行标准化处理，产业结构高度化、高效化测度结果采用式（12－10）进行标准化处理。

第三步，在标准化处理的数据基础上，对分项指标赋同等权重，计算产业结构优化指数F_{it}。

二 动态因子分析法

动态因子分析法是一种客观评价法，能有效克服主观评价法带来的指标赋权主观性问题。由于动态因子分析法不仅能获取系统当期截面的评价结果，还能考察系统在不同时期评价结果的动态关联性，所以在研究系统的动态关联方面优于传统的因子分析法（严耕等，2013）。

采用动态因子分析法评估中国省级生态文明建设质量，首先对指标体系中的所有指标数据进行标准化处理，根据各年份协方差矩阵$S(t)$计算平均协方差矩阵S_T，反映样本数据的静态结构特征和动态变化差异，公式为$S_T=(1/T)\sum_{t=1}^{T}S(t)$。计算$S_T$的特征根、特征向量，各公因子累计贡献率和方差贡献率，提取公因子构建原始因子载荷矩阵。计算30省份生态文明建设质量的静态得分矩阵，公式为$C_{ih}=(\bar{z}_i-\bar{z}_0)'a_h$，式中$\bar{Z}=(1/T)\sum_{t=1}^{T}Z_{it}$为单个样本的平均向量，$\bar{Z}=(1/T)\sum_{i=1}^{I}Z_i$为总体平均向量，$i=1,2,\cdots,I$；$t=1,2,\cdots,T$。计算各样本第$t$年的动态得分，公式为$C_{iht}=(Z_{it}-\bar{z}_t)'a_h$，$h=1,2,\cdots,H$；$t=1,2,\cdots,T$，式中，$\bar{Z}_t=(1/I)\sum_{i=1}^{I}Z_{it}$，矩阵$\bar{Z}$是第$t$年各指标的平均值。计算平均得分，公式为$E=(1/T)\sum C_{iht}$。

关于生态文明建设质量评价指标体系的构建，党的十九大报告强调，生态文明建设必须坚持人与自然的和谐共生，形成节约资源和保护环境的空间格局、产业结构、生产方式、生活方式。本研究从省级尺度测度生态文明建设质量，应统筹“三生”空间系统建设，并体现生产和生活方式绿色化。因此，从生态人居、绿色经济、环境保护三个维度构建中国省级生态文明建设质量评价指标体系（见表 12－1）。在生态人居建设方面，针对生态基础设施、居民绿色消费、资源消耗三个层

表 12－1　　中国省级生态文明建设质量评价指标体系

总指标	维度指标	分项指标	基础指标	属性
中国省级生态文明建设质量指数	生态人居	基础设施	人均公园绿地面积（平方米）	+
			建成区绿化覆盖率（%）	+
			农村卫生厕所普及率（%）	+
		绿色消费	节约用水率（%）	+
			城市每万人拥有公共交通车辆（标台/万人）	+
	绿色经济	资源消耗	单位 GDP 能耗（吨标准煤/万元）	-
			单位 GDP 水耗（立方米/万元）	-
		生态农业	单位农业产值农药使用量（吨/亿元）	-
			单位农业产值化肥施用量（万吨/亿元）	-
		绿色工业	单位工业增加值工业废水排放量（万吨/亿元）	-
			单位工业增加值工业二氧化硫排放量（吨/亿元）	-
			单位工业增加值一般工业固体废物产生量（万吨/亿元）	-
			工业用水重复利用率（%）	+
			一般工业固体废物处置率（%）	+
	环境保护	污染防治	生活垃圾无害化处理率（%）	+
			城市污水处理率（%）	+
			环境污染治理投资占 GDP 比重（%）	+
		生态质量	省会城市 API（空气质量指数）优良天数占比（%）	+
			省会城市细颗粒物（PM10）浓度（毫克/立方米）	-
			省会城市区域环境噪声等效声级［dB（A）］	-

注：“+”表示正向指标，“-”表示逆向指标。

面选取指标；在绿色经济发展方面，主要考虑推动产业生态化的主体，从发展生态农业和绿色工业两个维度选取指标；在促进生态环境保护方面，聚焦环境治理和取得成效，从污染防治、生态质量两个层面选取指标。在参考学术界既有评价指标体系基础上，按照客观性、系统性和平等性原则选取20个基础指标构建生态文明建设质量评价指标体系。其中，体现生态质量层面的基础指标因省级相关数据缺失，为同时保证数据的可得性和可比性，统一采用省会城市指标替代。

三 耦合协调度模型

在高质量发展背景下，产业结构优化与生态文明建设的协调发展应该建立在高水平发展基础上，为避免低水平发展基础上的伪协调问题，必须纳入反映系统整体水平的指标，重新构建产业结构优化与生态文明建设的耦合协调度模型，表达式为：

$$R_{it}=\sqrt{V_{it}\cdot U_{it}},\ V_{it}=2\sqrt{F_{it}\cdot C_{it}}/(F_{it}+C_{it}),\ U_{it}=\alpha F_{it}\cdot\beta C_{it} \tag{12-11}$$

式中，$R_{it}\in[0,1]$，表示产业结构优化与生态文明建设的耦合协调度，耦合协调度越高，表明产业结构优化与生态文明建设的协调发展水平越强；反之则越弱。V_{it}表示第i个省份在第t年产业结构优化与生态文明建设的耦合度，U_{it}表示第i个省份在第t年产业结构优化与生态文明建设的整体水平，F_{it}和C_{it}分别表示第i个省份在第t年的产业结构优化水平和生态文明建设质量，由上文中产业结构优化水平和生态文明建设质量评估结果标准化处理获得。α、β为待定系数，且满足$\alpha+\beta=1$。由于产业结构优化与生态文明建设是两个维度指标，取$\alpha=\beta=0.5$。综合唐晓华等（2018）、吴传清和黄磊（2018）关于耦合协调度等级与类型的划分，将耦合协调度划分为三种类型的十个等级（见表12-2）。

为进一步探析长江经济带及沿线11省市产业结构优化与生态文明建设的耦合协调度所包含的内在关系，根据2011—2017年全国各省份产业结构优化水平与生态文明建设质量评估结果，将产业结构优化与生态文明建设的同步关系根据两者标准化数值大小关系进行分类：当$M_i^t-S_i^t<-0.05$时，两者关系为产业结构优化滞后型；当$|M_i^t-S_i^t|\leq 0.05$时，两者关系为产业结构优化与生态文明建设同步型；当M_i^t-

$S_i^t > 0.05$ 时，两者关系为产业结构优化领先型。

表 12－2　　产业结构优化与生态文明建设的耦合协调度类型与等级划分

类型	失调衰退类				过渡调和类		协调发展类			
等级	极度失调衰退	严重失调衰退	中度失调衰退	轻度失调衰退	濒临失调衰退	勉强协调融合	初级协调发展	中级协调发展	良好协调发展	优质协调发展
区间	(0, 0.1]	(0.1, 0.2]	(0.2, 0.3]	(0.3, 0.4]	(0.4, 0.5]	(0.5, 0.6]	(0.6, 0.7]	(0.7, 0.8]	(0.8, 0.9]	(0.9, 1]

四　数据来源

为准确测度长江经济带产业结构优化指数、生态文明建设质量，以及两者的耦合协调度，判断其在全国的相对排名，将长江经济带置于全国视野下考察，选取全国 30 个省份（西藏和港澳台地区除外）为研究对象。涉及全国、长江经济带、长江经济带以外地区、上游地区、中游地区、下游地区等研究对象各指标取值均为该研究对象空间范围包括省份对应指标测评结果的平均值。其中，上游地区、中游地区、下游地区分别指长江经济带上、中、下游地区，空间范围划分情况为：上游地区包括重庆、四川、贵州、云南；中游地区包括江西、湖北、湖南；下游地区包括上海、江苏、浙江、安徽。研究时段为 2011—2017 年。涉及市场价值的指标以 2011 年为价格基期调整。基础数据源于《中国统计年鉴》(2012—2018)、《中国工业经济统计年鉴（2012)》、《中国工业统计年鉴》(2013—2017)、《中国能源统计年鉴》(2012—2018)、《中国环境统计年鉴》(2012—2018)、《中国价格统计年鉴》(2012—2018)，以及中经网统计数据库，缺省年份数据采用插值法补齐。

第三节　长江经济带产业结构优化与生态文明建设的时空演变特征

一　长江经济带产业结构优化水平的时空演变特征

(1) 长江经济带产业结构优化水平低于全国平均水平。2011—

2017 年长江经济带产业结构优化指数呈先上升后下降发展态势，且各年份均低于全国和长江经济带以外地区平均水平。从产业结构优化指数构成来看，长江经济带产业结构合理化水平高于长江经济带以外地区，但高度化、高效化水平低于长江经济带以外地区（受篇幅限制，未展示产业结构合理化、高度化、高效化水平测算结果）。长江经济带产业结构合理化水平的快速上升是缩小长江经济带与长江经济带以外地区产业结构优化水平差异的主要原因。

表 12－3　2011—2017 年全国及各地区产业结构优化水平评价结果

地区	2011 年	2012 年	2013 年	2014 年	2015 年	2016 年	2017 年	平均
全国	0. 392	0. 423	0. 438	0. 435	0. 415	0. 410	0. 405	0. 417
长江经济带	0. 353	0. 391	0. 418	0. 415	0. 404	0. 409	0. 406	0. 399
长江经济带以外地区	0. 415	0. 441	0. 450	0. 447	0. 421	0. 412	0. 404	0. 427
上游地区	0. 182	0. 240	0. 241	0. 236	0. 228	0. 229	0. 222	0. 225
中游地区	0. 296	0. 333	0. 393	0. 401	0. 403	0. 416	0. 416	0. 380
下游地区	0. 567	0. 586	0. 613	0. 603	0. 581	0. 583	0. 582	0. 588

注：上游地区包括重庆、四川、贵州、云南；中游地区包括江西、湖北、湖南；下游地区包括上海、江苏、浙江、安徽，下同。

资料来源：根据测算结果整理。

（2）长江经济带上中下游地区产业结构优化水平呈梯度递增格局。2011—2017 年长江经济带下游地区产业结构优化指数最高，中游次之，上游居后，上中下游地区产业结构优化指数年平均值分别为 0. 225、0. 380、0. 588。其中，下游地区产业结构优化指数年平均值是上游地区的 2. 6 倍，表明上中下游地区产业结构优化水平存在显著的地区差异。同时，长江经济带上中下游地区产业结构合理化、高度化、高效化水平均呈现梯度递增格局。

（3）长江经济带沿线 11 省份产业结构优化水平整体保持稳定，省际间差异较大。2011—2017 年，上海、江苏、浙江、湖南 4 省份产业结构优化指数平均值保持在全国前列（全国排名 1—10），江西、湖北、重庆 3 省份处于全国中档水平（全国排名 11—20），安徽、四川、贵州、云南4省份在全国处靠后水平（全国排名21—30）。其中，产业结构优化指数最高的是上海，最低的是贵州，最高最低比高达7.68。长江经济带省际间产业结构合理化、高度化水平差异相对于高效化水平差异较大，是造成省际间产业结构优化水平差异较大的主要原因。

表12-4　　2011—2017年长江经济带沿线11省份产业结构优化指数及排名

地区	2011年		2012年		2013年		2014年		2015年		2016年		2017年		平均	
	得分	排名	得分	排名	得分	排名	得分	排名	得分	排名	得分	排名	得分	排名	得分	排名
上海	0.802	2	0.801	3	0.833	3	0.784	3	0.757	3	0.750	3	0.775	3	0.786	3
江苏	0.688	4	0.713	5	0.700	5	0.712	5	0.692	4	0.687	4	0.684	4	0.696	4
浙江	0.516	7	0.527	8	0.599	7	0.594	7	0.575	7	0.592	7	0.575	7	0.568	7
安徽	0.264	25	0.302	23	0.320	22	0.323	21	0.301	21	0.302	20	0.294	20	0.301	21
江西	0.288	21	0.314	22	0.326	20	0.343	18	0.374	13	0.409	12	0.427	12	0.354	16
湖北	0.286	22	0.335	19	0.336	19	0.343	19	0.336	19	0.342	18	0.329	18	0.329	19
湖南	0.315	15	0.349	17	0.518	9	0.517	9	0.499	9	0.499	9	0.492	10	0.455	10
重庆	0.297	20	0.355	14	0.363	17	0.371	15	0.368	15	0.362	15	0.359	14	0.354	17
四川	0.280	23	0.322	21	0.315	23	0.305	23	0.299	22	0.297	23	0.283	22	0.300	22
贵州	0.044	30	0.114	30	0.118	30	0.109	30	0.101	30	0.120	30	0.110	30	0.102	30
云南	0.108	29	0.169	29	0.168	29	0.160	29	0.143	29	0.135	29	0.134	28	0.145	29

注：排名为全国排名（不含港澳台和西藏地区），下同。

二　长江经济带生态文明建设质量的时空演变特征

（1）长江经济带生态文明建设质量高于全国平均水平，呈稳步上升趋势。2011—2017年，长江经济带生态文明建设质量比全国平均水平高11.855，且每年都高于全国及长江经济带以外地区水平。从中国省级生态文明建设质量评价指标体系的分项指标来看，这主要归因于长江经济带在资源消耗和工业绿色发展方面领先于全国（受篇幅限制，未展示中国省级生态文明建设质量评价指标体系的分项指标测算结果）。

表 12－5　2011—2017 年全国及各地区生态文明建设质量评价结果

地区	2011 年	2012 年	2013 年	2014 年	2015 年	2016 年	2017 年	平均
全国	－15.929	－8.182	－10.524	－3.200	3.152	12.172	22.511	0.000
长江经济带	－7.449	1.163	1.017	8.846	15.576	26.925	36.903	11.855
长江经济带以外地区	－20.839	－13.592	－17.206	－10.173	－4.042	3.631	14.178	－6.863
上游地区	－16.717	－4.944	－3.459	1.819	9.509	19.117	34.013	5.620
中游地区	－4.921	－0.418	3.926	13.160	20.382	34.705	41.668	15.500
下游地区	－0.077	8.456	3.311	12.636	18.040	28.899	36.220	15.355

资料来源：根据测算结果整理。

（2）长江经济带上中下游地区生态文明建设质量差异呈缩小趋势。2011—2017 年长江经济带上中下游地区生态文明建设质量提升速度较快，从 2011 年的递增空间格局演变为 2017 年的趋同格局。其中，上游地区提升速度最快，从分项指标看，主要是因为上游地区在生态基础设施建设等方面处于领先地位，中下游地区生态文明建设质量提升的动力主要来自农业和工业绿色发展。

（3）长江经济带沿线 11 省份生态文明建设质量差异较大。2011—2017 年长江经济带沿线 11 省份除重庆外，其他省份生态文明建设质量均呈稳步上升趋势。在全国视野看，上海、江苏、浙江、湖南、重庆 5 省份生态文明建设质量保持在全国前列，安徽、江西、湖北、四川、云南 5 省份生态文明建设质量处于全国中档水平，仅贵州在全国处靠后水平。从分项指标看，影响省际间生态文明建设质量差异的因素主要有绿色消费、资源消耗、农业和工业绿色发展等因素。从基础指标看，导致贵州生态文明建设质量在全国靠后的原因是贵州在农村卫生厕所普及率、节约用水率、单位 GDP 能耗、单位工业增加值工业二氧化硫排放量等方面存在显著“短板”，虽然整体上贵州生态文明建设质量改善显著，但由于 2011 年和 2017 年得分较低，拉低了研究时段的平均得分。

表 12 – 6　　2011—2017 年长江经济带沿线 11 省份生态文明建设质量评价结果

地区	2011 年		2012 年		2013 年		2014 年		2015 年		2016 年		2017 年		平均	
	得分	排名	得分	排名	得分	排名	得分	排名	得分	排名	得分	排名	得分	排名	得分	排名
上海	12.98	6	24.44	3	15.92	4	31.83	3	30.22	3	42.12	4	12.98	3	29.61	3
江苏	5.01	8	8.65	9	7.15	8	12.28	8	21.65	6	30.91	7	5.01	8	18.10	8
浙江	4.16	9	12.33	7	6.45	9	14.54	7	21.49	7	30.59	8	4.16	12	17.97	9
安徽	-22.45	20	-11.59	19	-16.27	20	-8.11	21	-1.21	21	11.97	19	-22.45	18	-4.26	20
江西	3.01	10	-6.82	18	-1.99	16	8.85	11	16.46	10	25.66	11	3.01	5	12.82	12
湖北	-12.44	17	-2.47	17	4.22	12	9.16	10	14.81	11	34.60	6	-12.44	13	11.97	13
湖南	-5.33	12	8.03	10	9.54	6	21.47	5	29.88	4	43.86	3	-5.33	6	21.71	5
重庆	13.32	5	5.54	11	0.02	14	4.48	14	12.78	13	28.54	10	13.32	2	16.50	10
四川	-5.58	13	3.87	12	5.58	11	8.83	12	14.72	12	24.47	13	-5.58	10	12.88	11
贵州	-54.39	27	-32.55	24	-19.57	22	-8.03	20	6.45	15	18.22	14	-54.39	20	-10.55	22
云南	-20.22	18	3.38	13	0.13	13	2.00	17	4.09	19	5.24	22	-20.22	14	3.66	17

资料来源：根据测算结果整理。

第四节　长江经济带产业结构优化与生态文明建设耦合协调关系的实证结果与分析

一　耦合协调度实证结果与分析

（1）长江经济带产业结构优化与生态文明建设的耦合协调度与全国基本持平。2011—2017 年长江经济带产业结构优化与生态文明建设的耦合协调度从 0.447 提升为 0.476，连续 7 年评级为过渡调和类。长江经济带以外地区产业结构优化与生态文明建设的耦合协调度从 0.469 下降至 0.419，呈波动下降态势，除 2011 年外，其他年份均低于长江经济带地区。

（2）长江经济带上中下游地区产业结构优化与生态文明建设的耦合协调度呈梯度递增空间格局。2011—2017 年长江经济带上游地区产业结构优化与生态文明建设的耦合协调度评级均为失调衰退类，中游地区除2012年外，其他年份均为过渡调和类，下游地区均为协调发展类。上中下游地区产业结构优化与生态文明建设的耦合协调度均呈稳步改善状态，但得分关系始终保持2∶4∶5水平。

表12－7　2011—2017年全国及各地区产业结构优化与生态文明建设的耦合协调度和等级

地区	2011年		2012年		2013年		2014年		2015年		2016年		2017年		平均	
	得分	等级	得分	等级	得分	等级	得分	等级	得分	等级	得分	等级	得分	等级	得分	等级
全国	0.461	B	0.417	B	0.432	B	0.450	B	0.446	B	0.445	B	0.440	B	0.441	B
长江经济带	0.447	B	0.424	B	0.444	B	0.465	B	0.465	B	0.476	B	0.476	B	0.457	B
长江经济带以外地区	0.469	B	0.413	B	0.425	B	0.441	B	0.434	B	0.428	B	0.419	B	0.433	B
上游地区	0.261	C	0.248	C	0.243	C	0.248	C	0.248	C	0.231	C	0.245	C	0.246	C
中游地区	0.429	B	0.395	C	0.464	B	0.497	B	0.514	B	0.546	B	0.542	B	0.484	B
下游地区	0.645	A	0.623	A	0.630	A	0.657	A	0.646	A	0.667	A	0.657	A	0.646	A

注：受表格篇幅限制，协调发展类、过渡调和类、失调衰退类分别采用“A”“B”“C”表示，下同。
资料来源：根据测算结果整理。

（3）长江经济带沿线11省份产业结构优化与生态文明建设的耦合协调度省际间差异较大。2011—2017年上海、江苏、浙江3省份的产业结构优化与生态文明建设的耦合协调度平均等级为协调发展类，江西、湖北、湖南、重庆4省份为过渡调和类，安徽、四川、贵州、云南4省份为失调衰退类。其中江西、湖南、贵州3省份产业结构优化与生态文明建设的耦合协调度提升较快，分别提升29%、40%、76%；安徽、四川、云南则处于下降态势。在全部77个研究样本中，共有25个样本为协调发展类，占比32.47%；22个样本为过渡调和类，占比28.57%；30个样本为失调衰退类，占比高达38.96%。整体来看，长江经济带产业结构优化与生态文明建设的耦合协调度还有很大的提升空间。

二　同步关系实证结果与分析

（1）长江经济带与长江经济带以外地区均表现为产业结构优化滞

后型。2011—2017 年，导致长江经济带产业结构优化与生态文明建设的耦合协调度表现为过渡调和类的主要原因是产业结构优化滞后于生态文明建设。除 2012 年和 2013 年外，长江经济带以外地区均为产业结构优化滞后型，且 2011—2017 年全国的产业结构优化与生态文明建设同步关系也均为产业结构优化滞后型，说明产业结构优化滞后于生态文明建设是普遍情况。

表 12-8　2011—2017 年长江经济带 11 省份产业结构优化与生态文明建设的耦合协调度和等级

地区	2011 年		2012 年		2013 年		2014 年		2015 年		2016 年		2017 年		平均	
	得分	等级	得分	等级	得分	等级	得分	等级	得分	等级	得分	等级	得分	等级	得分	等级
上海	0.837	A	0.839	A	0.819	A	0.857	A	0.816	A	0.850	A	0.851	A	0.839	A
江苏	0.745	A	0.712	A	0.707	A	0.732	A	0.741	A	0.760	A	0.757	A	0.736	A
浙江	0.635	A	0.606	A	0.642	A	0.665	A	0.663	A	0.693	A	0.663	A	0.652	A
安徽	0.363	C	0.335	C	0.350	C	0.372	C	0.363	C	0.366	C	0.357	C	0.358	C
江西	0.436	B	0.360	C	0.387	C	0.431	B	0.478	B	0.518	B	0.564	B	0.453	B
湖北	0.405	B	0.393	C	0.411	B	0.432	B	0.435	B	0.462	B	0.436	B	0.425	B
湖南	0.447	B	0.433	B	0.593	B	0.629	A	0.629	A	0.657	A	0.625	A	0.573	B
重庆	0.464	B	0.433	B	0.430	B	0.451	B	0.464	B	0.474	B	0.503	B	0.460	B
四川	0.412	B	0.393	C	0.389	C	0.387	C	0.393	C	0.385	C	0.382	C	0.392	C
贵州	0.001	C	0.001	C	0.001	C	0.001	C	0.002	C	0.002	C	0.002	C	0.001	C
云南	0.167	C	0.164	C	0.152	C	0.153	C	0.132	C	0.063	C	0.094	C	0.132	C

资料来源：根据测算结果整理。

（2）长江经济带上游和中游地区表现为产业结构优化滞后型，下游地区表现为产业结构优化与生态文明建设同步型。2011—2017 年长江经济带上游和中游地区全部年份均表现为产业结构优化滞后型，但上游地区更加显著，较好地解释了上游地区和中游地区产业结构优化与生态文明建设的耦合协调度差异。下游地区全部年份均表现为产业结构优化与生态文明建设同步型，进一步说明产业结构优化与生态文明建设具有显著的耦合关系。

表 12－9　　2011—2017 年全国及各地区产业结构优化与生态文明建设的同步关系

年份	2011	2012	2013	2014	2015	2016	2017	平均
全国	滞后型	滞后型	滞后型	滞后型	滞后型	滞后型	滞后型	滞后型
长江经济带	滞后型	滞后型	滞后型	滞后型	滞后型	滞后型	滞后型	滞后型
长江经济带以外地区	滞后型	同步型	同步型	滞后型	滞后型	滞后型	滞后型	滞后型
上游地区	滞后型	滞后型	滞后型	滞后型	滞后型	滞后型	滞后型	滞后型
中游地区	滞后型	滞后型	滞后型	滞后型	滞后型	滞后型	滞后型	滞后型
下游地区	同步型	同步型	同步型	同步型	同步型	同步型	同步型	同步型

注：受表格篇幅限制，产业结构优化滞后型、产业结构优化与生态文明建设同步型、产业结构优化领先型分别采用简称“滞后型”“同步型”“领先型”，下同。

资料来源：根据测算结果整理。

（3）长江经济带多数省份为产业结构优化滞后型。2011—2017 年在长江经济带全部 77 个研究样本中，表现为产业结构优化领先型的样本有 14 个，占比 18.18%；表现为产业结构优化与生态文明建设质量同步型的仅有 3 个，占比 3.90%；表现为产业结构优化滞后型的有 60 个，占比 77.92%。从平均水平来看，除上海、江苏表现为产业结构优化领先型、浙江表现为产业结构优化与生态文明建设质量同步型外，其他省份均表现为产业结构优化滞后型。说明长江经济带多数省份产业结构优化滞后于生态文明建设，且没有明显改善。

表 12－10　　2011—2017 年长江经济带 11 省份产业结构优化与生态文明建设的同步关系

年份	2011	2012	2013	2014	2015	2016	2017	平均
上海	领先型	领先型	领先型	领先型	领先型	领先型	领先型	领先型
江苏	领先型	领先型	领先型	领先型	领先型	领先型	领先型	领先型
浙江	滞后型	滞后型	同步型	滞后型	滞后型	同步型	同步型	同步型
安徽	滞后型	滞后型	滞后型	滞后型	滞后型	滞后型	滞后型	滞后型
江西	滞后型	滞后型	滞后型	滞后型	滞后型	滞后型	滞后型	滞后型
湖北	滞后型	滞后型	滞后型	滞后型	滞后型	滞后型	滞后型	滞后型

续表

年份	2011	2012	2013	2014	2015	2016	2017	平均
湖南	滞后型	滞后型	滞后型	滞后型	滞后型	滞后型	滞后型	滞后型
重庆	滞后型	滞后型	滞后型	滞后型	滞后型	滞后型	滞后型	滞后型
四川	滞后型	滞后型	滞后型	滞后型	滞后型	滞后型	滞后型	滞后型
贵州	滞后型	滞后型	滞后型	滞后型	滞后型	滞后型	滞后型	滞后型
云南	滞后型	滞后型	滞后型	滞后型	滞后型	滞后型	滞后型	滞后型

资料来源：根据测算结果整理。

第五节　研究结论与政策启示

一　研究结论

（1）长江经济带产业结构优化水平低于全国平均水平，且地区间差异较大。下游地区的上海、江苏、浙江是提升长江经济带产业结构优化水平的主要动力。长江经济带产业结构高度化、高效化水平均低于全国平均水平，是长江经济带产业结构优化水平低于全国平均水平的主要原因，而合理化、高度化水平的省际差异是造成长江经济带产业结构优化水平空间差异的主要原因。

（2）长江经济带生态文明建设质量呈稳步提升态势，始终高于全国平均水平。得益于资源消耗和工业绿色发展方面的优势，长江经济带生态文明建设质量常年保持高于全国平均水平的态势。但由于省际间差异较大，各省份间仍有推进长江经济带生态文明建设的合作空间。

（3）长江经济带产业结构优化与生态文明建设的耦合协调度与全国基本持平，但省际间空间差异较大。长江经济带整体产业结构优化与生态文明建设的耦合协调度保持在过渡调和水平，但由于省际差异较大，仅下游的上海、江苏、浙江能长期保持协调发展态势，其他省份多表现为过渡调和或失调衰退态势。研究还发现，产业结构优化滞后于生态文明建设是导致产业结构优化与生态文明建设的耦合协调度水平下降的主要原因。同时，产业结构优化领先于生态文明建设并不会导致产业结构优化与生态文明建设的耦合协调度水平下降。

二 政策启示

（1）加大长江经济带新型基础设施建设投入。立足科技端基础设施建设，大力推进5G网络、城际高速铁路、新能源汽车充电桩、人工智能、工业互联网等新型基础设施建设，催生一批新型高端产业，优化长江经济带价值链，提升长江经济带产业结构高度化、高效化水平。

（2）促进新一代信息技术与传统产业融合发展。发挥长江经济带丰富的应用场景和广阔的市场空间优势，提升信息经济、数字经济与长江经济带先进制造业融合发展水平。加快产业间联动及融合速率，通过产业融合提升产业间耦合水平，推动长江经济带产业结构合理化水平持续提高。

（3）倡导家庭绿色消费。随着全社会卫生意识提升，家庭消费和线上消费比例将大幅增加，应加大生活供水、污水处理、生活垃圾处理等民生环保项目投资。加大节约文化宣传力度，特别是引导长江经济带中上游地区居民节约用水，降低能耗强度。

（4）推动产业绿色发展。进一步推动工业绿色发展，降低长江经济带上游地区工业二氧化硫排放强度，提高下游地区一般工业固体废弃物处置率。加大农业绿色科技含量，降低中游地区农药使用强度。优化长江经济带中上游地区营商环境，发展专业化生产性服务业，引导下游地区资本和绿色产业优先在长江经济带中上游地区落地，推动长江经济带上中下游产业承接与转移。

（5）协同推进产业结构优化与生态文明建设。产业结构优化是生态文明建设的动力，在各地区大力建设生态文明的同时，必须加快产业结构优化进度，特别是要加快长江经济带上游、中游地区产业结构优化进程。充分发挥政府在推动产业结构优化与生态文明建设耦合协调发展中的引领作用，在长江经济带上游、中游地区给予人才引进、技术研发、资本投入等政策倾斜，鼓励企业研发或引进先进的生产技术，提高企业生产能力和资源利用效率。

第十三章

长江经济带综合立体交通走廊绿色发展研究

第一节 引言

长江经济带综合立体交通走廊是由长江干支流、陆路交通系统、航空运输系统、管道系统构成的综合性、立体化交通体系。“生态优先、绿色发展”是长江经济带发展一以贯之的重大理念，《长江经济带综合立体交通走廊规划（2014—2020 年）》（2014 年）指出，要依托长江黄金水道，统筹铁路、公路、航空、管道建设，加强各种运输方式的衔接和综合交通枢纽建设，加快多式联运发展，建成安全便捷、绿色低碳的综合立体交通走廊，增强对长江经济带发展的战略支撑力。《长江经济带发展规划纲要》（2016 年）强调，要将加快交通基础设施互联互通作为推动长江经济带发展的先手棋，到 2020 年基本建成衔接高效、安全便捷、绿色低碳的综合立体交通走廊。因此，推进长江经济带综合立体交通走廊建设必须贯彻“生态优先、绿色发展”理念，将推动长江经济带水运、陆运、空运、管道运输绿色化发展作为贯彻“生态优先、绿色发展”理念的重要着手。

加拿大学者克里斯·布拉德肖首倡“绿色交通”理念，其核心思想是“优先发展绿色交通工具，减少交通拥堵，净化城市出行与居住环境，降低能源消耗”。与传统交通比较，绿色交通理念倡导低耗能、低碳、低污染，注重以人为本，强调出行的便捷和安全（陆化普等，

2012）。国内学术界对绿色交通理念的研究可分为人本说、约束说和系统说。“人本说”坚持以人为本的原则，认为绿色交通应最大限度实现人的移动，而非车辆的移动，要以方便、安全、高效、低公害为标准建设绿色交通（蒋育红等，2008）。“约束说”认为，绿色交通要充分考虑土地资源、能源消耗和环境约束，并以优化环境质量为导向建设（王智慧等，2000）。“系统说”认为绿色交通运输工具应达到“安全、舒适、通达、有序、低能耗、低污染、高效益”的统一，不仅要注重内部系统的优化，还要注意与外部系统的协调，其核心是系统、资源和环境的可扩展性（赵小云，2002）。比较三种学说，不同学者从不同的侧重点探究了绿色交通的内涵。“人本说”将人的交通体验与绿色约束有机结合，倡导在绿色发展的前提下，提升人类安全、舒适、高效的体验。“约束说”则强调不能为实现人类的交通效率最大化来建设交通体系，而应充分考虑区域的资源环境承载能力。“系统说”相对全面地概括了绿色交通的理念，既突出了交通体系的原始功能性，又区别于传统交通体系，对交通体系整体绿色化提出了新的要求。从建设长江经济带综合立体交通走廊的需求角度看，“系统说”更能体现绿色交通的内涵。

综观学术界关于“绿色交通体系”的研究成果，研究维度主要有绿色公路维度，低碳高铁维度，综合交通网维度等（秦晓春等，2012）。研究尺度主要集中在城市尺度，从交通基础设施、交通运输方式、公共交通发展、资源环境、能源消费、交通干线噪声等方面对城市绿色交通体系进行评价（陈升平等，2012；唐攀等，2013）。已有研究较少从高于城市的尺度，将水运、陆运、航空、管道作为一个完整的体系进行研究。因此，在“生态优先、绿色发展”理念指导下，研究长江经济带绿色交通体系有助于宏观了解长江经济带综合立体交通走廊绿色化发展现状、存在的问题，对探寻实现长江经济带综合立体交通体系绿色化的路径，具有重要的实践意义。根据绿色交通理念内涵，结合国家对长江经济带综合立体交通走廊发展的要求，将“生态优先、绿色发展”理念贯穿到长江经济带综合立体交通走廊建设、运营和监控三个方面。具体表现为：在交通体系建设方面，倡导资源能源集约节约使用，注重水运、公路、铁路、航空和管道建设相协调；在交通体系运营方面，强调节能环保、低碳运行、安全高效；在交通体系监控方面，严控交通事故和环境污染。

第二节　长江经济带综合立体交通走廊发展现状

一　长江经济带综合立体交通走廊建设概况

长江经济带是连接中国东中西的交通大走廊，改革开放以来，长江经济带交通体系建设取得了长足的进步（见表 13－1）。至 2016 年，长江经济带高等级航道里程是 1978 年的 3.7 倍，铁路营业里程是 1978 年的 2.6 倍，公路通车里程是 1978 年的 5.4 倍，输油（气）管道里程是 1978 年的 73 倍，民用运输机场是 1978 年的 4.2 倍，高速公路、高速铁路、城市轨道交通更是从无到有，从零星分布到网络覆盖，综合立体交通走廊初具规模。

表 13－1　　长江经济带综合立体交通走廊发展情况

指标	1978 年	2013 年	2016 年	2020 年建设目标	2013—2016 年实际年均增长率（%）	2016—2020 目标年均增长率（%）
一、内河航道里程（万千米）	8.90	8.90	8.90	8.90	—	—
高等级航道里程（万千米）	0.23	0.67	0.86	1.20	8.68	8.69
二、铁路营业里程（万千米）	1.40	2.96	3.57	4.00	6.45	2.88
高速铁路里程（万千米）	0.00	0.40	—	0.90	—	—
三、公路通车里程（万千米）	35.00	188.80	204.14	200.00	2.64	－0.51
国家高速公路里程（万千米）	0.00	3.20	5.10	4.20	16.81	－4.74
四、输油（气）管道里程（万千米）	0.06	4.40	—	7.00	—	—

续表

指标	1978 年	2013 年	2016 年	2020 年建设目标	2013—2016 年实际年均增长率（%）	2016—2020 目标年均增长率（%）
五、城市轨道交通营业里程（千米）	0.00	1089.00	1835	3600.00	19.00	18.35
六、民用运输机场数（个）	20	74	83	100	3.90	4.77

资料来源：根据《长江经济带综合立体交通走廊规划（2014—2020 年）》，2016 年长江经济带各省市统计公报相关指标数据整理。

根据《长江经济带综合立体交通走廊规划（2014—2020 年）》，从目标的实现难度来看，完成高等级航道、高速铁路、城市轨道交通建设任务的难度最大，要求 2013—2020 年目标年均增长率分别为 8.7%、12.3%、18.6%（见表 13－1）。截至 2016 年年末，除高速铁路因数据缺失不详外，高等级航道建设任务仅完成 13%。完成铁路、公路、国家高速公路、输油（气）管道、城市轨道交通、民用运输机场建设任务的难度较小，要求 2013—2020 年目标年均增长率分别为 4.4%、0.8%、4.0%、6.9%、18.35%、4.4%。截至 2016 年年末，除输油（气）管道因数据缺失不详外，公路、国家高速公路已超额完成建设任务，铁路、城市轨道交通、民用运输机场建设任务也已完成 59%、51%、42%。

二 长江经济带综合立体交通走廊运输能力

随着长江经济带交通设施建设的快速发展，运输能力也得到极大提升，2016 年，长江干线货物通过量达 23.1 亿吨，稳居世界内河首位。根据《长江经济带综合立体交通走廊规划（2014—2020 年）》要求，到 2020 年，长江经济带综合立体交通走廊的运输能力将大幅提高，客运量、旅客周转量、货运量、货物周转量分别比 2013 年提升 190%、168%、56%、60%（见表 13－2）。截至 2016 年年末，客运与货运能力提升均较慢，客运完成规划任务不到 10%，货运完成规划任务不到 30%。

表 13－2　　长江经济带综合立体交通走廊运输能力

指标	2013 年	2016 年	2020 年建设目标	2013—2016 年实际年均增长率（%）	2016—2020 年目标年均增长率（%）
客运量（亿人）	107	94	310	－4.23	34.76
旅客周转量（亿人千米）	9823	10535	26320	2.36	25.72
货运量（亿吨）	173	185	270	2.26	9.91
货物周转量（亿吨千米）	64972	73509	103910	4.20	9.04

资料来源：根据长江经济带各省市统计年鉴，统计公报相关指标数据整理。

从长江经济带综合立体交通走廊运输能力结构来看，2016 年，长江经济带铁路、公路、水路分别对客货运及周转量的贡献值差异较大（见图 13－1）。客运和货运主要依赖公路，公路对客运量和货运量的贡献率分别高达 85.86% 和 74.88%；旅客周转主要依赖铁路和公路；货物周转主要依赖公路和水运。

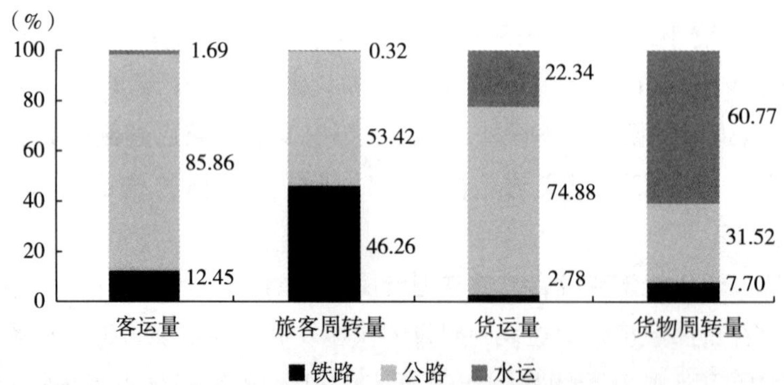

图 13－1　2016 年长江经济带综合立体交通走廊运输能力结构

注：航空和管道运输占比很小，未予考虑。

资料来源：整理自《中国交通年鉴（2017）》。

从长江经济带综合立体交通走廊运输能力结构变化看（见表 13－3），铁路对客运量和旅客周转量提升的贡献较大，但对货运量和货物周转量没有提升作用。公路对客运和货运的提升作用有限，且由于铁路出行相对于公路出行具有高效、舒适、环保等优势，公路对客运的贡献一部分被铁路替代。水运对客运能力提升没有起到促进作用，但对货运能力提升起到较大作用。

表 13－3　　2013—2016 年长江经济带综合立体交通走廊运输能力结构变化

年份	客运量（亿人）			旅客周转量（亿人公里）			货运量（亿吨）			货物周转量（亿吨公里）		
	铁路	公路	水运	铁路	公路	水运	铁路	公路	水运	铁路	公路	水运
2013	8.53	97.34	1.39	4428	5361	33	6.33	130.51	36.54	6109	20715	38148
2014	9.71	99.85	1.54	4874	5627	34	5.79	142.08	39.24	5664	23171	44674
2015	10.41	86.07	1.58	5001	5281	33	5.24	131.55	40.35	5148	20747	43442
2016	11.74	80.94	1.60	4874	5627	34	5.15	138.64	41.37	5664	23172	44674
增加值	3.21	－16.40	0.21	446	266	0.66	－1.18	8.13	4.82	－445	2456	6525.99

资料来源：整理自《中国交通年鉴》（2014—2017）。

第三节　长江经济带综合立体交通走廊绿色发展质量评估

一　评价指标与数据来源

当前，中国还没有出台专门针对绿色交通体系发展的权威性指标体系。学术界虽然在绿色交通体系发展理念方面相对统一，但在具体的指标选取方面还存在较大争议，归纳主要有：第一，OECD 提出“压力—状态—响应”框架建立绿色交通评价指标体系，包括交通运营所产生的能源消耗量，废气、噪声、振动等对交通环境的污染值，交通设施对人类生活和自然景观的影响等指标（温惠英等，2017）。第二，基于交通功能目标、环境保护目标和综合效益目标构建评价指标体系，包括道路设施水平、路网交通负荷、绿色交通分担率、噪声污染、尾气污染、道路绿化率、公众满意率、促进社会经济发展等指标。第三，基于绿色交通系统的发展目标和主要特征构建指标体系，包括绿色交通分担率、出行距离加权平均值、出行时间指数、公交可达性、公交出行车外时间与车内时间之比、清洁能源车使用比例、公交车平均行驶速度等指标。

总结学术界关于绿色交通评价指标体系，从研究维度看，均考察了便捷出行、能源消耗和环境污染；从研究尺度看，大多聚焦于城市尺度，忽视了区域层面的交通体系研究。本研究根据绿色交通发展理念，参考学术界关于绿色交通评价指标体系的研究成果，采用三层塔式结构构建长江经济带综合立体交通走廊绿色发展质量评估指标体系。第一层为目标层，为长江经济带综合立体交通走廊绿色发展水平，第二层为准则层，为长江经济带绿色交通基础设施建设水平、绿色交通运营管理水平、绿色交通资源环境水平，第三层为指标层，是描述准则层的直接评价指标（见表13－4）。

表13－4　长江经济带综合立体交通走廊绿色发展质量评估指标体系

目标层 A	准则层 B	指标层 C
长江经济带综合立体交通走廊绿色发展水平 A	绿色交通基础设施 B1	公共交通分担率 C11
		高等级航道 C12
	绿色交通运营管理 B2	万车事故率 C21
	绿色交通资源环境 B3	清洁能源使用替代率 C31
		交通噪声污染指数 C32

1. 绿色交通基础设施

采用公共交通系统出行是绿色交通最重要的环节。从节能环保意义上，通过公共交通出行比乘坐小型汽车更具有优势。公共交通分担率是反映公共交通系统基础设施建设水平的重要指标，计算公式如下：

公共交通分担率＝［（公共汽车客运量＋轨道交通客运量）/客运总量］×100%

航运集约发展是长江经济带交通绿色发展的重要方面。长江经济带要依托长江黄金水道打造长江经济带交通绿色走廊，首先要提升长江黄金水道集约运输的能力。高等级航道指数是航运高效、集约发展的基本前提，计算公式如下：

高等级航道指数＝［（一级航道里程＋二级航道里程＋三级航道里

程）/内河航道里程］ ×100%

本节研究时段为 2007—2016 年，资料来源于《中国交通年鉴》（2008—2017）、2008—2017 年长江经济带各省市统计年鉴。

2. 绿色交通运营管理

交通安全是“以人为本”最重要、最基本的要求，交通事故的发生往往导致人员伤亡和财产损失，有些事故还会导致重大的环境污染。万车事故率是反映绿色交通运营最重要的指标，计算公式如下：

万车事故率 =（交通事故发生数 ×10000/机动车辆数） ×100%

本节研究时段为 2007—2016 年，资料来源于《中国交通年鉴》（2008—2017）、《中国社会统计年鉴》（2008—2017）。

3. 绿色交通资源环境

长江经济带绿色交通倡导节能环保、低碳运行，交通能源消耗清洁化、无害化反映了长江经济带交通绿色发展的理念。交通系统清洁能源使用率表示清洁能源使用量占全部能源消耗量的比率，既反映了交通体系采用清洁能源的比例，也反映了交通体系对环境污染的程度。基于数据可得性考虑，采用长江经济带历年交通运输、仓储及邮电通讯业消耗能源数据表示交通系统清洁能源使用率，计算公式如下：

交通系统清洁能源使用率 =［（天然气消耗量 + 液态天然气消耗量 + 热力消耗量 + 电力消耗量）/终端能源消耗总量］×100%

公式中所有能耗值均根据国家标准（GB/T2589—2008）换算为万吨标准煤。由于 2010 年以前数据缺失较多，本节研究时段为 2010—2016 年。由于重庆和浙江相关数据缺失，上游指标由四川、贵州和云南数据取均值替代，下游指标由上海、江苏和安徽数据取均值替代。资料来源于《中国能源统计年鉴》（2011—2017）、2011—2017 年长江经济带各省统计年鉴。

噪声污染和“三废”污染是交通体系给环境带来的最大负担。鉴于交通系统清洁能源使用率已经能在一定程度上反映“三废”污染的情况，采用交通干线噪声平均值衡量长江经济带交通体系非绿色产出水平。由于全国只有 47 个城市有国家监控的噪声污染检测数据，本节采用各省市受国家监控的城市道路噪声均值表示噪声污染情况。本节研究时段为 2007—2016 年，噪声污染平均值可通过《中国环境统计年鉴》

(2008—2017) 直接获取。

二 评估结果分析

1. 绿色交通基础设施

(1) 公共交通体系建设质量评估。根据测算结果(见图13-2),从时间趋势看,2007—2016年,长江经济带公共交通分担率整体呈下降趋势,10年间下降约1.87%,同期全国公共交通分担率下降约1.68%,略高于全国水平。但从2013年开始,长江经济带和全国公共交通分担率下降趋势得到缓解,呈缓慢回升趋势。从空间分布特征看,上游和中游公共交通分担率下降较快,10年间分别下降3.08%、4.86%;下游是唯一出现公共交通分担率增长的地区,且于2009年降到最低点后强势反弹,一举超越其他地区水平,提前进入回升趋势,2007—2016年上升约2.64%。结合各省指标分析,2007—2016年长江经济带11省份中,上海、重庆公共交通体系改善情况远高于其他地区,两市公共交通分担率10年间分别提升10.31%、10.41%。贵州和江西公共交通分担率在10年间分别下降21.79%和17.08%,是拉低长江经济带公共交通分担率的主要因素。

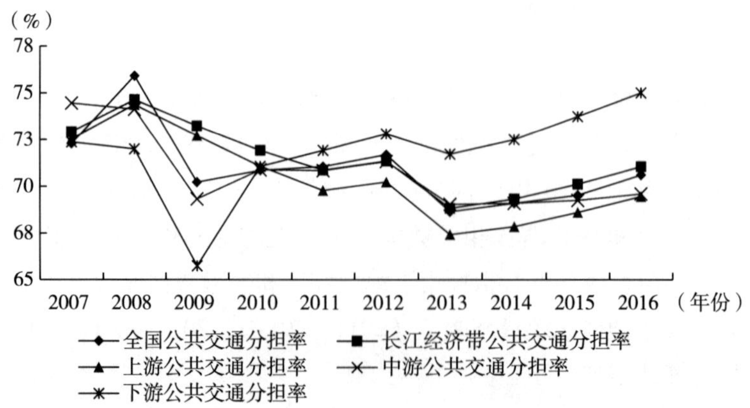

图13-2 2007—2016年全国及长江经济带公共交通分担率

资料来源:根据测算结果整理。

(2) 高等级航道建设质量评估。根据测算结果(见图13-3),从时间趋势看,长江经济带高等级航道指数整体呈上升趋势,2007—2016年年均提升3.17%,增加高等级航道2702千米,至2016年年末,长江经济带高等级航道达 8182 千米，长江经济带内河航道运力得到较大提升。从空间分布特征看，长江经济带上游高等级航道指数一直维持在较低水平，没有显示出上升趋势；中游高等级航道指数自 2009 年以来得到较大提升，2013 年后加速提升，10 年间共提升 3.3%；下游高等级航道指数处于缓慢提升趋势，与长江经济带整体趋势几乎重合。结合各省指标分析，2007—2016 年长江经济带 11 省份中，江苏和湖北高等级航道建设成果最为显著，上海、贵州和云南建设不足。整体上，上游高等级航道建设还有待加强。

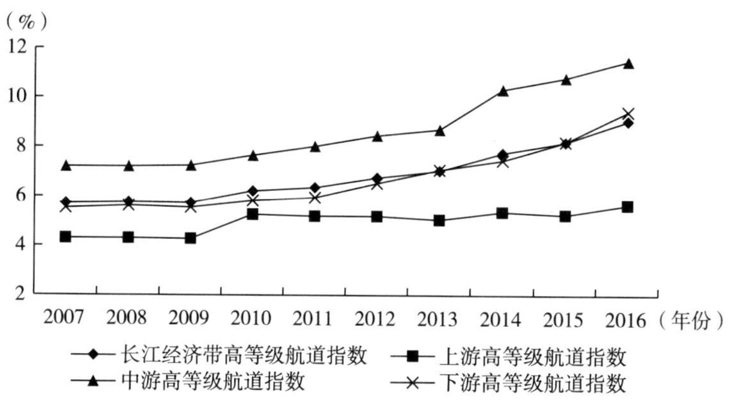

图 13 - 3　2007—2016 年长江经济带高等级航道指数

资料来源：根据测算结果整理。

综合分析，长江经济带公共交通体系建设质量不及全国平均水平，与发达国家 80% 以上的公共交通分担率相比还有很大的提升空间。虽然自 2013 年后，长江经济带公共交通体系发展水平呈缓慢上升趋势，但上游和中游地区仍处于较低水平，特别是上游的贵州和中游的江西，将是未来提升长江经济带公共交通系统发展水平的重要着力点。长江经济带高等级航道指数呈上升趋势，自 2013 年起，中游和下游航道优化成果显著，上游航道优化“瓶颈”较多，成效甚微。整体上，长江经济带高等级航道指数还处于较低水平。

2. 绿色交通运营管理

根据测算结果（见图 13 - 4），由于 2016 年江西、湖北、贵州交通事故发生数异常高于往年，导致2016年测算结果不能完全反映近十年趋势特征，故以2007—2015年数据为主分析。从时间趋势看，2007—2015年，长江经济带万车事故率呈下降趋势，且与同期全国水平大体相当。9年间下降约60%。其中，2007—2010年万车事故率下降趋势较快，4年间下降约46%，2011—2015年下降趋势减缓，万车事故率控制在200次/万辆以内。从空间分布特征看，上游万车事故率最低，到2015年万车事故率下降到111次/万辆；中游与长江经济带平均水平持平，略高于上游水平，到2015年万车事故率约为130次/万辆；下游万车事故率最高，2013年后保持在约193次/万辆的水平。结合各省指标分析，2007—2015年长江经济带11省份中，浙江是万车事故率最高的地区，同时也是万车事故率下降最快的地区。贵州和云南万车事故率最低，是上游地区万车事故率最低的主要因素。

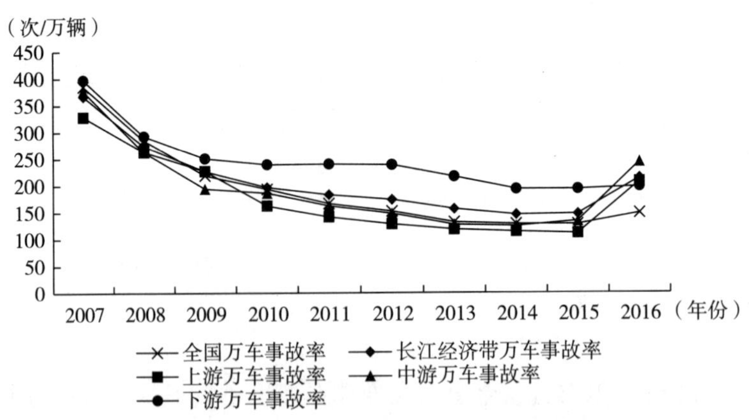

图13-4　2007—2016年全国及长江经济带万车事故率

资料来源：根据测算结果整理。

综合分析，长江经济带万车事故率经过2007—2010年快速下降后，目前已经稳定维持在相对较低水平。虽然下游地区万车事故率相对较高，但下游地区车辆总数较多，道路结构相对复杂，可降低空间有限，其安全性发展水平已处于可接受范围。

3. 绿色交通资源环境

（1）交通系统清洁能源使用率。根据测算结果（见图13-5），从时间趋势看，2010—2016 年，长江经济带交通系统清洁能源使用率呈上升趋势，但上升幅度较小，约 2.55%。从空间分布特征看，长江经济带上游交通系统清洁能源使用率以 2012 年为界限，呈先缓慢下降，后缓慢上升趋势；中游变化的趋势和长江经济带整体相仿，但其交通系统清洁能源使用率一直低于长江经济带整体平均水平；下游地区交通系统清洁能源使用率在 2011 年大幅提升并超越其他地区后，也呈缓慢上升趋势。结合各省指标分析，2010—2015 年长江经济带 11 省份中，下游的江苏和安徽交通系统清洁能源使用率上升幅度最大；上海、湖南、云南、贵州的交通系统清洁能源使用率几乎没有得到提升，是导致长江经济带交通系统清洁能源使用率提升缓慢的主要原因。

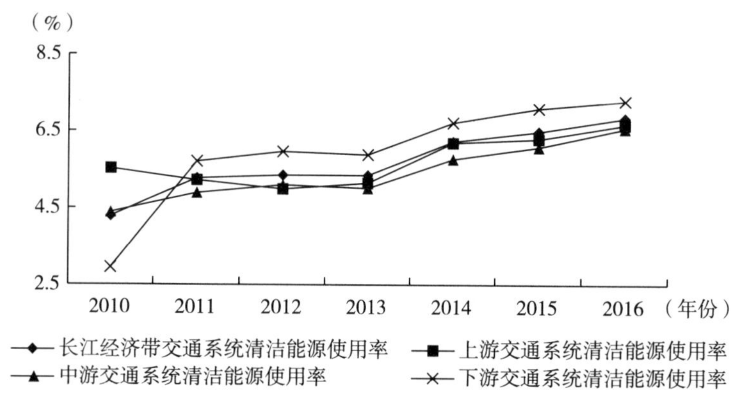

图 13－5　2010—2016 年长江经济带交通系统清洁能源使用率

资料来源：根据测算结果整理。

（2）道路交通噪声污染均值。根据测算结果（见图 13－6），从时间趋势看，2007—2016 年，长江经济带道路交通噪声均值整体上呈下降趋势，但自 2013 年开始，又出现小幅反弹。从空间分布特征看，长江经济带上游道路交通噪声均值最低，且下降趋势最为明显；中游变化的趋势和长江经济带整体相仿；下游地区道路交通噪声均值最高，但下降缓慢，且 2013 年后上升的趋势最为明显。结合各省指标分析，2007—2016 年长江经济带 11 省份中，上游的云南、四川，中游的江西，下游的上海道路交通噪声均值降幅较大；上游的贵州和下游的安徽道路交通噪声均值不降反增，是导致长江经济带道路交通噪声均值下降缓慢的主要原因；导致2013年后道路交通噪声均值普遍上升的主要因素是贵州、湖北、安徽和上海四个地区道路交通噪声均值出现强势反弹。

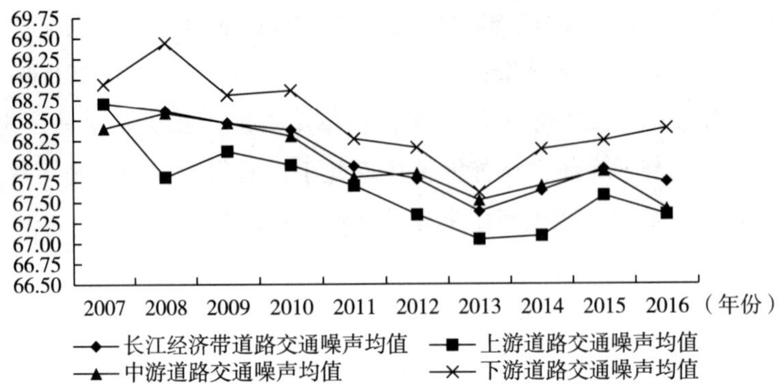

图13-6　2007—2016年全国及长江经济带道路交通噪声污染均值

资料来源：根据测算结果整理。

综合分析，长江经济带交通系统清洁能源使用率处于较低水平，且提升速度缓慢，说明长江经济带交通系统依然严重依赖传统能源，在向清洁能源的转化道路上阻力重重。2016年长江经济带道路交通噪声均值为67.75，同期全国道路交通噪声均值为84.76，远低于全国平均水平。说明长江经济带道路交通噪声污染现象不严重，遏制主要城市交通噪声有利于维持长江经济带低噪声污染的水平。

第四节　结论与建议

通过对长江经济带绿色交通基础设施建设，长江经济带绿色交通运营管理质量，长江经济带绿色交通资源环境质量三个方面共五个指标进行测算，较全面地评估了长江经济带综合立体交通走廊绿色发展的质量，得出如下结论：

(1) 长江经济带公共交通系统基础设施建设不足，硬件设施不够完备，公共交通工具及相关服务设施配置无法满足人们的出行需求，多种交通运输方式的衔接机制不够健全，公共交通对人们的吸引不够强烈。

（2）长江经济带高等级航道改良工程初见成效，但上游高等级航道改良工程成效不显著，不利于长江上游通航和运输效率的提升。

（3）长江经济带综合立体交通走廊能源绿色化不达标，交通工具的主要能源仍是传统的原煤和油气资源，下游地区交通能源绿色化建设成效显著高于上游和中游地区，但噪声污染大于上游和中游地区。

基于以上研究结果，为推动长江经济带综合立体交通走廊绿色发展，提出以下建议：

（1）完善长江经济带综合立体交通走廊基础设施建设。一方面要加快高等级航道、城市轨道交通的建设速度，适度放缓铁路建设，调整和优化公路建设，保持民用运输机场建设速度。另一方面要加强货运和货物周转能力，在长江经济带公路建设已趋于饱和的前提下，应主要通过提升铁路运输条件来促进客运能力的提升，通过提升铁路和水运条件来促进货运能力的提升，特别要加快长江高等级航道建设和长江船型标准化、低碳化、高效化步伐。

（2）推动交通运输低碳节能发展。一方面依托新型平台加大绿色交通理念宣传力度，倡导低碳出行，联合共享单车平台宣传步行和自行车慢行方式。另一方面推动交通装备绿色化工程，鼓励淘汰老旧高能耗车船，加快推进天然气等清洁运输装备、装卸设施、纯电动或混合动力汽车应用，加快新能源汽车充电桩建设。

（3）保护长江黄金水道生态环境。加快淘汰能耗高、污染重、技术落后的老旧船舶，积极推广应用节能环保型船舶，积极推广 LNG（液态天然气）等清洁燃料。严格水上危险化学品运输、船舶溢油、船舶污水排放等管理和控制，完善内河运输船舶污水处理、垃圾收集、岸上接收处理设施。

（4）大力发展多式联运。建设综合绿色交通枢纽，加强水、铁、公、空、管等运输方式的有效衔接。第一，重点建设沿江三大城市群间的高速铁路和城市群内的城际铁路，进一步加强中上游干线铁路建设。第二，优化公路运输方式，加快建设高等级广覆盖公路网，有效延伸黄金水道辐射范围，消除不同行政区间的“断头路”。第三，提升长江干支线通航能力，推进长江干线系统整治，加强支线航道改造，破解运输“瓶颈”。第四，加强航空运输网络建设，逐渐形成国际航空枢纽、国内航空枢纽和干线机场的航空运输体系，打造长江上中下游机场群。第五，加快推进多式联运的绿色交通制度支撑，加紧制定规范标准，在程序、协调、运费等方面给予支持，推动运输资源在行业间和地区间有效配置和集约利用。

（5）推进安全应急保障体系建设。完善集监测、管控于一体的铁路网络智能安全监管平台和信息传输系统，完善长江干线船舶交通管理系统、船舶污染监测系统。完善突发事件应急救援指挥系统，建设省级和中心城市运行监测与应急指挥系统，提高铁路、公路和民航应急救援反应和处置能力。

第十四章

长江经济带城市绿色发展影响因素及效率评估

第一节 引言

建设生态文明先行示范带既是长江经济带发展的重要使命，也是全面落实创新、协调、绿色、开放、共享五大发展理念的重要环节。2016年1月5日，习近平总书记在重庆召开推动长江经济带发展座谈会时提出，要把修复长江生态环境摆在压倒性位置，共抓大保护，不搞大开发。《国务院关于依托黄金水道推动长江经济带发展的指导意见》(2014)、《长江经济带发展规划纲要》(2016) 等国家“顶层设计”文本也均强调，长江经济带发展必须坚持生态优先、绿色发展的战略定位。因此科学研判长江经济带城市绿色发展效率影响因素及其效率，具有重要的理论价值与实践应用价值。

“绿色发展”强调经济发展与资源环境“协调共赢”，其核心是追求经济增长质量与效益、资源节约、环境友好型（黄茂兴、叶琪，2017)。绿色发展既涉及长江经济带不同空间（省域、城市、开发区等）层次绿色发展，也涉及不同产业（工业、服务业、农业）层面绿色化发展。讨论发展问题既要考虑发展速度，也要重视发展质量，而绿色发展效率则是评价发展质量的重要一环，侧重于综合经济发展、资源环境两个维度来评价资源要素投入是否达到预期的产出水平，即投入—产出结构的合理性（聂玉立、温湖炜，2015)。目前，学术界关于绿色发展问题研究成果主要集中在绿色发展影响因素分析、绿色发展效率测度等议题。

关于绿色发展影响因素的理论分析相对欠缺，实证研究相对丰富。学术界普遍认为绿色发展的影响因素包括禀赋结构等自然地理因素，GDP、对外开放程度、人力资本、产业结构、城市化水平、市场化水平、金融发展水平等经济发展因素（班斓、袁晓玲，2016），以及政府支持、环境规制等政策因素（岳书敬等，2015）。学术界关于绿色发展影响因素的研究存在两个趋势：一是与绿色发展效率研究相结合（赵领娣，2016）；二是关注绿色发展效率的空间效应（黄建欢等，2014）。

测度绿色发展效率即在考虑资源环境的基础上分析经济发展投入—产出结构的合理性。在研究思路上，一是将环境变量作为投入要素，与其他投资指标一起纳入分析模型（杨志江、文超祥，2017）；二是将环境污染作为产出的影响因素，与原有产出中的 GDP 一起构建绿色 GDP 纳入分析模型（尹传斌、蒋奇杰，2017）；三是将环境污染作为非期望产出，单独作为一种产出要素纳入分析模型（岳书敬等，2015）。在研究指标上，测度指标一般包括投入指标和产出指标。投入指标又分为非资源型投入因素和资源型投入因素，产出指标包括期望产出和非期望产出（钱争鸣、刘晓晨，2014）。关于非期望产出指标的选取学术界尚无统一标准，存在以下两种处理方法：一种是选择 CO_2、SO_2、COD 排放量、工业废水排放量等指标加入分析模型；另一种是将多种环境污染指标通过熵权法估算环境污染指数加入分析模型。

综观现有的绿色发展效率研究成果，研究的空间尺度多以省域为主，城市尺度的研究成果相对较少。卢丽文等（2017）等对长江经济带城市绿色发展效率测度做了开创性探索工作。本研究侧重对长江经济带城市绿色发展效率影响因素进行理论分析，并在熵权法和 DEA 模型的基础上测度长江经济带城市绿色发展效率。

第二节　长江经济带城市绿色发展效率的影响因素

学术界尚未建立公认的城市绿色发展效率影响机制理论，但对绿色发展效率影响因素的讨论多集中在三个层面：自然地理因素、经济发展因素、政策因素。借鉴已有研究成果，结合长江经济带城市绿色发展现状，提出影响长江经济带城市绿色发展效率的六大因素：经济发展、政策支持、科教投入、人口密度、工业发展、对外开放。

（1）经济发展。学术界关于经济发展水平与绿色发展效率之间的关系尚无定论，部分学者的研究结果表明绿色发展效率与经济发展水平之间存在倒“U”形关系（钱争鸣、刘晓晨，2013），也有部分学者认为根据经济增长理论，较快的经济增长过程中生产要素配置效率将随之逐步提升（董旭、吴传清，2017）。本书认为，两者之间的关系要分阶段进行讨论。在经济发展初期阶段，粗放型经济发展方式确实会带来环境污染、资源浪费等负面影响，但同时环境治理、绿色建设、效率提升也需要经济发展水平做支撑；当经济发展水平逐步达到较高阶段时，拥有良好的发展环境、充足的产业资源，对绿色发展效率也有更高的追求，同时也有能力提升绿色发展效率。目前，长江经济带城市建设高度重视绿色发展，重视开发与保护并重，未来粗放型经济发展方式将逐步转型，城市经济发展水平的提高会给城市绿色发展效率提升提供物质基础和技术支撑，因此本研究认为，经济发展水平的提高对长江经济带城市绿色发展效率的提升产生更多积极影响。

（2）政策支持。城市绿色发展需要市场机制与宏观调控的共同作用，政府政策支持、税收优惠、财政资金支持等对城市绿色发展效率具有直接有效的积极影响，企业会更有动力开展排污技术研发、提高生产效率，从而减少环境污染，促进城市绿色发展效率提高。同时，当政府机构积极倡导绿色发展理念，不仅会对区域内的生产生活带来积极影响，也会影响周边城市绿色发展政策制定，产生正向溢出效应。

（3）科教投入。技术创新对绿色发展具有推动作用在学术界已达成普遍共识，绿色发展效率的提高对科学技术水平、科技活动人员的需求较高，因此科技投入对城市绿色发展效率具有积极影响。教育是技术进步的基础，同时也是提高公众环保意识、科学发展理念的重要途径（钱争鸣、刘晓晨，2013），教育投入下形成的高素质居民自我约束能力较强，能更加自觉投身于绿色发展建设中，但由于教育年限问题，教育投入对绿色发展效率的作用可能存在一定的时滞。当前，长江经济带大多数城市，尤其是上游、中游城市科教投入不足，基础研究薄弱，市场化程度偏低，科研实力难以转化为绿色生产力，科技创新对城市绿色发展效率的积极影响尚待进一步发掘。

（4）人口密度。人口对城市绿色发展效率的作用是双向的，当人口中高技术人才也就是人力资本较多时，有助于促进治污环保技术革新，为节约能源和削减污染排放提供必要的支撑（赵领娣等，2016），对城市绿色发展效率的提升具有积极影响；但是，城市人口密度越高，诸如交通尾气、生活垃圾等污染源也会相应增加，对城市绿色发展效率的提升具有阻碍作用。考虑到长江经济带人力资本较为充足的城市仅仅集中在长三角地区和部分省会城市，其他多数城市人力资本的积极影响尚未呈现，而人口密度对城市绿色效率的消极影响则十分显著，且部分人口密度较高的超大城市、特大城市也不可避免地均出现了交通拥挤、生活垃圾污染等“城市病”，因此当前长江经济带人口密度对城市绿色发展效率提升的消极作用更为明显。

（5）工业发展。具有资本与能源密集特征属性的工业（尤其是重化工业）是主要的能耗与排放大户，当前长江经济带城市中，大部分城市产业结构依然以重化工业为主，“三废”排放问题较为严重，对绿色发展效率的提高具有阻碍作用。但考虑到长江经济带城市产业结构逐步优化，工业发展正在由粗放式发展向集约式发展转变，未来在市场机制以及宏观调控下工业企业会进行自我调整、自我约束，生产技术和排污效果将有所改善，对绿色发展效率的积极影响将逐步显现。

（6）对外开放。根据产业梯度转移理论，对外开放虽然有利于引进先进技术和先进人才，对本土生产技术、生产效率的提高有积极影响，但与此同时，产业转移一般都伴随污染。发达地区一般向欠发达地区转移区域内丧失比较优势的产业，如劳动力密集型产业、高耗能产业、高耗材或者高排放产业等，即“污染天堂假说”。在当前长江经济带的对外开放中，主要包括国际对国内、长三角对长江中上游等两层产业转移，考虑上述分析，本研究认为对外开放对长江经济带城市绿色发展效率的不利影响更大。

综上所述，在当前阶段，经济发展、政策支持、科教投入对长江经济带城市绿色发展效率具有积极影响，人口密度、工业发展、对外开放对长江经济带城市绿色发展效率具有消极影响。但是，不同影响因素作用在同一城市绿色发展效率问题上，会存在主次之分，要具体问题具体分析。

第三节 长江经济带城市绿色发展效率评估

一 研究方法与数据来源

目前，学术界在关于绿色发展效率的研究方法上，以非参数分析方法（DEA）为主，采用参数分析方法（SFA）的研究相对较少（王晓云等，2016）。原因在于 DEA 模型不受生产函数的理论约束，更具科学性和严谨性（赵立成、任承雨，2012）。DEA 模型主要包括 CCR 模型和 BCC 模型，前者适用于规模报酬不变情况，后者适用于规模报酬变动情况。随着对效率问题研究的深入，方向性距离函数（DDF）由于考虑到期望产出和非期望产出而被关注，但该方法没有考虑到松弛变量，因此，基于松弛变量的方向性距离函数（SBM）被广泛应用（于伟、张鹏，2016），目前也有部分学者对 SBM 模型进行改进。

采用 DEA 模型中更符合现实情况的 BCC 模型测度长江经济带城市绿色发展效率，即考虑规模报酬的变化。测度绿色发展效率的指标包括投入和产出两大类，借鉴现有研究成果，从劳动投入、资本投入、能源投入三个角度分别选择从业人员期末人数、固定资本投资、工业用电作为投入指标；选择工业废水排放量、工业二氧化硫排放量、工业烟粉尘排放量三个指标，采用熵权法构造环境污染指数，并以地区生产总值与环境污染指数的乘积作为相对绿色 GDP（产出指标）。考虑到数据的可得性，选择长江经济带 108 个城市（地级及以上城市）为样本城市，选取 2005—2015 年为研究时段，资料来源于 2006—2016 年出版的《中国城市统计年鉴》以及各省市统计年鉴。

二 评估结果

运用 DEAP2.1 对长江经济带城市绿色发展效率进行测度，结果见表 14－1。

（1）长江经济带城市绿色发展效率呈现两极分化。实现 DEA 有效的城市分为两类：一类是经济较为发达的城市，如上海、苏州、无锡等；

表 14－1　　　　2015 年长江经济带城市绿色发展效率

城市	crste	vrste	scale	城市	crste	vrste	scale	城市	crste	vrste	scale
上海	1.00	1.00	1.00	宿州	0.57	0.58	0.99	益阳	0.74	0.79	0.93
南京	0.73	0.73	1.00	六安	0.55	0.56	0.98	郴州	0.79	0.82	0.96
无锡	1.00	1.00	1.00	亳州	0.75	0.78	0.97	永州	0.65	0.69	0.94
徐州	0.68	0.69	0.99	池州	0.65	0.91	0.71	怀化	1.00	1.00	1.00
常州	0.97	0.99	0.98	宣城	0.81	0.93	0.87	娄底	0.57	0.66	0.86
苏州	1.00	1.00	1.00	南昌	0.54	0.56	0.97	重庆	0.64	0.94	0.68
南通	0.72	0.76	0.95	景德镇	0.58	0.66	0.87	成都	0.89	1.00	0.89
连云港	0.62	0.64	0.96	萍乡	0.54	0.69	0.78	自贡	0.92	0.94	0.98
淮安	0.55	0.57	0.98	九江	0.64	0.66	0.97	攀枝花	0.42	0.60	0.71
盐城	0.72	0.73	0.99	新余	0.81	1.00	0.81	泸州	0.50	0.53	0.94
扬州	0.65	0.65	1.00	鹰潭	0.87	0.95	0.92	德阳	0.86	0.87	0.99
镇江	0.86	0.91	0.95	赣州	0.65	0.65	1.00	绵阳	0.71	0.72	0.99
泰州	0.67	0.67	1.00	吉安	0.59	0.61	0.97	广元	0.43	0.62	0.70
宿迁	0.55	0.57	0.96	宜春	0.74	0.75	0.98	遂宁	0.63	0.73	0.87
杭州	0.67	0.67	1.00	抚州	0.64	0.65	0.99	内江	0.94	0.96	0.99
宁波	0.72	0.72	1.00	上饶	0.73	0.74	0.98	乐山	0.57	0.67	0.85
温州	0.66	0.67	0.98	武汉	0.78	0.82	0.95	南充	0.63	0.64	0.99
嘉兴	0.70	0.71	0.99	黄石	0.47	0.57	0.83	眉山	0.73	0.81	0.90
湖州	0.59	0.62	0.95	十堰	0.49	0.50	0.99	宜宾	0.75	0.76	0.99
绍兴	0.54	0.58	0.94	宜昌	0.65	0.65	1.00	广安	0.84	0.97	0.87
金华	0.99	0.99	1.00	襄阳	0.66	0.67	0.99	达州	0.53	0.57	0.93
衢州	0.71	0.85	0.83	鄂州	0.41	0.55	0.74	雅安	0.51	0.82	0.62
舟山	0.49	0.50	0.98	荆门	0.48	0.52	0.93	巴中	0.67	0.82	0.82
台州	0.74	0.74	1.00	孝感	0.57	0.58	0.98	资阳	1.00	1.00	1.00
丽水	0.85	0.94	0.90	荆州	0.55	0.58	0.94	贵阳	0.42	0.42	0.99
合肥	0.58	0.64	0.91	黄冈	0.68	0.84	0.81	六盘水	0.66	0.77	0.86
芜湖	0.66	0.72	0.92	咸宁	0.64	0.71	0.89	遵义	0.74	0.76	0.98
蚌埠	0.60	0.66	0.91	随州	0.77	0.92	0.84	安顺	0.43	0.60	0.71

续表

城市	crste	vrste	scale	城市	crste	vrste	scale	城市	crste	vrste	scale
淮南	0.40	0.47	0.85	长沙	0.95	1.00	0.95	昆明	0.59	0.60	0.98
马鞍山	0.73	0.84	0.87	株洲	0.80	0.82	0.98	曲靖	0.80	0.81	0.99
淮北	0.44	0.54	0.80	湘潭	0.49	0.54	0.90	玉溪	0.66	0.74	0.89
铜陵	0.63	0.80	0.79	衡阳	0.67	0.69	0.98	保山	0.61	0.64	0.96
安庆	0.57	0.62	0.92	邵阳	0.65	0.67	0.98	昭通	0.67	0.69	0.97
黄山	0.63	0.84	0.76	岳阳	0.82	0.84	0.98	丽江	1.00	1.00	1.00
滁州	0.77	0.84	0.92	常德	1.00	1.00	1.00	普洱	0.66	0.69	0.95
阜阳	0.60	0.62	0.98	张家界	0.95	1.00	0.95	临沧	0.72	0.86	0.83

另一类是经济相对不发达的城市，如常德、怀化、资阳、丽江等，两类城市的绿色发展效率均达到1的水平。前者绿色发展效率高，是由于自身经济发展水平高，有能力也有意识提高绿色发展效率，投入产出结构优良；后者绿色发展效率高，一是因为本身起步点较低，较少的投入可以快速实现相应的产出，二是因为部分城市是旅游城市，经济发展过程中会更为自觉地控制环境污染，从而直接带来绿色发展效率的提高。

（2）长江经济带大部分城市绿色发展效率尚未实现DEA有效，规模效率高于纯技术效率。从测算结果来看，2015年长江经济带108个城市中，仅有上海、无锡、苏州、常德、怀化、资阳、丽江7个城市绿色发展效率达到1，实现了DEA有效，其他101个城市均未实现绿色发展效率DEA有效，比例高达93.52%。从绿色发展效率综合得分（crste）的分项来看，大部分城市的规模效率（scale）要优于纯技术效率（vrste），意味着当前长江经济带城市绿色效率的提高主要来源于规模效应，而纯技术效率的贡献相对较小。如南京、扬州、泰州、杭州、宁波等城市2015年绿色发展规模效率为1，但纯技术效率分别为0.73、0.65、0.67、0.67、0.72，正是因为纯技术效率低于1从而拖累整体绿色发展效率未实现DEA有效。未来长江经济带城市绿色发展效率的提升，在最优化规模效率的同时，仍需大力加强科技创新，提高纯技术效率的贡献程度。

（3）长江经济带大部分城市绿色发展效率呈现增长态势。2005—

2015 年，虽然大部分城市绿色发展效率没有实现 DEA 有效，但绿色发展效率整体基本呈现上升态势（见图 14 - 1）。根据表 14 - 1 所示，绿色发展效率提升较显著的城市更多集中在江苏省、浙江省、安徽省、江西省、湖北省、湖南省等下游、中游城市，如常州市、无锡市、合肥市、芜湖市、张家界市、怀化市、衡阳市等，说明中下游城市绿色发展效率的改善要优于上游城市。同时，上游小部分城市绿色发展效率有下降趋势，如重庆市绿色发展效率从 2005 年的 0.75 逐步下滑至 0.64，攀枝花市绿色发展效率从 2005 年的 0.61 逐步下滑至 0.42 等，原因在于这些城市重工业较为发达，工业污染较为严重，从而影响绿色发展效率。

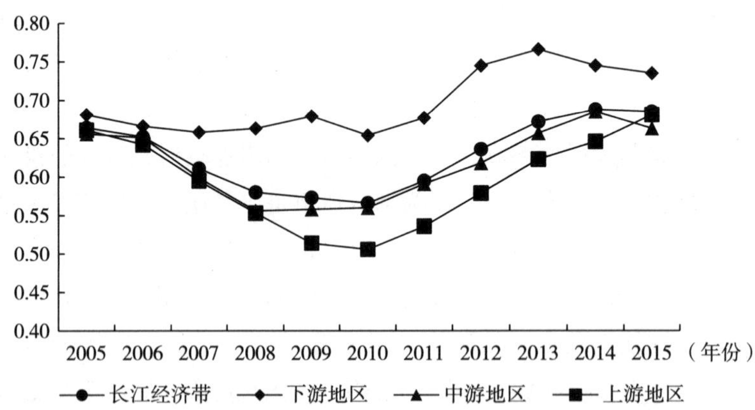

图 14 - 1　2005—2015 年长江经济带上中下游地区城市绿色发展效率比较

（4）长江经济带城市绿色发展效率呈梯度分布。下游地区城市绿色发展效率高于中游地区城市，中游地区城市绿色发展效率高于上游地区城市，而整体绿色发展效率与中游地区城市发展效率较为吻合。2005—2009 年长江经济带上、中、下游地区城市绿色发展效率呈现下降态势；2009—2015 年长江经济带上、中、下游地区城市绿色发展效率呈现稳步上升态势，但均未达到 DEA 有效，截至 2015 年，上游、中游、下游地区城市绿色发展效率分别为 0.68、0.66、0.73。从绿色发展综合效率的分项来看，依然是规模效率贡献较高，且下游地区城市规模效率依次高于中游地区城市、上游地区城市，下游、中游、上游地区城市绿色发展规模效率分别为0.92、0.88、0.85；而上游地区城市的纯技术效率依次高于下游地区城市、中游地区城市，上游、下游、中游地区城市绿色发展纯技术效率分别为0.76、0.75、0.73。

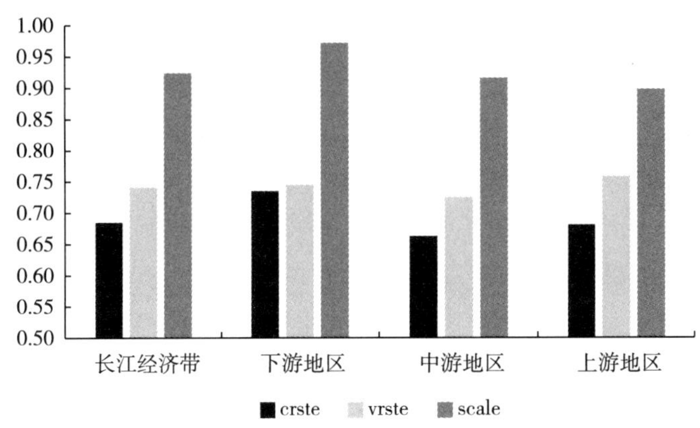

图14-2 2015年长江经济带上中下游地区城市绿色发展效率分项比较

第四节 研究结论

（1）影响长江经济带绿色发展效率的六大因素分别是经济发展、政策支持、科教投入、人口密度、工业发展、对外开放。当前阶段，经济发展、政策支持、科教投入对长江经济带城市绿色发展效率具有积极影响，人口密度、工业发展、对外开放对长江经济带城市绿色发展效率具有消极影响。但是，同一城市的绿色发展效率问题要同时考虑多个影响因素的综合作用，具体问题需要具体分析。

（2）长江经济带城市绿色发展效率呈现出明显的两极分化特征。目前长江经济带实现DEA有效的城市有两类，一类是以上海、苏州为代表的经济较为发达的城市；另一类是以常德、怀化为代表的经济相对不发达但是环境保护工作执行较为扎实的城市。原因在于上海、苏州等城市一方面在城市绿色建设上更为重视，另一方面经济较为发达意味着具备较高的技术水平，生产效率和治污水平均更具优势。而对于怀化等风景城市，虽然经济发展水平较低，但在城市规划等政策层面更为重视环境保护等绿色发展问题，因此绿色发展效率相对较高。

（3）长江经济带城市绿色发展效率呈梯度分布。长江经济带下游地区城市绿色发展效率最高，中游地区城市次之，上游地区城市最低。长江经济带上、中、下城市绿色发展效率分布不均与其相应的工业发展结构、对外开放等因素息息相关，整体来看，中上游城市工业体系中重工业占比较高，“三废”排放较为严重。与此同时，中上游城市在承接产业转移过程中部分充当了“污染避难所”，承接了一些高污染、高排放、生产技术落后的产业，进一步加剧城市环境污染问题，从而导致长江经济带中上游城市绿色发展效率低于下游城市。

（4）长江经济带城市绿色发展效率有所改善，但仍然任重道远。近年来政府、企业等各层面对绿色发展的重视程度日益提高。相应地，长江经济带城市绿色发展效率也基本呈现增长态势，但大部分城市绿色发展效率尚未实现 DEA 有效。长江经济带上、中、下游地区城市绿色发展效率在 2005—2009 年呈现下降态势，在 2009—2015 年呈现稳步上升态势。规模效率对长江经济带城市绿色发展效率的贡献高于纯技术效率，具体来看，下游地区城市规模效率依次高于中游地区城市、上游地区城市，而上游地区城市的纯技术效率依次高于下游地区城市、中游地区城市。

（5）长江经济带城市绿色发展应加强投入—产出结构的优化，重视开发和保护的结合。未来长江经济带城市绿色发展要逐步淘汰落后高污染产业，培育绿色产业，发展循环经济；加大对“三废”排放的监督力度和治理力度，设立生态红线；加强城市排污管道建设，提高绿化面积；积极从粗放式经济发展方式转变为集约式发展方式，加大对企业自主创新能力的培养和支持，降低能耗和污染排放，全面提升绿色发展效率。

第十五章

环境约束下长江经济带全要素能源效率研究

第一节　引言

在近现代世界经济发展的历史中，能源效率及伴随的环境破坏始终是一个绕不开的问题。围绕这一问题，世界各国开展了多次艰苦异常的博弈和谈判，核心问题集中在节能减排方面。在 2015 年巴黎气候大会上，中国提出到 2030 年单位 GDP 碳排放比 2005 年降低 60% 以上，这对我国未来能源效率的提高提出了极高的要求。为应对高能耗、高污染问题，党中央、国务院提出建设“资源节约型、环境友好型”社会，并做出推动“生态文明建设”的重大战略部署。国家“十一五”规划首次将单位 GDP 能源消耗强度作为约束性指标进行调控，“十二五”规划提出要合理控制能源消费总量，到 2015 年实现万元 GDP 能耗比 2010 年下降 16% 的目标，“十三五”规划建议则首次提出实施能源消耗总量和强度“双控”行动。要落实国家在能源领域的一系列重大战略举措，提高全要素能源效率成为当务之急。

党的十八大以来，中国区域空间格局发生巨大变化，长江经济带开发重新上升为国家战略。作为中国国土空间开发的重点东西发展轴线，长江经济带在国土面积、人口规模、经济总量、产业发展等方面均在全国版图中占据重要地位，是未来中国经济增长的新支撑带。但是，长江经济带石油、天然气、煤炭等主要能源矿产在全国的储量偏低，这成为制约其经济持续发展的一大“瓶颈”。在中国经济社会发展面临“新常态”的严峻形势下，能源效率的提高不仅是生态文明建设的客观要求，也是推动发展方式转变，实现经济软着陆的必然选择之一。因此，研究哪些因素促进或制约着能源效率，进而采取合适的政策办法提高长江经济带能源效率具有重大意义。国务院 2014 年 9 月颁布的《国务院关于依托黄金水道推动长江经济带发展的指导意见》，明确提出“打造沿江绿色能源产业带”，将长江经济带建成“生态文明建设的先行示范带”。目前，学术界尚无研究长江经济带全要素能源效率的系统性成果，本研究力图从理论上解释影响全要素能源效率的内在机制，并通过实证分析验证长江经济带全要素能源效率影响因素的具体作用方式，为决策者制定具有针对性的政策提供参考。

国内外学术界关于能源效率的研究基本可以概括为两个阶段：第一个阶段采用单一指标考察能源投入与产出的关系，即单要素能源效率指标或偏要素能源效率指标，如能源强度、能源生产率、能源生态效率、能源技术效率等。Patterson（1996）从能源效率的定义入手，对衡量能源效率的指标进行了系统性的比较阐述，指出“能源消耗强度”（也称“单位 GDP 能耗”）在单指标中对能源效率的反映最为直观可信，这一指标也在国际上被普遍采用。史丹（2006）以能源消耗强度的倒数表征能源效率，研究了中国各地区能源效率的差异，并通过与产业结构、对外开放程度、能源消费结构等进行相关性分析对中国区域节能潜力进行了深入探讨。也有学者从国际贸易、人力资本、技术进步、经济周期、价格指数、经济结构等多方面研究了单要素能源效率的影响因素（李兰冰，2012）。单要素能源效率指标在衡量能源效率时的最大优势是简便直观，但忽略了能源本身作为一种生产投入要素，并不能独立对经济增长产生作用的基本事实。通过对比单要素能源效率指标和多要素能源效率指标，学术界开始逐渐倾向采取后者进行能源效率的综合评价，实证研究也表明多要素指标在解释能源禀赋对能源效率的作用方面比单要素指标更具优势（范丹、王维国，2013）。

考虑到能源只有与劳动、资本等内生增长要素相结合才能创造新的产出，立足多投入视角的全要素能源效率指标日益受到学术界的青睐，这是能源效率研究的第二个阶段。从能源效率替代性的视角出发，Hu

和 Wang（2006）将全要素能源效率定义为“在除能源要素投入外的其他要素保持不变的前提下，按照最佳生产实践，一定的产出所需的目标能源投入量与实际投入量的比值”。随后，学术界开始掀起全要素能源效率研究的热潮，突出地表现在全要素能源效率的测算和影响因素研究两方面。在全要素能源效率测算上，部分学者侧重研究能源对经济增长中的贡献程度，故在测算方程中单纯增加了能源投入要素（师博、沈坤荣，2013）；随着环境问题的日益严峻，更多的学者开始将环境因素纳入全要素能源效率测算的投入要素之中，考察环境污染对全要素能源效率的制约程度（张伟、吴文元，2011）。既有研究结果表明，中国全要素能源效率与发达国家相比整体水平依然偏低，纳入环境投入变量的全要素能源效率在行业和区域层面均出现较大幅度的下滑；在空间尺度上，中国全要素能源效率总体呈现出沿海地区高于内陆地区的特点。

关于全要素能源效率的影响因素研究，主要涉及能源消费结构、产业结构、环境规制、价格因素、国际贸易、技术进步、人力资本、经济所有制、政府行为等方面（范如国、罗明，2014；陈德敏、张瑞，2012）。绝大多数研究成果表明能源消费结构、产业结构、价格因素对区域全要素能源效率具有负向制约作用，国际贸易、技术进步和人力资本在一定程度上促进了中国各地区全要素能源效率的提高，而环境规制、经济所有制和政府行为对全要素能源效率的影响方向则因行业或区域的不同而有所差异。但是，现有研究普遍存在的问题是，大多学者均孤立地选取一个或多个变量，通过建立面板数据模型分析这些变量对全要素能源效率的作用方向和程度，却忽略了这些变量在受到环境约束时可能产生一定的变异，即环境会对这些因素造成冲击，因此，在分析全要素能源效率的影响因素时有必要首先了解环境对这些因素的作用机制。

第二节 长江经济带全要素能源效率的测度

一 测度方法

当前学术界测度全要素能源效率的主流方法包括随机前沿分析（SFA）和数据包络分析（DEA）两种，由于 SFA 的假设要求严格且数理操作难度较大，本研究使用 DEA 方法作为测度长江经济带全要素能源效率的依据。DEA 模型实质上是一种非参数分析法，其主要原理是利用数学中的线性规划思想估算生产前沿面，借助方向性距离函数，以实际能源产出水平与前沿面水平相比得出全要素能源效率的相对变动程度。

传统 DEA 模型在对不同横截面数据进行分析时，可能出现多个点同时位于生产前沿面的情况，导致这几个分析单元的效率高低无法比较。为了解决这一问题，Anderson 和 Petersen（1993）引入了超效率 DEA 模型，其基本原理与传统 DEA 模型基本一致，区别在于对生产前沿面的设置不同，图 15 - 1 给出了基于投入的超效率 DEA 模型的一般图示。在原始前沿面$\widehat{LL'}$下，分析单元 A 和 B 的效率显然无法比较，因为两者均位于前沿面有效；在超效率 DEA 模型中，单元 B 实际上位于新前沿面 LL′上（B′），这样两者效率便可以得到比较。

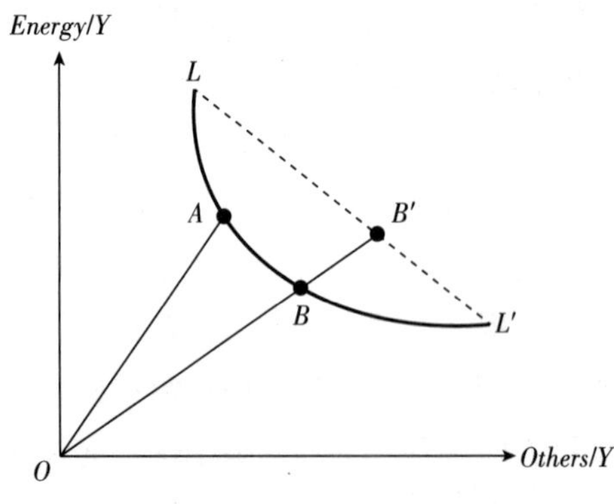

图 15 - 1　超效率 DEA 模型

虽然超效率 DEA 模型为测度全要素能源效率提供了理论可行的办法，但由于计算过程繁杂，面对大样本数据时手工计算几乎是不可能完成的任务，而针对其原理的计算软件尚不成熟。学术界一般运用生产率指数作为 DEA 全要素能源效率的替代性指标，最普遍的是 Malmquist 指数（简称 M 指数）和 Malmquist - Luenberger 指数（简称 ML 指数）。相比 M 指数，ML 指数在模型中存在负向产出时仍然有效，因此 ML 指数更合适。

在 Farrell（1957）关于产出距离分析的基础上，对任意一个分析单元 i，以 x 表示投入要素向量，y 表示正向产出向量，z 表示负向产出向量，η 为产出的方向向量，则由当期到下一期的 ML 指数定义如下：

$$ML_t^{t+1}$$

$$=\left[\frac{1+\overrightarrow{D_t^i}(x_t^i,\ y_t^i,\ z_t^i;\ \eta_t^i)}{1+\overrightarrow{D_t^i}(x_{t+1}^i,\ y_{t+1}^i,\ z_{t+1}^i;\ \eta_{t+1}^i)}\cdot\frac{1+\overrightarrow{D_{t+1}^i}(x_t^i,\ y_t^i,\ z_t^i;\ \eta_t^i)}{1+\overrightarrow{D_{t+1}^i}(x_{t+1}^i,\ y_{t+1}^i,\ z_{t+1}^i;\ \eta_{t+1}^i)}\right]^{\frac{1}{2}}$$

$$=\frac{1+\overrightarrow{D_t^i}(x_t^i,\ y_t^i,\ z_t^i;\ \eta_t^i)}{1+\overrightarrow{D_{t+1}^i}(x_{t+1}^i,\ y_{t+1}^i,\ z_{t+1}^i;\ \eta_{t+1}^i)}\cdot$$

$$\left[\frac{1+\overrightarrow{D_{t+1}^i}(x_t^i,\ y_t^i,\ z_t^i;\ \eta_t^k)}{1+\overrightarrow{D_t^i}(x_t^i,\ y_t^i,\ z_t^i;\ \eta_t^i)}\cdot\frac{1+\overrightarrow{D_{t+1}^i}(x_{t+1}^i,\ y_{t+1}^i,\ z_{t+1}^i;\ \eta_{t+1}^i)}{1+\overrightarrow{D_t^i}(x_{t+1}^i,\ y_{t+1}^i,\ z_{t+1}^i;\ \eta_{t+1}^i)}\right]^{\frac{1}{2}} \quad (15-1)$$

式中，$\vec{D}$ 表示两个时期四个方向距离函数。ML 指数大于 1，表明全要素能源效率提高；反之，全要素能源效率下降。

根据超效率 DEA 模型和 ML 指数法，测度全要素能源效率所需的指标包括投入和产出两类。投入指标由劳动、资本和能源构成，产出指标分正向和负向两种。以“全社会从业人员数量”表示劳动投入指标，单位统一为“万人”；用“全社会能源消费总量”表示能源投入指标，单位统一为“万吨标准煤”；资本投入指标为物质资本存量，需要根据永续盘存法进行测算，计算公式为 $K_{i,t}=I_{i,t}+(1-\delta_{i,t})K_{i,t-1}$，其中，$I_{i,t}$ 为全社会固定资产投资，$\delta_{i,t}$ 表示资本折旧率。这里有两点需要说明：一是资本折旧率的取值，由于学术界并无统一定论，鉴于各地区发展情况存在差异，本研究参考吴延瑞（2008）关于中国各省市资本折旧率的计算结果；二是基期物质资本存量的确定，运用 Hall 和 Jones（1999）提出的投资比率法进行计算，公式为 $K_{i,0}=I_{i,0}/(\delta+r)$，其中，$r$ 为基期固定资产投资增速。关于正向产出指标，一般采取地区生产总值，本研究沿袭此做法；负向产出指标的选取比较有争议，有研究用单一污染物排放作为替代，也有学者计算综合污染指数作为替代。鉴于能源对环境造成的最主要影响反映在大气污染方面，本研究选取“工业废气排放量”表示负向产出，以两种最主要的大气污染物二氧化硫和烟（粉）尘排放量加总表示。

所需数据均采自《中国统计年鉴》《中国环境统计年鉴》《中国能

源统计年鉴》和各省市统计年鉴，研究期为 1999—2013 年。在此基础上，利用 R 软件测算长江经济带全要素能源效率。

二 测度结果

囿于篇幅限制，本研究仅反映长江经济带及各省市和上、中、下游研究期内全要素能源效率平均变动情况，结果如图 15 - 2 所示。可以看出，研究期内长江经济带全要素能源效率总体呈下降趋势，年均下降幅度为 2.9%。除下游地区的上海、江苏和浙江保持上升外，中、上游地区全要素能源效率均出现较大幅度的下滑。即使在省域之间，全要素能源效率的地区差异也很大，最高的上海和最低的贵州相差近 20 个百分点。是何原因导致了长江经济带全要素能源效率的恶化，并造成区域之间的巨大差异？下文将从环境对能源效率的作用机理入手，通过建立理论模型并进行实证检验，对此问题展开进一步探讨。

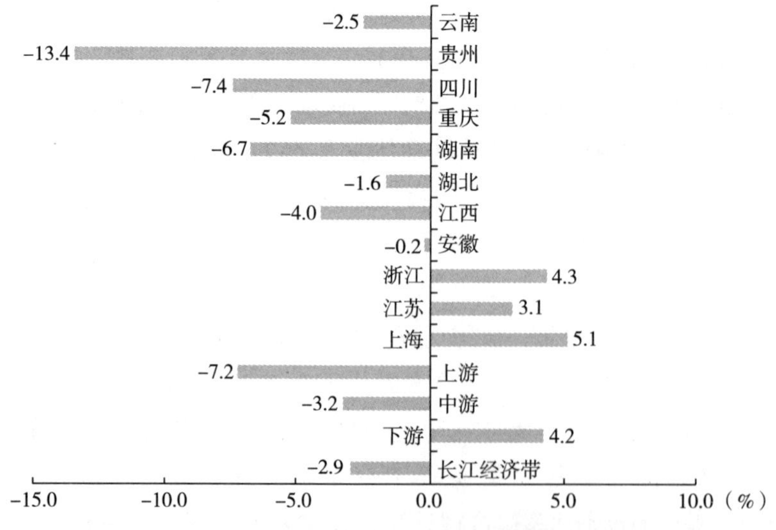

图 15 - 2 1999—2013 年长江经济带全要素能源效率变动情况

第三节 环境约束下全要素能源效率影响因素的理论分析

一 影响机制

在日益严峻的能源短缺和环境污染形势下，环境约束本身一方面导致环境规制的出现，其中受影响最深刻的行为主体是企业和政府。企业在环境规制下或者自身想办法降低能源消耗和污染排放，或者通过购买能耗指标与超排许可维持当前生产；政府主要通过财政支出维持对环境规制的保障，同时通过验收环保项目实现环境规制的自我监督。政府和企业的环境行为形成一种倒逼机制，在改变现有资源配置的同时借助创新和补偿促使能源结构的改变，从而影响能源效率。另一方面，环境约束会对产业结构、产权结构、能源消费结构和资源禀赋等能源结构性因素造成冲击：节能减排的要求使产业（尤其是工业）发展不得不向低能耗、低污染行业倾斜，不得不放弃一部分高能耗、高污染传统国有大中型重工业企业，不得不减少煤炭等高能耗、高污染能源的消费，不得不调整能源效率的内生禀赋结构。所有这些变化均会造成能源结构的变化，进而导致能源效率提高或下降。除这两个方面外，对外开放和技术进步会同时对环境约束本身、环境规制和结构禀赋造成一定的影响，通过直接和间接两条路径对能源效率的变化造成影响，由于两者并不是能源效率的内生影响因素，故称为外部冲击因素。图 15 –3 描述了环境约束下全要素能源效率的基本影响机制。

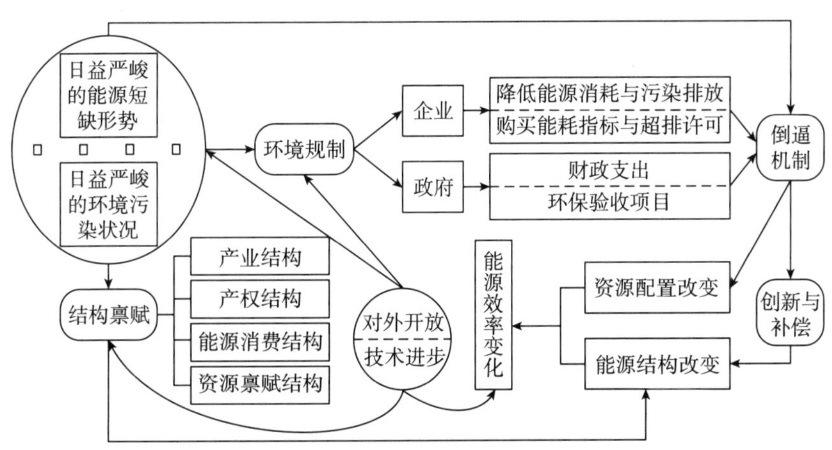

图 15 –3　环境约束下全要素能源效率的影响机制

二　理论模型

从学理上看，全要素能源效率的测算基于投入产出理论，实质上反映了一定量的能源投入要素对产出变动造成的影响。基于经典内生增长模型，本研究从数理上考察环境约束对全要素能源效率的影响。

1. 研究假设

假设1：社会是一个两部门结构，只有政府和企业。企业负责生产，政府制定环境约束。根据新古典经济学基本理论，虽然技术进步方式和路径的不同使生产函数形式并不是固定不变的，但现实经济中每一个独立的经济体基本符合柯布—道格拉斯生产函数形式（Beckerman，2012）。

假设2：环境约束不直接纳入生产函数，而是作为控制变量对资本、能源和污染产生冲击。结合前文分析，为使模型尽可能简化，设定污染排放配额（Q）作为环境约束的控制变量。

假设3：产出包括正向产出和负向产出两种，其中负向产出（主要是污染）与正向产出之间存在正相关关系，即污染会随着产出的增加而增加（为了简化模型，假设这种正相关满足线性关系）。

假设4：投入要素部分对劳动进行标准化处理，因为在柯布—道格拉斯生产函数中资本和劳动对产出的作用具有对称性。受环境约束，企业在生产过程中将资本投入分为三类：一类用于购买能源从事产品生产（假定份额系数是ρ_1），另一类用于治理生产过程中产生的污染（假定份额系数是ρ_2），还有一类用于研发绿色生产技术（假定份额系数是ρ_3）。

2. 变量设置

模型主要涉及以下变量：一是投入变量，包括资本(K)和能源(E)；二是产出变量(Y)，包括正向产出(P)和负向产出(N)。

根据假设4，t时期企业在生产过程中的资本投入$K(t)=\rho_1K(t)+\rho_2K(t)+\rho_3K(t)$，份额系数为正且满足$\rho_1+\rho_2+\rho_3\leqslant 1$。企业将资本投入的一部分($\rho_3K$)用于绿色生产技术研发必然提高正向产出，同时可以降低负向产出(污染)。基于假设1，可将t时期企业绿色技术增量表示为：

$$\dot{G}(t)=(\rho_3K(t))^{\mu}\cdot G(t)^{\nu} \tag{15-2}$$

式中，$\mu\geqslant 0$表示资本在绿色技术研发过程中的影响程度，$0<v<1$

则体现了企业既有绿色技术存量的作用程度。

由于绿色技术的使用会对正向产出产生一定的积极影响，故可将绿色技术纳入企业的产出函数中，则 t 时期企业的正向产出为：

$$P(t) = (\rho_1 K(t))^a G(t)^{1-a} \tag{15-3}$$

式中，a 和 $(1-a)$ 分别表示用于能源的投资和绿色技术对正向产出的影响，这里假定生产函数规模报酬不变。

企业在生产过程中同时伴随着负向产出（污染）的出现。学术界一般认为污染与产出呈正相关关系（张成等，2011），本研究将污染排放总量设定为正向产出的线性函数，线性系数设定为 $\varphi(G) > 0$，且污染排放随着绿色技术水平的提高而下降，即 $\varphi'(G) < 0$。另外，企业在环境约束下生产，将 $\rho_2 K$ 的资本用于治理污染。则 t 时期企业在生产过程中的实际负向产出（污染）总量就是总污染排放量减去污染治理量，即：

$$N(t) = N_T(t) - N_H(t) = \varphi(G)P(t) - \eta(M)\rho_2 K(t) \tag{15-4}$$

式中，$N_T(t)$ 表示总污染排放量，是正向产出的线性函数；$N_H(t)$ 表示污染治理量，是企业污染治理投入的线性函数，$\eta(M) > 0$ 是治污投入的线性系数，M 表示污染治理技术水平。

3. 模型构建与分析

一般地，企业进行生产是为了获得最大利润，在这一目标下选择最优的投入策略。假设企业正向产出价格为 p_1，负向产出不带来收益，即价格为0；资本投入总量为 $(\rho_1 + \rho_2 + \rho_3)K$，则 t 时期企业利润函数为：

$$W(t) = p_1 \cdot P(t) - (\rho_1 + \rho_2 + \rho_3)K(t) \tag{15-5}$$

在完全竞争的市场条件下，企业生产不影响价格，由于污染作为负向产出具有负外部性，必然受到政府的管制。根据假设2，我们将企业生产过程中允许排放的污染限定为配额 Q，则此情形下企业选择适当的投入策略以最大化利润：

$$\begin{aligned} &\max W = p_1 \cdot P - (\rho_1 + \rho_2 + \rho_3)K \\ &\text{s. t. } \varphi(G)P(t) - \eta(M)\rho_2 K(t) \leqslant Q \\ &\rho_1 + \rho_2 + \rho_3 \leqslant 1 \end{aligned} \tag{15-6}$$

借助拉格朗日函数，这一最优化问题的一阶条件为 $\partial L/\partial \rho_i = 0$，$i =$

1，2，3。由式（15－6）式可以看出，所求企业最优要素投入系数 ρ_1、ρ_2、ρ_3 的表达式将异常复杂，因此本研究考虑剔除污染配额或绿色技术的两种简化模型。

在没有污染配额限制时，式（15－6）中排除份额系数 ρ_2，求解可得企业最优要素投入系数为：

$$\rho_1=\frac{(1-v)a}{(1-v)a+(1-a)\mu}\qquad \rho_3=\frac{(1-a)\mu}{(1-v)a+(1-a)\mu}\tag{15-7}$$

不考虑绿色技术时，单位产出污染量不受绿色技术存量 G 的影响，固定为 φ；正向产出函数简化为 $P=\rho_1K$，且式（15－6）中排除份额系数 ρ_3。此时，求解可得企业最优要素投入系数为：

$$\rho_1=\frac{\eta(M)\cdot K+Q}{[\varphi+\eta(M)]\cdot K}\qquad \rho_2=\frac{\varphi\cdot K-Q}{[\varphi+\eta(M)]\cdot K}\tag{15-8}$$

由式（15－7）、式（15－8）可知，用于能源要素的资本投入弹性（a）越大，能源投入对企业产出的影响份额（ρ_1）越大；相应地，产出的绿色技术弹性（v）越大，绿色技术对企业产出的影响份额（ρ_3）越大。环境约束越强，即污染配额 Q 越小，能源投入对企业产出的影响份额（ρ_1）越小。这表明，随着环境约束的强化，企业为了符合政府制定的环境标准，不得不将更多的资本投入污染治理之中，从而减少用于能源的资本投入。

第四节　长江经济带全要素能源效率影响因素的实证检验

一　模型选择和设定

基于前文理论分析和树立推导，选取四个方面共十个变量指标对长江经济带全要素能源效率影响因素进行实证检验。

由于因变量全要素能源效率值不小于0，属于受限制因变量，在建立面板数据回归模型时采取 Tobit 模型较为合适。其基本形式如下：

$$y_i^*=x_i\beta+\varepsilon_i\quad \varepsilon_i\sim N(0,\ \sigma^2)\tag{15-9}$$

在实际分析中，我们往往只能观测到 y，而观测不到 y^*。根据两者的定义可知，在给定 x 的条件下，y 和 y^* 的密度是相同的。通过构建每个观测的极大似然函数，便可以估算出系数β。

基于上述分析，本研究利用 Tobit 模型构建长江经济带全要素能源效率影响因素面板数据模型如下：

$$TFEE_{it} = \alpha + \beta_1 PGDP_{it} + \beta_2 IS_{it} + \beta_3 PRS_{it} + \beta_4 ECS_{it} + \beta_5 \ln(K/L)_{it} + \beta_6 FEPR_{it} + \beta_7 IAPP_{it} + \beta_8 EB_{it} + \beta_9 OD_{it} + \beta_{10} TP_{it} + \varepsilon_{it} \tag{15-10}$$

式中，$TFEE_{it}$表示第i个地区在第t年的全要素能源效率，其他变量含义如上文所述，ε_{it}为随机误差项。

二 指标、变量和数据说明

（1）结构禀赋因素。一是产业结构（IS），用第二产业增加值占地区生产总值的份额表示；二是产权结构（PRS），用国有及国有控股企业总产值占工业总产值的份额表示；三是能源消费结构（ECS），用煤炭消费量占能源消费总量的份额表示；四是内生禀赋结构，用资本—劳动之比的对数表示［ln(K/L)］。

（2）行为主体因素。一是政府行为，用政府财政支出占地区生产总值的比重表示财政影响力（FEPR），用环境污染治理投资占地区生产总值的比重表示政府的环境影响力（IAPP）；二是企业行为（EB），用工业二氧化硫排放量表示企业生产的环境自控能力。

（3）外部冲击因素。一是对外开放程度（OD），用外商直接投资占地区生产总值的比重表示；二是技术进步（TP），用研究与试验发展（R&D）经费内部支出占地区生产总值的比重表示。

（4）发展水平指标。用人均地区生产总值表示（PGDP）。由于能源使用情况与一个地区的经济发展水平存在较高的相关性，通常经济发展水平较高的地区对高能高耗、高污染能源的使用较少，能源利用程度也相对更高。因此，在分析全要素能源效率的影响因素时，地区发展水平指标不可或缺。

所有变量数据均采自中国统计出版社出版的《中国统计年鉴》《中国工业经济统计年鉴》《中国能源统计年鉴》《中国环境统计年鉴》《中国科技统计年鉴》和长江经济带沿线 11 省市统计年鉴。

三 实证结果及分析

基于 11 省市 1999—2013 年的面板数据，长江经济带全要素能源效率影响因素的 Tobit 模型回归结果如表 15 – 1 所示。

表 15 – 1　　长江经济带全要素能源效率影响因素回归结果

变量	长江经济带		上游		中游		下游	
	回归系数	z 值	回归系数	z 值	回归系数	z 值	回归系数	z 值
α	0.8998 ***	8.90	0.4254	1.47	0.8435 ***	6.65	1.0562 ***	8.48
PGDP	-0.0893 **	-2.49	-0.1703 **	-1.88	-0.2146 ***	-3.14	-0.0191 **	-2.43
IS	-0.0193 *	1.12	-0.6432 *	-1.68	-0.7180 ***	-3.79	0.1722 ***	4.70
PRS	0.0430	0.66	0.3082	1.23	0.2478 **	2.28	0.0178	0.17
ECS	-0.0260 ***	-3.51	-0.0903 **	-1.83	-0.1754 *	-1.73	-0.1432 **	-2.05
ln（*K/L*）	0.0377 ***	3.28	0.0086 **	2.16	0.0780 *	1.62	0.0797 ***	2.71
FEPR	-0.3262	-0.15	0.0001	0.00	-0.5882	-1.22	0.0552	0.21
IAPP	0.4796 **	1.36	0.1104 ***	3.04	5.7035 ***	2.84	0.1135 ***	2.64
EB	-0.0256 **	-1.60	-0.1184 ***	-3.29	-0.1128 **	-2.09	0.0372 *	1.68
OD	-0.0756 ***	-2.97	-0.0769 *	-1.79	-0.1229 ***	-2.98	-0.0368 ***	2.96
TP	0.4373 ***	4.26	-3.2555	-0.43	-3.6529	-0.76	2.6825 ***	7.33
sigma_ u	0.0199 ***	2.63	0.0269 ***	4.58	0.0195 ***	7.13	0.0720 ***	3.57
sigma_ e	0.0529 ***	17.28	0.0646 ***	10.95	0.0289 ***	9.49	0.0343 ***	10.95

注：***、**、*分别表示回归系数在1%、5%、10%水平上显著，*sigma_ u* 和 *sigma_ e* 表示 *Tobit* 模型的规模参数。

根据实证分析结果可知：

首先，经济发展水平对长江经济带全要素能源效率具有显著的负向作用，与理论预期和有些学者的研究成果并不一致（林柏强和杜克锐，2013），但这却表明了长江经济带经济增长方式的粗放，最近十几年的实际发展过程也印证了这一结论。整体来看，长江经济带人均地区生产总值（PGDP）每提升 1 个百分点会使全要素能源效率（TFEE）下降 0.0893%。从上、中、下游实证结果来看，中游地区经济发展水平对全要素能源效率的负面影响程度最高，PGDP 每提升 1 个百分点导致 TFEE 下降 0.2146%，上游地区受到的负面冲击最小，PGDP 每提升 1 个百分点使 TFEE 下降 0.0191%，不同地区间人均地区生产总值对全要素能源效率的不同影响程度反映出各地区经济发展方式稍有差异，但整体仍是粗放的。

其次，结构禀赋因素对长江经济带全要素能源效率的影响方向和程度表现出不同的特点。一是产业结构（IS）与长江经济带整体和中、上游地区全要素能源效率呈显著负相关，但与下游地区呈显著正相关；第二产业占地区生产总值的份额每上升 1 个百分点使长江经济带整体和上、中游地区 TFEE 分别下降0.0193%和0.6432%、0.7180%，却使下游地区 TFEE 提高0.1722%。由于第二产业是能源消费的主要行业，其在经济结构中所占的份额越高就意味着越高的能源消费基数，在其他因素不变的情况下，第二产业份额上升往往导致能源效率下降。第二产业占地区生产总值的份额每上升 1 个百分点分别导致长江经济带整体及上、中、下游地区 TFEE 下降 0.0260% 和 0.0903%、0.1754%、0.1432%。二是能源消费结构（ECS）与长江经济带整体及其上、中、下游全要素能源效率均呈显著负相关。煤炭是目前我国最主要的消费能源，但它并不属于清洁能源，也不如风能、水能、太阳能、天然气等能源高效，其大量使用必然导致能源效率下降。三是内生禀赋结构［ln（K/L）］与全要素能源效率呈显著正相关。这和理论预期相一致，资本深化往往使其对经济增长的要素替代作用增强，减少高消耗生产要素的使用，从而促进能源效率提高。根据实证结果，长江经济带资本—劳动之比的对数每提升 1 个百分点推动全要素能源效率提高 0.0377%，这种推动作用对下游地区的影响尤为明显，达到0.0797%。四是产权结构对全要素能源效率的影响不显著。传统认识上，国有企业掌握国家经济核心命脉，在能源领域尤其突出，高能耗、高污染往往伴随着国有企业的生产发展。近年来，随着改革力度的增强，国有企业管理体制、技术创新和经营方式发生了深刻变化，对能源的利用效率也在一定程度上得到改善。之所以这一因素对长江经济带全要素能源效率影响不显著，可能是国有企业改革进程中传统生产方式仍未出现根本性的转变。

再次，作为重要的经济社会发展主体，政府和企业行为对长江经济带全要素能源效率的变化具有差异化的影响。一是政府财政支出（FEPR）对长江经济带 TFEE 的影响并不显著，主要原因可能在于选取的财政支出指标属于综合性指标，无法直接反映在能源管理方面的支出。政府环境污染治理投资（IAPP）则对全要素能源效率具有显著的正效应，IAPP 每提高 1 个百分点推动长江经济带 TFEE 提高 0.4796%；政府 IAPP 对长江经济带中游地区 TFEE 的影响最为显著，IAPP 每提高 1 个百分点使 TFEE 提高 5.7035%，能源效率的变化对环境治理投资的反应极其敏感。二是企业生产行为与长江经济带整体全要素能源效率呈显著负相关，但与下游地区呈正相关。工业二氧化硫排放量每提高 1 个百分点会导致长江经济带整体 TFEE 下降 0.0256%，上、中游地区分别下降 0.1184% 和 0.1128%，下游地区则提升 0.0372%。

最后，在外部冲击因素方面，对外开放程度（OD）与长江经济带全要素能源效率整体及上、中游地区呈显著负相关，而与下游地区呈显著正相关。形成这一局面的原因主要在于各地区招商引资水平存在差异：长江经济带整体处于承接产业转移快速发展阶段，招商引资层次较低，缺乏外商投资的准入门槛，导致过多高污染、高能耗外商企业的进入，从而造成能源效率下降；而下游地区经济开放时间已久，在引入外来资金方面已形成较完善的管理制度体系，引入的企业和产业多属于技术和资金密集型，不会造成能源效率的下降。技术进步（TP）对长江经济带整体和下游地区全要素能源效率的影响显著且呈正相关，但对中、上游地区 TFEE 的影响不显著，这主要可能缘于下游地区科学技术发展水平较高且在能源领域的应用广泛，而中上游地区科技发展仍相对落后，对能源利用效率的影响力微弱。

第五节　结论与政策建议

一　主要结论

（1）长江经济带全要素能源效率在近 15 年期间总体呈下降趋势，11 省市区之间全要素能源效率的差异较大，下游地区全要素能源效率有所改善，而上、中游地区恶化态势较为严峻。

（2）由于经济发展方式转变仍不彻底，长江经济带经济发展水平对其全要素能源效率产生负向作用，中游地区受到的负向冲击最为显著，上游和下游地区全要素能源效率下降幅度次之。

（3）产业结构、能源消费结构与长江经济带整体全要素能源效率呈负相关，但产业结构对长江经济带下游地区全要素能源效率却具有推动作用；具有内生决定作用的资本—劳动禀赋对长江经济带全要素能源效率具有显著的促进作用，尤其体现在下游经济发达地区；产权结构对长江经济带全要素能源效率的影响不显著。

（4）政府和企业在实际发展中对长江经济带全要素能源效率均具有重要影响，政府宽泛的财政支出并不会对全要素能源效率产生直接作用，但其对环境污染治理的投入越大，越能显著改善地区全要素能源效率，而企业在生产中往往出于自利的原因造成污染的排放，从而不利于全要素能源效率的改善。

（5）在外部冲击方面，虽然长江经济带对外开放程度日益提高，但缺乏对引入资金的高规格门槛审定，造成过多的高污染、高能耗企业进入，从而对全要素能源效率产生负向作用；而技术进步尽管对长江经济带上中游地区全要素能源效率的影响不显著，但对下游地区的推动作用十分强劲，整体上仍与长江经济带全要素能源效率呈正相关。

二 政策建议

（1）加快经济发展方式向质量效率型转变。根据理论预期，一个地区经济发展水平越高，对清洁能源的偏好越强，从而地区全要素能源效率越高。但实证结果显示，经济发展水平对长江经济带及其上中下游地区全要素能源效率均产生负向作用，这反映出长江经济带经济增长仍建立在高能耗、高污染的传统发展方式之上。要改善长江经济带当前能源低效率现状，必须适应经济发展新常态，加快经济发展方式从规模速度型粗放增长转向质量效率型集约增长，积极实行能源消耗总量、能源消耗强度双控行动，开展能效领跑者引领行动，促进能源节约集约高效利用。推行合同能源管理，实施企业节能行动，通过采取新设备、新技艺提高能源使用效率，充分挖掘高能耗产业的节能潜力，推动形成绿色发展方式，提高经济发展质量和效益，推进长江经济带生态文明建设，示范引领全国大河流域生态文明建设。

（2）不断优化产业结构和能源结构。长江经济带沿线省市大多处于工业化加速发展阶段，尤其是长江中、上游地区产业结构仍以第二产业为主。第二产业是煤炭等化石能源消耗的主战场，也是能源消费和环境污染的主要行业，必然对全要素能源效率产生一定的制约作用。能源消费中煤炭比例居高不下现象是目前长江经济带全要素能源效率低下的重要原因。要提高长江经济带全要素能源效率，一方面，必须推动沿线11省市大力发展战略性新兴产业，加快改造提升传统产业，大幅提高服务业比重，促进产业结构优化升级；坚定不移地实施主体功能区制度，立足主体功能区定位，引导产业合理布局和有序转移，推动长三角地区产业结构向“三高”（高端、高效、高附加值）转变，增强“三类产业”（高技术产业、现代服务业、先进制造业）对经济增长的带动作用，推动江淮地区、长江中游地区、成渝地区、黔中地区、滇中地区等国家层面重点开发区域发展新兴产业，运用高新技术改造传统产业，全面加快发展现代服务业，增强农业发展能力，科学承接国际及国内产业转移，构建分工协作的现代产业体系。另一方面，推进能源生产和消费方式革命，积极发展风能、太阳能、生物质能、水能等清洁能源，在长江中上游地区有序开发天然气、页岩气，在长江中下游地区科学选址、安全高效发展核电，建设清洁低碳、安全高能的现代能源体系；提高非化石能源比重，推动煤炭等化石能源清洁高效利用。

（3）创新驱动促进经济转型升级发展。虽然实证分析结果显示技术进步因素对长江经济带整体全要素能源效率的影响并不显著，但并不意味着全要素能源效率的提高不需要科技创新与技术进步。事实上，国内外诸多实践案例均表明，科技创新在经济社会发展的各领域起着日益重要的作用，长江经济带下游地区全要素能源效率影响因素回归结果的高度显著也印证了这一论断。实证结果之所以出现技术进步的影响整体不显著，最主要的原因可能在于传统粗放式经济发展方式下技术进步作用尚未得到充分发挥。因此，未来改善长江经济带全要素能源效率必须践行创新驱动发展战略，把发展基点置于创新上，从区域、产业、企业等层面形成创新驱动发展的“合力”，全面促进经济转型升级发展，夯实提高全要素能源效率的根基。加强创新型省份、创新型城市、创新型城区、创新型园区建设，构筑创新型区域谱系。实施工业强基工程、智能制造工程，构建新型制造体系，淘汰落后产能，化解过剩产能，促进制造业提质增效升级发展。发展壮大先进制造业、高技术产业、战略性新兴产业，促进现代服务业优质高效发展，拓展产业发展空间。强化企业创新主体和主导作用，支持创新型企业、科技型中小企业、高新技术企业发展，加强政产学研合作，建设一批国家技术创新中心、产业技术创新联盟，推进上海建成具有全球影响力的科技创新中心，推动南京、合肥、武汉、重庆、成都等中心城市建成具有全国影响力的产业创新创业中心。

（4）强化政府在能源环境领域的服务和监管职能。实证分析结果和发展实践经验均表明政府行为在全要素能源效率的变化中具有重要作用，企业行为受市场作用的左右往往具有负的外部性，尤其是在能源消耗和环境污染领域，因此迫切需要政府合理适当的宏观调控，为全要素能源效率的改善提供服务和监管。一方面，政府必须制定具有激励性的清洁能源利用政策，加大对环境污染治理的投资力度；另一方面，政府需要制定优化开发区域产业发展导向目录、重点开发区域产业发展导向目录、重点生态功能区产业准入负面清单，严控高能耗、高污染企业和产业发展，同时加强对企业节能减排工作的监管力度。

（5）加强长江经济带协同合作。从长江经济带全要素能源效率的空间分异来看，有必要强调长江经济带沿线省市、上中下游地区在生态环境和能源利用等领域的协同合作，促进未来长江经济带全要素能源效率提速、协调发展。一是必须着力保证下游地区全要素能源效率稳中有升，充分发挥其对中、上游地区能源效率的辐射带动作用；二是促进长江经济带上中下游各类生产要素的有效流动，打破阻碍地区间全要素能源效率协同提高的要素壁垒；三是建立全流域能源利用和环境污染协同治理机制平台，从顶层设计上谋划全要素能源效率改善之策。

第十六章

环境约束下长江经济带全要素能源效率的时空分异研究

第一节 引言

中国经济发展已经进入"新常态"时期，以高能耗、高污染为典型特征的高增长难以为继，能源短缺和环境污染问题日益成为制约经济发展的重要"瓶颈"。为实现经济持续健康发展，党中央、国务院提出建设"资源节约型、环境友好型"社会，并做出推动"生态文明建设"的重大战略部署。提高能源利用效率，可以兼顾经济增长、节能减排和环境保护等多重目标，是在生态环境约束下推进经济发展方式转型的必由之路。长江通道是我国国土空间开发最重要的东西轴线，在区域发展总体格局中具有重要战略地位。国务院颁布的《国务院关于依托黄金水道推动长江经济带发展的指导意见》明确提出要"打造沿江绿色能源产业带"，将长江经济带建成"生态文明的先行示范带"。在此背景下，研究长江经济带全要素能源效率（Total Factor Energy Efficiency，TFEE）问题，对促进长江经济带发展、打造中国经济新支撑带具有重要的实践指导意义。

基于要素投入替代性对能源效率实现的影响原理，Hu 和 Wang（2006）率先提出"全要素能源效率"概念，将其定义为"在除能源要素投入外的其他要素保持不变的前提下，按照最佳生产实践，一定的产出所需的目标能源投入量与实际投入量的比值"。综观学术界关于全要素能源效率的研究文献，在分析维度上，一是对不考虑环境影响的全要素能源效率的测算（庞瑞芝，2009），突出能源效率对经济增长的作用程度；二是在环境约束下对全要素能源效率的评价（张伟、吴文元，2011），侧重环境因素对能源效率的制约机制；三是对影响全要素能源效率的因素探讨，主要涉及产业结构、环境规制、国际贸易和技术进步等因素（陈德敏、张瑞，2012）。在空间尺度上，既有单一省域研究（臧传琴、刘岩，2012），也有跨省域和全国研究（王维国、范丹，2012）、国际比较研究（Hu and Kao，2007）。从已有研究成果来看，中国全要素能源效率整体水平偏低，考虑环境制约的行业或区域全要素能源效率更低，呈现出发达地区高于欠发达地区的特点。目前，学术界尚无专题研究长江经济带全要素能源效率的成果文献，本研究旨在通过对长江经济带全要素能源效率的测算评价，揭示其在时间上的演变特点和空间上的分异特征，总结长江经济带全要素能源效率的演变规律。

第二节 模型、方法与数据说明

数据包络分析（Data Envelopment Analysis，DEA）是近年来评价全要素能源效率的主流研究方法。作为一种非参数分析方法，DEA 模型利用线性规划原理估算产出距离函数，避免了生产函数的严格假设条件约束，同时不需要主观确定评价权重，使评价结果更具客观性。

一 超效率 DEA 模型

在传统 DEA 模型中，生产决策单位（Decision Making Unit，DMU）实现效率最优化就是以最少的投入要素获得最大的产出（用生产前沿曲线 LL'表示）。在图 16－1 中，纵轴（Energy/Y）表示既定产出的能源投入，横轴（Other/Y）则代表除能源外的其他投入要素（如资本、劳动等）。决策单位 C_1 和 D_1 位于 LL'之上，生产有效率；而 A_1 和 B_1 位于 LL'内部，生产无效率，相比 C_1 和 D_1 需要投入更多的能源或其他要素才能达到相同的产出水平。根据 Farrell（1957）的定义，决策单元 A_1 和 B_1 的生产效率分别为 OA'_1/OA_1 和 OB'_1/OB_1。以 C_1 为参照，A_1 生产所浪费的要素投入可表示为 $A_1A'_1+A'_1C_1$，学术上称前者为 A_1 到 C_1 的“径向调整量”（Radial Adjustment，RA），后者被称为“松弛调整量”（Slack Adjustment，SA），分别反映了技术的无效率和资源配置的无效率（Ferrier and Lovell，1990）。在测度全要素能源效率时，通常将“径向调整量”和“松弛调整量”统称为能源节省目标（energy savings target，EST）。在此基础上，可以构造全要素能源效率的计算公式，即：

$$EST_{it} = RA_{it} + SA_{it} \tag{16-1}$$

$$TFEE_{it} = \frac{TEI_{it}}{AEI_{it}} = \frac{AEI_{it} - EST_{it}}{AEI_{it}} = 1 - \frac{EST_{it}}{AEI_{it}} \tag{16-2}$$

式中，$TFEE_{it}$表示 i 地区 t 时期的全要素能源效率，TEI_{it}和 AEI_{it}分别表示能源目标投入量和能源实际投入量。由式（16－2）可知，传统 *DEA* 模型下的全要素能源效率值必然处于0—1，实际生产中能源投入的目标就是尽可能地提高全要素能源效率值。

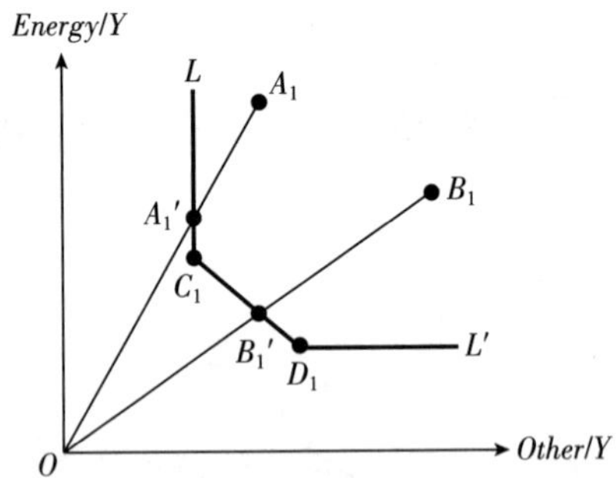

图 16－1　基于投入的 CCR－DEA 模型

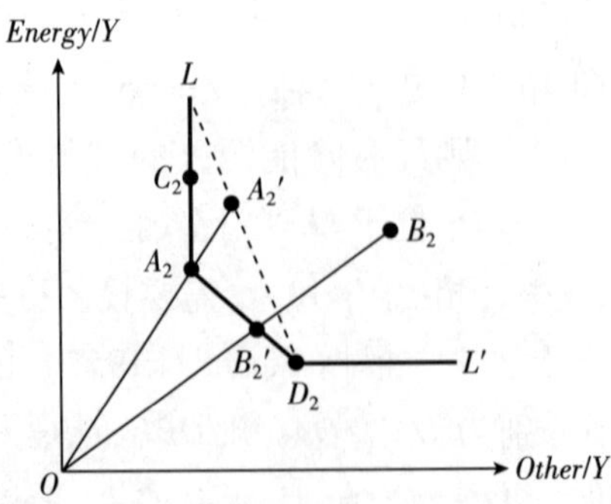

图 16－2　基于投入的超效率 DEA 模型

当同时出现多个决策单元处于生产前沿有效时，CCR－DEA 模型无法做出进一步的判断。在这种情况下，超效率 DEA 模型应运而生（Anderson and Petersen，1993）。如图 16－2 所示，决策单元 A_2、C_2 和 D_2 均位于生产前沿 LL' 上，其生产效率值均为 1，此时运用 CCR－DEA 模型就无法判断三者的要素组合孰优孰劣。在超效率 DEA 模型下，计算决策单元 A_2 的全要素能源效率时首先将其置于决策单元集合之外，新的生产前沿曲线变化为 LD_2L'，则 A_2 的全要素能源效率值为 $OA'_2/OA_2>1$，这样就解决了相对有效决策单元的不可比问题。超效率 DEA 模型依然遵循传统 DEA 模型的线性规划求解思路，其理论模型形式为：

$$
\begin{aligned}
&\min\theta \\
&\text{s. t.} \sum_{j=1, j\neq k}^{K} x_{ij}\lambda_j + s_i^- = \theta x_0\ ,\ i=1,\ 2,\ \cdots,\ M \\
&\sum_{j=1, j\neq k}^{K} y_{hj}\lambda_j - s_h^+ = y_0\ ,\ h=1,\ 2,\ \cdots,\ N \\
&s_i^- \geqslant 0,\ s_h^+ \geqslant 0 \\
&\lambda_j \geqslant 0,\ j=1,\ 2,\ \cdots,\ k-1,\ k,\ k+1,\ \cdots,\ K
\end{aligned}
\qquad (16-3)
$$

式中，θ 表示第 k（$k=1,\ 2,\ \cdots,\ K$）个决策单元的全要素能源效率；x 和 y 分别代表生产投入要素和产出变量，投入要素和产出变量的个数分别为 M 和 N；λ 是决策单元的组合比例，且所有决策单元的 λ 之和可以用来判断生产的规模收益状况，其和大于、等于和小于 1 分别表示规模收益递增、不变和递减；s_i^- 和 s_h^+ 均为"松弛调整量"，分别表示投入过剩和产出不足。

在超效率 DEA 模型中，评价生产是否有效率的准则如下（胡根华和秦嗣毅，2012）：①$\theta<1$ 且 s_i^- 和 s_h^+ 中至少有一个不为 0，则决策单元 DEA 无效率，且全要素能源效率降低；②$\theta=1$，则决策单元弱 DEA 有效，仍然存在进一步调整要素投入以提高生产效率的可能；③$\theta=1$ 且 s_i^- 和 s_h^+ 均为 0，则决策单元达到帕累托最优的 *DEA* 有效；④$\theta>1$，则决策单元 *DEA* 有效，且全要素能源效率提高。

二　方向性距离函数与 ML 指数

单纯通过超效率 DEA 模型测度全要素能源效率需要求解复杂的线性规划问题，对于样本和数据量庞大的问题不具现实可操作性，实际研究中一般将 DEA 模型与生产率指数相结合，用于测度区域或产业的全要素能源效率。目前，学术界测度全要素能源效率最经常使用的是 Malmquist 指数（以下简称 M 指数法）和 Malmquist – Luenberger 指数（以下简称 ML 指数法），但前者一般不考虑产出负影响因素的制约效应。实际生产生活中，环境因素必然导致负向产出的出现，因此，采取超效率 DEA 模型和 ML 指数相结合的方法，测度长江经济带全要素能源效率。

ML 指数的理论基础是环境技术可行性集和方向性距离函数理论（Chambers et al.，1996）。在环境制约的条件下，利用超效率 DEA 模型和 ML 指数计算全要素能源效率不仅需要考虑有利于经济社会发展的正向产出（也称合意产出），还需要考虑由于资源消耗、环境污染、生态破坏等带来的负向产出（也称非合意产出），这种纳入负向产出的投入产出关系被称为环境技术（Fare et al.，2007）。对 K 个决策单元用 H 种投入要素 $x=(x_1, x_2, \cdots, x_H)$ 得到 M 种正向产出 $y=(y_1, y_2, \cdots, y_M)$、$N$ 种负向产出 $z=(z_1, z_2, \cdots, z_N)$，环境技术模拟下的生产前沿函数为：

$$P(x)=\{(x, y, z): x \rightarrow (y, z)\} \tag{16-4}$$

有了环境技术模拟下的生产前沿函数，还需要引入方向性距离函数，才能构造 ML 指数测算全要素能源效率。在 Shephard 距离函数的基础上，方向性距离函数的一般形式可定义如下（Chung et al.，1997）：

$$\overrightarrow{D_0}(x, y, z; g)=sup\{\beta: (y, z)+\beta g \in P(x)\} \tag{16-5}$$

式中，x 代表生产的要素投入向量，y 和 z 分别表示正向产出向量和负向产出向量，g 是产出的方向向量。方向性距离函数的原理可通过图 16－3 解释，横轴和纵轴分别表示负向产出与正向产出，生产前沿函数 $P(x)$ 所包络下的范围是所有可能的产出组合，方向向量 $g=(g_y, -g_z)$ 表示正向产出增加的方向和负向产出减少的方向。这里的 β 含义与前文中 θ 类似，表示某一决策单元的实际投入产出点与其在生产前沿上的投影之间的距离，β 值越大，表明决策单元实际产出与生产前沿距离越远，全要素能源效率越低；反之，效率水平越高。

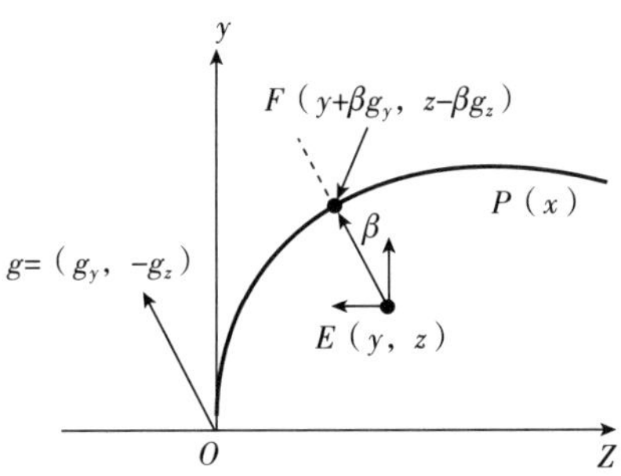

图 16－3 方向性距离函数

对产出的方向向量 g：当不考虑负向产出的影响时，$g=(y,0)$，全要素能源效率测算时仅纳入了正常产出指标；当考虑负向产出的影响时，$g=(y,-z)$，此时全要素能源效率必然受到环境因素的制约。本研究测度长江经济带全要素能源效率时将环境制约因素引入超效率 *DEA* 模型，因此产出的方向向量满足第二种情形。

假设在 t 时期第 k 个决策单元的投入产出组合为 (x_{kt}, y_{kt}, z_{kt})，根据超效率 *DEA* 理论构造 *ML* 指数需要求解如下线性规划方程：

$$\overrightarrow{D_t}(x_{kt}, y_{kt}, z_{kt}; g_{kt}) = \max\beta$$

$$\text{s. t.} \quad \sum_{k=1}^{K} a_k^t x_{kh}^t \leqslant (1-\beta) x_{kh}^t, \quad h=1, 2, \cdots, H$$

$$\sum_{k=1}^{K} a_k^t y_{km}^t \geqslant (1+\beta) y_{km}^t, \quad m=1, 2, \cdots, M$$

$$\sum_{k=1}^{K} a_k^t z_{kn}^t = (1-\beta) z_{kn}^t, \quad n=1, 2, \cdots, N$$

$$a_k^t \geqslant 0, \quad k=1, 2, \cdots, K \tag{16-6}$$

式中，a_k 反映生产技术的规模报酬情况，$a_k \geqslant 0$ 表示规模报酬不变。这样，在方向性距离函数的基础上，便可定义任意一个决策单元 t 期到 $t+1$ 期的 *ML* 指数，以第 k 个决策单元为例，则：

$$ML_t^{t+1}$$

$$= \left[\frac{1+\overrightarrow{D_t^k}(x_t^k, y_t^k, z_t^k; g_t^k)}{1+\overrightarrow{D_t^k}(x_{t+1}^k, y_{t+1}^k, z_{t+1}^k; g_{t+1}^k)} \cdot \frac{1+\overrightarrow{D_{t+1}^k}(x_t^k, y_t^k, z_t^k; g_t^k)}{1+\overrightarrow{D_{t+1}^k}(x_{t+1}^k, y_{t+1}^k, z_{t+1}^k; g_{t+1}^k)}\right]^{\frac{1}{2}}$$

$$= \frac{1+\overrightarrow{D_t^k}(x_t^k, y_t^k, z_t^k; g_t^k)}{1+\overrightarrow{D_{t+1}^k}(x_{t+1}^k, y_{t+1}^k, z_{t+1}^k; g_{t+1}^k)} \cdot$$

$$\left[\frac{1+\overrightarrow{D_{t+1}^k}(x_t^k, y_t^k, z_t^k; g_t^k)}{1+\overrightarrow{D_t^k}(x_t^k, y_t^k, z_t^k; g_t^k)} \cdot \frac{1+\overrightarrow{D_{t+1}^k}(x_{t+1}^k, y_{t+1}^k, z_{t+1}^k; g_{t+1}^k)}{1+\overrightarrow{D_t^k}(x_{t+1}^k, y_{t+1}^k, z_{t+1}^k; g_{t+1}^k)}\right]^{\frac{1}{2}} \tag{16-7}$$

若以 ML 指数反映全要素能源效率，则其可进一步分解为效率变动指数（EFFch）和技术变动指数（TEch）两部分，即

$$TFEE_t^{t+1} = EFFch_t^{t+1} \cdot TEch_t^{t+1} \tag{16-8}$$

如果 TFEE、EFFch 和 TEch 数值大于 1 分别意味着全要素能源效率提高、能源效率改善和能源技术进步；反之，三者数值小于 1 则表明全要素能源效率下降、能源效率恶化和能源技术停滞。

三　指标选取和数据来源

测度长江经济带 11 省市 1999—2013 年环境约束下的全要素能源效率所需指标分为投入和产出两大类。其中，投入指标主要包括劳动力、资本和能源消费；产出指标则包括正向产出（地区生产总值）和负向产出（工业废气排放量）。具体解释如下：

（1）劳动投入指标。衡量劳动投入的最佳指标为劳动时间，但鉴于数据的不可得性，采用劳动力数量作为替代指标。具体做法是取当年年初和年末从业人员数量的平均值作为当年的劳动力数量指标，统一单位为“万人”，数据采自长江经济带 11 省市 1999—2014 年的统计年鉴。

（2）资本投入指标。DEA 模型下的资本投入指标并非简单的固定资产投资，而特指物质资本存量。由于国内暂无资本存量的统计数据，学术界一般采取永续盘存法进行换算。资本存量的换算公式为：$K_{i,t} = I_{i,t} + (1-\delta_{i,t}) K_{i,t-1}$，其中，$K_{i,t}$表示样本区域 i 在第 t 年的物质资本存量，$K_{i,t-1}$表示该区域前一年的物质资本存量，$I_{i,t}$为当年的固定资产投资，$\delta_{i,t}$表示样本区域 i 在第 t 年的资本折旧率，目前研究一般假设研究区域内所有样本的折旧率固定，采取统一的 δ 值（张军等，2004）；但由于不同样本区域实际发展情况的不同，采取固定统一的折旧率必然导致研究结果的偏差，本研究根据吴延瑞（2008）的研究成果，对长江经济带 11 省市采取不同的资本折旧率。

此外，换算资本存量还需要解决基期资本存量的问题。本研究采取国际通用的固定资产投资比率法确定基期物质资本存量（Hall and

Jones，1999）。具体计算公式为：$K_{i,0}=I_{i,0}/(\delta+r)$，其中，$K_{i,0}$和$I_{i,0}$分别为样本区域$i$在基期的物质资本存量与固定资产投资，$\delta$为该区域的资本折旧率，$r$则是相应年份的固定资产投资增长速度。

（3）能源投入指标。以长江经济带11省市1998—2013年的能源消费总量为能源投入指标，将单位统一为“万吨标准煤”，数据采自1999—2014年《中国能源统计年鉴》。

（4）正向产出指标——地区生产总值。以长江经济带11省市1998—2013年的GDP为基础数据，为剔除价格因素的影响，用1990年不变价格换算实际GDP，单位统一为“亿元”。各省市原始GDP数据采自1999—2014年《中国统计年鉴》。

（5）负向产出指标——工业废气排放量。对负向产出的选取主要分为两类：一是取一种主要环境污染指标作为替代变量，最常用的是工业二氧化硫排放量；二是对多种环境污染指标进行综合，计算一个总的污染指标或污染指数（袁晓玲等，2009）。由于能源消耗造成的环境问题主要表现为大气污染，且近年来以PM2.5为代表的颗粒性污染不断加剧，本研究以长江经济带11省市1998—2013年两种最主要的工业废气二氧化硫和烟（粉）尘为合成变量，作为负向产出指标的替代，单位统一为“万吨”，数据主要采自1999—2014年《中国统计年鉴》和《中国环境统计年鉴》。

第三节 测度结果与分析

一 长江经济带全要素能源效率测度结果

根据前文所述模型和方法，利用R3.2软件计算长江经济带1999—2013年非环境约束和环境约束下的全要素能源效率，结果如表16－1所示。

表16－1 1999—2013年环境约束下长江经济带全要素能源效率ML指数

年份	上海	江苏	浙江	安徽	江西	湖北	湖南	重庆	四川	贵州	云南	均值
1999	0.989	0.998	1.025	0.956	0.929	0.957	0.969	0.917	0.824	0.818	0.926	0.935
2000	1.066	1.037	0.969	0.961	0.937	1.017	0.964	0.880	0.954	0.805	0.952	0.940

续表

年份	上海	江苏	浙江	安徽	江西	湖北	湖南	重庆	四川	贵州	云南	均值
2001	1.034	1.041	0.993	1.034	0.953	1.004	0.912	0.855	0.912	0.698	0.966	0.956
2002	1.039	1.028	1.079	1.023	0.961	0.982	0.925	0.931	0.866	0.865	0.975	0.968
2003	1.066	1.063	1.133	1.023	0.962	0.993	0.974	1.044	0.967	0.853	0.985	1.001
2004	1.117	1.020	1.124	1.089	1.015	0.939	0.941	0.975	0.944	0.868	1.087	1.008
2005	1.081	1.028	1.045	1.012	0.980	1.033	0.922	0.965	0.898	0.895	0.995	1.004
2006	1.057	1.043	1.074	0.969	0.956	1.020	0.938	0.982	0.951	1.111	0.960	0.985
2007	1.089	1.048	1.058	0.983	0.934	1.053	0.956	0.930	0.978	0.894	0.940	0.986
2008	1.013	1.043	1.066	1.003	0.930	1.048	0.927	0.915	0.964	0.771	0.996	0.926
2009	1.018	1.006	1.008	0.942	0.915	0.946	0.912	0.916	0.883	0.772	0.902	0.967
2010	1.073	1.064	1.074	0.996	0.945	0.999	0.927	0.943	0.989	0.891	0.950	0.984
2011	1.089	1.055	1.056	1.045	1.055	1.003	0.962	0.991	0.960	1.170	1.160	1.028
2012	1.020	0.975	0.984	0.970	0.965	0.906	0.892	1.004	0.921	0.840	0.937	0.945
2013	1.026	1.023	0.982	0.973	0.968	0.881	0.882	0.990	0.899	0.843	0.924	0.943
均值	1.051	1.031	1.043	0.998	0.960	0.984	0.933	0.948	0.926	0.866	0.975	0.971

由表 16－1 可知，1999—2013 年考虑环境约束的长江经济带全要素能源效率 ML 指数均值为 0.971，平均下降 2.9%。为反映环境污染对能源效率的制约效应，同时利用 Deap2.1 软件计算了研究期内长江经济带全要素能源效率 M 指数，结果显示，不考虑环境约束的全要素能源效率 M 指数均值为 0.996，平均下降 0.4%。两者对比表明，环境污染确实带来了能源效率的损失。纵向比较分析，1999—2013 年长江经济带历年的全要素能源效率 ML 指数值均低于 M 指数值，这与实际情况和既有研究都是相符的。从全要素能源效率是否增长来看，不考虑环境约束的 M 指数在 15 年中有 7 年处于增长态势，而考虑环境约束的 ML 指数仅有 4 年处于增长态势，能源效率的增长势头也相对不足。

二 长江经济带全要素能源效率的时间演变特征

图 16－4 显示了 1999—2013 年两种情形下长江经济带全要素生产率的总体变动趋势。可以看出，1999—2008 年，长江经济带全要素能源效率的 M 指数和 ML 指数经历了第一个先升后降的周期，2004 年达到能源效率的一个峰值；2008—2013 年，M 指数和 ML 指数经历了第二

个先升后降的周期，2011 年达到能源效率峰值。无论是否考虑环境约束，长江经济带全要素能源效率演变均呈现出“双峰一谷”的“M”形特征。从省际和上中下游的视角来看，1999—2013 年长江经济带各省市全要素能源效率 ML 指数均有大幅度的波动，没有特定规律可循。相比而言，上中下游全要素能源效率 ML 指数总体可以分为两个演变阶段（见图 16-5）：2008 年之前，上游地区全要素能源效率先升后降，但指数值始终没有超过 1，全要素能源效率处于下滑的态势；中游和下游全要素能源效率总体保持稳定，波动幅度较小，但中游全要素能源效率值小于 1，而上游全要素能源效率值大于 1。2008 年以后，上、中、下游全要素能源效率均呈现出先升后降的倒“U”形演变特征，2011 年是全要素能源效率的峰值。

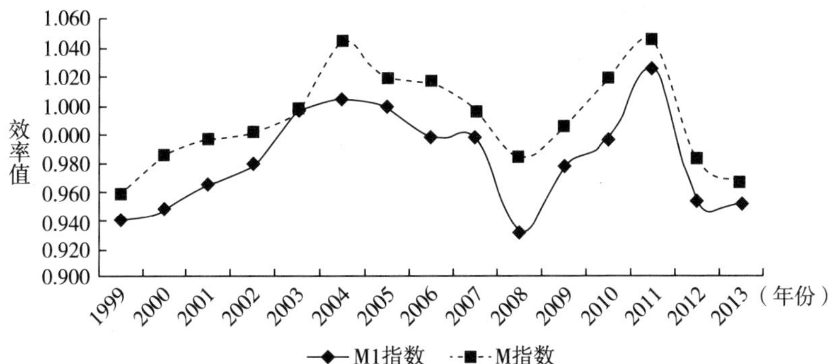

图 16-4　1999—2013 年长江经济带全要素能源效率的总体演变趋势

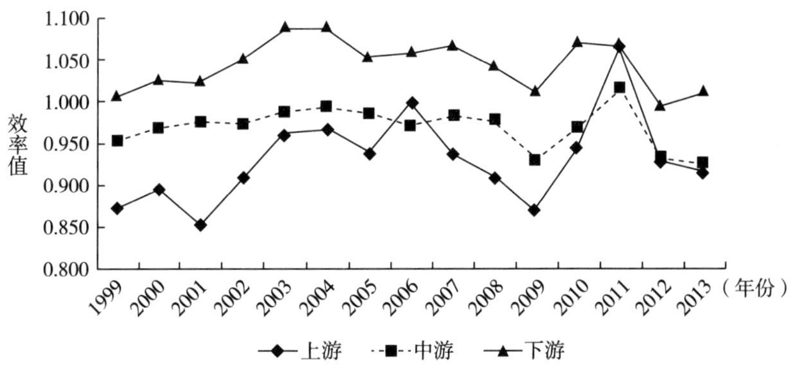

图 16-5　1999—2013 年长江经济带上中下游全要素能源效率的演变趋势

三　长江经济带全要素能源效率的空间差异

首先，根据全要素能源效率 ML 指数是否大于 1 将 1999—2013 年长江经济带省际和上中下游地区全要素能源效率分为能源效率上升区和下降区，上升区包括上海、浙江、江苏和下游地区，其他地区则属于能源效率下降区。其次，利用 SPSS21.0 软件，通过系统聚类和 Ward Method 分析法，1999—2013 年将长江经济带全要素能源效率分为高效区、中效区和低效区：上海、浙江、江苏和下游地区处于能源高效区，安徽、湖北、云南、江西、重庆和中游地区属于能源中效区，而湖南、四川、贵州和上游地区则位于能源低效区。

为了更加准确地反映长江经济带全要素能源效率的空间差异，本研究通过计算全要素能源效率变异系数衡量这种空间差异性。表 16－2 分别从省际和上中下游两个层面显示了 1999—2013 年长江经济带全要素能源效率变异系数 σ 值。

表 16－2　1999—2013 年长江经济带全要素能源效率变异系数

年份	省际 TFEE 值	上中下游 TFEE 值
1999	0.67	0.77
2000	0.70	0.63
2001	0.73	0.61
2002	0.69	0.59
2003	0.68	0.55
2004	0.81	0.52
2005	0.80	0.48
2006	0.70	0.44
2007	0.68	0.55
2008	0.66	0.79
2009	0.61	0.70
2010	0.63	0.57
2011	0.57	0.43
2012	0.59	0.34
2013	0.54	0.33
均值	0.67	0.54

结果显示：1999—2013 年，长江经济带省际全要素能源效率变异系数平均值为 0.67，上中下游变异系数值为 0.54，表明全要素能源效率的省际间差异大于上中下游间差异；除 1999 年、2008 年和 2009 年外，全要素能源效率的省际差异均远远高于上中下游差异。纵向来看，1999—2013 年长江经济带全要素能源效率省际和上中下游差异总体上均呈缩小趋势（见图 16－6），2013 年全要素能源效率变异系数值均小于 1999 年的初始值。其中，全要素能源效率的省际差异经历了先升后降的两阶段过程，而上中下游差异则经历先降后升再下降的三阶段过程。

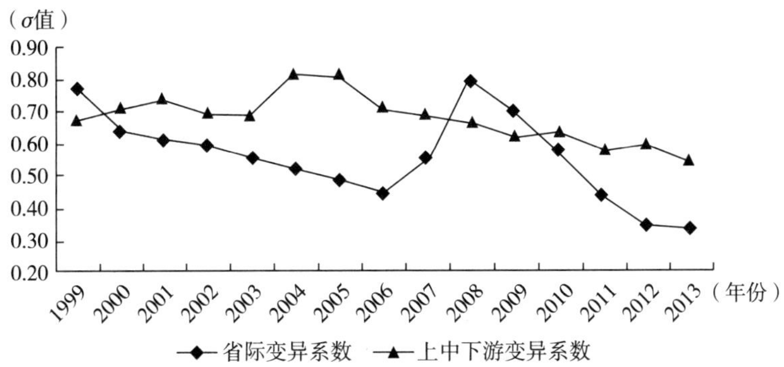

图 16－6 1999—2013 年长江经济带全要素能源效率空间差异的变动趋势

第四节 结论与政策启示

本研究的主要结论如下：

（1）在不考虑环境因素的情况下，研究期内长江经济带全要素能源效率平均下降 0.4%，考虑环境约束后，全要素能源效率平均下降 2.9%，这表明环境污染的存在必然导致能源效率的降低。

（2）从时间演变特征来看，1999—2013 年长江经济带全要素能源效率发展先后经历了两个“上升—下降”周期，总体呈“M”形趋势分布。1999—2008 年是第一个演变周期，全要素能源效率指数值从 1999 年的 0.935 上升到 2004 年的 1.008，随后将至 2008 年的 0.926，这一周期的跨度较长，但全要素能源效率变动的绝对幅度相对较小；2008—2013 年是第二个演变周期，全要素能源效率指数值由 2008 年的谷底值 0. 926 快速升至 2011 年的 1. 028，随后又急剧下降到 2013 年的 0. 943，跨度较短，但变动幅度较大。具体到长江经济带各省市和上中下游地区，1999—2013 年省际全要素能源效率演变趋势并无特定规律，而上中下游全要素能源效率以 2008 年为界限，表现出前期基本稳定（上游例外），后期呈现先升后降的倒“U”形分布特征。

（3）从空间分布差异来看，1999—2013 年长江经济带全要素能源效率大于 1 的仅有下游地区的上海、江苏和浙江，其余地区全要素能源效率值均小于 1；根据聚类划分为能源效率高、中、低三类区域，下游的上海、浙江和江苏属于能源高效区，中效区包括安徽、湖北、云南、江西和重庆，其他地区能源效率低效。基于全要素能源效率变异系数的定量分析表明，长江经济带全要素能源效率的省际差异大于上中下游差异，但总体上差异呈现出缩小趋势，只是差异缩小过程的轨迹不同。

本研究具有以下政策启示：

（1）大力推动生态文明建设。长江经济带是我国生态文明建设的先行示范带，各省市必须不遗余力践行生态文明发展战略，强化环境保护力度，在此约束下想方设法促进能源效率提升，保持区域发展的可持续性。

（2）加强区域协同合作。从长江经济带全要素能源效率的时空分异特征来看，有必要强调长江经济带各省市、上中下游地区在生态环境和能源利用等领域的协同合作，促进未来长江经济带全要素能源效率提速、协调发展。

第十七章

长江经济带工业绿色发展效率及其影响因素研究

第一节　引言

长江经济带工业绿色发展是长江经济带绿色发展、生态文明建设的重点内容。党的十九大报告强调“以共抓大保护、不搞大开发为导向推动长江经济带发展”。国家工信部等五部委联合颁布的《关于加强长江经济带工业绿色发展的指导意见》（2017）强调要进一步提高长江流域工业资源能源利用效率。国家环保部三部委联合颁布的《长江经济带生态环境保护规划》（2017）强调工业是长江经济带绿色发展的重点领域。长江经济带工业绿色发展效率如何？主要受哪些因素影响？应从哪些方面提升？探讨上述问题对推动长江经济带工业绿色发展实践具有重要意义。

综观学术界关于工业绿色发展效率的相关研究成果，在研究维度上，侧重工业绿色发展效率测度及影响因素研究，结果大多显示工业绿色发展效率值与经济发展水平呈现出较强的正相关关系（吴旭晓，2016），技术进步、环境规制、能源结构、对外开放、人力资本、产业结构、城镇化、经济发展水平等是影响工业绿色发展效率的主要因素（汪克亮等，2015）。在研究尺度上，主要侧重全国、经济区、省域等宏观尺度研究，囿于数据可得性，市域、县域、镇域、社区等微观尺度的研究成果相对较少，结果大多表明东部沿海地区工业绿色发展效率较高，中西部地区是工业绿色发展效率提升的重点地区（杨立勋、刘宇宇，2017）。在研究工具上，侧重采用随机前沿 SFA 模型、数据包络分析 DEA 模型估算工业绿色发展效率，采用 Tobit 模型、空间计量模型、系统 GMM 模型等实证工具分析工业绿色效率影响因素（黄健柏等，2017）。由于 SFA 模型在处理非期望产出和多元产出方面存在一定缺陷，学术界更多采用改进后的基于方向性距离函数的 DEA 模型，如 SBM 模型、超效率 DEA 模型、RAM 模型（袁润松等，2016）。

目前，学术界关于长江经济带工业整体绿色发展效率的研究成果相对较少。本研究在借鉴已有研究成果的基础上力图作如下拓展：探究提升工业绿色发展效率增长的内在机理；研判长江经济带工业绿色发展效率；实证检验影响长江经济带工业绿色发展效率的主要因素；提出提升长江经济带工业绿色发展效率的对策。

第二节　提升工业绿色发展效率的内在机理分析

工业绿色发展效率，是指在一定的生产技术和资源环境约束条件下，工业生产投入要素减少、工业生产的期望产出增长、工业生产的环境非期望产出减少所能达到的最大化程度（申晨等，2017）。实现工业发展的经济效益、社会效益和生态效益有机统一是工业绿色发展效率的最终目标，提升工业绿色发展效率的重要手段即是减少温室气体和环境污染物排放，恢复并提升地区资源环境承载能力。提升工业绿色发展效率是实现地区绿色发展的重要途径，其增长的内在机理主要体现为以下三重效应。

（1）绿色技术追赶效应。工业绿色发展效率的提升面临工业污染治理成本增加和工业生产清洁化的双重压力，特别是欠发达地区，亟须通过技术改进提升生产效率，迫切要求加大工业绿色生产技术革新的研发投入，促进工业绿色生产技术革新成果产出，并进一步推动创新成果的市场化运用（景维民、张璐，2014）。企业作为技术革新的主体，在这一过程中发挥着关键性作用，加强绿色技术研发投入力度，推动绿色生产技术进步，增加绿色工艺产品产出，促进生产过程清洁化，消费产品绿色化，生活方式低碳化，能源结构多元化。工业的技术追赶效应对于欠发达地区可能更为明显，欠发达地区经济基础薄弱，必须集中于更能显著推动地区工业绿色发展效率的关键领域和环节，加速实现经济发展方式的绿色低碳化。

（2）绿色创新外溢效应。工业绿色技术追赶效应是保证工业绿色发展效率的持续内生动力，而绿色创新外溢效应则是拉动工业绿色发展效率的重要外部红利（陈运平等，2016）。邻近地区间工业绿色生产技术的梯度差会通过日益完善的绿色基础设施，不限于传统实体基础设施，如密集的综合立体交通体系，更包括方便及时的现代网络基础设施，如大数据、云计算、物联网等发达高效的信息网络，极大地提升地区间绿色生产要素的流动性，加速熨平地区间的信息、人才、资源梯度差异。欠发达地区因经济基础薄弱，无力开展大规模基础性的工业绿色技术创新，可能更偏好通过消化吸收邻近发达地区的先进绿色生产技术，引进邻近发达地区的工业生产工艺与高效管理模式，实现地区工业绿色发展效率的快速提升。

（3）绿色制度激励效应。良好的工业绿色发展制度条件能够为提升工业绿色发展效率提供稳定的外部环境，有利于降低企业开展绿色技术创新的交易成本和研发成本，保障工业绿色发展的持续性和稳定性（魏婧恬等，2017）。政府在完善工业绿色发展的制度环境中发挥着主导作用，可根据地区工业发展基础及要素禀赋结构，加强工业绿色发展立法，出台适宜的工业绿色发展政策，制定良好的工业绿色发展规划，设立加速地区工业绿色发展的组织机构。随着工业绿色发展的一系列制度软环境日趋完善，工业绿色发展的基础平台搭建完备，能够给予绿色创新对象必要的资金和政策支持，大幅激发工人、研发人员、企业开展绿色创新活动的积极性、创造性、主动性，形成工业绿色发展的良好氛围。

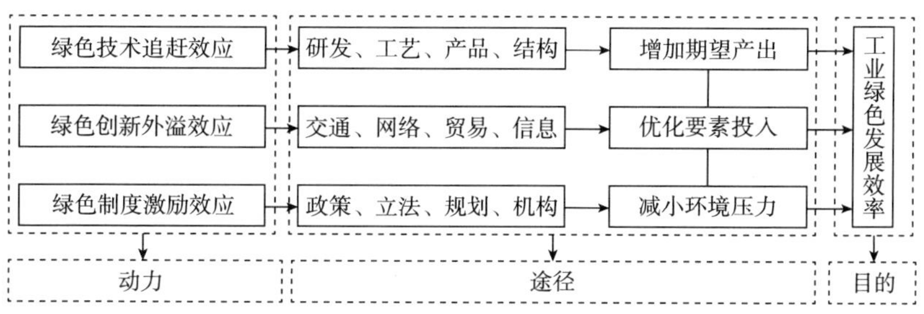

图 17－1　工业绿色发展效率提升的内在机理

第三节　长江经济带工业绿色发展效率测度

一　测度方法和数据来源

1. 测度方法

采用 SBM－GML 指数模型全面测度长江经济带工业绿色发展效率。其中，以考虑非期望产出的非径向非角度的全局方向性 SBM（Slack Based Measure）模型测度长江经济带工业绿色发展效率的静态水平；以全局 GML（Global Malmquist Luenberger）指数在 SBM 模型静态效率测度基础上表征长江经济带工业绿色全要素生产率变动，反映长江经济带工业绿色发展效率的动态变动趋势。

（1）全局 SBM 模型。科学处理非期望产出是准确测度工业绿色发展效率的关键，学术界对环境非期望产出存在投入和负产出两种处理方式，由于前者不符合实际工业生产原理，更多的是通过引入方向性距离函数采用后者处理非期望产出（王晓云等，2016）。但单一径向方向性距离函数虽能有效区分期望产出和非期望产出，未能考虑投入、产出变量松弛变动，容易高估工业绿色发展效率。Fukuyama 和 Weber（2009）将方向性距离函数和松弛变量测度模型结合提出方向性 SBM 模型，有效提升效率测度的准确性。由于 SBM 模型只能对工业绿色发展效率进行静态比较分析，无法反映工业绿色发展效率的动态变动趋势，为此基于 SBM 模型的效率测度结果，构造包含非期望产出的 GML 指数模型，反映不同时期工业绿色发展效率变化，实现对长江经济带工业绿色发展效率的全面动态比较分析。

（2）GML 指数。以全局方向性 SBM 模型为基础，进一步测度工业绿色全要素生产率变动指数，反映长江经济带工业绿色发展效率的动态变动趋势。可变规模报酬条件下，全局 GML 指数分解为全局效率变化指数 GEFFCH 和全局技术进步指数 GTECH 的乘积。由于 GML 指数以各期生产可能集作为参考集，相邻两期在测度全局方向性 SBM 距离函数参考的是同一全局生产前沿，不存在前沿交叉现象，故 GML 指数只能分解为效率变化和技术进步变化两类指数。其中，GML_t^{t+1} 大于 1 表示绿色全要素生产率呈上升趋势，工业绿色发展态势良好；$GEFFCH_t^{t+1}$

大于 1 表示存在技术效率改进，存在较强的绿色技术追赶效应；$GTECH_t^{t+1}$ 大于 1 表示存在技术进步，具有明显的绿色技术外溢效应。GML_t^{t+1}、$GEFFCH_t^{t+1}$、$GTECH_t^{t+1}$ 小于 1 和等于 1 的实际经济意义类推。

上述方法涉及三类指标。①投入指标。考虑劳动、资本、能源三类核心投入变量，分别选用规模以上工业企业平均用工人数（万人）、全社会工业固定资产资本存量（亿元）、工业能源消耗（万吨标准煤）为代理变量。②期望产出指标。选用工业增加值（亿元）为代理变量。③环境非期望产出指标。温室气体、环境污染物为环境非期望产出主体，选用二氧化碳排放量（万吨）、一般工业固体废弃物产生量（万吨）、工业废水排放总量（万吨）、工业化学需氧量排放总量（吨）、工业氨氮排放总量（吨）、工业固体废气排放总量（亿立方米）、工业二氧化硫排放总量（吨）、工业氮氧化物排放总量（吨）、工业烟尘排放总量（吨）为代理变量，实际采用熵值法构建的环境非期望产出综合指数为代理变量。

2. 样本期选择与数据来源

由于《中国工业统计年鉴》统计口径自 2011 年起采用新版国民经济行业分类标准，为保证数据可比性，选取 2011 年为研究时段起点，样本期为 2011—2015 年。相关基础数据采自《中国统计年鉴》（2012—2016）、《中国工业经济统计年鉴（2012）》、《中国工业统计年鉴》（2013—2016）、《中国环境统计年鉴》（2012—2016）、《中国能源统计年鉴》（2012—2016）、《中国价格统计年鉴》（2012—2016）。涉及市场价值的指标数值采用以 2011 年为基期的定基价格指数平减。二氧化碳排放量根据《国家温室气体清单指南》提供的参考方法估算。

二 测度结果分析

1. 长江经济带工业绿色发展静态效率

就全国整体而言，长江经济带工业绿色发展效率呈平稳增长态势，增速显著高于非长江经济带地区、全国平均水平。长江经济带工业绿色发展效率由 2011 年的 0.835 持续上升至 2015 年的 0.873，增长 4.57%；非长江经济带地区由 2011 年的 0.850 波动衰减至 2015 年的 0.846，下降 0.42%；全国平均水平则由 2011 年的 0.844 波动上升至 2015 年的 0.856，增长 1.38%。长江经济带已成为提升全国工业绿色发展效率的核心增长极。

就长江经济带上中下游地区而言，工业绿色发展效率绝对水平整体呈中游（鄂湘赣皖）—下游（苏浙沪）—上游地区（云贵川渝）递减的“凸”形分布格局，增长趋势则呈反向“凹”形分布格局。下游地区工业绿色发展效率增速最高，依托资金和技术优势构成长江经济带工业绿色发展效率提升的核心引擎；中游地区工业绿色发展效率整体最高，但增速并不明显，构成长江经济带工业绿色发展效率的稳定器；上游地区工业绿色发展效率较低，工业绿色生产能力不强。2011—2015年下游地区工业绿色发展效率高速增长 13.40%；中游地区下降 0.15%，但整体水平最高；上游地区波动上升 3.03%，绿色生产效率有待提升。

表 17－1　　2011—2015 年工业绿色发展效率

年份	2011		2012		2013		2014		2015	
全国/地区	得分	排名	得分	排名	得分	排名	得分	排名	得分	排名
全国	0.844	—	0.851	—	0.866	—	0.864	—	0.856	—
长江经济带	0.835	2	0.846	2	0.864	2	0.864	1	0.873	1
非长江经济带	0.850	1	0.854	1	0.868	1	0.863	2	0.846	2
长江上游地区	0.788	3	0.809	3	0.825	3	0.812	3	0.812	3
长江中游地区	0.895	1	0.890	1	0.901	1	0.897	1	0.893	2
长江下游地区	0.823	2	0.839	2	0.870	2	0.893	2	0.934	1

资料来源：根据测算结果整理。

就长江经济带沿线 11 省市而言，工业绿色发展效率的省际差异显著。上海、江苏、湖北、湖南等省份工业绿色发展效率增势明显，安徽、江西、贵州、云南等省份工业绿色发展效率则持续处于较低水平或呈下降趋势。上游地区、邻近长三角地区的中游地区省份是长江经济带工业绿色发展效率亟待提升的关键地区，存在污染产业向中上游地区转移风险。下游地区省份工业绿色发展协同效应较明显，工业绿色发展效率的省际差异相对较小。

表 17－2　2011—2015 年长江经济带 11 省市工业绿色发展效率

年份	2011		2012		2013		2014		2015	
省份	得分	全国排名	得分	全国排名	得分	全国排名	得分	全国排名	得分	全国排名
上海	0. 875	12	0. 876	15	0. 885	16	0. 893	16	0. 909	14
江苏	0. 801	20	0. 831	20	0. 884	17	0. 931	12	1. 000	9
浙江	0. 797	23	0. 812	22	0. 841	20	0. 857	19	0. 896	16
安徽	0. 797	24	0. 816	21	0. 838	21	0. 829	21	0. 801	21
江西	1. 000	3	0. 916	11	0. 908	15	0. 911	14	0. 836	19
湖北	0. 804	19	0. 838	19	0. 867	18	0. 858	18	0. 950	11
湖南	1. 000	6	1. 000	3	1. 000	3	1. 000	2	1. 000	2
重庆	1. 000	8	1. 000	5	0. 976	9	0. 846	20	0. 889	17
四川	0. 860	14	0. 897	13	0. 958	10	0. 991	10	0. 906	15
贵州	0. 638	29	0. 665	29	0. 696	27	0. 713	26	0. 727	26
云南	0. 702	26	0. 718	25	0. 710	26	0. 728	25	0. 742	25

资料来源：根据测算结果整理。

就工业绿色发展效率与工业传统增长效率比较而言，在 10% 的显著性水平上，考虑环境负向产出的长江经济带工业绿色发展效率并不显著低于工业传统增长效率，但两者之差依然为负值，可基本认为长江经济带工业绿色发展效率也低于工业传统增长效率。全国工业绿色发展效率显著低于工业传统增长效率，不考虑环境负向产出会高估工业绿色发展效率。

表 17－3　工业绿色发展效率和工业传统增长效率配对 T 检验

全国/地区	效率类型	均值	均值差距	标准差	T 值	自由度	P 值
全国	绿色发展	0. 865483	－0. 007101	0. 052842	－1. 646	149	0. 10
	传统增长	0. 872584					
长江经济带	绿色发展	0. 862163	－0. 064284	0. 038612	－1. 235	54	0. 22
	传统增长	0. 868591					

资料来源：根据测算结果整理。

2. 长江经济带工业绿色发展动态效率

就全国整体而言，长江经济带工业绿色全要素生产率增速显著高于非长江经济带地区和全国平均水平，具有明显的绿色技术追赶优势和较强的绿色进步效应。2011—2015 年长江经济带工业绿色全要素生产率年均增速分别高于非长江经济带地区和全国平均水平 1.2 个、0.8 个百分点，其中绿色技术追赶指数分别高于非长江经济带地区和全国平均水平 1.0 个、0.6 个百分点，绿色技术进步指数分别高于非长江经济带地区和全国平均水平 0.3 个、0.2 个百分点。

就长江经济带上中下游地区而言，工业绿色全要素生产率增速呈现出下游最高、中游最低、上游较高的“凹”形分布格局，下游地区是拉动长江经济带工业绿色全要素生产增长的核心动力区。下游地区依托强大的经济基础和先进的环境治理技术，工业绿色全要素生产率增长势头最甚；上游地区劳动力、资金和人才等生产要素的数量和质量与中下游地区差距较大，仍有较强的粗放增长倾向，环境治理强度不及下游地区。2011—2015 年下游地区工业绿色发展全要素生产率年均增速为 3.2%；上游地区年均增速为 0.8%；中游地区则基本停滞不前。

表 17-4　2011—2015 年平均工业绿色全要素生产率和传统全要素增长率

全国/地区/指数	GML	GEFFCH	GTECH	MI	EFFCH	TECH
全　国	1.003	0.992	1.012	0.999	0.992	1.003
长江经济带	1.011	0.998	1.014	1.017	1.007	1.010
非长江经济带	0.999	0.988	1.011	0.989	0.984	1.005
长江上游地区	1.008	1.007	1.000	1.026	1.030	0.996
长江中游地区	1.000	0.993	1.007	1.005	0.995	1.010
长江下游地区	1.032	0.991	1.041	1.023	0.993	1.030

资料来源：根据测算结果整理。

就长江经济带沿线 11 省市而言，工业绿色全要素生产率增速省际差异显著，除江西和重庆等个别省份，工业绿色发展态势普遍较好。2011—2015 年江苏省、浙江省、湖北省、贵州省工业绿色全要素生产率年均增速分别为5.7%、3.0%、4.3%和3.3%，而江西省和重庆市工业绿色全要素生产率年均增速分别为-4.4%、-2.9%，绝对差距超过10个百分点。云南省和贵州省尽管绿色发展效率较低，但工业绿色全要素生产率增势强劲，上游地区除重庆市外工业绿色发展模式正向低碳清洁生产转型。重庆市依赖政策优势和传统制造业优势，工业绿色转型发展动力不足，江西省则经济基础薄弱，难以实现工业绿色转型升级发展。

表17-5　2011—2015年长江经济带11省市工业平均绿色全要素生产率和传统全要素增长率

省份/指数	GML	GEFFCH	GTECH	MI	EFFCH	TECH
上海	1.010	0.976	1.034	1.012	0.975	1.038
江苏	1.057	1.000	1.057	1.028	1.000	1.028
浙江	1.030	0.997	1.033	1.029	1.005	1.023
安徽	1.001	0.991	1.011	1.025	0.990	1.035
江西	0.956	0.961	0.995	0.966	0.980	0.985
湖北	1.043	1.021	1.022	1.030	1.010	1.020
湖南	1.000	1.000	1.000	1.000	1.000	1.000
重庆	0.971	1.000	0.971	0.990	1.000	0.990
四川	1.013	0.989	1.025	1.026	1.013	1.013
贵州	1.033	1.033	1.000	1.053	1.073	0.982
云南	1.014	1.007	1.007	1.038	1.037	1.001

资料来源：根据测算结果整理。

就长江经济带整体而言，工业绿色全要素生产率增长态势呈波动减弱趋势，低于传统全要素生产率增速，绿色技术追赶速度持续降低，工业绿色发展模式稳定性较弱。工业绿色全要素生产率增速由2011—2012年的1.3%下降至2014—2015年的1.0%；绿色技术追赶增速由2011—2012年的1.3%下降至2014—2015年的-1.9%；绿色技术进步增速由2011—2012年的-0.01%增长至2014—2015年的2.9%。长江经济带工业绿色发展效率增长主要依靠消化吸收地区间的绿色技术外溢，绿色自主技术创新动力较弱；工业传统全要素生产率增速明显，高于2011—2015年绿色全要素生产率年均增速0.6个百分点。

表17-6　2011—2015年长江经济带工业绿色全要素增长率及传统全要素生产率

年份/指数	GML	GEFFCH	GTECH	MI	EFFCH	TECH
2011—2012	1.013	1.013	0.999	1.022	1.025	0.996
2012—2013	1.022	1.001	1.020	1.019	1.006	1.013
2013—2014	1.000	0.994	1.006	1.020	1.003	1.017
2014—2015	1.010	0.981	1.029	1.009	0.995	1.014
平均	1.011	0.998	1.014	1.017	1.007	1.010

资料来源：根据测算结果整理。

第四节　长江经济带工业绿色发展效率影响因素的实证研究

一　模型选取和数据来源

1. 模型选取

由于被解释变量工业绿色发展效率取值被限定在0—1之间，采用普通面板线性回归模型基于普通最小二乘法进行回归分析会导致模型出现估计偏误。因此，选用受限面板Tobit模型基于极大似然法探究长江经济带工业绿色发展效率的影响因素。

参考借鉴徐晔和胡志芳（2014）、陈超凡（2016）、吴传清等（2017）研究成果，工业绿色发展主要受工业绿色发展的主体和环境影响。由于技术创新和环境规制已被学界广泛证实对绿色发展效率具有显著影响，本研究重点考察其他七类因素对长江经济带工业绿色发展效率的影响作用：经济发展（pgdp），采用人均GDP为代理变量；能源结构（energ），采用以标准煤计算的地区煤炭能源消费量占地区能源消费总量比重为代理变量；产业结构（indus），采用工业增加值占地区GDP比重为代理变量；外商投资（FDI），采用外商直接投资占固定资产投资总额比重为代理变量；对外开放（open），采用对外贸易进出口额占地区 GDP 比重为代理变量；城镇化（urban），采用城镇常住人口占总人口比重为代理变量；人力资本（human），采用劳动者平均受教育年限为代理变量。

2. 数据来源

工业绿色发展效率采用全局 SBM 模型测度结果，解释变量指标基础资料来源于《中国统计年鉴》（2012—2016）、《中国科技统计年鉴》（2012—2016）、《中国高技术产业统计年鉴》（2013—2016）、《中国工业经济统计年鉴（2012）》、《中国工业统计年鉴》（2013—2016）、《中国环境统计年鉴》（2012—2016）、《中国劳动力统计年鉴》（2012—2016）、《中国价格统计年鉴》（2012—2016）、《中国贸易外经统计年鉴》（2012—2016）。

二　实证结果分析

（1）能源结构、产业结构、对外开放、人力资本等对长江经济带工业绿色发展效率具有显著影响。煤炭主导型能源结构严重制约长江经济带工业绿色发展效率，煤炭等化石能源在燃烧过程中产生大量毒害物质，对工业绿色发展效率提升具有显著的负向效应。工业化对长江经济带工业绿色发展效率具有显著促进作用，长江经济带正大力布局新兴绿色高技术产业，改造升级传统产业，产业结构转型升级成为提升长江经济带工业绿色发展效率的最重要驱动力。对外开放对长江经济带工业绿色发展效率具有抑制作用，依靠劳动力和资源优势参与国际贸易竞争合作，不利于工业绿色发展效率增长。人力资本对长江经济带工业绿色发展效率产生显著的促进作用，高素质劳动力快速集聚，劳动力文化和专业素质明显提升，构成长江经济带工业绿色发展的重要推动力（黄磊等，2017）。

（2）经济发展、外商投资、城镇化等尚未对长江经济带工业绿色发展效率产生显著影响。长江经济带高速增长的发展态势对工业绿色发展效率促进作用并不显著，可能是由于人才、资金、信息等高端绿色生产要素过度集聚，存在要素错配问题。外商投资对长江经济带工业绿色发展效率促进作用微弱，长江经济带工业绿色发展路径属于内向主导型，外商投资水平整体较低，受外部力量的综合影响较小。城镇化对长江经济带工业绿色发展效率影响较弱，长江经济带土地城镇化进程快于工业化进程，农业生态空间和绿色生态空间大幅收缩，大规模高强度的城镇化和工业化开发必然具有相应的环境成本（王兵等，2014）。

表 17－7　长江经济带工业绿色发展效率影响因素实证分析结果

变量/模型	长江经济带	非长江经济带	全国
经济发展（pegdp）	－0.088953 （－0.841471）	0.659075*** （4.583341）	0.237824** （2.271981）
能源结构（energ）	－0.229323*** （－4.806036）	－0.070926* （－1.829780）	－0.166510*** （－5.271199）
产业结构（indus）	0.810196*** （5.228384）	0.303870** （2.251268）	0.510746*** （4.645988）
外商投资（FDI）	0.791290 （1.296540）	2.196365*** （5.262426）	1.182558*** （3.349946）
对外开放（trade）	－0.201313** （－2.376533）	－0.101197* （－1.661763）	－0.164977*** （－3.156515）
城镇化（urban）	0.049756 （0.177247）	－0.891367*** （－3.267767）	－0.327310 （－1.496105）
人力资本（human）	0.496126*** （3.279836）	0.250151 （1.330245）	0.455558*** （3.427991）
常数项（c）	0.274818** （0.0288）	0.677401*** （3.593555）	0.417152*** （3.400662）

注：括号内为 z 值，*、**、*** 表示显著性水平分别为 10%、5% 和 1%。

资料来源：根据回归结果整理。

第五节　研究结论与政策启示

一　研究结论

基于 2011—2015 年省级面板数据采用 SBM－GML 模型从全国、上中下游地区、沿线 11 省份等维度科学测评长江经济带工业绿色发展效率，并进一步采用面板 Tobit 模型考察其核心影响因素。根据上述实证分析结果，可以得出如下研究结论：

（1）长江经济带工业绿色发展效率整体呈平稳较快增长态势。长江经济带工业绿色发展效率变动趋势优于全国平均水平，但整体静态水平低于全国平均水平，沿线 11 省市工业绿色发展效率在全国省份排名中处于中间偏后位置。长江经济带上中下游地区绿色发展效率差异显著，呈现出典型的“凸”形分布，中游地区较高，下游地区次之，上游地区最低。中游地区省份工业绿色发展效率亦呈两极分化格局，湘鄂效率值远甚于赣皖，欠发达省份可能存在承接发达地区污染产业风险。

（2）长江经济带工业绿色发展效率低于工业传统增长效率。考虑非期望产出后长江经济带工业绿色发展效率和全要素增长率均有所下降，不考虑环境非期望产出易高估工业绿色发展效率值和全要素增长率。长江经济带工业绿色全要素生产率增长主要得益于绿色技术创新的外溢扩散作用，工业内生自主绿色技术创新动力不强，长江经济带工业绿色发展效率和全要素生产率增长后劲不足。

（3）产业结构高级化和人力资本高端化是长江经济带工业绿色发展效率提升的主导力量。长江经济带积极布局培育发展壮大高技术产业和先进制造业有利于改进生产技术并提升劳动生产率，释放人力资本优势，增强长江经济带工业绿色创新动能。能源结构高碳化和外贸结构低端化对长江经济带工业绿色发展效率具有抑制作用。过度使用煤炭等化石能源则会产生较大的环境毒害物质，处在全球贸易价值链中低端则会消耗大量的资源能源，均不利于长江经济带工业绿色发展效率提升。经济发展、对外开放和城镇化对长江经济带工业绿色发展效率正向促进作用仍不明显，对长江经济带工业绿色发展效率增长贡献有限。

二　政策启示

根据上述实证分析结果与研究结论，长江经济带工业绿色发展绩效整体保持良好上升态势，但工业绿色发展能力的地区差异显著，部分省市工业绿色发展滞后。加速提升长江经济带工业绿色发展绩效，应重点从以下几个方面发力：

1. 调整工业布局

（1）完善工业布局规划。深入实施主体功能区制度，根据各地区的主体功能定位和资源环境承载能力，确定工业发展方向和开发强度，发挥各地区的主体功能比较优势，加以分类指导，构建区域联动、结构合理、集约高效、绿色低碳的工业发展新格局。在沿江地区和重点生态功能区加快编制出台县域经济产业转入负面清单，明确禁止和限制发展的行业、生产工艺、产品目录，确保石油加工、有色金属、化学原料等重化工项目到长江与主要支流岸线有效的生态安全距离。

(2) 促进工业集约集聚发展。引导制革、电镀、印染等工业企业向园区集中安置，推动生物产业、新能源、新能源汽车等高端绿色产业向园区集聚发展，完善园区工业基础设施，强化园区环境监管体系和环境风险控制，建设专业化、高端化、低碳化绿色园区。加快沿江城市建成区内的钢铁、有色、造纸、化工等重污染企业有序搬迁改造或依法关停，严格执行新增工业企业的投资方向、土地使用、战略环评、节能标准等环境审批手续，实行最严格的资源消耗、环境保护制度。

(3) 引导产业绿色转移承接。以国家级自主创新示范区、国家级高新区、国家级承接产业转移示范区为重点，立足地区资源环境承载能力和资源禀赋条件，提高沿江省市产业准入的环境门槛，强化生态环境约束，打造承接产业绿色示范区，健全产业绿色转移承接机制。严格防范污染产业向中上游地区转移，对造纸、印染、化学原料制造、电镀、皮革等产业的跨区域转移给予重点关注，实施最严格的环保、能耗、水耗、用地、安全标准，促进产业转移承接进程的清洁化、集约化、高端化。

2. 优化工业结构

(1) 淘汰落后过剩产能。根据长江经济带传统制造业生态兼容性，结合长江经济带生态环境保护要求和产业发展实际，严格落实工业发展的环保、质量、能效、安全等标准，按照国家环保相关政策法律法规，加速淘汰落后低端产能，逐步化解无效过剩产能。严格控制长江经济带钢铁、水泥、电解铝、船舶、传统汽车等严重产能过剩行业以任何方式新增产能，做好减量置换，为绿色新兴产业发展腾出空间，将更多高端生产要素转移投入至新兴绿色产业发展中，实现落后过剩产能的绿色高端化转变。

(2) 积极发展智能制造。充分发挥长江经济带高端智力人才集聚优势，在长江经济带教育、科研、产业基础扎实的上海、江苏、武汉、长沙、重庆、成都等省市，重点推动智能绿色化发展模式，建设绿色智能示范省份、城市。围绕数控机床与机器人、增材制造、智能传感与控制、智能检测与装配、智能物流与仓储等现代智能产业，大规模推广网络协同制造、个性化定制、流程制造和离散制造等智能生产模式，建设一批智能制造引领区，协同辐射带动整个长江经济带工业智能化、绿色化、高端化发展。

（3）发展壮大节能环保产业。根据各地区产业比较优势，推动节能环保产业的研发、设计、制造、应用等各环节全面长足发展。着力提升江苏、上海、武汉等智力要素密集的省市节能环保技术研发能力及环保服务水平，大力推动节能环保装备制造业在重庆、江苏、武汉、长沙、成都等省市集聚集群化发展，加快发展航空发动机、工程机械、重型机床等大型关键机电产品特色再制造业，在上海、合肥、武汉、重庆、成都等城市建设再制造产业集聚示范区。

3. 推动传统制造业绿色化改造

（1）推广绿色清洁技术。紧跟科技革命和产业转型升级方向，围绕长江经济带发展最迫切的关键绿色生产技术、环保材料、绿色工艺和装备，持续加大绿色清洁技术投入。提升制造业特别是节能环保、新能源装备、新能源汽车产业的绿色技术研发能力，增加绿色科技成果的有效供给，积极推广应用绿色先进生产技术，加速绿色创新成果的市场价值转换。按照产品全生命周期理念，优化绿色高端生产要素配置，逐步实现生产要素和最终产品的轻量化、模块化、集成化、绿色化，降低工业生产生态环境压力，提高工业绿色发展效率。

（2）推进能源消费革命。大力推广应用页岩气、太阳能、风能等清洁能源，在具备条件的长江经济带沿线省市的工业园区、企业实施“煤改气”或可再生能源替代化石能源，将优化能源消费结构作为推进工业绿色节能发展的重要途径，促进能源消费结构低碳化、循环化、绿色化。围绕长江经济带钢铁、有色金属、废油、电池、防治等主要工业再生资源，革新推广工业生产技术，推进工业固废废物综合利用，推动再生资源高效利用，降低资源消耗的不充分，提升资源开发利用效率性。

（3）健全绿色制造体系。在长江经济带工业基础雄厚地区，特别是工业化程度较高、传统产业代表性强、绿色发展潜力巨大的城市，大力支持企业推行绿色设计，开发绿色产品，建设绿色工厂，发展绿色工业园区，打造完备的绿色制造支撑体系。推动长江经济带高端装备、汽车、电子、化工、纺织等重点行业的标杆企业牵头组建绿色制造联盟，建设一批高水平绿色设计平台，实现一系列绿色工艺的重大突破，实施一批绿色制造示范项目，建立健全绿色制造供应链条，引领长江经济带工业绿色发展。

第十八章

长江经济带工业绿色发展绩效评估及其协同效应研究

第一节 引言

长江经济带工业绿色发展支撑并引领全国工业绿色发展进程，国家高度重视长江经济带工业绿色发展进程。国家“十三五”规划纲要（2016）强调要优化长江经济带产业布局，建设绿色低碳现代产业走廊。国家工信部颁布的《工业绿色发展规划（2016—2020）》（2016）提出要大力推进长江经济带沿江工业节水治污、清洁生产改造，加快发展节能环保、新能源装备等绿色产业。国家工信部等五部委联合颁布的《关于加强长江经济带工业绿色发展的指导意见》（2017）明确要加快长江经济带传统制造业绿色改造升级，不断提高资源能源利用效率和清洁生产水平。党的十九大报告（2017）进一步强调“以共抓打保护、不搞大开发为导向推动长江经济带发展”。长江经济带工业绿色发展是国家深入推进生态文明建设、践行绿色新发展理念的重大议题。长江经济带工业绿色发展水平如何？工业绿色发展效率处于何种阶段？工业绿色发展绩效的协同性如何？应从哪些方面加快工业绿色发展进程？深入探讨上述问题对推动长江经济带建成我国生态文明先行示范带、创新驱动带和协调发展带具有重大的理论价值和实践意义。

综观学术界关于工业绿色发展的相关研究成果，关于工业绿色发展的内涵，大多数文献侧重从工业资源利用效率提升、工业环境污染排放减少、工业增长质量提高、工业生态社会福利增加等方面探讨，强调工业发展的经济效益、社会效益、生态效益有机统一（胡鞍钢、周绍杰，2014）；在研究维度上，侧重工业绿色发展水平评估、工业绿色发展效率测度及其影响因素检验，结果大多表明工业绿色发展绩效与地区经济社会发展水平密切相关，经济基础是工业绿色发展的前提条件，技术创新、环境规制、人力资本、产业集聚、能源结构等是影响工业绿色发展绩效的主要因素（宋德勇等，2017）；在研究尺度上，多侧重全国、经济区、省域、城市群等尺度工业绿色发展绩效评估，结果大多显示东部沿海地区工业绿色发展绩效显著高于中西部内陆地区（李琳、王足，2017）。在研究工具上，侧重采用主成分分析法、因子分析法、熵权法、灰色关联投影法等评估工业绿色发展水平（张欢等，2016），采用随机前沿分析 SFA 模型和改进的数据包络分析 DEA 模型测度工业绿色发展效率并基于普通面板模型、STIRPAT 模型、面板 Tobit 模型、空间面板模型检验其动力机制（柏玲等，2017）；关于长江经济带工业绿色发展绩效研究，大多数文献偏向实证评估长江经济带工业绿色发展水平、产业绿色发展态势、工业绿色发展效率、工业能源效率、工业环境效率、工业生态效率，规范分析长江经济带工业实现生态优先绿色发展的协同机制、总体思路、战略路径（任胜钢、袁宝龙，2016）。

总体而言，学术界关于工业绿色发展绩效的研究大多从水平或效率单方面展开，将工业绿色发展水平与工业绿色发展效率相结合研究相对较少，关于长江经济带工业绿色发展绩效的全面研究更为稀缺。工业绿色发展绩效实则同时包含工业绿色发展绝对水平（绩）和工业绿色发展相对效率（效）两个维度。因此余下结构安排为：评估长江经济带工业绿色发展水平；评估长江经济带工业绿色发展效率；分析长江经济带工业绿色发展绩效的协同效应；提出提升长江经济带工业绿色发展绩效的对策建议。

第二节 长江经济带工业绿色发展水平评估

一 研究方法与数据来源

1. 研究方法

参考借鉴学术界和政府部门在构建工业绿色发展评价指标体系的有益经验（王兵、侯冰清，2017），结合长江经济带工业绿色发展需求与数据可得性，从工业资源利用效率、工业环境治理强度、工业创新驱动能力和工业绿色增长质量四个方面构建长江经济带工业绿色发展水平的评价指标体系。

提升资源利用效率是长江经济带工业绿色发展的主要手段和目的。从资源消耗强度和资源开发效率两个维度表征工业资源利用效率，前者反映工业生产过程资源耗损程度，后者反映工业资源综合利用效率。环境治理强度也是长江经济带工业绿色发展的重要手段和保障。从污染治理和污染排放两个维度表征工业环境治理强度，前者直接反映工业污染治理力度，后者间接反映工业污染治理力度。工业创新驱动能力是长江经济带工业绿色发展的根本支撑。从创新绩效和创新潜力两个维度表征工业创新驱动能力，前者反映工业的既有创新能力，后者反映工业的创新后劲。绿色增长质量是长江经济带工业发展的物质基础。从工业规模和工业效率两个维度表征工业绿色增长质量，前者反映工业绝对规模水平，后者反映工业实际增长效益（指标体系和具体指标见表18－1）。

表18－1 工业绿色发展评价指标体系

目标层	系统层	决策层	指标层	属性	单位	权重
工业绿色发展指数	资源利用效率	资源消耗强度	亿元工业增加值用地面积（A11）	负向	公顷/亿元	0.02658
			万元工业增加值能耗（A12）	负向	吨标准煤/万元	0.02083
			万元工业增加值电耗（A13）	负向	千瓦时/万元	0.03443
			万元工业增加值水耗（A14）	负向	立方米/万元	0.03353
			万元工业增加值固定资产投资消耗（A15）	负向	—	0.02238

续表

目标层	系统层	决策层	指标层	属性	单位	权重
工业绿色发展指数	资源利用效率	资源开发效率	万元工业增加值二氧化碳排放（A21）	负向	吨/万元	0.02030
			一般工业固定废弃物综合利用率（A22）	正向	%	0.03380
			非化石能源占一次能源消费比重（A23）	正向	%	0.03231
	环境治理强度	资源消耗强度	人均工业污染治理投资（B11）	正向	元/人	0.03427
			工业污染治理投资占工业增加值比重（B12）	正向	%	0.02388
			危险废物处置利用率（B13）	正向	%	0.03371
			工业污水集中处理率（B14）	正向	%	0.03389
		污染排放强度	亿元工业增加值二氧化硫排放量（B21）	负向	吨/亿元	0.03383
			亿元工业增加值烟尘排放量（B22）	负向	吨/亿元	0.03359
			万元工业增加值废水排放量（B23）	负向	吨/万元	0.03005
			亿元工业增加值一般固体废物产生量（B24）	负向	吨/亿元	0.03405
	创新驱动能力	创新绩效水平	规模以上工业企业新产品销售收入占主营业务收入比重（C11）	正向	%	0.03225
			规模以上工业企业平均新产品销售收入（C12）	正向	万元/家	0.03446
			规模以上工业企业平均拥有有效发明专利数（C13）	正向	件/家	0.02835
			万人拥有规模以上工业企业有效发明专利数（C14）	正向	件/万人	0.03125

续表

目标层	系统层	决策层	指标层	属性	单位	权重
工业绿色发展指数	创新驱动能力	创新潜力水平	规模以上工业企业 R&D 经费支出占主营业务收入比重（C21）	正向	%	0.03389
			规模以上工业企业平均 R&D 经费支出（C22）	正向	万元/家	0.03437
			规模以上工业企业 R&D 人员占从业人员比重（C23）	正向	%	0.02887
			规模以上工业企业平均 R&D 人员数（C24）	正向	人/家	0.03223
	增长质量水平	工业规模效应	人均工业增加值（D11）	正向	元/人	0.03447
			规模以上工业企业平均销售产值（D12）	正向	亿元/家	0.02736
			规模以上工业企业平均资产（D13）	正向	亿元/家	0.03052
			规模以上工业企业平均用工人数（D14）	正向	人/家	0.03436
		工业效率水平	规模以上工业企业经济密度（D21）	正向	万元/平方千米	0.03447
			规模以上工业企业劳动生产率（D22）	正向	万元/人	0.03362
			规模以上工业企业平均利润（D23）	正向	万元/家	0.03445
			规模以上工业企业资产负债率（D24）	负向	%	0.03364

采用熵权 - TOPSIS 模型评价长江经济带工业绿色发展水平。TOPSIS 模型是一种逼近理想解的排序方法，主要根据研究对象与正、负理想解的距离进行相对优劣评价。评价长江经济带工业绿色发展水平，首先需确定各指标对应权重，以准确测算各层次及整体绿色发展的具体水平。由于每个指标都有其重要的绿色支撑作用，无法主观臆断某一指标在绿色发展中所发挥的作用大小。因此，采用对数据挖掘利用最充分，

既可反映总体绿色发展水平，又可反映部分绿色发展水平的熵值法确定指标权重。为保证不同年度绿色发展水平的可比性，各指标权重在所有年度应相等，将2011—2015年11省市指标数据合并建立统一的指标数据矩阵（权重结果见表18－1最右列）。为科学准确评估长江经济带工业绿色发展水平，未就长江经济带而单言长江经济带，而是横向比较在除西藏和港澳台地区的全国30个省份视野下长江经济带的工业绿色发展水平。

2. *数据来源*

由于《中国统计年鉴》统计口径自2011年起采用新版国民经济行业分类标准，为保证数据可比性，提高研究结论的可靠度，选取2011年为研究时段起点。相关数据采自《中国统计年鉴》（2012—2016）、《中国工业经济统计年鉴（2012）》、《中国工业统计年鉴》（2013—2016）、《中国环境统计年鉴》（2012—2016）、《中国能源统计年鉴》（2012—2016）、《中国科技统计年鉴》（2012—2016）、《中国高技术产业统计年鉴》（2012—2016）、《中国价格统计年鉴》（2012—2016）、《中国贸易外经统计年鉴》（2012—2016）。涉及市场价值的指标值均以2011年为基期的定基价格指数平减。

二　评价结果

（1）长江经济带工业绿色发展水平增长态势优于全国水平。长江经济带工业绿色发展水平由2011年的0.428增长至2015年的0.472，增长10.19%；非长江经济带地区则由2011年的0.450缓慢上升至2015年的0.455，仅增长1.31%；前者增速是后者的7.8倍。尽管长江经济带工业在资源利用、环境治理、创新驱动、增长质量等方面的改进提升速度均高于非长江经济地区，但2011—2014年其绿色发展水平仍低于非长江经济带地区。这主要是由于长江经济带工业增长质量的初始水平较低，在快速实现工业增长过程中存在粗放经营和效益不高的问题，与非长江经济带地区绝对水平有较大差距，需要一段时间方能超越非长江经济带地区工业绿色发展水平。

（2）长江经济带工业绿色发展水平呈下游、中游、上游严格梯度递减格局。下游地区是长江经济带工业绿色发展的核心增长极和稳定支撑带，且与中上游地区的工业绿色发展差距呈扩张趋势，但中上游地区间的工业绿色发展差距保持相对稳定状态。下游地区工业绿色发展水平由2011年的0.493平稳上升至2015年的0.548，增长11.16%；中游地区工业绿色发展水平由2011年的0.423平缓上升至2015年的0.462，仅增长9.15%；上游地区工业绿色发展水平则由2011年的0.390上升至2015年的0.431，增长10.51%。中上游地区工业绿色发展水平增长速度和绝对值都不及下游地区，印证了经济基础、创新动能、人力资本、制度环境等发展要素是支撑工业绿色发展稳定向前推进的根本动能。

表18-2　　2011—2015年工业绿色发展水平评价结果

年份	2011		2012		2013		2014		2015	
全国/地区	得分	排名	得分	排名	得分	排名	得分	排名	得分	排名
全国	0.439	—	0.449	—	0.459	—	0.466	—	0.458	—
长江经济带	0.428	2	0.443	2	0.457	2	0.467	2	0.472	1
非长江经济带	0.450	1	0.458	1	0.465	1	0.471	1	0.455	2
长江上游地区	0.390	3	0.404	3	0.421	3	0.428	3	0.431	3
长江中游地区	0.423	2	0.438	2	0.450	2	0.458	2	0.462	2
长江下游地区	0.493	1	0.506	1	0.520	1	0.538	1	0.548	1

注：长江上游地区指“云贵川渝”、长江中游地区指“鄂湘赣皖”、长江下游地区指“苏浙沪”，下同。

资料来源：根据测算结果整理。

（3）长江经济带沿线11省市工业绿色发展水平的省际差异显著。上海、江苏、浙江三省市工业绿色发展水平稳居长江经济带沿线11省市前3强，处于全国前列，引领全国工业绿色发展。贵州、湖南两省增速迅猛，分别由2011年的0.316、0.423上升至2015年的0.397、0.481，增幅分别为28.81%、13.82%，居长江经济带11省市增速前两位。但贵州省绿色发展基础较为薄弱，绿色发展增速虽居首位，绿色发展相对水平仍然较低，处于全国靠后位置。湖南省工业绿色发展排名增幅最大，上升12位，由全国相对靠后位置到处于全国较前水平。其他省份工业绿色发展水平保持相对平稳上升态势，绿色发展水平都未有任何下降迹象，在全国绿色发展排名上均有不同程度的上升。

表 18－3　2011—2015 年长江经济带 11 省市工业绿色发展水平评价结果

年份	2011		2012		2013		2014		2015	
省份	得分	全国排名	得分	全国排名	得分	全国排名	得分	全国排名	得分	全国排名
上海	0.533	3	0.546	3	0.551	3	0.581	3	0.587	3
江苏	0.477	6	0.496	6	0.512	5	0.530	5	0.543	5
浙江	0.470	11	0.479	9	0.497	8	0.507	8	0.516	6
安徽	0.425	20	0.441	21	0.455	17	0.458	17	0.460	16
江西	0.410	24	0.422	24	0.436	23	0.441	23	0.438	22
湖北	0.435	16	0.448	17	0.454	19	0.463	16	0.470	14
湖南	0.423	22	0.442	20	0.456	16	0.469	12	0.481	10
重庆	0.448	13	0.453	13	0.458	13	0.465	14	0.475	12
四川	0.421	23	0.430	23	0.440	22	0.448	20	0.438	21
贵州	0.316	30	0.341	29	0.380	28	0.387	29	0.397	26
云南	0.389	28	0.402	27	0.411	26	0.416	26	0.419	24

资料来源：根据测算结果整理。

第三节　长江经济带工业绿色发展效率评估

一　研究方法和数据来源

1. 研究方法

采用考虑非期望产出的全局方向性 SBM 模型测度长江经济带工业绿色发展效率。由于径向方向性距离函数只能测度无效 DMU 的投入产出比例变动，未能考虑投入、产出变量的非零松弛项，容易高估工业绿色发展效率。为解决这一问题，Fukuyama 和 Weber（2009）将方向性距离函数和松弛变量测度模型结合提出方向性 SBM 模型，大大提升绿色发展效率测度的准确性。为保证跨期效率的可比性，规避“线性规划无解”和“技术退步”不合实际的效率测算问题，采用考虑非期望产出的基于松弛测度的全局 SBM 模型（Oh，2010），将长江经济带

2011—2015 年沿线 11 省份工业绿色发展数据纳入同一决策单元集，保证跨期效率值的可比性。

上述方法主要涉及三类指标：①要素投入。考虑劳动、资本、能源三类核心投入变量，分别选用规模以上工业企业平均用工人数、全社会工业固定资产资本存量、工业能源消耗为代理变量，其中全社会工业固定资产资本存量是采用永续盘存法基于全社会工业资产投资额流量推导所得，另两项指标直接从相关年鉴获取。②期望产出。选用工业增加值为代理变量。③环境非期望产出。温室气体、环境污染物为环境非期望产出主体，选用二氧化碳排放量、一般工业固体废弃物产生量、工业废水排放总量、工业化学需氧量排放总量、工业氨氮排放总量、工业固体废气排放总量、工业二氧化硫排放总量、工业氮氧化物排放总量、工业烟尘排放总量为代理变量，实际以熵值法测算的环境负向产出综合指数替代。

与工业绿色发展水平的评估思路一致，为准确测度长江经济带工业绿色发展效率，将长江经济带置于全国 30 个省份视野下判识比较长江经济带工业绿色生产能力。理论上参与比较的决策单元 DMU 为除西藏和港澳台地区之外的全国 30 个省份，同时由于本研究采用的全局 SBM 模型，将 2011—2015 年决策单元纳入同一决策单元集构建统一的生产前沿面，所以实际参与比较的决策单元有 150 个，远多于投入产出指标数和的 3 倍，能够保证测度结果的准确性。基于研究对象的主体性考虑，仅呈现 2011—2015 年长江经济带 11 省份工业绿色发展效率结果。

2. 数据来源

基础数据主要源自《中国统计年鉴》（2012—2016）、《中国工业经济统计年鉴 2012》、《中国工业统计年鉴》（2013—2016）、《中国环境统计年鉴》（2012—2016）、《中国能源统计年鉴》（2012—2016）、《中国价格统计年鉴》（2012—2016）。涉及市场价值的指标值以 2011 年为基期的定基价格指数平减。此外，二氧化碳排放量根据《国家温室气体清单指南》提供的参考方法估算。

二 评估结果

长江经济带工业绿色发展效率增速高于全国水平。长江经济带工业绿色发展效率由 2011 年的 0.835 持续上升至 2015 年的 0.873，增长

4.57%；非长江经济带地区由2011年的0.850波动衰减至2015年的0.846，下降0.42%；全国平均水平则由2011年的0.844波动上升至2015年的0.856，增长1.38%。长江经济带工业绿色转型升级成效显著，成为推动全国工业绿色生产能力增强的主要增长极。

长江经济带工业绿色发展效率呈中游下游、上游、地区递减的“凸”形分布格局。2011—2015年下游地区工业绿色发展效率增势迅猛（上升13.4%），人才、资金、技术、信息、产业优势逐步凸显，构成长江经济带工业绿色发展效率提升的核心引擎；2011—2015年中游地区工业绿色发展效率增长不明显（下降0.15%），但整体水平最高，是长江经济带工业绿色发展效率的稳定器；2011—2015年上游地区工业绿色发展效率增速不高（上升3.03%），工业绿色生产能力有待进一步提升。长江经济带工业绿色发展效率绝对水平和相对增长速度呈负相关关系。

表18－4　　2011—2015年工业绿色发展效率测度结果

年份	2011		2012		2013		2014		2015	
全国/地区	得分	排名	得分	排名	得分	排名	得分	排名	得分	排名
全国	0.844	—	0.851	—	0.866	—	0.864	—	0.856	—
长江经济带	0.835	2	0.846	2	0.864	2	0.864	1	0.873	1
非长江经济带	0.850	1	0.854	1	0.868	1	0.863	2	0.846	2
长江上游地区	0.788	3	0.809	3	0.825	3	0.812	3	0.812	3
长江中游地区	0.895	1	0.890	1	0.901	1	0.897	1	0.893	2
长江下游地区	0.823	2	0.839	2	0.870	2	0.893	2	0.934	1

资料来源：根据测算结果整理。

长江经济带沿线11省市工业绿色发展效率大多处于全国相对靠后位置。江苏、浙江、湖北、贵州等省份工业绿色发展效率增势明显，工业绿色生产能力的全国排名大幅提升；安徽、江西、重庆、云南等省份工业绿色发展效率则持续处于较低水平或呈下降趋势，在全国相对水平改进不明显甚至大幅下降。部分省份如贵州省工业绿色发展基础较为薄弱，尽管工业绿色发展效率增速较快，工业绿色生产能力长期处于相对靠后水平，长江经济带工业发展效率省际差异较大。

表 18－5　　2011—2015 年长江经济带 11 省市工业绿色发展效率测度结果

年份	2011		2012		2013		2014		2015	
省份	得分	全国排名	得分	全国排名	得分	全国排名	得分	全国排名	得分	全国排名
上海	0.875	12	0.876	15	0.885	16	0.893	16	0.909	14
江苏	0.801	20	0.831	20	0.884	17	0.931	12	1.000	9
浙江	0.797	23	0.812	22	0.841	20	0.857	19	0.896	16
安徽	0.797	24	0.816	21	0.838	21	0.829	21	0.801	21
江西	1.000	3	0.916	11	0.908	15	0.911	14	0.836	19
湖北	0.804	19	0.838	19	0.867	18	0.858	18	0.950	11
湖南	1.000	6	1.000	3	1.000	3	1.000	2	1.000	2
重庆	1.000	8	1.000	5	0.976	9	0.846	20	0.889	17
四川	0.860	14	0.897	13	0.958	10	0.991	10	0.906	15
贵州	0.638	29	0.665	29	0.696	27	0.713	26	0.727	26
云南	0.702	26	0.718	25	0.710	26	0.728	25	0.742	25

资料来源：根据测算结果整理。

第四节　长江经济带工业绿色发展绩效的协同效应分析

一　模型选取

参考借鉴物理学的容量耦合系数模型，构建长江经济带工业绿色发展水平和工业绿色发展效率耦合协调作用模型。但耦合度模型只能反映工业绿色发展水平和发展效率的作用强度和作用方向，其实质是对系统间的一致性比较分析，无法反映工业绿色发展水平和发展效率的整体功能和协同效应（黄磊等，2017）。因此，为评价工业绿色发展水平与发展效率的耦合互动发展的协调程度，须构建两者间的耦合协调度模型：

$$D=\sqrt{C\times T},\ T=\alpha L+\beta E,\ C=\frac{\sqrt{L\times E}}{(L+E)/2} \qquad (21-1)$$

式中，D 为工业绿色发展水平（L）和发展效率（E）的耦合协调度，反映工业绿色发展水平和发展效率的整体协同效应，T 为综合效益指数，C 为耦合度。α 和 β 分别为工业绿色发展水平和发展效率的待定权重，由于工业绿色发展水平和发展效率是工业绿色发展的两个维度，两者作用应无主次之分，将 α 和 β 均取值为0.5。显然 C、T、D 的取值均介于0—1之间。参考廖重斌（1999）关于耦合协调度与耦合协调类型的分类方法，将工业绿色发展水平和发展效率的耦合协调发展状况分为三大类十大亚类（见表18－6）。2011—2015年长江经济带工业绿色发展水平和发展效率直接源自前述评估结果。

表18－6　工业绿色发展水平和发展效率耦合协调度类型划分

类型	失调衰退区间				过渡调和区间				协调发展区间	
区间	(0, 0.4]				(0.4, 0.6]				(0.6, 1]	
等级	极度失调衰退	严重失调衰退	中度失调衰退	轻度失调衰退	濒临失调衰退	勉强协调	初级协调	中级协调	良好协调	优质协调
区间	(0, 0.1]	(0.1, 0.2]	(0.2, 0.3]	(0.3, 0.4]	(0.4, 0.5]	(0.5, 0.6]	(0.6, 0.7]	(0.7, 0.8]	(0.8, 0.9]	(0.9, 1]

注：尾行区间除右端区间外均为左闭右开，右端区间为左右全闭区间。

二　实证结果

长江经济带工业绿色发展绩效的协同效应呈平稳较快增强态势。长江经济带工业绿色发展的内生动力不断增强，规模效应持续外溢扩散，已形成良性协调互动的工业绿色发展协同机制，驱动长江经济带工业加速绿色发展进程。长江经济带工业绿色发展水平和绿色发展效率的耦合协调度由2011年的0.773提升至2015年的0.801，增长3.61%，由中级协调阶段迈向良好协调阶段；非长江经济地区耦合协调度则由2011年的0.786波动上升至2015年的0.788，仅增长0.22%，一直徘徊在中级协调阶段难以实现进一步跨越。

长江经济带工业绿色发展绩效的协同效应呈下游、中游、上游地区严格梯度递减分布。区际协同效应绝对水平和协同阶段差距均有扩大趋势，长江经济带区际工业绿色发展水平和发展效率的协调发展态势不容乐观，“马太效应”显著。下游地区耦合协调度由2011年的0.798快速增长至2015年的0.846，上升6.02%，在2012年即迈入良好协调阶段；中游地区耦合协调度由2011年的0.784平缓增长至2015年的0.801，仅提升2.17%，直到2014年才跨入良好协调阶段；上游地区耦合协调度由2011年的0.745平稳增长至2015年的0.769，提升3.31%，一直处于并将继续处于中级协调阶段。

表18-7　2011—2015年工业绿色发展水平与发展效率的耦合协调度及类型

年份	2011			2012			2013			2014			2015		
地区	得分	排名	类型	得分	排名	类型	得分	排名	类型	得分	排名	类型	得分	排名	类型
全国/地区	0.781	—	中级	0.788	—	中级	0.795	—	中级	0.798	—	中级	0.793	—	中级
长江经济带	0.773	2	中级	0.782	2	中级	0.793	2	中级	0.797	1	中级	0.801	1	良好
非长江经济带	0.786	1	中级	0.791	1	中级	0.797	1	中级	0.798	2	中级	0.788	2	中级
长江上游地区	0.745	3	中级	0.756	3	中级	0.768	3	中级	0.768	3	中级	0.769	3	中级
长江中游地区	0.784	2	中级	0.790	2	中级	0.798	2	中级	0.801	2	良好	0.801	2	良好
长江下游地区	0.798	1	中级	0.807	1	良好	0.820	1	良好	0.833	1	良好	0.846	1	良好

资料来源：根据测算结果整理。

长江经济带沿线11省市工业绿色发展绩效的协同效应在全国整体处于中等偏上水平。沿线11省市工业绿色发展绩效呈良好上升趋势，工业绿色发展绩效的协同阶段向前推进，协同效应的省际绝对差距不大，但相对差距仍然悬殊，部分省份的协同效应有减弱迹象。上海、江苏、浙江、湖北等省份工业绿色发展水平和发展效率的耦合协调度稳定在较高水平或保持较快上升态势，其中江苏省耦合协调度由2011年的0.786上升至2015年的0.858，增长9.17%，由第14名猛升至第4名，居于长江经济带首位、全国前列。江西省、重庆市耦合协调度呈下降趋势，分别由2011年的第12名、第8名下降至2015年的第22名、第15名，可能由于江西省经济基础较为薄弱，重庆市资源过度集聚产生要素配置冗余，抑制工业绿色发展绩效的协同效应充分释放。其余省份工业绿色发展绩效的协同效应保持平稳增强态势，在全国的相对水平均有不同程度提升。

表18－8　2011—2015年长江经济带11省市工业绿色发展水平与发展效率的耦合协调度及类型

年份	2011			2012			2013			2014			2015		
省份	得分	排名	类型	得分	排名	类型	得分	排名	类型	得分	排名	类型	得分	排名	类型
上海	0.826	7	良好	0.831	6	良好	0.836	7	良好	0.849	4	良好	0.855	5	良好
江苏	0.786	14	中级	0.801	13	良好	0.820	10	良好	0.838	7	良好	0.858	4	良好
浙江	0.782	16	中级	0.790	16	中级	0.804	17	良好	0.812	15	良好	0.824	10	良好
安徽	0.763	23	中级	0.775	22	中级	0.786	21	中级	0.785	21	中级	0.779	21	中级
江西	0.800	12	良好	0.789	17	中级	0.793	19	中级	0.796	17	中级	0.778	22	中级
湖北	0.769	22	中级	0.783	19	中级	0.792	20	中级	0.794	18	中级	0.818	12	良好
湖南	0.806	11	良好	0.816	10	良好	0.822	9	良好	0.827	9	良好	0.833	8	良好
重庆	0.818	8	良好	0.821	7	良好	0.818	12	良好	0.792	19	中级	0.806	15	良好
四川	0.776	17	中级	0.788	18	中级	0.806	16	良好	0.816	13	良好	0.794	17	中级
贵州	0.670	29	初级	0.690	29	初级	0.717	28	中级	0.725	27	中级	0.733	26	中级
云南	0.723	28	中级	0.733	26	中级	0.735	26	中级	0.742	25	中级	0.747	24	中级

资料来源：根据测算结果整理。

第五节　研究结论与政策启示

一　研究结论

第一，长江经济带工业绿色发展成效显著。早期长江经济带工业绿色发展水平与长江经济带工业绿色发展效率均低于全国平均水平，但得益于长江经济带前期的产业、资金、技术、人才积累，长江经济带工业绿色发展的后发优势明显，工业绿色发展动能充裕，受国家重大战略布局激励，长江经济带工业绿色发展潜能快速显化，长江经济带工业绿色发展绩效逐步超越全国平均水平，引领全国工业绿色发展。

第二，长江经济带工业绿色发展绩效区际差异较大。长江经济带工业绿色发展的要素分布较不均衡，高素质劳动力、绿色生产技术、战略性新兴产业布局存在严格的地区偏向，长江经济带下游地区绿色产业基础雄厚、绿色生产技术成熟、绿色高端人口集聚、绿色金融发达，工业绿色发展绩效特别是工业绿色发展水平显著高于中游和上游地区。尽管中游地区工业绿色发展效率前期较高，受工业绿色发展要素供给制约，后期效率仍落后于下游地区。

第三，长江经济带沿线 11 省市工业绿色发展态势相对平稳。长江经济带沿线 11 省市工业绿色发展绩效均有不同程度提升，上海、江苏、浙江、湖南等发达地区或邻近发达地区省份工业绿色发展绩效保持领先水平，工业绿色发展水平和工业绿色发展效率高于其他省份。江西、云南、贵州等欠发达省份工业绿色发展绩效增速加快，但工业绿色发展基础较为薄弱，工业绿色发展绩效处于全国靠后位置。

第四，长江经济带工业绿色发展绩效的协同效应强劲。长江经济带工业绿色发展水平与绿色发展效率具有高度一致性，工业绿色发展的协同性和均衡性不断增强，工业绿色发展绩效处于中高级耦合协调阶段，逐步赶超全国平均水平。经济发展水平较高的地区，依托区位条件、技术优势和物质资本能够较快实现绿色发展水平和发展效率的有机统一，长江经济带工业绿色发展绩效呈下游、中游、上游地区依次递减格局。

二　政策启示

第一，加大绿色技术创新投入，推动创新成果产业化。面向节能环保、新能源装备、新能源汽车等绿色制造产业技术需求，加强核心关键技术研发，构建支撑绿色制造产业发展的技术体系。形成一批符合市场需求，能够迅速转化为现实生产力和最终市场价值，提升工业绿色发展绩效水平的绿色技术创新成果。

第二，发展壮大高技术产业，改造升级传统产业。根据地区产业基础条件发展壮大绿色制造业特别是高效节能、资源循环利用、高附加值型先进环保装备制造业，增强绿色发展新兴动能。加快传统产业转型升级进程，重点提升钢铁、有色金属、石化、纺织等行业清洁生产水平，实现污染型产业的绿色转型发展。

第三，建立健全绿色制造体系，完善绿色发展长效机制。强化产品全生命周期绿色管理，支持企业推行绿色设计，开发绿色产品；分类创建绿色工厂，培育绿色企业；推进绿色工业园区建设，发展绿色工业园区；推行绿色供应链标准和生产者责任延伸制度，打造绿色供应链，全面推进绿色制造体系建设。

第四，推广应用绿色清洁能源，促进能源结构低碳化。针对当前煤炭主导型能源结构，提高煤炭资源利用效率，降低煤炭消耗的温室气体与毒害物质的产出和排放。积极开发推广利用绿色高效清洁能源，加强长江经济带储量丰富的页岩气、太阳能、水能等清洁能源开发利用。有序推进长江经济带能源结构的多元化和低碳化进程，促进长江经济带工业绿色发展水平和发展效率的双提升。

第五，严格落实主体功能区制度，推动工业绿色协同发展。明确地区主体功能及比较优势，引导地区工业发展方向，合理确定开发强度。长三角地区应依托资金和技术优势优化工业布局，加快发展节能、节地、节水的绿色先进制造业，发展壮大电子信息、高端装备、新能源汽车、纺织服装等世界级产业集群；长江中游、成渝、江淮、黔中、滇中等重点开发区应立足产业基础加速改造升级钢铁、化工、矿产、能源、纺织等传统产业，大力发展新材料、新能源、高端装备等绿色新兴产业，加快工业智能化、高端化、集聚化发展。

第十九章

环境规制对长江经济带工业绿色生产率的门槛效应研究

第一节 引言

改革开放以来中国经济经历了长期的高速增长，但传统粗放型增长方式也带来了日趋紧张的能源约束和愈加严重的环境污染。工业占GDP的比重始终维持在40%左右，对国民经济具有举足轻重的作用，但工业发展所引致的能源消耗和污染排放却占全社会总能耗和总排放的70%以上，我国工业总体上尚未摆脱高投入、高消耗、高排放的发展方式。2016年1月，习近平总书记在重庆召开长江经济带发展座谈会，强调推动长江经济带发展必须从中华民族长远利益考虑，走生态优先、绿色发展之路，把修复长江生态环境摆在压倒性位置，共抓大保护，不搞大开发，使母亲河永葆生机活力。根据《中国能源统计年鉴（2016）》和《中国环境统计年鉴（2016）》，2015年长江经济带沿线11省市工业能源消耗总量达8.78亿吨标准煤，工业废水排放总量达88.86亿吨，工业二氧化硫排放总量达551.77万吨，长江生态修复任重道远。因此，必须提高长江经济带工业绿色生产率，建立健全工业绿色发展长效机制，推动生态文明与工业文明和谐共融，走高效、清洁、低碳、循环的绿色发展道路。近20年来，长江经济带工业绿色生产率是改进了还是倒退了？其影响因素有哪些？提高环境规制能否有效促进长江经济带工业绿色生产率提升？是否存在门槛效应？本研究侧重探讨上述问题。

学术界采用的生产率测度方法主要包括以随机前沿分析方法（SFA）为代表的参数法和以数据包络分析（DEA）为代表的非参数法。相对于SFA方法，DEA方法不必设定具体生产函数、避免SFA关于模型形式设定及随机干扰正太分布等强假设偏误、打破SFA单一产出限制等优良特性。Chung等（1997）引入可同时考虑期望产出与非期望产出的方向性距离函数（DDF），使绿色全要素生产率测度可以在无须价格信息、无须假定生产函数形式的前提下进行。然而，当考虑存在投入或产出的非零松弛时，传统的方向性距离函数（DDF）倾向于高估评价对象的效率水平，Tone（2001）提出基于松弛变量的方向性距离函数（SBM），进而解决了效率高估问题。但长期以来学术界生产率测度研究成果均采用当期数据确定当期生产技术前沿，因而只能进行短期生产率变动分析，其长期测算结果不具有可比性，且可能存在线性规划无解问题，得出错误的“技术倒退”结论。Oh（2010）提出基于全局生产技术集构建生产技术前沿的GML指数，从而解决了长期生产率测度的持续性和稳健性问题。多数国内学者采用该方法进行相关测算，如尤济红和王鹏（2016）采用基于SBM的GML指数测算1998—2012年中国省区绿色工业生产率。

学术界关于环境规制对经济绩效的影响效应研究由来已久，并形成观点相悖的两个主要假说——“成本假说”和“波特假说”。“成本假说”指环境规制迫使企业为碳排放和污染物排放付费，为企业带来额外的合规成本，在技术水平和市场需求不变的情况下，合规成本直接导致了企业生产率和利润率的下降，且合规成本挤占企业本可以用于生产和盈利的投资，增加了企业的机会成本，间接导致企业潜在生产率和利润率的下降。Barbera和Mcconnell（1990）基于1960—1980年美国行业数据的研究得出10%—30%的生产率下降可归因于环境规制的结论。“波特假说”认为合理的环境规制将产出创新补偿效应，部分甚至全部抵消企业的合规成本，从而使企业长期生产率和利润率提高。所谓创新补偿效应指的是环境规制刺激了企业的绿色创新，Larrán Jorge等（2015）基于西班牙中小企业数据验证了创新补偿效应的存在。国内关于环境规制与经济绩效之间关系的实证研究尚未形成一致结论，如罗能生和王玉泽（2017）认为，“治理投入型”环境规制与生态效率间存在“U”形关系，而沈能（2012）得出环境规制强度和环境效率间符合倒“U”形关系的结论。

综上所述，已有研究主要存在以下两方面缺憾：①在生产率测算方法，学术界以长江经济带沿线 11 省市为研究尺度的相关文献较少，如吴传清等（2014），且所用方法均是采用当期数据确定当期生产技术前沿的非全局 DEA 方法，其测算结果实际上跨期不可比。②在环境规制的经济绩效作用研究方面，学术界或只探讨了线性影响，或只通过在模型中加入环境规制的平方项来探讨非线性影响，如张成等（2011），但加平方项会带来严重的多重共线性，并导致结构变化点难以确定。为弥补上述不足，建立面板门槛模型，以全局 DEA 方法测算出的工业绿色生产率为因变量，以环境规制为核心解释变量和门槛变量，着重研究环境规制对长江经济带工业绿色生产率的影响作用，并据此提出相应政策建议。

第二节 研究方法与数据来源

一 研究方法

基于已有研究，环境规制与长江经济带工业绿色生产率间可能存在门槛效应，基于 Hansen（1999）的研究，将环境规制同时作为核心解释变量和门槛变量，分别建立单一门槛、双重门槛和三重门槛模型如下：

$$etfp = \alpha + \beta_1 er^2 (er \leqslant \gamma_1) + \beta_2 er^2 (er > \gamma_1) + \theta X + \varepsilon \tag{19-1}$$

$$etfp = \alpha + \beta_1 er^2 (er \leqslant \gamma'_1) + \beta_2 er^2 (\gamma'_1 \leqslant er < \gamma'_2) + \beta_3 er^2 (er > \gamma'_2) + \theta X + \varepsilon \tag{19-2}$$

$$etfp = \alpha + \beta_1 er^2 (er \leqslant \gamma''_1) + \beta_2 er^2 (\gamma''_1 \leqslant er < \gamma''_2) + \beta_3 er^2 (\gamma''_2 \leqslant er < \gamma_3) + \beta_4 er^2 (er > \gamma_3) + \theta X + \varepsilon \tag{19-3}$$

式中，$etfp$ 是静态的工业绿色生产率，er 是环境规制，X 是一组会对工业绿色生产率产生影响的控制变量，β_i 和 θ 的每一列均代表相应系数，α 用于反映地区效应，ε 是随机误差项，γ_j 为门槛值。对于单一门槛模型，可以通过残差平方和最小得到门槛值；而在进行双重门槛模型估计时，需先假设第一个门槛值已知，搜索得到第二个门槛值，然后固定第二个门槛值后对第一个门槛值进行再次搜索，得到其优化后的一致估计量；三重门槛模型的估计与双重门槛模型类似。此外，为解决异方差问题，将所有变量进行取对数处理。

考虑到 ML 指数本质上衡量的是生产率改进，并非生产率本身，且传统 DEA 模型只能区分有效单元和无效单元，无法在有效单元间做进一步区分，因此选择能够恰当处理非期望产出的超效率 SBM 模型。为实现测算结果的跨期可比，借鉴 Oh（2010）构建 GML 指数的思路，构建测度工业绿色生产率的全局超效率 SBM 模型。

首先，假设 T 时期内，有 n 个决策单元均使用 M 种投入 $x=(x_1, x_m)\in R_m^+$ 得到 r_1 种期望产出 $y^d=(y_1^d, \cdots, y_{r_1}^d)\in R_{r_1}^+$ 及 r_2 种非期望产出 $y^u=(y_1^u, \cdots, y_{r_2}^u)\in R_{r_2}^-$，采用 DEA 方法将全局生产可能集表示为式（19－4）。

$$P^G(x)=\{(y^{dt}, y_{ut}): \sum_{t=1}^{T}\sum_{j=1}^{n} z_j y_{js}^{dt} \geqslant y_s^{dt}, s=1, \cdots, r_1; \sum_{t=1}^{T}\sum_{j=1}^{n} z_j y_{jq}^{ut}=y_q^{ut}, q=1, \cdots, r_2; \sum_{t=1}^{T}\sum_{j=1}^{n} z_j x'_{ji} \leqslant x_i^t, i=1, \cdots, m; z_j \geqslant 0, j=1, \cdots, n\} \tag{19-4}$$

其次，构建基于该生产技术前沿面的超效率 SBM 模型，如式（19－5）所示。解该线性规划可得各决策单元各期工业绿色生产率。

$$\min=\frac{\frac{1}{m}\sum_{i}^{m}\frac{\bar{x}}{x_{ik}}}{\frac{1}{r_1+r_2}\left(\sum_{s=1}^{\eta}\frac{\bar{y}^d}{y_{sk}^d}+\sum_{q=1}^{r_2}\frac{\bar{y}^u}{y_{qk}^u}\right)}$$

$$\text{s.t. } \bar{x} \geqslant \sum_{j=1,\neq k}^{n} x_{ij}\lambda_j, i=1, \cdots, m; \bar{y}^d \leqslant \sum_{j=1,\neq k}^{n} y_{sj}^d\lambda_j, s=1, \cdots, r_1;$$

$$\bar{y}^u \geqslant \sum_{j=1,\neq k}^{n} y_{qj}^u\lambda_j, q=1, \cdots, r_2; \lambda_j \geqslant 0, j=1, \cdots, n, j\neq 0;$$

$$\bar{x} \geqslant x_k, i=1, \cdots, m; \bar{y}^d \leqslant y_k^d, s=1, \cdots, r_1; \bar{y}^u \geqslant y_k^u, q=1, \cdots, r_2 \tag{19-5}$$

考虑资本投入、劳动投入和能源投入三种投入变量。借鉴陈勇和李小平（2006）的相关研究成果，以1997年各省市规模以上工业企业固定资产净值为初始资本存量，以相邻年份固定资产净值差额为投资额，逐年累加获得相应年份固定资产存量作为资本投入。鉴于劳动时间数据难以获得，以各省市规模以上工业企业平均从业人员数作为劳动投入。根据《中国能源统计年鉴》附录部分给出的各类能源平均低位发热量将各省各类工业能源消费量折算成标准煤并加总作为能源投入。以规模以上工业企业总产值作为期望产出。由于2012年起《中国工业统计年鉴》不再报告总产值数据，此处根据2011年各省总产值与销售产值间的数量关系将2012—2015年工业销售产值调整为总产值。考虑碳排放和污染物排放两种非期望产出，其中，采用《省级温室气体清单编制指南》（2011）推荐方法将各省工业能源消耗折算成碳排放，采用变异系数法将工业废水排放量、工业化学需氧量排放量、工业二氧化硫排放量、工业烟（粉）尘排放量、工业废气排放量、工业固体废弃物排放量归一化得到环境污染指数作为污染物排放。

核心解释变量是环境规制（er），由于工业化学需氧量去除率、工业二氧化硫去除率和工业固体废物综合利用率直接展示政府环境规制效果，以三者几何平均值作为环境规制强度。

控制变量有：①企业规模（size），以平均工业企业产值表征；②工业结构（ind），以劳均固定资产存量表征；③产权结构（pro），以规模以上工业企业国企产值比重表征；④交通运输（tra），参考吴延瑞（2008）的做法，以平均每十平方千米土地铁路里程与公路里程的几何平均值来衡量；⑤研发强度（rd），以各省区技术合同市场成交额表征。

二　数据来源

选取1997—2015年长江经济带沿线11省市的面板数据，其中，工业企业从业人员、产值、固定资产投资等数据来自相应年份《中国工业经济统计年鉴》和《中国工业统计年鉴》，工业能源消耗数据来自《中国能源统计年鉴》，工业污染物排放和环境规制数据来自《中国环境年鉴》和《中国环境统计年鉴》，实际利用外商直接投资额来自Wind数据库，各类价格指数来自《中国价格统计年鉴》，其余指标均来自《中国统计年鉴》。

第三节　实证结果与分析

一　工业绿色生产率测算结果与分析

1997—2015 年长江经济带沿线省市工业绿色生产率测算结果及相关统计量如表 19 - 1 所示。可以看出，若基于所有时期全部决策单元构建最优生产技术前沿面，则只有 2014—2015 年的上海及 2015 年的江苏是有效的，但各省市均明显地随时间推移而趋近最优生产技术前沿面。

表 19 - 1　　　　长江经济带沿线省市工业绿色生产率

年份/省份	上海	江苏	浙江	安徽	江西	湖北	湖南	重庆	四川	贵州	云南
1997	0. 4315	0. 5137	0. 4327	0. 4835	0. 3119	0. 3922	0. 3158	0. 2877	0. 2753	0. 2449	0. 2825
1998	0. 385	0. 5023	0. 4456	0. 3251	0. 2521	0. 3244	0. 2649	0. 2542	0. 2145	0. 2253	0. 2389
1999	0. 3719	0. 5072	0. 4579	0. 2793	0. 2371	0. 303	0. 2438	0. 243	0. 1983	0. 2175	0. 2259
2000	0. 3787	0. 5311	0. 5206	0. 2934	0. 2656	0. 317	0. 2598	0. 2677	0. 2266	0. 205	0. 2235
2001	0. 42	0. 567	0. 5601	0. 3148	0. 2632	0. 3344	0. 2744	0. 3002	0. 2361	0. 2004	0. 2343
2002	0. 4708	0. 6268	0. 6237	0. 3456	0. 301	0. 3619	0. 3084	0. 3388	0. 2737	0. 22	0. 2626
2003	0. 5884	0. 6933	0. 6746	0. 3699	0. 3259	0. 2596	0. 3284	0. 4207	0. 3037	0. 2356	0. 2755
2004	0. 6267	0. 7297	0. 6873	0. 4236	0. 3987	0. 2992	0. 3864	0. 4906	0. 3508	0. 25	0. 3185
2005	0. 6396	0. 7544	0. 7168	0. 4773	0. 4316	0. 3156	0. 4536	0. 5035	0. 4043	0. 2534	0. 352
2006	0. 6908	0. 7949	0. 7347	0. 4966	0. 4755	0. 3461	0. 4624	0. 5219	0. 4678	0. 2432	0. 3677
2007	0. 7771	0. 848	0. 7957	0. 504	0. 5526	0. 3596	0. 5243	0. 5776	0. 5102	0. 2672	0. 3806
2008	0. 8175	0. 8258	0. 7595	0. 5055	0. 4513	0. 3841	0. 5584	0. 5931	0. 5365	0. 2574	0. 3763
2009	0. 8036	0. 904	0. 7376	0. 5683	0. 5994	0. 3888	0. 5801	0. 6773	0. 5758	0. 2518	0. 3777
2010	0. 9654	0. 9034	0. 7986	0. 64	0. 6376	0. 4977	0. 616	0. 7064	0. 57	0. 2618	0. 3743
2011	0. 9524	0. 9306	0. 8191	0. 7211	0. 6539	0. 586	0. 7023	0. 8648	0. 65	0. 3175	0. 4213
2012	0. 9757	0. 9752	0. 8405	0. 7221	0. 6975	0. 635	0. 6994	0. 8325	0. 5954	0. 3296	0. 4572
2013	0. 9946	0. 9923	0. 8746	0. 7479	0. 7368	0. 6758	0. 7587	0. 8298	0. 5788	0. 3798	0. 5056
2014	1. 0095	0. 9727	0. 8596	0. 7934	0. 7796	0. 7207	0. 768	0. 8753	0. 6056	0. 4089	0. 5458
2015	1. 0775	1. 0444	0. 8474	0. 838	0. 76	0. 7735	0. 7933	0. 8755	0. 6577	0. 4627	0. 5844
均值	0. 6601	0. 7470	0. 6775	0. 4890	0. 4439	0. 4115	0. 4523	0. 5008	0. 4002	0. 2678	0. 3432

就长江经济带总体而言，1997 年，虽然各省市均是工业绿色生产无效率的，但省市之间差距较小，江苏效率最高，为 0.5137，贵州效率最低，为 0.2449，11 省市效率均值为 0.3611，方差为 0.0078；虽然相较于 1997 年，2015 年各省市工业绿色生产率均明显提高，此时效率最高的是上海，为 1.0775，效率最低的仍是贵州，为 0.4627，沿线 11 省市效率均值提高到 0.7922，为 1997 年的 2.19 倍，但省市之间效率差距明显拉大，2015 年 11 省市效率方差为 0.0298，是 1997 年的 3.81 倍。

二　计量模型估计结果与分析

依次对单一门槛、双重门槛和三重门槛模型进行估计，得到的 F 值和采用 Bootstrap 方法得到的 P 值如表 19－2 所示。研究发现单一门槛效果不显著，而双重门槛和三重门槛效果均显著，相应 P 值分别为 0.050 和 0.080。因此，下文将对双重门槛模型估计结果进行重点分析。

表 19－2　　　　门槛效应检验结果

	临界值				
	F 值	P 值	1%	5%	10%
单一门槛	6.794	0.137	13.839	10.174	7.735
双重门槛	2.797 **	0.050	7.710	2.883	1.317
三重门槛	2.815 *	0.080	6.490	4.310	2.151

注：P 值和临界值均是采用 Bootstrap 方法抽样 300 次所得，***、** 和 * 分别代表在 1%、5% 和 10% 的水平上变量显著，下同。

双重门槛模型的两个门槛值分别是 $\gamma'_1 = -0.377$ 和 $\gamma'_2 = -0.336$，其 95% 置信区间分别是 [－1.232，－0.125] 和 [－1.411，－0.167]。根据这两个门槛值将长江经济带沿线省市按环境规制强度划分为低环境规制强度（$er \leqslant \gamma'_1$）、中等环境规制强度（$\gamma'_1 < er \leqslant \gamma'_2$）和高环境规制强度（$er > \gamma'_2$）三种类型。

双重门槛模型估计结果如表 19－3 所示，明显看出当其他条件不变时，低环境规制强度区域提高环境规制强度对工业绿色生产率的促进作用并不显著，中等环境规制强度区域继续提高环境规制强度可以明显促进工业绿色生产率提高，而高环境规制强度区域提高环境规制强度对工业绿色生产率的抑制作用同样不显著。原因在于当环境规制强度较低时，环境规制所导致的合规成本占企业总成本的比重很小，对企业生产率的影响微乎其微，同样地，企业也没有动力去进行绿色创新以降低合规成本，因而此时环境规制对企业绿色生产率改进的影响不显著；当环境规制强度达到并越过第一个门槛值且小于第二个门槛值时，合规成本占企业总成本的比重较大，企业有相当大动力去进行绿色创新以降低合规成本，所产生创新补偿效应完全抵消企业的合规成本，并且部分高耗能、高污染企业将被迫向区外转移，因而此时提高环境规制强度将进一步促进区域工业绿色生产率提高；当环境规制强度继续提高，以至于越过第二个门槛值时，过高的合规成本成为企业发展的巨大包袱，但同时企业又通过绿色创新来降低合规成本的动力，两方面作用孰大孰小无法确定，因而此时环境规制对工业绿色生产率的影响效应亦不显著。

表 19-3　　双重门槛模型估计结果

变量	系数估计值	变量	系数估计值
size	0.2425*** (0.000)	rd	0.0097*** (0.004)
ind	-0.3547*** (0.000)	$er \leqslant \gamma'_1$	0.0509 (0.193)
pro	-0.3050*** (0.000)	$\gamma'_1 < er \leqslant \gamma'_2$	0.2788** (0.014)
tra	0.2862*** (0.000)	$er > \gamma'_2$	-0.0650 (0.598)
fdi	0.1186*** (0.000)	cons	0.8827*** (0.000)

注：括号外数字是回归系数，括号内数字是 p 值。

此外，企业规模、工业结构、产权结构、交通运输、FDI、研发强度等对工业绿色生产率的影响效应都十分显著。具体来说：①企业规模对工业绿色生产率的影响效应为正，原因在于大企业相对于小企业更难以躲避环境监管，面临更大的环境规制压力，也有雄厚的经济实力来引入绿色生产技术或进行绿色创新，并且由于规模经济效益，大企业可以大幅降低环保投入的平均成本，甚至因此获益。②工业结构对工业绿色生产率的影响效应为负，原因在于一般来说，资本密集型工业企业在相同的工业产值下，会产生更多的污染物排放。③产权结构对工业绿色生产率的影响效应为负，因为国企可能本身在效率上就低于民企，并且对环境规制更加不敏感，进行绿色创新以降低合规成本的动力不足。④交通运输对工业绿色生产率的影响效应为正，因为发达的交通网络有利于企业共享环境基础设施，提高其运转效率。⑤FDI 对工业绿色生产率的影响效应为正，可能的原因是迄今为止进入长江经济带沿线省市的外资企业平均技术水平和管理能力仍高于本地企业，所以外企迁入将带来明显的技术和管理溢出，提高地区工业绿色生产率。⑥研发强度对工业绿色生产率的影响为正，符合先验判断，说明加大研发强度，使工业增长更多地依赖技术进步和生产效率提高，跳出对高污染、高能耗的“粗放型”增长方式的路径依赖可以明显提高工业绿色生产率。

第四节　结论与启示

一　研究结论

（1）1997—2015 年，长江经济带沿线 11 省市中，只有 2014—2015 年的上海和 2015 年的江苏是工业绿色生产有效的，其余省市均随着时间推移不断趋近于最优生产技术前沿，但省区间效率差距明显拉大。到 2015 年，由于重庆市在云贵川渝四省中“一枝独秀”，长江经济带下游工业绿色生产率的空间分异效果远远超过中上游。

（2）环境规制对长江经济带工业绿色生产率存在双重门槛效应。无论是低环境规制强度区域还是高环境规制强度区域，环境规制的作用效果均不显著，只有中等环境规制强度区域继续环境规制强度对长江经济带工业绿色生产率的作用效果才显著为正。

（3）企业规模、交通运输、FDI 和研发强度对工业绿色生产率的影响显著为正，工业结构和产权结构对工业绿色生产率的影响显著为负。

二　政策启示

（1）加快长江经济带工业增长方式转变。2015 年长江经济带沿线省市中只有上海、江苏两地是工业绿色生产有效的，其余省市均存在不同程度的生产无效率，尤其是长江经济带上游的四川、贵州、云南三省。这反映出过去近20年，长江经济带工业总量增长的同时，增长质量有待提高，对各类生产性投入（资本、人力、能源等）的利用效率有待提高，当务之急是通过改善管理能力、技术水平等提高对现有资源的利用能力，使工业增长从依靠高投入的粗放型增长方式转向依靠提高资源利用效率的集约型增长方式转变。

（2）提高四川、云南、湖南、贵州四省环境规制强度。四川、云南两省为低环境规制强度区域，虽然短期内提高环境规制强度并不能明显改善工业绿色生产率，但应从长远利益出发，尽早进入中等环境规制强度区域。湖南、贵州两省为中等环境规制强度区域，对它们来说进一步提高环境规制强度可以明显改善工业绿色生产率。尤其需要注意的是，四川、云南、贵州三省属长江经济带上游，“长江干净与否，取决于上游”，上游省市负有义不容辞地保护中华民族母亲河的责任，因此必须牢固树立保护生态环境就是保护生产力、改善生态环境就是改善生产力的理念，自觉推动绿色发展，着力提高环境规制强度，提高环境准入门槛，阻止新污染企业迁入，迫使已有污染企业迁出，从源头减少污染，坚决拒绝“带污染的GDP”。

（3）改革创新现有环境规制内容。长江经济带高环境规制强度区域继续提高环境规制强度无法显著促进工业绿色生产率提高，可能的原因是现有环境规制市场化程度不足，所产生的能够影响企业行为决策的激励和创新补偿效应也就不足，因此，应当改革创新环境规制内容，更多地创造、使用能够使污染“外部性内部化”的市场化的政策工具，如碳排放权交易、污染许可权交易等。

第二十章

长江经济带城市工业绿色发展效率及其空间驱动机制研究

第一节 引言

工业是国民经济的支柱，长江经济带作为新时期我国经济发展的战略支撑带，其工业绿色发展对推动我国经济高质量发展意义重大。然而，长江经济带整体仍未完全摆脱资源和要素驱动依赖，传统高耗能、高排放、高污染行业依然占据较高份额，重化工围江、围湖、围城问题突出，工业绿色发展任重道远。《长江经济带发展规划纲要》（2016）明确提出要严格工业污染治理，淘汰工业落后产能。《关于加强长江经济带工业绿色发展的指导意见》（2017）要求降低工业发展对生态环境的影响，实现工业绿色增长。习近平总书记在深入推动长江经济带发展座谈会上（2018）强调必须破解沿江工业无序发展难题。国家高度重视长江经济带工业绿色发展，而城市作为工业生产活动的主要地区，是加速长江经济带工业绿色发展的重要突破口（卢丽文等，2016）。工业绿色发展效率（Efficiency of Industrial Green Development，EIGD）决定工业绿色发展内生动力，是提升工业绿色全要素生产率的重要抓手。长江经济带城市工业绿色发展效率如何？其内在驱动机制何在？应重点提升哪些方面？本研究侧重探讨上述三大问题。

综观学术界关于工业绿色发展效率的研究成果，在研究维度上，主要集中于工业绿色发展效率测度、工业绿色发展效率影响机制识别、工业绿色发展效率收敛机制检验、工业绿色发展效率提升路径探讨（涂正革、王秋皓，2018），且逐渐关注工业绿色发展效率空间效应（王惠等，2015）。在研究尺度上，侧重从全国、省域、市域等宏观、中观尺度分析工业绿色发展效率，大多表明工业绿色发展效率与行业污染属性、所在经济地带及城市行政级别密切相关（徐成龙和庄贵阳，2018）。在研究方法上，普遍采用包含非期望产出的改进 DEA 模型测度工业绿色发展效率，其中以基于松弛测度的 SBM 模型为最常用（黄磊、吴传清，2018）；采用 Tobit 模型、普通线性回归模型、系统 GMM 模型、空间计量模型识别工业绿色发展效率的核心影响因素（Yang and Li，2019）。关于长江经济带工业绿色发展效率的研究则主要围绕其时空演变趋势、内在动力机制与提升路径三个维度，以省域尺度或某一地区市域尺度为主（李强、高楠，2018），尤为重视加强地区绿色协同合作推动工业绿色发展（李小玉、邱信丰，2017）。关于长江经济带工业绿色发展效率的研究成果整体不多，研究内容仍需拓展深化。

学术界关于工业绿色发展效率的研究已形成较为完善的研究体系。但仍有亟待拓展之处：一是工业绿色发展效率提升的内在机理关注较少，未能厘清绿色发展效率内在增长机制，而机理分析恰是识别工业绿色发展动力机制的逻辑起点；二是关于工业绿色发展空间效应研究有待加强，需准确把握和识别地区间工业绿色发展的空间交互效应与空间驱动机制；三是工业绿色发展的提升方略缺乏系统性，从强化合作、削减排放、优化布局等单一方面展开，全局系统性不足；四是对战略区域长江经济带工业绿色发展效率研究较少，且偏向省域尺度，或内部某一地区，指导和示范意义有待加强。基于此，本研究将剖析工业绿色发展效率提升的内在机理，分析长江经济带城市工业绿色发展效率的时空演变规律，探究长江经济带城市工业绿色发展效率的空间驱动机制，明确提升长江经济带城市工业绿色发展效率的有效路径。

第二节　提升工业绿色发展效率的内在机理

工业绿色发展效率，是指在资源环境约束条件下工业投入和工业非期望所能减少、工业产出所能增加的最大化程度。其内在提升机理以市场主体与地区环境为主线，与企业创新能力、地区间交互作用以及区域政策环境关联密切，主要表现在以下三个方面：

（1）绿色技术创新。企业作为最重要的市场主体，是推动工业绿色发展效率提升的主力军。领军工业企业为保持自身技术优势，始终高度重视工业绿色技术积累，加强基础性和前瞻性工业绿色技术研发，努力将创新成果市场化，提升工业发展的环境兼容性。后发企业面临更为严峻的市场竞争压力，受资金实力所限，更为关注具有市场应用价值的绿色生产技术研发和推广，缩小与领军企业的盈利能力差距。先发企业和后发企业从基础性和应用性两个方面持续革新工业绿色生产技术，是工业绿色发展效率提升的核心驱动力（涂正革、王秋皓，2018）。

（2）绿色红利外溢。基于发达地区的环境规制压力和欠发达地区的经济增长需求，工业企业会在地区间迁移，工业发展的人才、资金、技术等生产要素亦会随之流动，地区间工业绿色发展存在空间交互效应。特别是随着高铁、高速公路、航空等综合立体交通走廊加速建设与互联网、云计算、大数据等信息基础设施网络逐步完善，地区间交互作用越发显著。工业发展存在的积极空间溢出效应，有利于加快后发地区学习先发地区先进绿色生产技术和管理模式，逐步缩小地区间工业绿色发展差距（何小钢、王自力，2015）。

（3）绿色政策供给。政府在推动工业绿色发展进程中发挥着重要引导作用，通过绿色政策制度设计，对地区工业绿色发展进行宏观布局，为工业绿色发展创造良好的政策环境。根据地区工业发展基础与绿色发展需求，出台地区工业绿色发展规划和指导意见，明确工业绿色发展的重点任务，在法规、税收、土地、资金、平台等方面给予政策支持。政府通过加强工业绿色发展政策供给，降低企业绿色发展的隐性成本和显性成本，拓展工业企业绿色发展盈利空间，提升工业企业降低污染排放和资源能源消耗的积极性和主动性（胡志强等，2018）。

第三节　长江经济带城市工业绿色效率的时空格局

一　研究方法

科学合理地处理工业环境非期望产出是准确测度工业绿色发展效率的关键。采用单一方向性距离函数虽能区分期望产出和非期望产出，但只能测度无效决策单元的工业投入、产出径向比例变动，却未能考虑非零松弛项，容易高估工业绿色发展效率。为此，Tone（2001）将方向性距离函数和松弛测度模型结合提出基于松弛测度的方向性 SBM - DDF 模型，克服要素松弛变动。本研究在 SBM 模型基础上参考 Oh（2010）构建全局生产技术集思路，采用全局超效率 SBM 模型测度工业绿色发展效率，既可实现跨期比较分析，又能识别有效决策单元相对有效性。模型具体如下：

$$\min\varphi = \frac{1/M\sum_{t=1}^{T}\sum_{m=1}^{M}(\bar{x}/x_{qm})}{1/(N+I)(\sum_{t=1}^{T}\sum_{n=1}^{N}\bar{y}/y_{qn} + \sum_{t=1}^{T}\sum_{i=1}^{I}\bar{b}/b_{qi})}$$

$$\text{s.t.}\begin{cases}\bar{x} \geqslant \sum\limits_{t=1,\neq p}^{T}\sum\limits_{r=1,\neq q}^{Q}\lambda_r^t x_{rm}^t,\ \bar{x} \geqslant x_{qm},\ m=1,\ \cdots,\ M \\ \bar{y} \leqslant \sum\limits_{t=1,\neq p}^{T}\sum\limits_{r=1,\neq q}^{Q}\lambda_r^t y_{rn}^t,\ \bar{y} \leqslant y_{qn},\ n=1,\ \cdots,\ N \\ \bar{b} \geqslant \sum\limits_{t=1,\neq p}^{T}\sum\limits_{r=1,\neq q}^{Q}\lambda_r^t b_{ri}^t,\ \bar{b} \geqslant b_{qi},\ i=1,\ \cdots,\ I \\ \sum\limits_{r=1}^{Q}\lambda_r^t = 1,\ \lambda_r^t \geqslant 0,\ r=1,\ \cdots,\ Q\end{cases} \tag{20-1}$$

式中，φ 即为在全局生产技术与可变规模报酬条件下 p 时期 q 决策单元的绿色发展效率。λ_r^t 表示 t 时期第 r 个决策单元的投入、产出值的权重。x 表示决策单元的投入要素，$x =（x_1，x_2，\cdots，x_M）\in R_+^M$，$y$ 表示决策单元的期望产出类型，$y =（y_1，y_2，\cdots，y_N）\in R_+^N$，$b$ 表示决策单元的非期望产出类型，$b =（b_1，b_2，\cdots，b_I）\in R_+^I$。

基于新古典增长理论，主要考虑城市工业劳动力和资本两类要素投入，分别采用城市工业单位从业人员（人）、城市规上工业固定资产合计（万元）予以衡量。工业期望产出为新增最终市场价值，选用城市工业增加值（万元）予以衡量。工业非期望产出主要考虑废水、废气两类工业废物，采用工业废水排放量（万吨）、城市工业二氧化硫排放量（吨）、城市工业烟（粉）尘排放量（吨）予以衡量。此外，除采用全局超效率 SBM 模型测度工业绿色发展效率，还采用泰尔指数反映长江经济带城市工业绿色生产能力的差异变动，该方法已较为成熟，不再赘述。

二 研究时限和数据来源

因2011年工业统计口径发生较大调整，且撤销了安徽省巢湖市并新设立贵州省毕节市和铜仁市，为保证数据可比性，以2011年为起始研究年份，研究时限选定为2011—2016年。所选用指标数据来自《中国城市统计年鉴》(2012—2017)、长江经济带沿线11省份2012—2017年统计年鉴。假定各城市投入产出仅存在量的差异，没有质的区别，采用《中国统计年鉴》以2011年为基期的全国层面定基工业固定资产投资价格指数、定基工业增加值平减指数消除工业固定资产合计、工业增加值指标价格波动。研究对象为长江经济带110个地级及以上城市，将长江经济带划分为上中下游三大地区，上游地区包括云贵川渝四省份33个城市，中游地区包括鄂湘赣三省份36个城市，下游地区包括苏浙沪皖四省份41个城市。

三 测度结果与分析

1. 工业绿色发展效率的时间演化分析

长江经济带城市工业绿色发展效率整体呈波动上升态势，城市工业绿色发展内生动力不断增强。2011—2016年长江经济带城市工业绿色发展效率由0.5920上升至0.6847，年均增长2.95%，城市工业发展方式逐步摆脱原有的要素驱动模式，注重提升工业资源能源利用效率，推广应用绿色工业生产技术。研究结论与李琳和刘琛（2018）从动态视角对长江经济带城市工业绿色全要素生产率的演化分析高度吻合，在2013年与2016年长江经济带城市工业绿色内生性出现大幅波动。2013年长江经济带城市工业绿色发展效率出现较大幅度退化，由于2012年始经济发展步入新常态，经济增速放缓，长江经济带部分经济基础较弱的城市为稳定经济增长，加快布局高耗能、高排放、高增长的传统工业项目，使城市工业绿色生产能力出现下降。2016年长江经济带工业绿色发展效率迅猛上升，较2015年增长13.77%，得益于2016年初所确立的“生态优先、绿色发展”战略定位，长江经济带各城市大力优化工业结构，化解传统低端无效产能，发展壮大节能环保产业和高技术制造业，工业绿色发展能力显著提升。

表 20-1　2011—2016 年长江经济带整体及各地区城市工业绿色发展效率

地区/年份	2011	2012	2013	2014	2015	2016
长江经济带	0.5920	0.6019	0.5931	0.5977	0.6018	0.6847
上游地区	0.5838	0.6124	0.6069	0.6158	0.6300	0.7455
中游地区	0.5838	0.5907	0.5847	0.5900	0.5952	0.6656
下游地区	0.6059	0.6033	0.5893	0.5898	0.5848	0.6525

注：长江经济带及各地区工业绿色发展效率为内部城市几何平均值。

2. 工业绿色发展效率的空间演化分析

长江经济带城市工业绿色发展效率空间格局变动剧烈，城市工业绿色发展重心逐渐由下游地区转移至中上游地区。2011—2016 年上游地区城市工业绿色发展效率呈较快增长态势，年均增速高达 5.01%，上游地区城市抢抓下游地区城市产业转型升级机遇，积极承接下游地区劳动密集型、资源密集型工业转移，吸收技术外溢，工业绿色发展取得长足进展。中游地区与上游地区类似，城市工业绿色发展效率平稳上升，年均增长 2.66%，城市工业绿色发展绩效良好。下游地区城市工业绿色发展效率整体较为平稳，年均增长 1.49%，下游地区城市逐步迈向服务化，优先发展现代服务业，传统科技含量较低的工业逐步转移至中上游地区城市，工业增长效应较弱，工业发展效率提升不明显。与上中下游地区城市生态效率的梯度递增格局不同，本研究侧重考察工业领域的绿色发展效率，与区域绿色发展效率演化并不吻合，后者取决于区域经济整体发展程度，而工业绿色发展效率主要反映工业投入产出的相对比较关系，与工业生产的要素流动密切相关，在长江经济带产业转移和产业转型升级背景下，整体呈上中下游地区梯度递减的特殊空间格局。

3. 工业绿色发展效率的差异特性分析

长江经济带城市工业绿色发展效率的不平衡性加剧，工业绿色发展能力差异有扩大趋势。2011—2016 年泰尔指数呈“U”形上升态势，由 2011 年的 0.0289 下降至 2013 年的 0.0151，后持续加速上升至 2016 的 0.0355，各城市对“生态优先、绿色发展”战略定位的执行力度不一，城市间工业绿色发展成效差异逐渐显现，以地区内城市差异占绝对支配份额。上游地区城市工业绿色发展效率差异尤为突出，主导整个长江经济带城市工业绿色发展差异变动，截至2016年对整体差异贡献度已高达55.72%。上游地区部分城市充分挖掘自身环境资源优势，加快发展环境友好型工业，而部分城市则加快承接传统落后工业产能，导致城市工业绿色发展成效参差不齐（汪克亮等，2017）。中游地区城市工业绿色发展效率差异指数亦呈波动上升态势，但增幅相对较小，差异贡献份额维持在20%左右，中游地区较上游地区工业基础扎实，城市工业绿色发展能力提升相对平稳。下游地区城市工业绿色发展效率差异指数整体呈下降态势，2016年差异贡献份额平稳已下降至18.27%，依托雄厚的工业基础、先进的技术创新能力与良好的合作发展机制，下游地区城市工业绿色发展能力逐步走向均衡。

表20-2　长江经济带城市工业绿色发展效率的泰尔指数及其分解贡献率

指数＼年份	2011	2012	2013	2014	2015	2016
泰尔指数	0.0289	0.0213	0.0151	0.0158	0.0168	0.0355
地区间差异	0.0002	0.0001	0.0001	0.0002	0.0005	0.0017
地区间贡献（%）	0.56	0.48	0.80	1.24	2.93	4.78
地区内差异	0.0287	0.0212	0.0150	0.1560	0.0163	0.0338
地区内贡献（%）	99.44	99.52	99.20	98.76	97.07	95.22
上游地区差异	0.0288	0.0352	0.0248	0.0226	0.0309	0.0605
上游地区贡献（%）	29.53	50.46	50.26	51.93	57.70	55.72
中游地区差异	0.0175	0.0083	0.0097	0.0077	0.0102	0.0237
中游地区贡献（%）	19.56	12.49	20.61	15.76	19.60	21.23
下游城市差异	0.0381	0.0209	0.0116	0.0134	0.0092	0.0183
下游城市贡献（%）	50.34	36.57	28.33	31.07	19.77	18.27

资料来源：基于MATLAB2017a的泰尔指数及其分解运行结果整理。

第四节　长江经济带城市工业绿色发展效率的空间驱动机制

一　研究假设

基于工业绿色发展效率提升的内在机理，参考相关研究成果，本研究主要从以下几个方面探究长江经济带城市工业绿色效率的空间驱动机制：

（1）经济发展。较高的经济发展水平有利于提升居民环境意识，刺激绿色工业产品需求，促使企业改进传统生产技术。一般认为，经济发展是工业绿色发展的必要条件，具有技术创新资金支持效应和高端绿色人力资本集聚效应（汪克亮等，2017）。基于此，提出如下研究假设：

H1：经济发展是城市工业绿色发展的基础条件，对城市工业绿色发展具有促进作用。

（2）环境规制。关于环境规制对工业绿色发展的影响主要集中于成本约束论和“波特假说”理论。前者认为，环境规制会加剧企业生产成本，对工业绿色发展具有阻碍作用；后者认为，环境规制会刺激企业加强工业绿色技术创新，扩大生产规模并提升产品质量（陶锋、王余妃，2018）。长江经济带在“生态优先、绿色发展”的战略定位下，环境规制对城市工业污染排放约束性较强，但可能会对周边地区城市具有负向传导作用。基于此，提出如下研究假设：

H2：环境规制对长江经济带城市工业绿色发展具有良好的刺激作用，但可能导致污染产业向周边地区集聚。

（3）产业集聚。产业集聚对工业绿色发展具有不确定性，受产业集聚的污染属性和集聚规模影响，集聚产业的清洁度越高，则促进作用越大，集聚规模如果过大，则会加剧管理成本和污染总量，不利于工业绿色发展（刘金林、冉茂盛，2015）。长江经济带正大力推动产业转型升级，培育壮大战略性新兴产业，绿色新兴产业集聚态势明显。基于此，提出如下研究假设：

H3：产业集聚有利于加强企业间协作交流，加快绿色技术创新流动，对长江经济带城市工业绿色发展具有促进作用。

（4）技术创新。一般认为技术创新有利于改进企业生产技术，推广应用先进绿色生产技术和设备，减少工业生产过程的污染排放，提升工业产品附加值（岳鸿飞等，2017）。长江经济带创新资源整体较为丰富，技术创新的绿色转型升级作用应较为明显。基于此，提出如下研究假设：

H4：技术创新可有效驱动城市工业绿色发展，对长江经济带城市工业绿色发展具有较强的促进作用。

（5）城镇化。现有研究关于城镇化对工业绿色发展的影响主要集中于人口城镇化和土地城镇化。认为前者有利于集聚劳动力与高端生产要素，推动工业高质量发展；后者侧重于城市规模扩张，强化工业增长的要素驱动倾向（雷潇雨、龚六堂，2014）。长江经济带作为经济支撑带，确保经济平稳发展，地方政府可能存在土地城镇化倾向。基于此，提出如下研究假设：

H5：城镇化会导致要素配置扭曲，强化工业粗放发展倾向，对长江经济带城市工业绿色发展具有阻碍作用。

（6）工业化。一般认为现阶段工业化质量不高，传统高耗能、高污染、高排放型工业占据主导地位，绿色新兴产业仍然不强，工业化加剧地方政府布局高耗能产业，增加地方工业污染排放（张江雪、王溪薇，2013）。长江经济带定位于国家创新驱动示范带和高质量发展生力军，当前城市工业化正向绿色低碳新型工业化转型。基于此，提出如下研究假设：

H6：工业化对工业绿色发展影响取决于产业发展类型，长江经济带工业化以绿色为基调，对城市工业绿色发展具有推动作用。

（7）对外开放。在利用外资推动经济发展过程中存在“污染天堂”和“污染光环”两种环境影响理论。前者认为，引进外资会使国外淘汰落后产能进入本国（Lee，2013）；后者认为，跨国企业投资可传播扩散更为先进环保的生产标准与技术（林伯强、刘泓汛，2015）。长江经济带作为国家生态文明建设的先行示范带，可能会重点引进节能环保型外资企业。基于此，提出如下研究假设：

H7：对外开放有利于引进国外先进生产技术，对长江经济带城市工业绿色发展起到促进作用。

二 模型确定

基于上述理论机理与研究假设，构建长江经济带城市工业绿色发展效率空间驱动机制的分析模型。参考 Elhorst（2014）研究成果，以普通面板线性回归模型为基准，通过 LM 检验判断是否存在空间效应，若存在空间效应，则进一步根据空间效应类型选择适宜的面板空间模型。基准面板回归模型如下：

$$EIGD_{it} = \alpha_0 + \alpha_i + \ln(ED_{it})\beta_1 + ER_{it}\beta_2 + IA_{it}\beta_3 + TI_{it}\beta_4 + UR_{it}\beta_5 + IN_{it}\beta_6 + OP_{it}\beta_7 + \varepsilon_{it} \tag{20-2}$$

若仅存在内生空间交互效应，则采用面板空间滞后模型（SLM）：

$$EIGD_{it} = \alpha_0 + \alpha_i + \delta\sum_{j=1}^{110} w_{ij}EIGD_{jt} + ln(ED_{it})\beta_1 + ER_{it}\beta_2 + IA_{it}\beta_3 + TI_{it}\beta_4 + UR_{it}\beta_5 + IN_{it}\beta_6 + OP_{it}\beta_7 + \varepsilon_{it} \tag{20-3}$$

若仅存在误差项空间交互效应，则采用面板空间误差模型（SEM）：

$$EIGD_{it} = \alpha_0 + \alpha_i + ln(ED_{it})\beta_1 + ER_{it}\beta_2 + IA_{it}\beta_3 + TI_{it}\beta_4 + UR_{it}\beta_5 + IN_{it}\beta_6 + OP_{it}\beta_7 + u_{it} \tag{20-4}$$

$$u_{it} = \lambda\sum_{j=1}^{110} w_{ij}u_{jt} + \varepsilon_{it} \tag{20-5}$$

若内生空间交互效应、误差项空间交互效应均存在，则采用面板空间杜宾模型（SDM）：

$$\begin{aligned} EIGD_{it} = {} & \alpha_0 + \alpha_i + \delta\sum_{j=1}^{110} w_{ij}EIGD_{jt} + ln(ED_{it})\beta_1 + ER_{it}\beta_2 + IA_{it}\beta_3 + \\ & TI_{it}\beta_4 + UR_{it}\beta_5 + IN_{it}\beta_6 + OP_{it}\beta_7 + \sum_{j=1}^{110} w_{ij}ln(ED_{jt})\theta_1 + \\ & \sum_{j=1}^{110} w_{ij}ER_{jt}\theta_2 + \sum_{j=1}^{110} w_{ij}IA_{jt}\theta_3 + \sum_{j=1}^{110} w_{ij}TI_{jt}\theta_4 + \sum_{j=1}^{110} w_{ij}UR_{jt}\theta_5 + \\ & \sum_{j=1}^{110} w_{ij}IN_{jt}\theta_6 + \sum_{j=1}^{110} w_{ij}OP_{jt}\theta_7 + \varepsilon_{it} \end{aligned} \tag{20-6}$$

式中，*EIGD* 为被解释变量工业绿色发展效率，*ED* 为经济发展水平，采用人均 *GDP*（元）表示，对其对数化处理以减少经济波动的异方差影响，*ER* 为工业环境规制强度，采用一般工业固体废弃物综合利用率表示，*IA* 为工业集聚水平，采用工业区位熵表示，*TI* 为技术创新水平，采用科学技术支出占财政支出比重表示，*UR* 为城镇化水平，采用城镇常住人口占总人口比重表示，*IN* 为工业化水平，采用工业增加值占地区生产总值比重表示，*OP* 为对外开放水平，采用实际利用外资占固定资产投资比重表示。α_0 与 α_i 分别为常数项和个体效应，β_1—β_7 分别为各个解释变量回归系数，ε 为随机误差项，δ 为空间自回归系数，w 为空间权重矩阵 W 的元素，λ 为空间自相关系数，u 为空间误差项，θ_1—θ_7 为各个空间滞后解释变量回归系数，i 与 j 分别表示第 i 个城市和第 j 个城市，t 表示时间。

三　空间权重矩阵选择与数据来源

采用基于 queen 标准的二值邻接矩阵作为空间权重矩阵。被解释变量工业绿色发展效率直接取自第二部分效率测度结果，各解释变量基础数据源同第二部分效率测度指标，不再赘述。经济发展水平的代理变量人均 GDP（元）采用《中国统计年鉴》以 2011 年为基期的全国层面定基 GDP 平减指数消除物价波动，其余变量的代理变量均为比率相对指标，无须进行价格平减。

四　实证结果分析

普通面板模型个体固定效应和时间固定效应联合非显著性 LR 检验值分别为 860.0052、95.1655，均通过 1% 的显著性检验，表明个体和时间双固定效应模型为基准传统面板回归模型。其内生空间交互效应和误差项空间交互效应的 LM 检验值分别为 21.0254、21.0381，对应的伴随概率远低于 1%，表明两种空间交互效应同时存在。空间杜宾模型的 Hausman 检验值为 28.3387，通过 1% 的显著性检验，选用个体时间双固定效应空间模型。两种空间效应的 Wald 检验值分别为 11.9711、12.2104，LR 检验值分别为 14.5427、14.3425，均通过 10% 的显著性检验，表明空间杜宾模型无法退化为单一空间效应模型。故而个体时间双固定 SDM 分析长江经济带城市工业绿色发展效率驱动机制的最优模型。采用相同方法，确定上游地区城市的最佳模型也为个体时间双固定 SDM，中游地区城市、下游地区城市则为个体随机时间固定 SDM。由于极大似然法估计空间效应模型存在一定偏误，借鉴 Lee 和 Yu（2010）

做法，对模型回归结果进行偏误校正。参照 Lesage 和 Pace（2009）做法，分解变量对城市工业绿色发展效率影响的直接效应和间接效应（结果见表 20－3）。

（1）经济发展［ln（ED）］对推动长江经济带城市工业绿色发展发挥着基础性促进作用，但空间溢出效应有限。验证了假设 1，经济发展是长江经济带城市工业绿色发展的基础，有利于增强本地区居民消费环保意识，引导企业生产更多优质绿色产品，强化工业绿色技术创新的资金支撑，推动绿色生产技术创新研发应用。正如李小玉和邱信丰（2017）指出，长江经济带城市间尚未形成协同有序的产业分工机制，甚至存在明显的竞争关系，各城市更多关注本地区工业绿色发展，对邻近地区工业绿色发展的促进作用有限。

（2）环境规制（ER）是促进长江经济带城市工业绿色发展的有效工具，但对周边地区城市工业绿色发展具有阻碍作用。环境规制的直接促进效应明显，验证了假设 2，发挥了良好的绿色产业识别与进入门槛作用，能够有效约束本地区工业企业环境污染废物排放，限制外来污染型企业进入。与陶锋和王余妃（2018）研究结论不同，"波特假说"在长江经济带并不成立，本地区工业环境规制会导致污染型产业向周边地区城市集聚，在中下游地区尤为明显，强化环境规制使污染型工业企业向临近欠发达城市梯度转移（沈坤荣等，2017）。

（3）产业集聚（IA）对长江经济带城市工业绿色发展具有显著抑制效应，周边城市的学习能力较强。长江经济带整体，特别是中上游地区产业集聚类型仍以高能耗、高排放型为主，对工业绿色发展的推动作用有限，证伪了假设 3。但周边地区城市会主动淘汰低端产业集群，加快节能环保型制造业发展，产生正向空间溢出效应，上游地区的学习效应尤为明显。下游地区高技术节能环保型产业集群逐渐壮大，对城市工业绿色发展起到巨大的支撑作用，但会吸收临近地区高端生产要素，产生负向空间溢出效应（卢燕群、袁鹏，2017）。

（4）技术创新（TI）对长江经济带城市工业绿色发展影响有限，直接效应和空间溢出效应均不明显，工业绿色发展的技术支撑作用不足。长江经济带传统高耗能型产业挤占大量创新资源，工业创新成果总量多而质量不高，无法对工业绿色转型升级产生显著推动作用，证伪了

表 20-3　长江经济带城市工业绿色发展效率影响因素的直接效应、间接效应与总效应

变量		长江经济带		上游地区		中游地区		下游地区	
直接效应	ln（*ED*）	0.1782*	(1.6682)	0.1185**	(2.4814)	0.1880***	(2.9797)	0.1323**	(1.9879)
	ER	0.0197**	(2.5302)	0.0181**	(2.2425)	0.0295*	(1.8602)	-0.1486**	(-2.0133)
	IA	-0.4209*	(-1.9222)	-0.4862	(-1.4092)	-1.0736***	(-3.2809)	0.5706**	(2.4342)
	TI	-0.4204	(-0.9487)	0.6332	(0.2273)	-0.6993*	(-1.7406)	0.6899	(1.1371)
	UR	-0.7299**	(-2.4181)	-0.8816*	(-1.8179)	-0.4520*	(-1.8104)	-0.4234*	(-1.7308)
	IN	1.7354***	(2.7753)	2.6170**	(2.4548)	2.3793***	(2.7109)	-1.8637*	(-1.7957)
	OP	0.4654*	(1.7815)	-0.1296**	(-2.1075)	0.3865	(0.5827)	1.1542***	(2.9281)
间接效应	ln（*ED*）	0.0730	(0.4503)	0.3300	(0.9306)	0.0947	(0.5591)	-0.0063	(-0.1950)
	ER	-0.0015**	(-2.0202)	0.0289	(0.1725)	-0.0606*	(-1.8767)	-0.0240**	(-2.1456)
	IA	0.6954***	(2.7130)	1.6102***	(3.0346)	-0.8273*	(-1.7308)	-1.1227***	(-3.3372)
	TI	-0.6223	(-0.6943)	4.5793	(0.7630)	0.1290	(0.1453)	-0.6916	(-0.6100)
	UR	-1.0103*	(-1.7455)	-4.2435**	(-2.2115)	-0.6373*	(-1.8287)	-0.0820**	(-2.2245)
	IN	-1.2924*	(-1.7470)	-5.1663***	(-3.1320)	3.5175*	(1.8764)	3.2304***	(3.8419)
	OP	0.5682	(0.8128)	-0.8593	(-0.3481)	-0.2940	(-0.1847)	-1.0195*	(-1.7539)
总效应	ln（*ED*）	0.2512*	(1.6596)	0.4485	(1.6100)	0.2827	(1.5297)	0.1260*	(1.7312)
	ER	0.0182**	(2.2351)	0.0470**	(2.2615)	-0.0310**	(-2.3798)	-0.1726**	(-2.0406)
	IA	0.2745*	(1.8292)	1.1240*	(1.7140)	-1.9009**	(-2.2934)	-0.5522**	(-2.1457)
	TI	-1.0428	(-1.0948)	5.2125	(0.7707)	-0.5703	(-0.5675)	-0.0017	(-0.0015)
	UR	-1.7402*	(-1.9325)	-5.1251**	(-2.2793)	-1.0893*	(-1.7110)	-0.5055**	(-1.9875)
	IN	0.4430**	(2.4656)	-2.5493**	(-2.2845)	5.8968***	(2.5794)	1.3666*	(1.7431)
	OP	1.0336*	(1.8251)	-0.9889**	(-2.3384)	0.0925	(0.0538)	0.1347**	(2.2751)

注：括号内为 t 值，*、**、*** 分别表示在 10%、5%、1% 的水平上显著。

假设4。与涂正革和王秋皓（2018）的全国总体研究结果不同，长江经济带地区梯度差异显著，下游地区技术创新软硬环境较好，高技术企业多集聚于下游地区，中上游地区并未大规模承接到高技术节能环保企业，工业绿色技术创新扩散效应较弱。

（5）城镇化（UR）对长江经济带城市工业绿色发展具有显著阻碍作用，直接效应和空间溢出效应均为负。长江经济带城镇化整体仍未摆脱“摊大饼”模式，各地积极展开新城建设，拓展工业发展空间，加剧工业粗放发展路径依赖，抑制工业绿色发展效率提升，验证了假设5。与谢冬水（2016）研究结论一致，长江经济带城镇化存在较强的地方政府竞争倾向，大规模造城运动引发周边地区竞相增加建设用地储备，抢夺周边城市高素质人才，加剧周边地区城市对工业粗放发展与无序竞争模式的路径依赖。

（6）工业化（IN）对长江经济带城市工业绿色发展具有显著推动作用，对周边地区城市工业绿色发展具有一定的正向溢出效应。与张江雪和王溪薇（2013）等传统工业化研究结果不同，长江经济带各城市正大力发展绿色高技术制造业，推动高质量新型工业化，大幅增强工业绿色发展内生动力，验证了假设6。相对欠发达的上游地区城市工业化对周边城市绿色发展要素积累存在一定的“挤占效应”；中游地区城市则可就近承接节能环保制造业转移加快工业绿色发展；下游地区产业结构服务化趋向明显，工业化对工业绿色发展作用有限。

（7）对外开放（OP）对长江经济带城市工业绿色发展具有明显的促进作用，但对周边地区城市的技术溢出效应有限。对外开放有利于引进国外先进工业生产技术，减少工业绿色技术创新成本，加速长江经济带城市工业绿色发展进程，验证了假设7，对于技术创新能力较强的下游地区尤为明显。对外开放对周边地区城市的溢出效应并不明显，在引进外资过程中存在环境逐底竞争倾向，在一定程度上存在 Lee（2013）指出的“污染天堂”现象，抑制了周边地区城市绿色生产技术提升。

五　稳健性检验

为验证上述分析结果的可靠性，通过变换模型和空间权重矩阵的两种方式进行稳健性检验。首先采用未经校正的面板 SDM 模型分析长江经济带城市工业绿色发展效率影响因素，显示回归系数与空间效应同经

表 20-4　基于反距离函数空间权重矩阵下的直接效应、间接效应与总效应

变量		长江经济带		上游地区		中游地区		下游地区	
直接效应	ln（*ED*）	0.0844*	(1.8430)	0.0038**	(2.0150)	0.2066***	(3.5882)	0.0607*	(1.8557)
	ER	0.0189***	(2.5910)	0.0245**	(2.3204)	0.0097**	(2.2719)	-0.1733**	(-2.2408)
	IA	-0.4901**	(-2.5277)	-0.8358**	(-2.1927)	-1.3053***	(-3.9139)	-0.0294	(-0.0690)
	TI	-0.1910	(-0.4701)	-0.6021	(-0.2041)	-0.7950*	(-1.7410)	0.8912	(1.3796)
	UR	-0.3458**	(-2.1227)	-0.6112**	(-2.5323)	-0.4356*	(-1.9112)	-0.4512**	(-1.9673)
	IN	1.3283**	(2.4761)	3.7688***	(3.2554)	3.0914***	(3.4665)	-0.2145**	(-2.1874)
	OP	0.5914*	(1.6734)	0.2504	(0.1912)	0.5245	(0.7224)	1.2656***	(3.2797)
间接效应	ln（*ED*）	0.3666*	(1.8272)	0.9894*	(1.9085)	0.5340	(1.2056)	0.7802**	(2.5111)
	ER	0.0539	(0.1515)	0.5041*	(1.9471)	-0.3707*	(-1.8232)	-0.3013*	(-1.6637)
	IA	1.4798***	(2.7103)	3.5539**	(2.1668)	-2.8314*	(-1.7411)	-1.2425***	(-2.5966)
	TI	-5.4831*	(-1.9095)	-2.1458	(-0.1304)	-0.7994	(-0.5280)	-5.2160*	(-1.7663)
	UR	-1.5659*	(-1.9007)	-12.7209*	(-1.8525)	-2.5796*	(-1.8576)	-3.2248**	(-2.0159)
	IN	-0.2680**	(-2.0468)	-11.5604**	(-2.1904)	8.8171*	(1.9115)	4.1684*	(1.7448)
	OP	0.3962**	(2.1538)	5.7085	(0.6883)	0.0617	(0.0173)	-2.8563*	(-1.9591)
总效应	ln（*ED*）	0.4511*	(1.7354)	0.9932*	(1.7360)	0.7406*	(1.7320)	0.8410***	(2.8169)
	ER	0.0728**	(2.2042)	0.5286**	(1.9699)	-0.3610*	(-1.8405)	-0.4745*	(-1.7379)
	IA	0.9897**	(2.4769)	2.7181*	(1.7056)	-4.1367**	(-2.4596)	-1.2719***	(-2.5803)
	TI	-5.6740	(-0.9864)	-2.7479	(-0.1625)	-1.5945	(-1.0288)	-4.3248	(-1.4888)
	UR	-1.9117*	(-1.7937)	-13.3322*	(-1.8475)	-3.0152**	(-2.1451)	-3.6760**	(-2.2025)
	IN	1.0603**	(2.1853)	-7.7916*	(-1.7143)	11.9084**	(2.5190)	3.9539*	(1.6736)
	OP	0.9876*	(1.7979)	5.959	(0.6918)	0.5862	(0.1646)	-1.5907	(-1.2068)

注：括号内为 t 值，*、**、*** 分别表示在 10%、5%、1% 的水平上显著。

校正的面板 SDM 模型基本一致。随后采用以各城市政府驻地间距离的倒数矩阵替换一阶邻接矩阵，经过 LM、Wald、LR、Hausman 检验，采用偏误校正个体和时间双固定效应的面板 SDM 模型检验上游地区城市工业绿色发展效率驱动机制的稳健性，采用偏误校正个体随机时间固定效应的面板 SDM 模型分析长江经济带整体、中游、下游地区城市工业绿色发展效率驱动机制的稳健性，发现变量影响效应方向和显著性与上述分析基本吻合。两种检验方式可确保分析具备较高的可信度。囿于篇幅限制，仅列出基于反距离函数空间权重矩阵下的空间效应。

第五节 研究结论与政策启示

本研究从工业绿色发展效率提升的内在机理出发，采用考虑非期望产出的全局 SBM 模型、泰尔指数及空间杜宾模型评估分析 2011—2016 年长江经济带 110 个地级及以上城市工业绿色发展效率时空演变格局，并进一步探究其空间驱动机制，得出如下结论：①长江经济带城市工业绿色发展成效显著，工业绿色发展内生动力稳步提升，工业发展模式逐步由要素资源驱动向绿色生态驱动转变；②长江经济带城市工业绿色发展整体呈上中下游地区梯度递减格局，工业绿色发展重心向中上游地区转移，但中上游地区内城市工业绿色生产能力差异严重；③经济发展、环境规制、工业化、对外开放是提升长江经济带城市工业绿色发展效率的主要直接驱动力，较高的经济发展水平是推动工业绿色发展的必要基础条件，环境规制具有较强的污染防护效应，发展绿色新兴产业可显著增强工业绿色生产能力，提高外资利用水平有利于引进国外先进绿色生产技术；④产业集聚、城镇化、技术创新对长江经济带城市工业绿色发展效率促进作用有限，传统高耗能高排放型产业仍为当前长江经济带产业集聚类型主体，粗放扩张型城镇化依然明显，技术创新资源配置效率不高；⑤环境规制、城镇化、产业集聚、工业化对长江经济带城市工业绿色发展存在较强的空间溢出效应，环境准入门槛机制会驱使污染产业向周边欠发达地区转移，城市无序竞争会导致绿色发展要素冗余，周边地区对高能耗产业集聚存在警示和学习效应，可借鉴吸收绿色新型工业化推进经验。

上述研究结论蕴含着如下政策启示：①推动环境预警响应一体化，制定统一的绿色工业技术标准，从严管控超出环境容量上限的工业行业，推动工业环境信息共享，建立覆盖长江经济带所有城市的工业环境监测网络，加强工业环境事件联合治理，提升突发环境事件应对能力；②加强工业绿色技术创新，搭载联合创新平台，鼓励龙头企业与高校科研院所联合组建技术研发应用中心，支持传统产业绿色转型升级，构建绿色先进制造业技术支撑体系，推动上下游地区共建高技术园区，促进绿色技术扩散外溢；③加快工业结构优化升级，推动长江经济带石化、钢铁、船舶、有色等传统行业绿色改造升级，因地制宜地有序布局节能环保、高端装备、智能制造、新能源等绿色高技术产业，建设电子信息产业、高端装备产业、汽车产业、家电产业和纺织服装产业等世界级制造业集群，增强工业绿色竞争力；④大力推进新型城镇化，划定城镇开发边界，倒逼城镇发展模式向集约紧凑型转变，提升土地利用效率，推动建设用地多功能立体开发与复合利用，共建工业园区，规避无序同质化竞争和产能过剩；⑤绿色承接产业转移，打造绿色承接产业转移示范园区，推动承接企业集中入园，实施产业准入清单制度，编制正面清单和负面清单精准管控产业转移与承接，加强对工业企业污染排放动态监管，严控企业环境风险。

第二十一章

产业集聚提升了长江经济带城市工业绿色发展效率吗？

第一节　问题提出

长江经济带作为我国经济发展的战略支撑带，集聚着一批国家级、世界级产业集群，是引领我国经济高质量发展的重要生力军。以国民经济的支柱工业为例，增长效应突出，规模庞大，集聚程度较高，2017年工业增加值高达13.86万亿元，占全国比重为45.95%，高于同期经济总量份额2.15个百分点，工业区位商为1.05，高于长江经济带以外地区9.10%。然而，产业集聚在释放规模经济效应的同时，也加剧了资源环境容量消耗速率，产生一系列环境问题，2017年突发较大级以上环境事件数占全国比重高达57.14%。产业集聚伴生的环境问题引起国家高度关注，《长江经济带创新驱动产业转型升级方案》（2016）提出要引导产业合理分工，推进优势产业集聚发展；《关于加强长江经济带工业绿色发展的指导意见》（2017）要求规范工业集聚发展，实施最严格的能耗环保标准；习近平总书记在深入推动长江经济带发展座谈会（2018）上强调必须破解沿江工业无序发展难题。工业作为长江经济带产业集聚的主导类型及污染生产的主要来源，而城市是经济活动的核心空间单元，优化城市工业集聚是绿色高质量发展的应有题中之义。那么产业集聚对长江经济带城市工业绿色发展的内生动力——工业绿色发展效率究竟产生了何种影响？是促进还是抑制？又该如何提升产业集聚绿色质量?

产业集聚是指企业在一定地理空间范围内大规模聚集的经济现象。在产业集聚过程中企业与周边环境存在巨大的物质能量交换，影响区域绿色发展能力。学术界围绕产业集聚与绿色发展效率的关系展开了大量研究，主要集中于三个方面:

一是识别产业集聚对绿色发展效率的影响机制（林伯强等，2019）。关于产业集聚对绿色发展效率作用机制的识别过程较为集中，偏向从单一维度检验其内在作用机理。基于产业集聚的规模经济和规模不经济原理，提出产业集聚影响绿色发展的理论预期渠道，进而采用普通面板模型、iv－Tobit 模型、门槛模型、空间计量模型、系统 GMM 模型等工具，实证判定产业集聚影响绿色发展的作用机制（Liu et al.，2017）。一般认为，产业集聚主要通过绿色技术创新、外商直接投资、产业结构优化、市场分割、环境规制、劳动力流动等机制而对区域绿色发展能力产生影响，除产业集聚的绿色技术创新效应对绿色生产能力的促进作用较为凸显外，其他作用渠道对区域绿色生产能力影响多呈现出阶段性（吴传清等，2019）。

二是探究产业集聚与绿色生产率的作用形态。由于产业集聚是一种动态演化过程，对区域绿色发展能力一般具有不确定性（Sun et al.，2015)，或呈单一线性关系，或呈“U”形关系，或呈倒“U”形关系，或呈“N”形关系，或具有门槛特征。其中，以“U”形和倒“U”形为主（王明康等，2019)，前者实证结果表明产业集聚前期以产能扩张效应为主，资源消耗速率超出环境承载能力，而后期生产技术逐步改进，产生集聚绿色创新效应。后者则表明产业集聚前期的增长效应大于污染效应，增长红利足以抵消环境成本，而后期则由于技术改进滞后，环境负效应逐步凸显。产业集聚对绿色生产率影响呈现出诸多不同作用形态特征，在不同时间和产业类型下均有其合理之处，须根据产业集聚的具体情况加以实证检验。

三是判断异质性产业集聚对绿色发展效率的影响差异（Zheng et al.，2018)。主要聚焦于分析产业集聚类型异质性、集聚产业污染属性异质性以及集聚区域异质性。一般而言，多样化集聚有利于强化企业间的内在联系，产生良性的绿色技术溢出效应，而专业化集聚则可能引致产业结构同质化，造成资源配置冗余（程中华，2015）。传统高耗能型产业集聚易加剧资源消耗和污染排放，强化粗放发展路径依赖，而绿色清洁型产业集聚则有利于巩固绿色发展动能，提升区域绿色生产能力。东部沿海地区产业梯度整体较高，产业集聚的绿色协同创新效应较强，而中西部内陆地区则可能出于拉动经济增长需求，使集聚产业质量不高。产业集聚的异质性使对绿色发展能力的影响多呈现出较大的差异性。

综观学术界关于产业集聚与绿色发展效率的研究脉络，关于产业集聚对绿色发展效率影响的作用机理趋于碎片化，未能清晰梳理出作用的关联渠道；更多关注产业集聚对区域绿色发展效率的影响效应，而未能深入绿色发展的核心生产部门——工业领域；主要集中探讨产业集聚与绿色发展效率的普遍关系，一般以全国作为研究对象，而对国家战略经济支撑区域，特别是长江经济带产业集聚的环境效应关注不够。鉴于此，本研究将聚焦于研究对象，系统梳理产业集聚对长江经济带城市工业绿色发展效率影响的理论机理，在此基础上，分析产业集聚对长江经济带城市工业绿色发展效率的影响效应，提出提升长江经济带工业绿色发展能力的对策建议。

第二节　理论机理

企业为节省生产和交易成本而在一定空间内大规模集聚，获得集聚规模经济，并在持续集聚过程中加速消耗地区生态环境容量，改变工业绿色发展的内生性。环境规制对长江经济带城市工业绿色发展效率的作用机理可归纳为以下三种效应：

（1）规模扩张效应。在产业集聚初始阶段，集聚有利于共享道路、厂房、水电等基础设施，节省交通运输成本和交易成本，工业企业基于集聚红利考虑，倾向于大幅增加产能，增强企业经济效益。故而企业在利益刺激下会加快集聚速率，对劳动力、土地、资源、能源等生产要素需求加速扩张。由于早期集聚企业一般为技术水平较低的资源密集型和劳动密集型工业企业，资源能源利用效率较为低下，消耗强度与排放强度均处于高位水平，生产过程易产生大量环境废弃物，加大环境负荷，以致超出资源环境承载能力，使生态环境质量急剧下降。政府为推动经济快速增长，在企业保证税收、经济增长及就业稳定的前提下，也倾向于放松环境管制，为企业生产提供便利的生产环境，对企业排污行为干预相对较少，企业生产的私人环境成本低于社会环境成本，产能进一步加快扩张。在产业集聚初期，经济发展尚不充分，政府和企业偏向将资源更多投入生产领域而非环保领域，清洁生产技术滞后，环境治理能力相对较弱，工业绿色发展内生动力不足（周明生等，2018）。2017 年长江经济带整体工业化水平为 37.36%，仍处于工业化中期，特别是中上游地区城市面临巨大的增长压力与发展需求，产业集聚带来的规模扩张效应可能较为突出。据此，提出如下研究假设：

H1：长江经济带整体仍处于工业化中期，处于高速经济增长阶段，产业集聚可能会加剧低端产能扩张，增加环境污染，对长江经济带城市工业绿色发展效率具有抑制效应。

（2）产业协同效应。当产业集聚达到一定程度后，企业间联系已不限于共用共享基础设施，更多体现在生产过程中互连互通，逐渐形成完整的产业链条乃至产业集群，由地理近邻集聚向内生协同关联转变，企业间交流与合作愈益频繁，有利于生产技术加速革新并提升产品附加值和绿色竞争力。特别是处于同一产业链条不同环节的工业企业集聚对提升资源能源利用效率极为有利，受益于范围经济与规模经济，上下游配套企业和相关企业发挥集聚合力。“前向关联”企业与“后向关联”企业能够将生产过程的废弃物资源化并加以利用，使资源能源利用效率大幅提升，推动循环经济体系加快建立，增强工业绿色发展内生动力（苏丹妮等，2020）。产业集聚带来的生产效率提升，使居民收入和生活水平明显改善，在物质需求得到满足的基础上，生态环境需求开始凸显，政府也会从严工业生产环境标准，驱动工业集聚逐渐向绿色生态集聚转变。尽管此时集聚的产能扩张污染效应依然存在，但较之于企业在内在自发、利益驱动、环境管制引导下的绿色集聚动力，产业绿色协同发展效应居于主导地位。长江经济带在“生态优先、绿色发展”战略定位下，正加快布局绿色先进制造业，2017 年高技术产业投资高达 1.38 万亿元，占全国比重高达 52.77%，全国一半以上的高技术产业投资集聚于长江经济带，绿色产业链条加速完善，绿色产业集群加快形成，产业集聚的绿色协同性应逐渐凸显。据此，提出如下研究假设：

H2：在国家强力的政策介入下，长江经济带绿色产业加速成长，产业集聚逐渐向绿色化产业集群转变，企业间形成良性绿色合作关系，有利于增强长江经济带城市工业绿色发展内生动力。

（3）梯度转移效应。产业发展存在生命周期，当产业集聚越过一定阶段后，人口拥挤、交通拥堵、环境污染、资本过剩、资源不足等问题逐渐凸显，开始由集聚规模经济向集聚规模不经济转变，由外部经济向外部不经济转变，集聚优势逐渐耗散，迫使企业向周边地区寻找新的集聚区。且受益于日趋完善的交通硬件基础设施与信息技术网络，地区间经济联系更为密切，在内部利益动机和外部便利条件下，集聚产业开始向周边地区转移。遵循由低端产业转移逐步递升的绿色产业转移原则，绿色技术含量较低的劳动密集型和资源密集型工业因盈利能力较弱、污染排放较高而较早丧失比较优势转向周边地区迁移，相应会加剧承接地工业粗放发展倾向，削弱绿色发展动力（孔凡斌等，2017）。随着转出地先进制造业和高技术制造业发展成熟，为寻找新的市场，增强产业竞争力，绿色生产技术较为先进的工业企业也开始向周边地区扩散，推动周边地区生产技术改进革新，带来新的绿色发展动力。长江经济带作为横贯东西、接连南北的交通走廊，综合立体交通网络逐渐成型，地区市场一体化进程加快，产业要素流动性提升，在城市间经济发展梯度差和企业盈利动机引导下，新旧动能产业的梯度转移效应会持续推进，进而引致周边地区城市工业绿色发展能力产生动态改变。据此，提出如下研究假设：

H3：企业集聚存在生命周期，会逐步调整集聚策略，在长江经济带城市内梯度转移，对周边地区工业绿色发展动能存在先抑制后促进的空间效应。

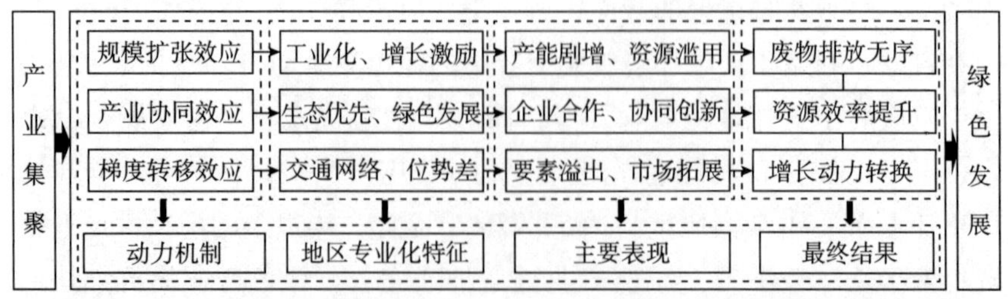

图 21－1　产业集聚对长江经济带城市工业绿色发展效率影响的作用机制

第三节　研究方法

一　模型构建

基于上述理论分析，产业集聚具有区域经济传递效应，对周边地区工业绿色发展可能产生影响，采用空间计量模型分析产业集聚的工业绿色发展效应。根据 Elhorst（2014）做法，以包含内生空间交互效应和误差项空间交互效应的空间杜宾模型为基准回归模型，通过 LR 检验、Wald 检验判断是否存在空间效应及具体类型。若检验表明不存在空间效应，则直接使用传统线性模型。模型具体形式如下：

面板空间杜宾模型 SDM（同时存在内生空间交互效应、误差项空间交互效应）：

$$\begin{aligned} EIGD_{it} = {} & \alpha_i + \delta \sum_{j=1}^{110} w_{ij} EIGD_{jt} + agglomeration_{it} \times \beta_1 + \\ & agglomeration_{it}^2 \times \beta_2 + X_{it}\beta_3 + \sum_{j=1}^{110} w_{ij} agglomeration_{jt} \times \theta_1 + \\ & \sum_{j=1}^{110} w_{ij} agglomeration_{it}^2 \times \theta_2 + \sum_{j=1}^{110} w_{ij} X_{it} \times \theta_3 + u_i + v_t + \varepsilon_{it} \end{aligned} \tag{21-1}$$

面板空间滞后模型 SLM（只存在内生空间交互效应）：

$$\begin{aligned} EIGD_{it} = {} & \alpha_i + \delta \sum_{j=1}^{110} w_{ij} EIGD_{jt} + agglomeration_{it} \times \beta_1 + \\ & agglomeration_{it}^2 \times \beta_2 + X_{it}\beta_3 + u_i + v_t + \varepsilon_{it} \end{aligned} \tag{21-2}$$

面板空间误差模型 SEM（只存在误差项空间交互效应）：

$$EIGD_{it} = \alpha_i + agglomeration_{it} \times \beta_1 + agglomeration_{it}^2 \times \beta_2 + X_{it}\beta_3 + u_i + v_t + \varepsilon_{it}$$

$$\varepsilon_{it} = \lambda \sum_{j=1}^{110} w_{ij} \varepsilon_{jt} + \mu_{it} \tag{21-3}$$

式中，$W = (w_{ij})_{110 \times 110}$ 为空间权重矩阵，δ 为空间自回归系数，λ 为空间自相关系数，β 为解释变量回归系数，θ 为解释变量空间滞后项回归系数，u_i 为地区固定效应，v_t 为时间固定效应，ε_{it} 为随机误差项，α_i 为常数项，i 和 t 分别为城市和年份。

二　变量说明

被解释变量。工业绿色发展效率（EIGD）。采用包含要素径向变动和松弛变动的改进 SBM 模型——全局超效率 EBM 模型测度。借鉴黄磊等（2019）测评指标选取经验，产出变量以城市工业增加值衡量（万元），投入变量以城市工业单位从业人员（人）、城市规上工业固定资产合计（万元）衡量，非期望产出变量以工业废水排放量（万吨）、城市工业二氧化硫排放量（吨）、城市工业烟（粉）尘排放量（吨）衡量。

核心解释变量。工业集聚度（agglomeration）。参考杨仁发（2015）的做法，采用区位商进行衡量，该方法消除了区位规模的异质性效应，可更为精准地反映城市工业的专业化集聚水平。在理论分析中表明，产业集聚具有规模扩张效应与产业协同效应，因此同时纳入产业集聚一次项和二次项，检验产业集聚对长江经济带城市工业绿色发展效率影响的非线性作用形态与作用机制。

控制变量。参考邵帅等（2019）的做法，主要考虑四项控制变量。一是企业规模（scale），规模较大的工业企业承担绿色技术创新风险能力较强，可能有利于工业绿色发展，采用规上工业企业平均年产值（万元/家）衡量，并将其做自然对数化处理以消除数据波动性；二是工业化（industrialization），工业化程度越高，则资源能源消耗总量越大，可能不利于工业绿色发展内生动力提升，采用工业增加值占 GDP 比重（%）衡量；三是技术创新（technique），对技术创新投入越大，越有利于增加工业企业科技创新产出，推动生产技术绿色改造升级，采用科学技术支出占公共财政支出比重（%）衡量；四是企业效益（revenue），盈利能力越强的企业改进生产技术的资本越充分，越是有利于生产技术革新，采用规上工业企业利润率（%）衡量。

三　数据来源

研究对象为长江经济带地级及以上城市，因 2011 年规模以上工业企业标准由年主营业务收入 500 万元以上提高至 2000 万元以上，且 2011 年贵州省毕节地区、铜仁地区调整为毕节市、铜仁市，安徽省巢湖市并入合肥市、马鞍山市、铜陵市，为保障研究单元指标数据前后可比性，研究时段确定为 2011—2016 年。基础数据来自 2012—2017 年的

《中国城市统计年鉴》、长江经济带沿线11省份统计年鉴，涉及市场价值的工业固定资产合计、工业增加值指标分别采用以2011年为基期的全国层面定基工业固定资产投资价格指数、定基工业增加值平减指数平减。

长江经济带横跨我国东中西部三大经济地带，地区内部差异显著，须考虑地区异质性。遵循《国务院关于依托黄金水道推动长江经济带发展的指导意见》关于长江经济带的流域划分标准，上游地区包括云贵川渝4省份33个城市，中游地区包括鄂湘赣3省份36个城市，下游地区包括苏浙皖沪4省份41个城市。基于queen邻接关系构建空间权重矩阵W，若两城市地理空间上具有相邻的边界或顶点，则权重元素为1，否则为0。

第四节　实证分析

除中游地区城市Hausman检验值对应的伴随概率大于10%的显著性水平，其他地区均低于5%的显著性水平，表明除上游地区应采用空间随机时间固定效应SDM外，其他地区均采用时间空间双固定效应SDM作为分析产业集聚对城市工业绿色发展效率影响的基准模型。对应的LR检验值和Wald检验值均通过1%的显著性检验，表明内生空间交互效应和误差项空间交互效应同时存在，SDM无法退化成SEM、SLM或者传统非空间模型。由于固定效应去均值程序存在一定偏误，采用Lee等（2010）做法进行偏误校正，修正后的模型回归参数如表21-1所示。SDM包含解释变量空间滞后项，存在反馈效应，无法通过解释变量空间滞后项回归系数识别溢出效应，根据Lesage等（2009）的做法分解出解释变量的直接效应和间接效应，具体如表21-2所示。

一　对整体城市工业绿色发展效应影响

产业集聚对长江经济带整体城市工业绿色发展效率影响的直接效应显著为负，不利于增强工业绿色发展内生动力。产业集聚直接效应一次项回归系数在5%的显著性水平下为负，与假设1相符，而二次项回归系数不显著。与林伯强等（2019）情况不同，当前长江经济带工业集

表 21－1　产业集聚对长江经济带城市工业绿色发展效率影响的空间计量回归

变量	整体城市		上游地区城市		中游地区城市		下游地区城市	
W×EIGD	0.1625***	(3.1373)	0.1339*	(1.7339)	－0.0411**	(－2.4316)	－0.0492**	(－2.5198)
agglomeration	－0.0169**	(－2.0379)	－0.2793**	(－2.4174)	－1.5949*	(－1.7055)	0.0953**	(2.1364)
agglomeration2	－0.0074	(－0.3272)	0.0500	(0.2599)	0.7622*	(1.8280)	0.0502	(0.0879)
scale	－0.0478*	(－1.6893)	0.0096	(0.2460)	0.0212	(0.3776)	－0.1578***	(－3.2678)
industrialization	1.2425**	(2.0196)	1.6089*	(1.6781)	1.9271	(1.3879)	0.0978	(0.0918)
technique	－0.4724	(－0.9998)	1.8357	(0.7579)	－1.4697**	(－2.4046)	1.2625*	(1.9288)
revenue	－0.2413	(－1.4124)	－0.5719***	(－2.6635)	0.1942	(0.4875)	1.4337***	(2.9132)
W×agglomeration	－1.5602***	(－2.5959)	0.1342	(0.1275)	－9.1852***	(－3.4010)	－3.4010**	(－2.5323)
W×agglomeration2	0.6268***	(3.3056)	0.3940	(1.3691)	4.1431***	(2.8079)	0.3006	(0.5596)
W×scale	0.0437**	(2.3402)	0.1616***	(3.6627)	－0.2993***	(－2.6389)	－0.0371**	(－2.1800)
W×industrialization	0.6128	(0.7018)	－3.4047**	(－2.1193)	13.8466***	(3.9152)	6.0568***	(5.8149)
W×technique	－0.8715	(－0.9219)	3.8302	(0.7492)	－1.6169	(－1.2706)	－3.9774***	(－2.9651)
W×revenue	0.2355	(0.8265)	－0.0507	(－0.1419)	－0.5561	(－0.6429)	－0.8838	(－0.9434)
R^2	0.8493		0.8952		0.7374		0.9174	
LogL	749.5634		225.6501		166.6007		376.7465	
$\sigma 2$	0.0073		0.0074		0.0082		0.0033	
Wald_ spatial_ lag	18.6158***	[0.0049]	35.0022***	[0.0000]	43.6341***	[0.0000]	59.9774***	[0.0000]
Wald_ spatial_ err	18.4615***	[0.0052]	33.6347***	[0.0000]	43.6577***	[0.0000]	56.9692***	[0.0000]
LR_ spatial_ lag	21.7916***	[0.0013]	38.8439***	[0.0000]	38.7289***	[0.0000]	63.9591***	[0.0000]
LR_ spatial_ err	20.6091***	[0.0022]	37.3688***	[0.0000]	35.4379***	[0.0000]	63.2221***	[0.0000]
Hausman－test	28.5249***	[0.0076]	24.4025**	[0.0276]	12.3456	[0.4995]	40.4710***	[0.0001]

注：括号内为 t 值，中括号内为 p 值；*、**、*** 分别表示在 10%、5%、1% 的水平上显著。

资料来源：根据 MATLAB2017a 运行结果整理。

聚仍以钢铁、有色、石化、纺织等绿色科技含量较低的传统行业为主导，以高能耗、高排放为典型特征，在集聚产能扩张过程中会加剧生态环境负荷，不利于提升工业绿色发展能力。传统工业基础牢固，使路径依赖倾向严重，产业集聚的协同效应难以凸显，无法抵消环境负效应。长江经济带城市工业集聚的环境问题较为突出，需增强绿色发展新动能，促进工业绿色生态集聚。

产业集聚对长江经济带整体城市工业绿色发展效率影响的间接效应呈先抑制后促进的“U”形关系。产业集聚间接效应一次项、二次项回归系数均在1%的显著性水平下显著，前者符号为负，后者为正，与假设3相符。正如杨仁发（2015）所指，囿于高耗能工业的短期增长效应，邻近欠发达城市为加快经济增长，优先布局技术门槛较低的传统工业，而形成资源型黑褐色产业集群。随着本地区传统工业带来的环境问题逐渐凸显，特别是在长江经济带“生态优先、绿色发展”战略定位下，开始加速推动工业结构绿色转型。产业集聚对长江经济带整体城市工业绿色发展的空间效应受经济利益和政策导向影响较大，并具有较强的绿色警示学习效应。

控制变量效应。企业规模对长江经济带整体城市工业绿色发展效率影响的直接效应显著为负，而空间溢出效应则显著为正，规模较大的企业依托市场势力而绿色技术改进激励不足，偏向向周边城市拓展市场产生技术外溢。工业化的直接效应显著为正，空间溢出效应则不明显，长江经济带正在大力推动绿色新型工业化，但绿色发展动能尚不充分不均衡。技术创新、企业效益的直接效应、间接效应均不显著，长江经济带绿色技术创新投入强度不足并存在创新要素错配，盈利能力并非影响工业企业绿色生产能力的关键因素。

二 对上游地区城市工业绿色发展效率影响

产业集聚对上游地区城市工业绿色发展效率影响的直接效应呈单一负向关系，存在较强的抑制效应。与长江经济带整体城市一致，产业集聚直接效应显著为负，二次项回归系数未通过显著性检验。上游地区，特别是云贵地区城市工业基础相对较为薄弱，生产技术较为滞后，集聚产业多为资源密集型和劳动密集型，特别是能源、矿产资源开采开发，易对生态环境造成极大破坏。上游地区尚未形成较为完整的循环经济产业链条，工业集聚的协同效应较弱，不足以抵消产能扩张和技术滞后所产生的环境负效应。上游地区有待进一步优化调整工业集聚模式和工业开发强度，以最大限度提升上游地区工业发展的环境正效应。

产业集聚对上游地区城市工业绿色发展效率影响的间接效应呈单一正向关系，能够促进周边城市工业发展能力提升。产业集聚间接效应一次项回归系数在5%的显著性水平下为正，二次项回归系数则不显著为正，正向溢出效应较为强烈。上游地区工业基础整体较为薄弱，产业转型“历史包袱”相对较小，周边城市意识到粗放式资源型产业集聚存在巨大的环境破坏效应。各城市竞相布局新材料产业、新能源产业、清洁能源汽车产业等生态工业，推动资源开发与生态修复同步进行，发挥工业集聚的经济效益和生态效益。上游地区存在工业生态集聚后发优势，具备条件跨越工业集聚的负向空间溢出阶段。

控制变量效应。企业规模对上游地区城市工业绿色发展效率的直接效应不明显，但溢出效应显著为正，大企业可向周边地区拓展市场扩散自身技术。工业化对上游地区城市工业绿色发展效率具有较强的正向直接效应，但周边城市盲目布局绿色高技术产业会削弱工业绿色生产能力。技术创新对上游地区城市工业绿色发展效率的直接效应、间接效应均不显著，上游地区研发强度和创新能力较弱。企业效益对上游地区城市工业绿色发展效率存在显著的负向直接效应，而溢出效应不明显，盈利能力提升导致企业缺乏技术改进和市场拓展动力。

三　对中游地区城市工业绿色发展效率影响

产业集聚对中游地区城市工业绿色发展效率具有显著的“U”形直接效应。产业集聚直接效应一次项在10%的显著性水平显著为负，而二次项回归系数则显著为正，与假设1和假设2相符。中游地区作为国家传统制造业基地，传统高耗能产业集聚在稳定中游地区经济增长的同时却引起产能过剩，抑制工业绿色发展内生动力。但“生态优先、绿色发展”战略理念成为工业发展主线，中游地区城市在传统制造业基础上加快发展壮大高端装备制造等绿色高技术产业，加快传统产业绿色转型升级，推动工业绿色高质量发展。传统高耗能产业对中游地区工业绿色发展负效应依然存在，但工业绿色发展新动能正逐渐凸显。

产业集聚对中游地区城市工业绿色发展效率存在“U”形空间溢出效应。产业集聚间接效应一次项、二次项回归系数均通过1%的显著性检验，前者符号为正，而后者相反，与假设3相符。中游地区早期部分盈利能力较弱难以转型的工业企业选择迁移到邻近更为落后的城市集聚以延长生命周期，给周边城市生态环境造成巨大压力，也压缩了初始阶段盈利能力较差的绿色新兴产业发展空间。随着中游地区核心城市先进制造业集群逐渐成型，开始对周边邻近城市进行绿色产能扩张，以寻求规模经济和效益最大化，增强邻近城市工业绿色发展内生动力。中游地区城市工业集聚空间溢出效应与自身工业基础与工业增量绿色度紧密相关，具有明显的正相关关系。

控制变量效应。企业规模对中游地区城市工业绿色发展效率的直接效应不明显，但溢出效应显著为负，高耗能企业规模较大，向外扩张产能易造成污染扩散。工业化的直接效应亦不显著，但溢出效应显著为正，中游地区新型工业化与传统工业化相互作用，对周边城市具有绿色引导作用。技术创新的直接效应显著为负，而溢出效应并不明显，加大创新投入加剧中游地区传统产业创新配置冗余，无法提升周边城市工业绿色生产能力。企业效益的直接效应、间接效应均不明显，中游地区利润较高的工业企业无意愿向外扩张市场。

四　对下游地区城市工业绿色发展效率影响

产业集聚对下游地区城市工业绿色发展效率存在显著的正向直接效应，呈持续增长作用。产业集聚直接效应一次项回归系数在5%的显著性水平下为正，与假设2相符，二次项回归系数却并不显著。下游地区依托扎实的工业基础和领先的生产技术，工业绿色发展新动能强劲，已形成多个节能环保制造业集群，保障工业绿色发展能力稳步提升。但下游地区城市传统高耗能产业仍然占据较大比重，环境负效应依然存在，产业集聚对工业绿色发展并未起到加速推进作用。随着《中国制造2025》深入推进，绿色高技术产业集群将稳固下游地区城市在长江经济带工业绿色高质量发展中的“领头羊”地位。

产业集聚对下游地区城市工业绿色发展效率影响的间接效应呈“U”形关系。产业集聚间接效应一次项、二次项回归系数均在5%的显著性水平下显著，而符号相反，与假设3相符。下游地区依然存在城

表 21－2　　基于邻接空间权重矩阵下产业集聚的空间效应

变量		整体城市		上游地区城市		中游地区城市		下游地区城市	
直接效应	*agglomeration*	－0.0694**	(－2.1532)	－0.3096**	(－2.4577)	－1.4974*	(－1.6433)	0.1326**	(2.1916)
	agglomeration2	－0.0227	(－0.1668)	0.0960	(0.3837)	0.7399*	(1.7671)	0.0115	(0.0518)
	scale	－0.0461*	(－1.6265)	0.0184	(0.4660)	0.0243	(0.4315)	－0.1615***	(－3.4019)
	industrialization	1.2706**	(1.9969)	1.5100*	(1.7042)	1.7906	(1.2962)	0.0632	(0.0577)
	technique	－0.5183	(－1.124)	2.1096	(0.8737)	－1.4418**	(－2.4163)	1.3150**	(2.0423)
	revenue	－0.2425	(－1.4158)	－0.5789***	(－2.6799)	0.2097	(0.5182)	1.4502***	(2.8623)
间接效应	*agglomeration*	－1.7981***	(－2.7062)	0.1357**	(2.1154)	－8.9743***	(－3.103)	－3.1731**	(－2.5228)
	agglomeration2	0.7145***	(3.3982)	0.4351	(1.3576)	4.0910***	(2.6076)	2.2735**	(2.5455)
	scale	0.0415*	(1.8777)	0.1806***	(3.4648)	－0.2880**	(－2.5135)	－0.0276	(－1.1371)
	industrialization	0.9172	(0.9194)	－3.5483*	(－1.9181)	13.5281***	(3.6314)	5.6816***	(5.4421)
	technique	－1.0746	(－0.9808)	4.8495	(0.8490)	－1.5271	(－1.2314)	－3.8863***	(－3.0414)
	revenue	0.2365	(0.7135)	－0.1480	(－0.3854)	－0.5615	(－0.6504)	－0.9063	(－1.0206)
总效应	*agglomeration*	－1.8676**	(－2.3840)	－0.1739**	(－2.1205)	－10.4717***	(－3.3652)	－3.0405**	(－2.2917)
	agglomeration2	0.6918***	(2.8812)	0.5311	(1.2985)	4.4310***	(2.7343)	2.2850*	(1.6742)
	scale	－0.0046	(－0.1145)	0.1989***	(3.0337)	－0.2637**	(－2.0719)	－0.1891***	(－3.7091)
	industrialization	2.1879*	(1.7675)	－2.0383*	(－1.8955)	15.3187***	(4.1547)	5.7448***	(3.9156)
	technique	－1.5930	(－1.3663)	6.9591	(1.0645)	－2.9689**	(－2.1946)	－2.5713**	(－2.0013)
	revenue	－0.0060	(－0.0146)	－0.7270	(－1.4620)	－0.3518	(－0.4035)	0.5439	(0.5709)

注：括号内为 t 值，*、**、*** 分别表示在 10%、5%、1% 的水平上显著。

资料来源：根据 MATLAB2017a 运行结果整理。

市发展梯度差异，在工业结构升级过程中部分高耗能企业转向周边经济增长需求强烈的城市，削弱邻近城市工业绿色发展潜力。随着下游地区工业发展动能逐渐居于主导地位，在发达的综合立体交通网络和一体化市场下向周边城市拓展延伸绿色新兴产业链条，传递工业绿色发展动能。下游地区产业集聚的空间效应以工业升级进程为导向，随着工业结构梯度升级稳步向前推进，绿色空间溢出效应逐渐凸显。

控制变量效应。企业规模对中游地区城市工业绿色发展效率存在显著负向直接效应，而间接效应并不明显，下游地区大企业也缺乏技术革新和市场拓展动力。工业化的直接效应不显著，间接效应则显著为正，下游地区传统产能的抑制作用依然存在，但绿色新动能对周边城市存在较强的传递效应。技术创新的直接效应显著为正，间接效应则显著为负，下游地区城市领先的技术水平可有力支撑工业绿色升级，却存在回波效应。企业效益的直接效应显著为正，间接效应不明显，下游地区高盈利企业偏向技术改进，但核心技术具有专用性。

第五节 稳健性检验

为保障上文分析结果的可靠性，通过改变空间权重矩阵设定以检验估计结果的稳健性，采用基于各城市政府驻地间距离倒数矩阵替代地理邻接矩阵重新估计产业集聚对长江经济带城市工业绿色发展效率的影响效应。经过 Hausman、Wald、LR 等一系列最优模型检验，仍然采用时间空间固定效应面板空间杜宾模型 SDM 检验产业集聚对长江经济带整体城市、上游地区城市、下游地区城市工业绿色发展效率影响效应的一致性，采用空间随机效应面板空间杜宾模型 SDM 检验产业集聚对中游地区城市工业绿色发展效率影响效应的一致性可以看出，核心解释变量产业集聚一次项、二次项影响效应系数的符号及显著性水平与表 21 - 2 高度吻合，但控制变量估计系数的显著性水平不及原模型，表明产业集聚的空间效应是更偏向通过地理邻近传递，整体可确保上述分析结果稳健可靠。

表 21-3 基于反距离函数空间权重矩阵下产业集聚的空间效应

变量		整体城市		上游地区城市		中游地区城市		下游地区城市	
直接效应	*agglomeration*	-0.0069**	(-2.0156)	-0.4925*	(-1.6484)	-1.4612*	(-1.7865)	0.2449**	(2.1796)
	agglomeration2	-0.0232	(-0.1719)	0.2188	(0.5487)	0.6002*	(1.6362)	-0.3408	(-1.0510)
	scale	-0.0240	(-0.8937)	0.0406	(1.0452)	-0.0296	(-0.5139)	-0.1304*	(-1.6713)
	industrialization	1.2733**	(2.0243)	2.0574*	(1.8636)	3.0093**	(2.3573)	2.2247	(1.2711)
	technique	-0.3219	-0.3219	1.0802	(0.4059)	-1.4112**	(-2.2272)	0.9343	(0.5791)
	revenue	-0.1953	(-1.1141)	-0.4391**	(-1.9802)	0.2360	(0.5731)	1.0498*	(1.8220)
间接效应	*agglomeration*	-10.0281**	(-2.3899)	0.2812**	(2.0477)	-17.9568**	(-2.0938)	-18.2926**	(-2.4097)
	agglomeration2	5.1744**	(2.0159)	1.3126	(0.7614)	8.4012*	(1.7692)	9.7367**	(2.4244)
	scale	0.8834**	(2.1126)	0.8254**	(2.1845)	-0.2701	(-0.8558)	-0.8663	(-0.3358)
	industrialization	13.8573*	(1.7841)	-13.0308	(-1.4280)	30.9142***	(2.8018)	23.0061**	(2.4473)
	technique	-2.9038	(-0.8148)	21.3576	(1.0316)	-3.2990	(-1.2217)	-5.7164**	(-2.0999)
	revenue	2.7222	(1.0710)	1.6418	(0.9046)	-0.1959	(-0.0567)	2.9688	(0.2997)
总效应	*agglomeration*	-10.0350**	-2.4237	-0.2113	(-0.0341)	-19.4180**	(-2.2094)	-18.0477	(-0.3941)
	agglomeration2	5.1512**	(2.0226)	1.5314	(0.7934)	9.0015*	(1.7086)	9.3959**	(2.3760)
	scale	0.8593**	(2.0392)	0.8660**	(2.2067)	-0.2997	(-0.9385)	-0.9966	(-0.3772)
	industrialization	15.1306*	(1.9421)	-10.9734	(-1.1621)	33.9235***	(2.9967)	25.2308**	(2.4779)
	technique	-3.2257	(-0.8916)	22.4378	(1.0503)	-4.7102*	(-1.6815)	-4.7821	(-0.0815)
	revenue	2.5269	(0.9797)	1.2028	(0.6389)	0.0401	(0.0114)	4.0187	(0.3964)

注：括号内为 t 值，*、**、*** 分别表示在 10%、5%、1% 的水平上显著。

资料来源：根据 MATLAB2017a 运行结果整理。

第六节 研究结论与政策启示

从产业集聚对工业绿色发展效率的作用机理出发，基于2011—2016年长江经济带地级及以上城市数据，采用空间杜宾模型深入分析产业集聚对长江经济带城市工业绿色发展效率的影响效应。研究结论如下：

（1）产业集聚对长江经济带城市工业绿色发展能力提升的抑制作用明显。长江经济带尚未形成循环经济体系，城市工业集聚的产业协同效应微弱，无法实现资源能源在行业间的动态循环流动。传统高能耗产业仍为长江经济带产业集聚的主导类型，集聚过程中的产能扩张效应较强，引起资源消耗与污染排放加剧，强化工业粗放发展路径依赖，严重阻碍长江经济带城市工业绿色发展内生动力提升。

（2）产业集聚对长江经济带城市工业绿色发展能力影响呈现较强的地区异质性，促进作用呈上游、中游、下游地区梯度递增空间格局。上游地区粗放式资源型工业发展基础牢固，工业集聚始终以污染扩散效应为主；尽管中游地区传统重化工产业的环境负效应存在，但在“生态优先、绿色发展”战略定位下，工业绿色转型升级成效凸显；下游地区绿色高技术产业集群逐渐成型，极大地增强工业绿色发展内生性。

（3）产业集聚对长江经济带城市工业绿色发展能力影响具有明显的阶段性“U”形空间外溢效应。长江经济带城市发展存在梯度差，在工业转型升级进程中，部分高耗能产业会迁移至邻近欠发达城市，随着中心城市绿色先进制造业集群发展壮大，则逐渐向外拓展绿色发展动能，在中下游地区城市尤为明显。上游地区由于工业基础薄弱，转型升级历史包袱较小，培育新型绿色工业集群较快，更易实现绿色“换道超越”。

上述研究结论蕴含着如下政策启示：

（1）强化工业生态集聚。加快传统工业绿色转型，加大绿色改造技术投入和应用推广力度，推动钢铁、石化、有色等领域无效低端产能绿色有效化，提升传统产能绿色竞争力，支撑长江经济带建设世界级制造业集群。培育壮大绿色新兴产业集群，创新工业绿色发展模式和业态，设立绿色高技术产业集聚区，依托节能环保技术研发服务业，推动智能制造、节能环保制造和高附加值再制造业集群化发展。规范产业转移承接，编制统一的长江经济带产业准入指导目录，实施最严格的能耗、排污、用地标准，鼓励承接清洁绿色产业，防止污染产业向中上游地区和欠发达城市转移集聚。

（2）构建绿色制造体系。培育绿色龙头企业，支持绿色创新能力和品牌效应较强的工业企业加强绿色产品设计研发，降低绿色产品开发成本，提升绿色生产盈利能力，增强绿色示范带动效应。建设绿色工业园区，优化园区用地布局和用地结构，推动园区土地集约高效利用，提升园区资源能源利用效率，促进园区企业间废物资源循环绿色利用，增强园区集聚和控污能力。完善绿色产业供应链，以汽车、装备制造、电子信息等强关联效应产业为重点，依托生产者责任延伸制度，拓展上下游产业链条和环境责任链条，推动产业集聚向绿色优势产业集群转变。

（3）加强产业绿色协同合作。发挥地区比较优势，充分考虑国土空间开发适宜性、资源环境承载力及前期产业基础，确立最优产业集聚类型和集聚强度，上游地区重点推动资源型产业集群绿色化发展，中游地区着力提升传统产业集群绿色竞争力，下游地区优先发展高端装备制造业集群。强化地区工业生产协作，推动临近城市围绕特定产业联合布局工业园区，协同引进优势龙头企业，构建完成产业链条，合力打造特色产业集群。促进工业服务业融合发展，发展绿色证券、绿色保险、绿色信贷，提升节能环保服务水平，强化传统工业绿色转型和新兴产业培育壮大的资金和技术支持。

第二十二章

环境规制对长江经济带城市工业绿色发展效率的影响研究

第一节 引言

长江经济带作为新时期我国经济发展的战略支撑带，在稳定经济增长、创新驱动产业转型升级、推动经济高质量发展中发挥着重要作用。然而，长江经济带在高速增长过程中引发的环境问题愈益突出，资源能源消耗速率高企，雾霾空气污染加剧，重化工围江围湖围城形势严峻，严重制约长江经济带高质量，加快绿色发展迫在眉睫。2016 年 1 月，习近平总书记在重庆召开长江经济带发展座谈会，提出“要把修复长江生态环境摆在压倒性位置，共抓大保护，不搞大开发”。2017 年 7 月原国家环保部等三部委出台的《长江经济带生态环境保护规划》指出“长江经济带仍未摆脱传统经济发展方式，要用改革创新的办法抓好长江生态保护工作”。工业作为污染生产的主要来源，是推动长江经济带绿色高质量发展的重点领域，习近平总书记在 2018 年 4 月召开的深入推动长江经济带发展座谈会上强调“必须破解沿江工业无序发展难题”。国家高度重视长江经济带环境治理工作，以工业为抓手，通过加强环境保护推动长江经济带生态文明建设和经济高质量发展。那么环境规制对长江经济带工业绿色发展究竟产生了何种影响？是抑制还是促进？该如何加快推进长江经济带工业绿色发展？

学术界关于环境规制对绿色发展影响效应的研究主要集中在三个维

度：一是探讨环境规制对污染排放的作用关系，研究环境规制是否具有减排效应；二是分析环境规制与绿色生产率的内在关系，研究环境规制能否促进生产效率提升；三是探究环境规制对绿色技术创新的影响关系，识别环境规制“波特假说”是否存在。

关于环境规制对污染排放影响的研究主要集中于探讨环境规制的污染减排效应存在性（Ouyang et al.，2019）。绿色发展缘起于污染排放造成的环境问题，环境规制的首要目标即是削减污染排放，实现生产过程清洁化。大多研究表明，环境规制能够削减污染排放（Shapiro and Walker，2018），但减排效果与环境规制类型密切相关，以提升企业清洁生产内在动力为导向，市场激励型环境规制的减排效应优于行政命令型，后者往往会造成效率损失（范庆泉、张同斌，2018）。随着区域间联系愈益密切，要素流动性加快，在经济增长驱动下，环境规制可能存在“逐底竞争”现象，不仅未能有效降低污染排放，甚至会造成污染型产业向外转移而使得污染扩散（朱向东等，2018）。一般综合微观数据和宏观数据反映环境规制和污染排放，研究工具以传统面板、系统GMM、差分估计、空间计量模型为主。

关于环境规制对绿色生产率影响的研究主要集中于分析环境规制与绿色经济效率、绿色全要素生产率、绿色增长指数的内在关系（Wang and Li，2019）。立足“波特假说”，检验环境规制带来的创新补偿效应是否大于治理成本，能够提高生产效率，强化环境治理的内生性，增强绿色生产能力。由于全要素生产率为所有生产要素的综合生产率而备受关注，侧重分析环境规制对省域尺度区域绿色全要素生产率和全国尺度工业绿色全要素生产率影响效应（黄庆华等，2018）。研究方法以包含非期望产出的改进的数据包络分析DEA模型、空间计量模型、面板门槛模型、Tobit模型、PSM－DID为主。一般表明环境规制对生产率的影响具有不确定性，与环境规制类型、环境规制强度、研究时段、研究区域、产业排污属性有关，或呈线性关系，或呈“U”形关系，或呈倒“U”形关系，或呈门槛特征（张英浩等，2018），生产率变化与污染治理效果具有一定的耦合性。

关于环境规制对绿色技术创新影响的研究主要集中于厘清环境规制对绿色技术进步、绿色技术创新能力、绿色技术创新效率的作用效果

（Feng et al.，2018）。立足于“波特假说”前半段，探究环境规制能否激发企业加强绿色研发投入，提升绿色生产技术，增强绿色发展的技术支撑。大多研究表明，环境规制的绿色技术创新效果与“波特假说”存在差距，市场型与自愿型环境规制偏向增强绿色创新动力（任胜钢等，2018），但行政处罚式环境规制则会削减企业绿色研发投入，无法有效刺激绿色技术创新（郭进，2019），过高的环境规制力度甚至会导致污染型产业外溢，抑制周边地区生产技术向绿色方向转型（董直庆、王辉，2019）。关于绿色技术创新的衡量方式尚未统一，或直接使用总体技术创新替代绿色技术创新，或将全社会环境非期望产出归咎于创新过程，未能有效区分绿色技术创新（黄磊、吴传清，2019）。

综观学术界关于环境规制对绿色发展影响的研究成果，已形成较为系统的研究体系。但仍有亟待拓展之处：一是关于环境规制对绿色发展的作用机理梳理趋于碎片化，未能厘清两者的内在作用机制，而这恰是探讨两者关系的逻辑起点；二是对环境规制与工业绿色发展效率的研究较少，侧重分析环境规制与区域/工业绿色全要素生产率，而绿色发展效率是绿色全要素生产率的内在驱动力，在效率变革下，应强化环境规制与工业绿色发展效率分析；三是对环境规制与长江经济带工业绿色发展问题关注不够，特别是区域空间更为精细的城市单元工业绿色发展效率研究较少，研究结论的针对性和战略性有待提升。基于此，本研究将从理论上厘清环境规制对工业绿色发展效率的影响机理并提出理论假设，从上中下游地区视角，采用空间计量模型深入探讨环境规制长江经济带城市工业绿色发展效率的影响效应，提出提升长江经济带工业绿色发展内生动力的针对性对策建议。

第二节　环境规制对工业绿色发展效率的影响机理

环境规制能有效地规范约束企业生产和排放行为，影响企业生产能力，因规制企业经济条件和创新能力差异，对企业绿色生产效率影响效应具有不确定性，必须厘清两者的内在作用机理。环境规制对工业绿色发展效率的作用机理可总结为三种效应：

（1）成本约束效应。企业对环境规制的反应存在一定的适应期，在短期内，企业只能在环境规制约束下被动调整生产活动，通过削减产量以控制污染排放总量，并加大污染排放治理投入以改善生态环境质量。面临严格的环境规制时，考虑到环境污染的弱可处置属性，在既定生产技术条件下，企业无法同时实现减排与增产，或直接购置引进环保生产设备、污染排放配额，或减少工业产出总量，导致生产成本上升、产品收益下降。环境规制相当于给企业额外征收一项环境税，使企业特别是抗风险能力较弱的中小企业生产效率降低。当企业形成增强环境管控预期时，在短期内企业尚可以承受为抵消环境规制带来的生产成本上升，但为抵御更为严格的污染管制政策，高排放、高污染工业企业可能加快工业产能扩张，特别是在环境政策发布日期到实施日期时段内，工业污染排放可能会大幅增加，造成环境规制“绿色悖论”。所以在短期内，环境规制倾向增加企业生产成本，甚至可能会导致污染排放加剧，不利于增强工业绿色发展内生性（高苇等，2018）。

H1：环境规制在短期内会加剧工业企业成本，降低企业生产效率，对企业绿色发展能力提升具有抑制作用。

（2）绿色引导效应。在长期内，工业企业则可根据环境规制导向积极主动调整生产经营决策，投入更多资源以提升企业绿色生产技术，增强企业产品绿色科技含量，从而提升企业的绿色发展能力（聂爱云、何小钢，2012）。工业企业在逐步加强的环境规制压力下，会加快先进绿色生产技术、生产设备和管理模式的研发引进与应用推广，推动传统高耗能、高排放、高污染产业创新驱动绿色转型升级，培育壮大绿色先进制造业，增强工业绿色发展内生性。对于无法适应强环境规制的高排放低效益的工业企业则面临“关停并转”，其在市场中的污染排放效应会逐步减弱。同时政府在强化环境污染排放管控时，也会对企业绿色发展给予一定的配套政策支持，降低工业污染排放达标企业环境税费，鼓励发展绿色金融、绿色信贷、绿色债券，削减节能环保企业融资费率，引导工业企业不断提升绿色生产能力。所以在长期加强环境规制对增强工业企业绿色发展内生性可能具有较强的激励与引导作用。

H2：环境规制长期内存在绿色引导效应，推动企业加快绿色转型升级，对工业企业绿色生产能力提升具有推动作用。

（3）污染扩散效应。污染排放较高的工业企业对环境规制的适应能力较差，因自身盈利能力和创新基础不强，无法承担购置绿色生产设备和污染治理的成本加成，面临关闭和转移的权衡取舍。为延展生命周期，维持企业盈利能力，往往会选择就近转移，规避环境规制约束，降低企业迁移的运输成本，最大限度保住原有市场份额。承接地大多与转出区存在较大的经济发展梯度差，工业发展基础相对薄弱，面临较大的经济增长和就业稳定压力。承接地对企业污染排放管理相对较为宽松，当地政府招商部门甚至会主动引进部分发达地区丧失比较优势的传统工业至当地工业园区，并给予相应的税收、土地、利率优惠政策，以迅速借力推动本地区经济增长。迁出地工业企业在环境规制约束下不得不向外迁移，而迁入地政府便利的基础设施和宽松的政策环境提供了良好的入驻条件，迁出供给与迁入需求相互匹配。高耗能、高排放、高污染型传统工业企业可能大规模向周边地区转移，造成工业污染加速扩散，对承接地工业绿色发展产生不利影响（沈坤荣等，2017）。

H3：环境规制会导致高耗能产业转移，并伴随有严重的污染迁移，对承接地工业绿色发展存在负向溢出效应。

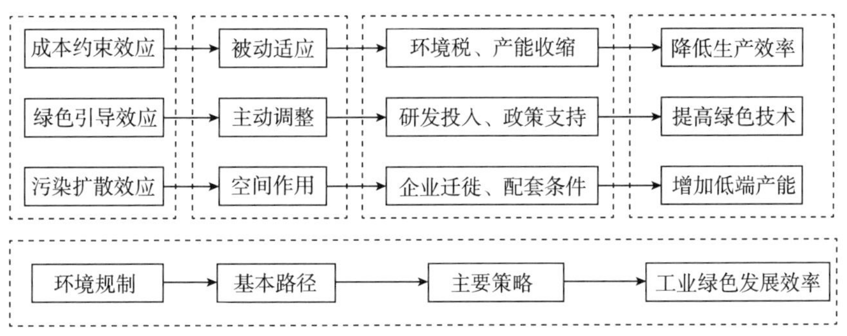

图 22-1　环境规制对工业绿色发展效率影响的作用机制

第三节　模型构建、变量说明与数据来源

一　模型构建

上述理论分析表明，环境规制对工业绿色发展效率的影响可能存在空间溢出效应，因此采用空间计量模型作为探究环境规制对长江经济带

工业绿色发展效率影响的分析工具。参考 Elhorst（2014）研究成果，以包含内生空间交互效应和误差项空间交互效应的空间杜宾模型为基准，通过 Wald 检验和 LR 检验判断是否存在空间效应及具体类型。若存在空间效应，则进一步根据空间效应类型选择适宜的面板空间模型，并分解环境规制的直接效应、间接效应、总效应；若不存空间效应，则直接使用普通面板回归模型。

面板空间杜宾模型 SDM（同时存在内生空间交互效应、误差项空间交互效应）：

$$EIGD_{it} = \alpha_i + \delta\sum_{j=1}^{110} w_{ij}EIGD_{jt} + environment_{it} \times \beta_1 + environment_{it}^2 \times \beta_2 + X_{it}\beta_3 + \sum_{j=1}^{110} w_{ij}environment_{jt} \times \theta_1 + \sum_{j=1}^{110} w_{ij}environment_{it}^2 \times \theta_2 + \sum_{j=1}^{110} w_{ij}X_{it} \times \theta_3 + u_i + v_t + \varepsilon_{it} \quad (22-1)$$

面板空间滞后模型 SLM（只存在内生空间交互效应）：

$$EIGD_{it} = \alpha_i + \delta\sum_{j=1}^{110} w_{ij}EIGD_{jt} + environment_{it} \times \beta_1 + environment_{it}^2 \times \beta_2 + X_{it}\beta_3 + u_i + v_t + \varepsilon_{it} \quad (22-2)$$

面板空间误差模型 SEM（只存在误差项空间交互效应）：

$$EIGD_{it} = \alpha_i + environment_{it} \times \beta_1 + environment_{it}^2 \times \beta_2 + X_{it}\beta_3 + u_i + v_t + \varepsilon_{it}$$

$$\varepsilon_{it} = \lambda\sum_{j=1}^{110} w_{ij}\varepsilon_{jt} + \mu_{it} \quad (22-3)$$

传统面板回归模型 OLS（不存在空间交互效应）：

$$EIGD_{it} = \alpha_i + environment_{it} \times \beta_1 + environment_{it}^2 \times \beta_2 + X_{it}\beta_3 + u_i + v_t + \varepsilon_{it} \quad (22-4)$$

式中，$W=(w_{ij})_{110\times110}$为空间权重矩阵，$\delta$ 为空间自回归系数，λ 为空间自相关系数，X 为控制变量向量，β 为解释变量回归系数，θ 为解释变量空间滞后项回归系数，u_i 为地区固定效应，v_t 为时间固定效应，ε_{it}为随机误差项，α_i 为常数项，i 和 t 分别为城市与年份。

二　变量说明

被解释变量：工业绿色发展效率（*EIGD*），采用包含环境非期望产出的改进 DEA 模型——全局超效率 EBM 模型测度。其中，工业要素投入采用城市工业单位从业人员（人）、城市规上工业固定资产合计（万元）衡量，工业期望产出采用城市工业增加值衡量，工业环境非期望产出采用工业废水排放量（万吨）、城市工业二氧化硫排放量（吨）、城市工业烟（粉）尘排放量（吨）衡量。

核心解释变量：工业环境规制（*environment*），参考沈坤荣等（2017）做法，采用工业二氧化硫去除率和工业烟（粉）尘去除率加权合成。在理论分析可知，短期内环境规制对工业绿色发展效率影响以成本效应为主，之后工业企业逐渐适应环境规制，其绿色引导作用开始凸显，将环境规制一次项与二次项同时纳入模型。

控制变量：参考已有文献在探讨环境规制与绿色发展关系的相关控制变量选取，本研究主要选取了四项控制变量。一是经济发展（*economy*），经济发展能够为工业企业绿色转型提供物质基础，提高居民的环保意识并约束企业排污行为，采用各城市实际人均 GDP 衡量（元/人），并将其进行自然对数化处理以减少数据波动性降低异方差性。二是要素禀赋（*capitallabor*），要素禀赋结构若更偏向资本，工业生产技术趋于智能自动化，注重技术升级以降低资源消耗，加快绿色生产速率，采用工业劳均资产（万元/人）衡量，同样将其自然对数化处理。三是城镇化（*urbanization*），在城镇化推进中，城镇人口增加的同时城镇建设用地也大幅扩张，土地城镇化会造成城市空间和低端工业产能无序扩张，造成工业要素配置冗余与无谓损失，采用常住人口城镇化率（%）衡量。四是对外开放（*opening*），加强对外开放有利于引进国外先进生产技术和管理模式，但也可能存在“污染避难所”现象，采用实际利用外资占工业固定资产投资比重（%）衡量。

三　数据来源

鉴于 2011 年行政区划与统计口径发生较大改变，规上工业企业标准由年主营业务收入 500 万元提升至 2000 万元，安徽省原地级巢湖市并入合肥市、马鞍山市、铜陵市，贵州省毕节地区、铜仁地区调整为毕节市、铜仁市，为保证样本指标数据前后可比性，将研究初始年份定为 2011 年，研究时限确定为 2011—2016 年。所选用指标数据来自《中国城市统计年鉴》（2012—2017）、长江经济带沿线 11 省份 2012—2017 年统计年鉴。其中，涉及市场价值的工业固定资产合计、工业增加值、人均 GDP 指标分别采用以 2011 年为基期的全国层面定基工业固定资产投资价格指数、工业增加值平减指数、GDP 平减指数消除物价波动。

本研究研究对象为长江经济带 110 个地级及以上城市，横跨我国东中西部三大经济地带，上中下地区差异显著，环境规制对长江经济带城市工业绿色发展效率的影响应存在显著的地区异质性。遵循《国务院关于依托黄金水道推动长江经济带发展的指导意见》（2014）的划分标准，上游地区包括云贵川渝 4 省份 33 个城市，中游地区包括鄂湘赣 3 省份 36 个城市，下游地区包括苏浙皖沪 4 省份 41 个城市。采用基于 queen 邻接关系构建权重矩阵 W，若城市 i 与城市 j 在地理空间上具有相邻的边界或顶点，则 $W_{ij}=1$；反之则 $W_{ij}=0$，且 $W_{ii}=0$。

第四节　实证结果分析

Hausman 检验值对应的伴随概率均低于 5% 的显著性水平，表明时间、空间双固定 SDM 为基准空间模型。而两种空间效应存在性的 Wald 检验值、LR 检验值对应的伴随概率均不低于 5% 的显著性水平，表明两种空间效应同时存在，模型无法退化为空间滞后模型、空间误差模型或者传统非空间模型。故而双固定 SDM 为探究环境规制对长江经济带城市工业绿色发展效率影响的最优工具，模型回归参数见表 22－1。采用极大似然法估计空间效应模型存在一定偏误，借鉴 Lee 和 Yu（2010）做法，对模型回归结果进行偏误校正。同时，由于模型包含被解释变量空间滞后项，存在反馈效应，无法通过解释变量空间滞后项识别空间溢出效应，故而参照 Lesage 和 Pace（2009）做法，分解城市工业绿色发展效率影响因素的直接效应和间接效应（见表 22－2）。

一　对整体城市工业绿色发展效率影响

环境规制在短期内会抑制长江经济带整体城市工业绿色发展能力提升，在长期则具有较强促进作用。直接效应一次项回归系数在 5% 的显著性水平下为负，与假设 1 相符，强化工业环境管控，对整体发展极不均衡的长江经济带而言，部分实力较弱的中小型工业企业短期内无力承

表 22-1　环境规制对长江经济带城市工业绿色发展效率影响的空间计量回归

变量	整体城市		上游地区城市		中游地区城市		下游地区城市	
W×*EIGD*	0.1405***	(2.6800)	0.1348*	(1.6519)	0.1293*	(1.7226)	0.0428**	(2.4575)
environment	-0.3607**	(-2.3090)	-0.4105*	(-1.6604)	-0.2559**	(-1.9877)	-1.2440***	(-3.1962)
environment2	0.2079*	(1.6845)	0.3373*	(1.6524)	0.1860	(0.4104)	0.9171***	(3.4118)
economy	0.3788***	(3.9468)	0.5919***	(3.0549)	-0.0255	(-0.0739)	0.1676	(1.4697)
capitallabor	-0.0169	(-1.3233)	-0.0129	(-0.6277)	-0.0779***	(-3.4015)	0.1159***	(5.5308)
urban	-1.1808***	(-3.6368)	0.1610	(0.1567)	-1.6000*	(-1.6828)	-0.6172*	(-1.7967)
open	0.5644*	(1.7580)	-1.4020	(-1.1252)	1.6775	(1.0802)	-0.1554	(-0.3457)
W×*environment*	-0.0687**	(-2.2155)	-0.1171	(-0.2176)	-0.4963*	(-1.9146)	1.0491*	(1.7894)
W×*environment2*	-0.1187	(-0.4764)	0.1712	(0.3900)	0.1213	(0.2733)	-0.9655*	(-1.9470)
W×*economy*	-0.0639	(-0.3870)	-0.5236*	(-1.7029)	1.4852*	(1.9018)	-1.0412***	(-4.6194)
W×*capitallabor*	0.0287	(1.3566)	0.0379	(1.2769)	0.1003**	(2.0988)	0.0183	(0.3560)
W×*urbanization*	-0.7697*	(-1.8846)	-3.9507**	(-2.2478)	-2.1205	(-1.0922)	3.1504***	(3.3903)
W×*opening*	0.7712*	(1.7165)	-0.3692	(-0.1565)	7.0535*	(1.7831)	-0.8869	(-1.1239)
R^2	0.8462		0.8772		0.7984		0.9200	
LogL	743.2365		210.0144		238.2181		381.2767	
$\sigma 2$	0.0074		0.0086		0.0079		0.0032	
Wald_spatial_lag	14.0295**	[0.0293]	16.8674***	[0.0098]	21.7045***	[0.0014]	34.1143***	[0.0000]
Wald_spatial_err	14.6492**	[0.0232]	15.9342**	[0.0141]	22.5127***	[0.0010]	32.0373***	[0.0000]
LR_spatial_lag	16.0161**	[0.0137]	19.6984***	[0.0031]	26.4616***	[0.0002]	37.5463***	[0.0000]
LR_spatial_err	17.0356***	[0.0092]	19.2225***	[0.0038]	27.5329***	[0.0001]	35.6115***	[0.0000]
Hausman-test	33.5874***	[0.0014]	106.4923***	[0.0000]	36.3967***	[0.0005]	25.4486**	[0.0201]

注：括号内为 t 值，中括号内为 p 值；*、**、*** 分别表示在 10%、5%、1% 的水平上显著。

资料来源：根据 MATLAB2017a 运行结果整理。

担工业污染治理成本而被迫关停并转，环境效益增加小于生产效益减少，使工业绿色发展持续性不足。但二次项回归系数在10%的显著性水平为正，与假设2相符，长期内企业能够调整研发策略，加强绿色技术创新，促进生产效率和经济效益提升，抵消企业技术创新成本和环境治理成本，从而增强工业绿色发展内生性。与高苇等（2018）研究结论一致，需经历污染治理“阵痛期”，环境规制对长江经济带工业绿色发展的绿色刺激作用方能逐步凸显。

环境规制会导致污染企业向长江经济带区内周边地区城市转移，抑制周边地区工业绿色发展能力提升。长江经济带整体城市范围内环境规制在5%的显著性水平上存在负向空间溢出效应，与假设3相符，使造纸、印染、钢铁、化工等传统高耗能工业向环保标准相对宽松的邻近欠发达地区城市转移，对周边地区城市产生严重的污染扩散效应。这种污染溢出效应是持续存在的，间接效应二次项回归系数并不显著，环境规制无法对周边地区形成良好的绿色引导作用。如沈坤荣等（2017）所指，环境规制的污染扩散效应一方面是企业规避环境管制的自主选择结果，另一方面也可能是长江经济带整体范围内以邻为壑的城市恶性竞争产物。

控制变量效应。经济发展能够有效促进长江经济带整体城市工业绿色发展内生动力提升，但其空间溢出效应不明显，更多关注本城市绿色发展。要素禀赋的直接效应和溢出效应均不显著，表明资本与劳动力要素在推动长江经济带城市工业绿色发展不存在优先性。城镇化的直接效应和溢出效应均为负，长江经济带城市间土地城镇化和地方政府土地竞争问题突出。对外开放的直接效应和间接效应均为正，扩大开放有利于引进消化吸收国外先进绿色生产技术并形成良性绿色技术扩散效应。

二　对上游地区城市工业绿色发展效率影响

环境规制对上游地区城市工业绿色发展的直接影响也呈先抑制后促进的“U”形关系。上游经济发展水平相对较低，抑制效应更为突出，超出长江经济带整体城市平均水平，环境规制直接效应一次项回归系数绝对值（0.4303）大于长江经济带整体城市绝对值（0.3656）。但上游地区城市工业发展灵活性较好，环境规制对上游地区城市工业绿色引导作用明显，云贵地区城市工业绿色转型便利，而成渝城市群工业基础相对较好，能够有效吸收下游地区产业转移带来的技术扩散红利。环境规制对上游地区城市工业绿色发展的成本约束效应与绿色转型效应明显，与假设 1 和假设 2 相符，上游地区城市一旦探索出适宜的工业绿色发展路径，环境规制绿色促进作用即加快显现。

环境规制未对上游地区城市工业绿色发展产生显著的空间溢出效应。上游地区城市面临较大的经济发展压力，工业环境规制执行力度较弱，无法对工业发展产生强烈的绿色约束作用，生产成本上升幅度尚不足以使污染排放较高的工业企业大规模向周边地区城市转移。一方面，由于环境规制标准较低，对工业企业成本提升较小；另一方面，上游地区相邻城市工业生产基础设施及配套政策等软硬环境甚至不及本地区城市。上游地区城市工业企业存在区位选择黏性，使环境规制的绿色空间溢出效应并不明显。上游地区城市仍需进一步加强工业环境规制强度，并加快交通、园区等基础设施建设，发挥环境规制的绿色溢出作用。

控制变量效应。经济发展可显著提升上游地区城市工业绿色发展能力，是工业绿色发展的重要支撑，但对周边地区城市带动作用微弱。要素禀赋对上游地区城市工业绿色发展的直接效应和间接效应均不明显，上游地区不存在要素结构偏向。城镇化对上游地区城市工业绿色发展能力提升未有显著影响，但建设用地竞争加剧周边城市要素驱动依赖。对外开放对上游地区城市工业绿色发展具有显著抑制效应，一定程度存在“污染避难所”现象，但受交通等基础设施条件限制，其空间溢出效应并不明显。

三 对中游地区城市工业绿色发展效率影响

环境规制对中游地区城市工业绿色发展内生动力的直接效应具有显著阻碍作用。环境规制直接效应一次项回归系数在 5% 的显著性水平下为负，对工业绿色发展效率具有直接抑制效应，与假设 1 相符，而二次项回归系数并不显著，未能发挥绿色引导作用。中游地区作为全国钢铁、石化、冶炼、船舶、化工等传统制造业基地，命令式强化工业污染治理会导致中游地区城市大量工业企业因环境治理和处罚成本上升而降低产量，企业盈利能力下降而绿色发展内生性不足。由于中游地区传统高耗能工业份额较大，且正处于工业化中期，环境规制对企业生产的绿色引导作用在短期内难以显现，中游地区城市需继续加强并优化环境规制，提升工业企业生产清洁度。

环境规制对中游地区城市工业绿色发展具有显著的负向空间溢出效应。环境规制间接效应一次项回归系数在5%的显著性水平下为负，具有较强的污染扩散效应，与假设3相符，而二次项回归系数则不显著，绿色技术外溢效应微弱。中游地区城市传统高耗能产业基础牢固，且为下游地区城市工业转移重要承接区，高污染型产业环境规制弹性较强，存在污染转移效应。中游地区城市亦在大力推进传统工业绿色转型升级，绿色化改造尚未完成，环境规制仍无法对周边地区产生明显的绿色技术扩散并促进低碳企业跨区域布局。中游地区城市应加强工业污染防控协同治理，发挥环境规制对邻近城市的绿色引导作用。

控制变量效应。经济发展对中游地区城市工业绿色发展能力提升的直接效应微弱，但具有较强的正向溢出效应，需进一步提升经济发展质量。要素禀赋对中游地区城市工业绿色发展效率的直接效应显著为负，存在要素配置冗余，对周边城市具有警示效应。城镇化对中游地区城市工业绿色发展能力存在显著的负向直接效应，以土地扩张型城镇化为主导，但新型城镇化推进抵消了负向空间溢出效应。对外开放对中游地区城市工业绿色发展能力提升的直接效应不显著，技术扩散和污染转移交叉作用，周边城市选择性承接先进绿色环保工业。

四　对下游地区城市工业绿色发展效率影响

环境规制对下游地区城市工业绿色发展效率影响的直接效应呈显著“U”形关系。环境规制直接效应一次项和二次项回归系数均在1%的显著水平下显著，前者符号为负，后者符号为正，与假设1和假设2相符。下游地区内城市工业绿色发展差距也较为明显，强化环境规制会使部分发展程度相对较低的城市难以承受环境治理成本上升，工业绿色发展内生动力遭受削弱。但下游地区人才、资金、技术等高端要素充裕，环境规制在长期能够加强绿色技术创新，推动企业应用推广先进绿色生产技术，实现减排与增产，提升工业绿色发展内生动力。尽管下游地区工业绿色发展存在内部差异，但工业基础和创新能力突出，环境规制的工业绿色引导效应明显。

环境规制对下游地区城市工业绿色发展效率影响的间接效应呈倒“U”形关系。环境规制间接效应一次项、二次项回归系数均在10%的显著性水平下显著，前者符号为正，后者符号为负。环境规制导致纺织、服装、化工等传统工业转移，下游地区转出地城市存在技术优势，承接地产出增加效益大于污染治理成本，总体对工业绿色发展效率以促进作用为主。但传统产业技术门槛相对较低，逐渐实现技术趋同，承接传统工业的污染扩散效应超出产出增加收益，加剧工业环境负荷，削弱工业绿色生产能力。下游地区城市环境规制带来的工业转移技术扩散效应存在一定有效期，需加以改进提升方能持续增强工业绿色发展内生动力。

控制变量效应。经济发展对下游地区城市工业绿色发展效率的直接效应不显著，绿色支撑作用并不突出，中心城市对后发城市具有绿色“虹吸效应”。要素禀赋对下游地区城市工业绿色发展效率存在显著的正向直接效应，人力资本和物质资本的绿色技术支撑作用较强，且这种资本优势存在专属性不易外溢。城镇化对下游地区城市工业绿色发展效率的直接效应显著为负，亦存在土地竞争问题，并引起周边城市逐步摒弃粗放城镇化模式。对外开放对下游地区城市工业绿色发展效率的直接效应、间接效应均不显著，逐步实现与外资技术趋同。

第五节　稳健性检验

为保障上述分析的可靠性，考虑到空间计量模型的回归结果对空间权重矩阵设定具有较强的敏感性，通过采用基于政府驻地间距离的倒数矩阵替代邻接矩阵进行稳健性检验。经过 Hausman、Wald、LR 等一系列检验，最后采用空间随机时间固定效应面板 SDM 重新估计环境规制对长江经济带整体城市、上游地区城市、下游地区城市工业绿色发展效率影响，仍然采用时间空间双固定效应面板 SDM 分析环境规制对中游地区城市工业绿色发展效率影响，空间效应分解结果见表 22 - 3。对比表 22 - 2，变量回归系数的绝对值确实存在一定改变，但变量系数符号和显著性却保持高度一致，后者恰是本研究关注的重点，确保分析没有系统性偏误。此外，本研究还使用只包含外生空间交互效应的 SLX 模型估计环境规制的影响效应，结果与 SDM 估计结果基本一致，囿于篇幅，未予展示。通过空间权重矩阵稳健性和模型稳健性估计结果，足以

表 22－2　　基于邻接空间权重矩阵下环境规制的空间效应

变量		整体城市		上游地区城市		中游地区城市		下游地区城市	
直接效应	*environment*	－0. 3656**	(－2. 2955)	－0. 4303*	(－1. 6592)	－0. 2607**	(－1. 9804)	－1. 2418***	(－3. 3092)
	envirmonment2	0. 2065*	(1. 6585)	0. 3560*	(1. 6705)	0. 1840	(0. 3960)	0. 9131***	(3. 4867)
	economy	0. 3802***	(3. 9653)	0. 5704***	(3. 0708)	0. 0269	(0. 0776)	0. 1596	(1. 4811)
	capitallabor	－0. 0162	(－1. 2728)	－0. 0112	(－0. 5561)	－0. 0761***	(－3. 2862)	0. 1158***	(5. 1949)
	urbanization	－1. 2225***	(－3. 5775)	－0. 0031	(－0. 0030)	－1. 6704*	(－1. 7717)	－0. 5928*	(－1. 7456)
	opening	0. 5675*	(1. 9095)	－1. 4119*	(－1. 6507)	1. 8968	(1. 1852)	－0. 1677	(－0. 3744)
间接效应	*environment*	－0. 1302**	(－2. 3644)	－0. 1588	(－0. 2561)	－0. 6043**	(－1. 9741)	1. 0333*	(1. 7062)
	envirmonment2	－0. 1042	(－0. 3733)	0. 2122	(0. 4174)	0. 3560	(0. 3100)	－0. 9639*	(－1. 9584)
	economy	－0. 0171	(－0. 0957)	－0. 4971	(－1. 5089)	1. 6865*	(1. 8699)	－1. 0398***	(－4. 4552)
	capitallabor	0. 0289	(1. 2444)	0. 0396	(1. 1981)	0. 1002*	(1. 8212)	0. 0219	(0. 4518)
	urbanization	－1. 0142*	(－1. 7709)	－4. 3587**	(－2. 1934)	－2. 5620	(－1. 1902)	3. 1542***	(3. 2761)
	opening	0. 9437*	(1. 6788)	－0. 4181	(－0. 1493)	8. 2441**	(1. 8348)	－0. 8789	(－1. 0939)
总效应	*environment*	－0. 4958**	(－2. 2079)	－0. 5891*	(－1. 8217)	－0. 8649	(－1. 1847)	－0. 2086	(－0. 1961)
	envirmonment2	0. 1023	(0. 3240)	0. 5682	(0. 9811)	0. 5400	(0. 4069)	－0. 0508	(－0. 0678)
	economy	0. 3631*	(1. 8525)	0. 0733	(0. 2309)	1. 7134*	(1. 6819)	－0. 8802***	(－3. 0057)
	capitallabor	0. 0127	(0. 4821)	0. 0285	(0. 7398)	0. 0241	(0. 3909)	0. 1378**	(2. 5213)
	urbanization	－2. 2367**	(－2. 0313)	－4. 3618*	(－1. 7697)	－4. 2324*	(－1. 8683)	2. 5614*	(2. 1866)
	opening	1. 5112*	(1. 8705)	－1. 8300	(－0. 5289)	10. 1409***	(1. 9606)	－1. 0467	(－1. 3464)

注：括号内为 t 值，*、**、*** 分别表示在 10%、5%、1% 的水平上显著。

资料来源：根据 MATLAB2017a 运行结果整理。

表 22-3　　基于反距离函数空间权重矩阵下环境规制的空间效应

变量		整体城市		上游地区城市		中游地区城市		下游地区城市	
直接效应	*environment*	-0.4952***	(-3.1326)	-0.5909*	(-1.9318)	-0.3503*	(-1.9145)	-1.2050***	(-2.9963)
	envirmonment2	0.2873**	(2.3369)	0.4151*	(1.7015)	0.1701	(0.7769)	0.9011***	(3.2727)
	economy	0.2224***	(4.2319)	0.2547*	(1.9080)	0.2283	(0.6275)	0.2201***	(2.6431)
	capitallabor	-0.0164	(-1.3557)	-0.0208	(-1.0085)	-0.0846***	(-3.5698)	0.0975***	(4.8407)
	urbanization	-0.7751***	(-3.5249)	-0.9800	(-1.5256)	-1.3671	(-1.3850)	-0.9085***	(-3.5025)
	opening	1.0259***	(2.6409)	-1.0077	(-0.7379)	2.4627	(1.3306)	1.4150***	(4.0343)
间接效应	*environment*	-2.0735*	(-1.8999)	-3.5088	(-1.0143)	-1.4723*	(-1.6669)	0.2838**	(2.2018)
	envirmonment2	1.4958	(0.3212)	2.2329	(0.8397)	0.8111	(0.4405)	-0.1577**	(-2.0577)
	economy	0.7827	(1.1473)	0.9049	(0.8217)	4.2641	(1.3855)	0.6685***	(2.6254)
	capitallabor	0.0881	(0.6768)	-0.2349	(-1.0786)	0.0033	(0.0314)	-0.0929*	(-1.6464)
	urbanization	-3.5851*	(-1.8622)	-9.2117*	(-1.7132)	3.9741	(0.6747)	-3.2198***	(-2.6848)
	opening	3.2894*	(1.8029)	3.8192	(0.2648)	35.8303*	(1.8205)	-0.9522	(-0.9099)
总效应	*environment*	-2.5688**	(-1.9992)	-4.0997	(-1.1303)	-1.8226	(-0.7828)	-0.9212	(-0.6003)
	envirmonment2	1.7832	(0.5018)	2.6480	(0.9523)	0.9812	(0.5052)	0.7435	(0.7733)
	economy	1.0052**	(1.9798)	1.1596	(1.0408)	4.4924	(1.3829)	0.8886***	(3.5143)
	capitallabor	0.0717	(0.5456)	-0.2557	(-1.1470)	-0.0813	(-0.7366)	0.0047	(0.0775)
	urbanization	-4.3602*	(-1.8178)	-10.1916*	(-1.7863)	2.6070	(0.4247)	-4.1283***	(-3.1611)
	opening	4.3152*	(1.7741)	2.8115	(0.1856)	38.2930*	(1.8547)	0.4629	(0.4281)

注：括号内为 t 值，*、**、*** 分别表示在 10%、5%、1% 的水平上显著。

资料来源：根据 MATLAB2017a 运行结果整理。

确保分析具有很强的可信度。

第六节　结论与建议

本研究从环境规制对工业绿色发展效率的作用机理出发，基于2011—2016年长江经济带110个地级及以上城市面板数据，采用空间杜宾模型分析环境规制对长江经济带城市工业绿色发展效率的影响效应，得出如下研究结论：

（1）环境规制对长江经济带城市工业绿色发展效率的影响整体呈阶段性“U”形特征。高能耗型传统产业仍为长江经济带重要支柱产业，强化工业环境标准，企业短期内只能被动采取减产减排策略，造成生产效率损失。但长江经济带绿色技术创新的人力资本、技术积累较扎实，前期产业基础条件较好，在长期内可有效刺激企业加强绿色生产技术创新，实现降低污染排放与提升产品质量双目标。

（2）环境规制对长江经济带城市工业绿色发展效率影响存在地区异质性，促进效应呈下游、上游、中游地区梯度递减格局。环境规制对上游、下游地区城市工业绿色发展内生性均呈现出“U”形特征，前者立足于绿色发展后发优势，而后者则是基于绿色发展前期技术积累，后者的绿色引导效应大于前者。中游地区城市由于传统产业份额较大，环境规制对工业绿色生产能力的影响始终以成本约束效应为主，无法有效提升工业绿色发展内生性。

（3）环境规制对长江经济带城市工业绿色发展效率影响存在较强的负向空间溢出效应。由于长江经济带整体以要素驱动型传统产业作为主要集聚产业类型，且城市间存在发展梯度差，环境规制导致污染型产业向周边地区城市梯度转移，抑制周边地区城市生产技术的绿色化转型，在中、下游地区城市表现得尤为明显。上游地区城市由于环境规制强度较弱，周边地区城市基础条件较差，尚未对企业迁徙产生显著影响，污染扩散效应未能充分释放。

基于上述研究结论，建议从以下几个方面着力提升长江经济带城市工业绿色发展效率：

（1）强化工业污染协同治理。构建一体化生态环境监测系统，动态监控工业污染排放，推动环境信息在地区间互联互通，加强联合执法和预警响应合作，增强跨地区、跨部门、跨流域应对突发环境事件能力。严格防范污染型产业转移，根据地区国土空间开发适宜性和资源环境承载能力建立产业准入清单制度，鼓励承接环保类产业项目，禁止国家明令淘汰的落后产能和不符合国家环保政策的工业项目向长江经济带内欠发达城市转移。推行产业生态补偿实践，鼓励下游地区发达地区城市与中上游欠发达地区城市联合共建绿色生态工业园区，实现生态补偿与污染治理、精准脱贫有机结合。

（2）提升环境政策精准性。清理取缔环保“一刀切”等形式主义做法，出台细化防范措施，规避以强化工业污染治理为由干扰企业正常生产、抑制企业生产积极性的低效环保行为。维护好符合环保要求企业的生产权利，对达到环保排放标准的工业企业，不得随意增加环保条件，要求企业停产升级改造，应着力为环保企业发展营造公平竞争环境，提升对环保企业经营的公共服务水平。妥善处理工业环境问题，对于不合环保标准的工业企业，责令企业制订清洁生产和环境治理整改方案，按任务进度表推进整改工作，最大限度降低环境规制效率损失并增强工业环境治理效果。

（3）加大绿色技术创新力度。增加绿色创新资金供给，设立绿色技术创新基金，发挥财政资金杠杆作用，吸引社会资本进入，支持银行和企业推行绿色信贷、绿色保险、绿色证券，降低企业绿色技术创新风险与成本。提升绿色创新要素配置效率，加大传统产业绿色转型关键技术和战略性新兴产业核心技术研发人才、资金、政策倾斜，降低创新要素无谓损失，提升技术创新成果质量和市场转化速率。推动上中下游地区联动创新，鼓励行业领军企业联合上中下游地区优势企业成立绿色技术创新联盟，围绕特定绿色技术需求协同攻关，加快创新成果在地区间扩散外溢，提升长江经济带整体工业绿色生产能力。

第二十三章

长江经济带工业绿色转型与生态文明建设的协同效应研究

第一节 引言

推动长江经济带生态文明建设，将长江经济带建成为生态文明建设先行示范带是长江经济带发展的重要战略定位。2018 年 4 月 26 日，习近平在深入推动长江经济带发展座谈会上强调，要辩证看待经济发展和生态环境保护的关系，倒逼产业转型升级和高质量发展。工业绿色转型是推动工业生态化的重要抓手，在建设生态文明实践中具有重要地位。自 2013 年国家正式实施长江经济带发展战略以来，长江经济带工业绿色转型成效如何？生态文明建设质量如何？两者在全国处于什么水平，是否形成共同推进态势？探讨长江经济带工业绿色转型与生态文明建设的协同效应，总结长江经济带工业绿色转型与生态文明建设的实践成效，对回答上述问题和推进长江经济带绿色协同发展具有重要意义。

协同效应，是指不同系统间彼此相互作用、相互影响的过程，以及不同系统为实现共同目标彼此协作、相互促进所形成的良性互动发展态势（吴传清等，2020）。学术界研究长江经济带协同发展触及的子系统包括经济增长质量、产业发展水平、新型城镇化、能源效率、生态文明建设质量、交通物流可达性等（周成等，2016；王维，2017；周正柱，2019）。关于协同效应的定量研究，大多通过对多个相互作用的系统建立耦合度模型来测度。由于协同效应的测算原理和研究方法基本一致，所以本研究的核心问题在于准确测度长江经济带工业绿色转型效率和生态文明建设质量。

现有文献关于工业绿色转型效率的研究成果较多，一般侧重国际或省际尺度绿色转型效率比较（姚西龙等，2015；王晓岭等，2018；呙小明、黄森，2018），以及资源型城市产业或工业绿色转型绩效测度（肖滢、卢丽文，2019；赵洋，2019）。研究方法大多采用数据包络分析法，基于制度软约束（李斌等，2013；韩晶等，2014）和资源环境约束视角（肖滢、卢丽文，2019；赵洋，2019）构建包含期望产出和非期望产出的投入产出模型测度，包括 DEA - RAM 模型、非期望 HBM 模型、Super - SBM 模型等。既有研究表明，虽然工业绿色转型效率存在行业异质性效应，但整体而言，经济水平较高的国家或地区工业绿色转型效率更高。

学术界关于生态文明建设质量的研究文献也较为丰富，研究维度包括国土空间布局、资源利用、生态经济、环境治理、生态保护、生态文化、绿色生活、生态环境事件、公众满意程度等；研究尺度涵盖全国、省域、城市群、地级市、县域等；研究方法多通过构建评价指标体系测评（廖冰和张智光，2018）。不同研究成果的差异主要体现在构建指标体系的依据和指标赋权方法两方面。学术界构建指标体系的依据主要有三类：第一类是基于 PSR（压力—状态—响应）（张欢等，2014）、DSR（驱动力—状态—响应）（Undsd，2001）、PSIR（压力—状态—影响—响应）（廖冰、张智光，2018）、DPSIR（驱动力—压力—状态—影响—响应）（Sekovski I et al.，2012）、DPSEEA（驱动力—压力—状态—暴露—影响—响应）（Moran D. D. et al.，2008）等系统结构模型构建指标体系；第二类是基于可持续发展理念构建人类发展指数 HDI（Morse S.，2014）、人类可持续发展指数 HS - DI（Gallia A.，2015）、生态足迹 EF（Salvo G. et al.，2015）等来测评人类可持续发展水平，以此表征生态文明建设质量；第三类是借鉴国家有关部门颁布的关于推动绿色发展和生态文明建设的政策文件构建指标体系（黄成和吴传清，2019）。关于指标赋权的方法，可分为主观赋权法和客观赋权法两种：主观赋权法根据主观判断确定指标权重，判断依据与原始数据无关，如层次分析法、综合指数法、专家打分法等（廖冰、张智光，2018）；客观赋权法根据原始数据变异程度或相关性确定指标权重，如熵权法及其改进的熵权法 - Topsis 评价模型（宓泽锋等，2016；滕堂伟等，2019）、因子分析法（成金华等，2015）等。

综观学术界相关研究成果，关于工业绿色转型效率和生态文明建设质量的研究成果丰硕，研究方法较为成熟。从研究趋势来看，采用数据包络分析法测算工业绿色转型效率，通过构建指标体系评估生态文明质量均成为学术界的主流选择，这为本研究提供了有益借鉴。虽然有许多学者已经实证研究了长江经济带各子系统之间的协同效应，但关于长江经济带工业绿色转型与生态文明建设的协同效应研究较少。本研究对该领域研究的边际贡献是在全国视野下实证研究长江经济带工业绿色转型与生态文明建设的协同效应，研判两者协同发展态势。研究思路是：在已有文献研究基础上，首先，分别测算长江经济带工业绿色转型效率和生态文明建设质量；其次，实证研究长江经济带工业绿色转型效率和生态文明建设质量的协同效应，并在全国视野下进行比较分析；最后，提出促进长江经济带工业绿色转型效率和生态文明建设质量协同发展的对策建议。

第二节　研究方法与数据来源

一　研究方法

1. Super - SBM 模型

构建包含期望产出和非期望产出的投入产出模型，以此反映绿色转型效率。为便于比较，假设每个生产决策单元(DMU)有 m 种投入 $x=(x_1, x_2, \cdots, x_m)\in R+m$，产生 n 种期望产出 $y=(y_1, y_2, \cdots, y_n)\in R+n$ 和 k 种非期望产出 $b=(b_1, b_2, \cdots, b_k)\in R+k$，则第 j 个 DMU 第 t 期的投入和产出值可以表示为(x_j, t, y_j, t, b_j, t)，其生产可能性集可表示为：

$$P^t(x^t) = \{(y^t,b^t) \mid \overline{x}^t_{jm} \geqslant \sum_{j=1}^{J} \lambda^t_j, \overline{y}^t_{jn} \leqslant \sum_{j=1}^{J} \lambda^t_j y^t_{jn}, \overline{b}^t_{jk} \geqslant \sum_{j=1}^{J} \lambda^t_j b_{tjk}, \lambda^t_j \geqslant 0, \forall m,n,k \tag{23-1}$$

基于 Tone（2002）的研究，构建 Super - SBM 模型如下：

$$\rho^{*} = \min \frac{\frac{1}{m}\sum_{i=1}^{m}\frac{\bar{x}_i}{x_{i0}}}{\frac{1}{n+k}\left(\sum_{r=1}^{n}\frac{\bar{y}_r}{y_{r0}} + \sum_{l=1}^{k}\frac{\bar{b}_l}{b_{l0}}\right)} \tag{23-2}$$

$$\text{s. t.} \begin{cases} \bar{x} \geqslant \sum_{j=1,\neq 0}^{J}\lambda_j x_j \\ \bar{y} \leqslant \sum_{j=1,\neq 0}^{J}\lambda_j y_j \\ \bar{b} = \sum_{j=1,\neq 0}^{J}\lambda_j b_j \\ \bar{x} \geqslant x_0, \bar{b} \geqslant 0, \bar{y} \geqslant 0, \lambda_j \geqslant 0 \end{cases} \tag{23-3}$$

式中，x、y、b 分别为投入、期望产出和非期望产出的松弛量。λ_j 是权重向量，若其和为 1 则表示规模报酬可变（VRS），否则表示规模报酬不变（CRS）。模型的最优解是由其他 DMU 构建的生产可能性集内距离前沿最近的点，即目标函数 ρ^* 越小表明越有效率。

参考学术界和政府部门关于工业绿色转型效率评价的相关成果，从工业生产的要素投入、期望产出、非期望产出三个维度，选取相关指标来测算工业绿色转型效率。

（1）要素投入。考虑劳动、资本、能源资源三类核心工业生产投入变量。劳动采用规模以上工业企业平均用工人数作为度量指标；资本采用全社会工业固定资产资本存量为度量指标；能源资源投入包括能源、水资源、土地资源三类，分别采用工业生产耗费的煤、油、天然气、电消费量加总，以及工业用水量和工业用地面积作为度量指标。其中，全社会工业固定资产资本存量是基于全社会工业资产投资额流量，采用永续盘存法推算获得，折旧率参考单豪杰（2008）的方法处理；能源系数源自《中国能源统计年鉴 2019》，各品种能源的平均低位发热量取自《综合能耗计算通则》（GB/T2589—2008）附录 A。

（2）期望产出。采用工业增加值作为度量指标。

（3）非期望产出。考虑温室气体和环境污染物为非期望产出主体。温室气体采用二氧化碳排放总量作为度量指标，根据《国家温室气体清单指南》提供的方法估算，碳排放系数源于 2006*IPCC Guidelines for*

National Greenhouse Gas Inventories 第二卷第一章表 1.3。工业污染物选取工业废水排放量、工业二氧化硫排放量、工业烟（粉）尘排放量。

2. 熵权法 - Topsis 评价模型

熵权法 - Topsis 评价模型是在 Topsis 模型基础上通过引入熵权法的改进，该方法能更客观全面地反映生态文明建设质量的综合评价值。根据熵权法 - Topsis 评价模型原理，评估过程包括指标赋权和综合评价两个步骤。其中，熵权法用于确定基础指标权重，Topsis 法用于综合评价研究对象。具体步骤为：第一步，根据各指标信息熵高低确定待评价指标体系中各基础指标的权重，信息熵越低表示该指标提供信息量越大，对综合评价结果影响越大，权重越高；反之则权重越低；第二步，基于无量纲化的原始数据矩阵，找出有限方案中的最优方案和最劣方案，然后根据研究对象与最优方案或最劣方案的相对距离进行相对优劣评价，越接近最优方案的研究对象得分越高，越靠近最劣方案的研究对象得分越低（滕堂伟等，2019）。

在综合评价之前，首先要构建生态文明建设质量评价指标体系。综合 2018 年国家标准委制定颁布的《生态文明建设标准体系发展行动指南（2018—2020 年）》与学术界相关研究成果，从国土空间开发保护格局、生态经济、生态环境保护、生态文化、制度建设五个维度构建中国省级生态文明建设质量评价指标体系（见表 23 - 1）。在优化国土空间开发保护格局方面，着眼于为人与自然和谐共生提供空间保障，从国土空间治理保护、生态人居条件、生态基础设施三个层面选取指标；在构建生态经济体系方面，主要考虑从产业生态化发展，从资源消耗、生态农业、绿色工业三个层面选取指标；在促进生态环境保护方面，聚焦环境治理和取得成效，从污染防治、生态质量两个层面选取指标，因体现生态质量的基础指标省级数据缺失，为同时保证数据可比性，统一采用省会城市指标替代；在创建生态文化方面，倡导绿色生活方式和思维方式，从绿色消费、环保宣传教育两个层面选取指标；在生态文明制度建设方面，考察生态文明建设的政策执行，从政策执行力度和执行效果两个层面选取指标。对基础指标按照客观性、系统性和数据可获得性原则进行筛选，共 34 个基础指标。对缺失指标采取单指标频度分析法，从现有文献中选取出现频次较高的指标予以替换。

表 23 - 1　　中国省级生态文明建设质量评价指标体系

<table>
<tr><th>总指标</th><th>维度指标</th><th>分项指标</th><th>基础指标</th><th>属性</th><th>权重</th></tr>
<tr><td rowspan="28">中国省级生态文明建设质量</td><td rowspan="10">国土空间开发保护格局（0. 2968）</td><td rowspan="5">国土空间治理保护</td><td>森林覆盖率（%）</td><td>+</td><td>0. 0303</td></tr>
<tr><td>草原占国土面积比重（%）</td><td>+</td><td>0. 0300</td></tr>
<tr><td>湿地占国土面积比重（%）</td><td>+</td><td>0. 0315</td></tr>
<tr><td>自然保护区占省辖面积比重（%）</td><td>+</td><td>0. 0300</td></tr>
<tr><td>沙化土地占国土空间比重（%）</td><td>-</td><td>0. 0294</td></tr>
<tr><td rowspan="2">生态人居</td><td>建成区绿化覆盖率（%）</td><td>+</td><td>0. 0286</td></tr>
<tr><td>农村卫生厕所普及率（%）</td><td>+</td><td>0. 0289</td></tr>
<tr><td rowspan="3">生态基础设施</td><td>人均拥有道路面积（平方米/人）</td><td>+</td><td>0. 0291</td></tr>
<tr><td>人均公园绿地面积（平方米/人）</td><td>+</td><td>0. 0290</td></tr>
<tr><td>城镇环境基础设施建设投资额占城镇固定资产投资总额比重（%）</td><td>+</td><td>0. 0300</td></tr>
<tr><td rowspan="9">生态经济（0. 2586）</td><td rowspan="2">资源消耗</td><td>单位 GDP 能耗（吨标准煤/万元）</td><td>-</td><td>0. 0287</td></tr>
<tr><td>单位 GDP 水耗（立方米/万元）</td><td>-</td><td>0. 0284</td></tr>
<tr><td rowspan="2">生态农业</td><td>单位农业产值农药使用量（吨/亿元）</td><td>-</td><td>0. 0284</td></tr>
<tr><td>单位农业产值化肥施用量（万吨/亿元）</td><td>-</td><td>0. 0284</td></tr>
<tr><td rowspan="5">绿色工业</td><td>单位工业增加值工业废水排放量（万吨/亿元）</td><td>-</td><td>0. 0284</td></tr>
<tr><td>单位工业增加值工业二氧化硫排放量（吨/亿元）</td><td>-</td><td>0. 0284</td></tr>
<tr><td>单位工业增加值一般工业固体废物产生量（万吨/亿元）</td><td>-</td><td>0. 0285</td></tr>
<tr><td>工业用水重复利用率（%）</td><td>+</td><td>0. 0288</td></tr>
<tr><td>一般工业固体废物处置率（%）</td><td>+</td><td>0. 0306</td></tr>
<tr><td rowspan="7">生态环境保护（0. 2038）</td><td rowspan="4">污染防治</td><td>生活垃圾无害化处理率（%）</td><td>+</td><td>0. 0288</td></tr>
<tr><td>城市污水处理率（%）</td><td>+</td><td>0. 0286</td></tr>
<tr><td>环境污染治理投资占 GDP 比重（%）</td><td>+</td><td>0. 0293</td></tr>
<tr><td>生态环境补水量占用水总量比重（%）</td><td>+</td><td>0. 0314</td></tr>
<tr><td rowspan="3">生态质量</td><td>省会城市 API（空气质量指数）优良天数占比（%）</td><td>+</td><td>0. 0285</td></tr>
<tr><td>省会城市细颗粒物（PM10）浓度（毫克/立方米）</td><td>-</td><td>0. 0283</td></tr>
<tr><td>省会城市区域环境噪声等效声级[dB(A)]</td><td>-</td><td>0. 0289</td></tr>
</table>

续表

总指标	维度指标	分项指标	基础指标	属性	权重
中国省级生态文明建设质量	生态文化（0.1234）	绿色消费	节约用水率（%）	+	0.0321
			城市每万人拥有公共交通车辆（标台/万人）	+	0.0290
		环保宣传教育	生态环境类社会团体占社会团体总数比重（%）	+	0.0298
			每万人开展环境宣传教育活动人数（人）	+	0.0325
	制度建设（0.1175）	制度执行	每万元 GDP 环境监测经费（万元）	+	0.0306
			当年审批的建设项目环境影响评价文件数量占全国比重（%）	+	0.0302
		执行效果	每万人环境管理信访与法制来访人次（人次/万人）	-	0.0283
			突发环境事件占全国比重（%）	-	0.0284

为保证测算结果跨期可比，参考吴传清等（2020）的处理方法，假设各指标所在年份权重相等，将省级面板数据按指标分类转化为截面数据后再纳入测算程序。

3. 耦合协调度模型

耦合协调度模型能有效反映不同子系统间协同发展态势，在经济高质量发展背景下，工业绿色转型效率与生态文明建设质量的协同效应应该建立在高水平发展基础上，为避免低水平发展基础上的伪协同问题，必须纳入反映系统整体水平的指标，参考吴传清等（2020）的方法构建工业绿色转型效率与生态文明建设质量的耦合协调度模型，表达式为：

$$D_i^t=\sqrt{C_i^t \cdot T_i^t},\ C_i^t=2\sqrt{M_i^t \cdot S_i^t}/(M_i^t+S_i^t),\ T_i^t=\alpha M_i^t \cdot \beta S_i^t \qquad (23-4)$$

式中，$D_i^t \in [0,\ 1]$，表示工业绿色转型效率与生态文明建设质量的协同系数，协同系数越高，表明协同效应越强；反之则越弱。C_i^t 表示第 i 个省份在第 t 年工业绿色转型效率与生态文明建设质量的耦合度，T_i^t 表示第 i 个省份在第 t 年工业绿色转型效率与生态文明建设质量的整

体水平，M_i^t 和 S_i^t 分别表示第 i 个省份在第 t 年的工业绿色转型效率和生态文明建设质量，由上文中工业绿色转型效率和生态文明建设质量评估结果标准化处理获得。α、β 为待定系数，且满足 $\alpha+\beta=1$。由于工业绿色转型效率与生态文明建设质量是两个维度指标，取 $\alpha=\beta=0.5$。

为进一步分析导致工业绿色转型与生态文明建设发展不协同的原因，参考唐晓华等（2018）关于耦合协调度等级与类型的划分，将协同系数划分为三种类型的10个等级（见表23－2）。同时，根据工业绿色转型效率与生态文明建设质量评估结果，借鉴吴传清等（2020）的方法将两者的同步关系划分为工业绿色转型效率滞后型（$M_i^t-S_i^t<-0.05$）、工业绿色转型效率与生态文明建设质量同步型（$|M_i^t-S_i^t|\leq 0.05$）、工业绿色转型效率领先型（$M_i^t-S_i^t>0.05$）。

表23－2　协同发展类型与等级划分

类型	失调衰退类				过渡调和类		协调发展类			
等级	极度失调衰退	严重失调衰退	中度失调衰退	轻度失调衰退	濒临失调衰退	勉强协调融合	初级协调发展	中级协调发展	良好协调发展	优质协调发展
区间	(0, 0.1]	(0.1, 0.2]	(0.2, 0.3]	(0.3, 0.4]	(0.4, 0.5]	(0.5, 0.6]	(0.6, 0.7]	(0.7, 0.8]	(0.8, 0.9]	(0.9, 1]

二　数据来源

为准确测度长江经济带工业绿色转型效率、生态文明建设质量，以及两者协同系数，判断其在全国的相对位置，将长江经济带置于全国视野下考察，选取全国30个省份（西藏和港澳台地区除外）为研究对象。其中，长江经济带上游地区包括渝、川、黔、滇，中游地区包括赣、鄂、湘，下游地区包括沪、苏、浙、皖。研究时段为2011—2017年。涉及市场价值的指标以2011年为价格基期调整。基础数据源于《中国统计年鉴》（2012—2018）、《中国工业经济统计年鉴（2012）》、《中国工业统计年鉴》（2013—2017）、《中国环境统计年鉴》（2012—2018）、《中国能源统计年鉴》（2012—2018）、《中国科技统计年鉴》（2012—2018）、《中国城市统计年鉴》（2012—2018），以及中经网统计数据库、国泰安统计数据库，缺省年份数据通过插值补齐。

第三节　结果与分析

一　长江经济带工业绿色转型效率测算结果与分析

根据测算结果，分别比较长江经济带与长江经济带以外地区、长江经济带上中下游地区、长江经济带沿线 11 省市的工业绿色转型效率，总结长江经济带工业绿色转型效率的时空演变特征。

（1）长江经济带工业绿色转型效率低于全国平均水平和长江经济带以外地区水平，但提升速度较快（见表 23 - 3）。2011—2017 年长江经济带工业绿色转型效率呈现波动增长态势，由 2011 年的 0.690 快速上升至 2017 年的 0.879，年均增长 4.14%。截至 2017 年，长江经济带工业绿色转型效率已超越全国平均水平，成效显著。可见，长江经济带工业绿色转型效率呈“后来居上”态势。

表 23 - 3　2011—2017 年全国及各地区工业绿色转型效率评价结果

地区	2011 年	2012 年	2013 年	2014 年	2015 年	2016 年	2017 年	平均	年均增速（%）
全国	0.742	0.765	0.806	0.773	0.721	0.790	0.871	0.781	2.70
长江经济带	0.690	0.712	0.767	0.709	0.674	0.759	0.879	0.742	4.14
长江经济带以外地区	0.773	0.796	0.828	0.810	0.749	0.807	0.866	0.804	1.92
上游地区	0.638	0.710	0.747	0.675	0.647	0.680	0.779	0.697	3.38
中游地区	0.745	0.677	0.700	0.769	0.694	0.821	0.907	0.759	3.33
下游地区	0.700	0.739	0.838	0.699	0.687	0.792	0.960	0.774	5.40

（2）长江经济带工业绿色转型效率呈上中下游地区梯度递增空间格局，下游地区提高较快。2011—2017 年上中下游地区工业绿色转型效率均呈波动上升趋势，年均增长率均高于全国平均水平。下游地区工业绿色转型效率提升显著，年均提升速度是全国平均水平的 2 倍，是提升长江经济带工业绿色转型效率的重要动力来源。

（3）长江经济带沿线 11 省市工业绿色转型效率差异显著（见

表 23 -4）。2011—2017 年浙、湘 2 省份为工业绿色转型效率第一梯队（全国排名第 1—10 名），在全国处于领先水平；沪、苏、赣、鄂、川 5 省份为工业绿色转型效率第二梯队（全国排名第 11—20 名），在全国处于中等水平；皖、渝、黔、滇 4 省份为工业绿色转型效率第三梯队（全国排名第 21—30 名），在全国处于较低水平。2011—2017 年沪、苏、鄂、湘 4 省份工业绿色转型效率提升较快，年均增速均超过 8%；浙、赣、滇 3 省份工业绿色转型效率提升较慢，增速均低于全国平均水平。从发展趋势看，长江经济带工业绿色转型效率的省际差距呈扩大趋势。

表 23 -4　　2011—2017 年长江经济带 11 省市工业绿色转型效率评价结果

地区	2011 年	2012 年	2013 年	2014 年	2015 年	2016 年	2017 年	平均	年均增速（%）
沪	0. 658	0. 648	0. 661	0. 649	0. 654	0. 715	1. 062	0. 721	8. 31
苏	0. 644	0. 669	1. 063	0. 689	0. 698	0. 785	1. 027	0. 796	8. 09
浙	0. 894	1. 021	1. 001	0. 828	0. 772	1. 002	1. 021	0. 934	2. 24
皖	0. 604	0. 621	0. 629	0. 630	0. 621	0. 668	0. 729	0. 643	3. 20
赣	1. 007	0. 741	0. 695	0. 670	0. 631	0. 643	0. 667	0. 722	-6. 65
鄂	0. 602	0. 629	0. 648	0. 630	0. 652	0. 810	1. 018	0. 713	9. 16
湘	0. 625	0. 660	0. 755	1. 005	0. 799	1. 009	1. 035	0. 841	8. 75
渝	0. 642	0. 660	0. 665	0. 632	0. 636	0. 698	0. 765	0. 671	2. 97
川	0. 676	0. 771	1. 004	0. 731	0. 654	0. 690	0. 877	0. 772	4. 43
黔	0. 604	0. 614	0. 661	0. 684	0. 662	0. 701	0. 789	0. 674	4. 54
滇	0. 630	0. 795	0. 659	0. 655	0. 634	0. 632	0. 684	0. 670	1. 39

二　长江经济带生态文明建设质量测算结果与分析

为避免由基础指标个数不同导致的上层指标权重不可比问题，本研究直接根据基础指标数据赋权，上层指标权重由下层指标权重加总获得（见表 23 -1）。根据赋权结果，基础指标之间权重差异较小，维度指标权重差异较大，国土空间开发保护格局、生态经济、生态环境保护三个维度指标对中国省级生态文明建设质量贡献度较高。从全国、长江经济带、省域尺度比较生态文明建设质量可得到以下结论。

（1）长江经济带生态文明建设质量与全国平均水平和长江经济带以外地区水平基本持平，但提升速度较快（见表 23－5）。2011—2017 年，长江经济带生态文明建设质量呈“N”形波动上升趋势，从 2011 年的 0.240 提升为 2017 年的 0.275，年均增长 2.33%，快于长江经济带以外地区（1.85%）。通过比较中国省级生态文明建设质量评价指标体系的分项指标数据发现，长江经济带生态文明建设质量的快速提高主要归因于长江经济带在推动产业生态化发展方面力度较大，特别是推动农业、工业绿色化发展成效显著。从发展趋势看，随着长江经济带生态文明建设的实践推进，长江经济带将成为引领全国生态文明建设的示范带。

表 23－5　2011—2017 年全国及各地区生态文明建设质量评价结果

地区	2011 年	2012 年	2013 年	2014 年	2015 年	2016 年	2017 年	平均	年均增速（%）
全国	0.246	0.253	0.247	0.250	0.253	0.268	0.277	0.256	2.02
长江经济带	0.240	0.254	0.239	0.249	0.254	0.271	0.275	0.255	2.33
长江经济带以外地区	0.249	0.253	0.251	0.251	0.253	0.266	0.278	0.257	1.85
上游地区	0.245	0.280	0.234	0.255	0.263	0.277	0.283	0.262	2.39
中游地区	0.224	0.227	0.220	0.223	0.229	0.258	0.256	0.234	2.27
下游地区	0.246	0.249	0.257	0.262	0.263	0.275	0.283	0.262	2.31

（2）长江经济带生态文明建设质量呈上中下游地区“V”形空间格局，提升速度差异较小。2011—2017 年长江经济带上游、中游地区生态文明建设质量均呈波动上升趋势，下游地区呈稳定上升趋势。从基础指标看，中游地区由于单位 GDP 耗水量和单位农业产值农药使用量较高，导致生态文明建设质量低于上游和下游地区。

（3）长江经济带沿线 11 省市生态文明建设质量差异较小，但提升速度差异较大（见表 23－6）。2011—2017 年沪、苏、渝 3 省份为生态文明建设质量第一梯队，在全国处于领先水平；浙、赣、川、滇 4 省份为生态文明建设质量第二梯队，在全国处于中等水平；皖、鄂、湘、黔 4 省份为生态文明建设质量第三梯队，在全国处于较低水平。沪、鄂、川 3 省份提升速度较快，年均提升超过 3%；苏、皖、赣、滇 4 省份提升速度相对较慢，年均增速低于全国平均水平。整体而言，长江经济带沿线 11 省市生态文明建设质量均保持在相对稳定区间，省际平均值差异仅为 0.083。从分项指标看，导致省际生态文明建设质量差异的因素主要有国土空间治理保护、生态基础设施、资源消耗强度、绿色工业发展水平。其中，沪、苏、浙 3 省份在资源消耗强度、绿色工业发展水平等方面具有显著领先优势，表明其绿色技术水平较高；渝、川、黔、滇 4 省份在国土空间治理保护方面具有领先优势，主要得益于长江经济带上游地区自然本底条件较好。由此可见，省际生态文明建设质量差异归因于自然本底条件和绿色技术水平，要缩小省际差异应从上述两方面发力。

表 23－6　2011—2017 年长江经济带 11 省市生态文明建设质量评价结果

地区	2011 年	2012 年	2013 年	2014 年	2015 年	2016 年	2017 年	平均	年均增速（%）
沪	0.264	0.268	0.294	0.305	0.305	0.312	0.323	0.296	3.41
苏	0.249	0.248	0.262	0.262	0.263	0.288	0.271	0.263	1.46
浙	0.246	0.247	0.244	0.256	0.255	0.266	0.287	0.257	2.61
皖	0.227	0.232	0.230	0.227	0.228	0.234	0.249	0.232	1.55
赣	0.247	0.245	0.225	0.227	0.235	0.252	0.254	0.241	0.51
鄂	0.214	0.216	0.217	0.223	0.220	0.293	0.272	0.236	4.10
湘	0.212	0.220	0.218	0.221	0.233	0.229	0.243	0.225	2.30
渝	0.294	0.434	0.233	0.234	0.334	0.293	0.336	0.308	2.26
川	0.237	0.242	0.243	0.242	0.246	0.283	0.295	0.255	3.75
黔	0.214	0.211	0.219	0.303	0.231	0.263	0.242	0.240	2.06
滇	0.236	0.234	0.241	0.241	0.242	0.270	0.257	0.246	1.42

三　长江经济带工业绿色转型与生态文明建设的协同效应测算结果与分析

1. 协同系数测算结果与分析

（1）长江经济带工业绿色转型效率与生态文明建设质量的协同系数较低，且呈波动态势（见表 23-7）。2011—2017 年长江经济带工业绿色转型效率与生态文明建设质量的协同系数从 0.226 提升为 0.359，除 2013 年和 2016 年为过渡调和类外，其他年份均为失调衰退类。与长江经济带以外地区比较，2011—2015 年长江经济带工业绿色转型效率与生态文明建设质量的协同系数低于长江经济带以外地区，从 2016 年开始实现超越，但仍处于失调衰退类。

表 23-7　2011—2017 年全国及各地区工业绿色转型效率与生态文明建设质量的协同系数和等级划分

地区	2011 年		2012 年		2013 年		2014 年		2015 年		2016 年		2017 年		平均	
	得分	等级	得分	等级	得分	等级	得分	等级	得分	等级	得分	等级	得分	等级	得分	等级
全国	0.262	失	0.348	失	0.436	过	0.391	失	0.370	失	0.392	失	0.327	失	0.361	失
长江经济带	0.226	失	0.310	失	0.401	过	0.347	失	0.332	失	0.407	过	0.359	失	0.340	失
长江经济带以外地区	0.283	失	0.370	失	0.456	过	0.416	过	0.392	失	0.383	失	0.308	失	0.373	失
上游地区	0.181	失	0.345	失	0.365	失	0.365	失	0.313	失	0.380	失	0.326	失	0.325	失
中游地区	0.228	失	0.204	失	0.228	失	0.231	失	0.253	失	0.351	失	0.270	失	0.252	失
下游地区	0.270	失	0.355	失	0.568	过	0.417	过	0.411	过	0.477	过	0.457	过	0.422	过

注：受表格篇幅限制，协调发展类、过渡调和类、失调衰退类分别采用“协”“过”“失”表示，下同。

（2）长江经济带工业绿色转型效率与生态文明建设质量的协同系数呈上中下游地区“V”形空间格局。2011—2017 年长江经济带上中下游地区工业绿色转型效率与生态文明建设质量的协同系数均呈波动上升态势。其中，上游和中游地区全部年份均为失调衰退类，下游地区自 2013 年开始从失调衰退类转变为过渡调和类。从平均水平看，上游和中游地区是拉低长江经济带工业绿色转型效率与生态文明建设质量的协同系数的主要原因。

（3）长江经济带沿线11省市工业绿色转型效率与生态文明建设质量的协同系数普遍较低，省际差异较大（见表23－8）。2011—2017年沪、苏、浙、川4省份的工业绿色转型效率与生态文明建设质量的协同系数平均水平为过渡调和类，其他省份均为失调衰退类。其中，皖、湘、滇3省份全部年份均为失调衰退类。在全部77个研究样本中，仅9个样本为协调发展类，占比11.69%；22个样本为过渡调和类，占比28.57%；46个样本为失调衰退类，占比高达59.74%。不仅说明长江经济带工业绿色转型与生态文明建设不协同是普遍情况，还进一步证明上游和中游地区是拉低长江经济带工业绿色转型效率与生态文明建设质量协同系数的主要原因。

表23－8　2011—2017年长江经济带11省市工业绿色转型效率与生态文明建设质量的协同等级划分

类型	等级	2011年	2012年	2013年	2014年	2015年	2016年	2017年	平均
失调衰退类	极度失调衰退	皖、鄂、湘、黔	鄂、黔						
	严重失调衰退	渝、滇	皖、湘	皖、鄂、黔	皖、鄂	皖、鄂	皖、湘	皖、赣、黔、滇	皖
	中度失调衰退	沪、苏、川		赣、湘、渝、滇	赣、渝、滇	赣、黔、滇	赣、滇	湘	鄂、湘、黔、滇
	轻度失调衰退		沪、苏、滇		湘	湘、川	黔		赣、渝
过渡调和类	濒临失调衰退		赣、川	沪	沪、苏、川	沪、苏、渝	渝、川	苏、鄂、渝、川	沪、苏、川
	勉强协调融合	浙赣			黔	浙	沪、苏	浙	浙
协调发展类	初级协调发展		浙、渝	川	浙		浙、鄂		
	中级协调发展			浙				沪	
	良好协调发展								
	优质协调发展			苏					

2. 同步关系测算结果与分析

（1）长江经济带与长江经济带以外地区普遍呈现为工业绿色转型领先型（见表23－9）。除2011年和2015年外，长江经济带其他年份均为工业绿色转型领先型；长江经济带以外地区全部年份均为工业绿色转型领先型。说明导致长江经济带工业绿色转型与生态文明建设整体不协同的原因是生态文明建设滞后于工业绿色转型，并且这种情况在全国普遍存在。

表23－9　2011—2017年全国及各地区工业绿色转型与生态文明建设的同步关系

地区	2011年	2012年	2013年	2014年	2015年	2016年	2017年	平均
全国	同步型	领先型	领先型	领先型	领先型	领先型	领先型	领先型
长江经济带	同步型	领先型	领先型	领先型	同步型	领先型	领先型	领先型
长江经济带以外地区	领先型	领先型	领先型	领先型	领先型	领先型	领先型	领先型
上游地区	滞后型	同步型	领先型	滞后型	滞后型	滞后型	领先型	同步型
中游地区	领先型	领先型	领先型	领先型	领先型	领先型	领先型	领先型
下游地区	滞后型	领先型	领先型	同步型	滞后型	领先型	领先型	领先型

注：受表格篇幅限制，工业绿色转型滞后型、工业绿色转型与生态文明建设同步型、工业绿色转型领先型分别采用简称“滞后型”“同步型”“领先型”表示。

（2）长江经济带上中下游地区工业绿色转型与生态文明建设的同步关系差异较大。2011—2017年上游地区工业绿色转型与生态文明建设的同步关系变化较大；中游地区全部年份均为工业绿色转型领先型；下游地区多数年份为工业绿色转型领先型。说明导致上中下游地区工业绿色转型与生态文明建设不协同的原因不同，上游和下游地区是由于工业绿色转型与生态文明建设步调不一，两者交替领先，而中游地区则是由于生态文明建设长期滞后于工业绿色转型。到2017年上中下游地区均转化为领先型，一种可能的解释是，长江经济带各地区对工业绿色转型的重视程度高于生态文明建设；另一种可能的解释是，生态文明建设是一个系统工程，相对工业绿色转型成效显现较慢，需久久为功。

（3）长江经济带多数省份转变为工业绿色转型领先型（见表23－10）。2011—2017年在长江经济带全部77个研究样本中，表现为工业绿色转型领先型的有49个，占比高达63.64%；表现为工业绿色转型与生态文明建设同步型的有17个，占比22.08%；表现为工业绿色转型滞后型的有11个，占比仅14.28%。2011年仅浙、赣2省份为工业绿色转型领先型。截至2017年，除渝、赣2省份外，其他省份均转变为工业绿色转型领先型，表明长江经济带多数省份工业绿色转型效率提升快于生态文明建设，这将进一步加剧长江经济带工业绿色转型与生态文明建设发展不协同的问题。

表23－10　2011—2017年长江经济带11省市工业绿色转型与生态文明建设的同步关系

同步关系	2011年	2012年	2013年	2014年	2015年	2016年	2017年	平均
滞后型	沪、苏、皖、渝、滇	沪、渝	沪、皖、滇	沪、苏、黔	沪、渝、滇	沪、渝、川、滇	渝	沪、渝
同步型	鄂、湘、川、黔	苏、皖、黔	鄂、渝	皖、鄂、渝、滇	苏、皖、赣、川	赣、黔	赣	皖、黔、滇
领先型	浙赣	浙、赣、鄂、湘、川、滇	苏、浙、赣、湘、川、黔	浙、赣、湘、川	浙、鄂、湘、黔	沪、苏、浙、皖、鄂、湘、滇	沪、苏、浙、皖、鄂、湘、川、黔、滇	苏、浙、赣、鄂、湘、川

第四节　研究结论与政策建议

一　研究结论

文章首先分析长江经济带工业绿色转型效率和生态文明建设质量的时空演变格局，继而测算两者协同系数，借此研究长江经济带工业绿色转型和生态文明建设的协同发展态势，最后根据两者同步关系研判导致两者发展不协同的原因。研究结果表明：

（1）长江经济带工业绿色转型效率提升速度较快，但省际差异较大。在“生态优先、绿色发展”指引下，长江经济带工业绿色转型效率实现了对全国平均水平的赶超，提升后劲较大。从提升动力来看，沪、苏、鄂、湘4省份是推动长江经济带工业绿色转型效率快速提升的主要力量。

（2）长江经济带生态文明建设质量与全国平均水平基本持平。长江经济带生态文明建设质量优势和劣势同样明显，相对于全国平均水平，长江经济带在国土空间治理保护、绿色工业、环保宣传教育等方面具有领先优势，但在资源消耗、生态农业、生态环境制度执行等方面落后于全国和长江经济带以外地区。整体来看，长江经济带生态文明建设质量与全国平均水平呈交替领先态势。

（3）长江经济带工业绿色转型与生态文明建设的协同发展水平较低。长江经济带沿线11省市工业绿色转型与生态文明建设的协同系数普遍较低，上游和中游地区常年处于失调衰退阶段，下游地区自2013年开始从失调衰退类转变为过渡调和类。虽然导致上中下游地区协同系数水平不高的原因不相同，但从发展趋势看，长江经济带各省份生态文明建设滞后于工业绿色转型的情况将越来越普遍，这将成为阻碍长江经济带各地区工业绿色转型与生态文明建设协同发展的共同原因。

二　政策建议

为扭转长江经济带生态文明建设滞后于工业绿色转型的情况，应提高地方政府对两者协同发展的重视程度，加大力度推进生态文明建设。

（1）加大国土空间和生态环境治理保护力度。提高上海、江苏森林覆盖率和生态环境补水量比重，提高水资源综合治理水平，改善生态水环境。提高长江经济带上游和中游地区湿地面积比重，建设湿地保护公园和保护小区，提升湿地生态功能。加强长江经济带绿色基础设施建设，提高生活污水处理能力，从源流两端发力保障生活用水质量。

（2）推动长江经济带中上游地区农业和工业生态化发展。在农业生态化发展方面：一是降低农药使用强度，施行农业化学药品的登记使用制度，严格管控农药使用增长；二是控制农业污染源头，创建农药和化肥等农业化学药品生产、使用、管理和监督体系；三是强化科技支撑能力，加大品种改良技术研发，推广抗病虫害农作物。在工业生态化发展方面，要推动产业转型升级，重点提升污染密集型产业的清洁生产水平；调整产业结构，发展壮大高技术产业，淘汰一批高耗能、高污染、高成本、低效益企业，降低能耗强度；大力推动园区经济高质量发展，引导园区制定产业准入负面清单和项目门槛，倡导园区循环经济发展模式；特别要加强长江经济带上游地区环境规制强度，严格控制工业二氧化硫排放强度。

（3）普及生态文化，完善生态安全治理体系。加强长江中游地区环保思想宣传教育，提高居民节水意识；引导践行绿色生活方式，减少一次性塑料制品使用，鼓励购买节能产品；大力推行垃圾分类，健全废旧产品回收拆解体系。提高上游和中游地区环境监测经费比重，加强项目环境审批，强化环保督察力度；提升江苏等化工大省安全治理能力，妥善处理环境事故上访事件，降低环境突发事件发生概率。

第二十四章

长江经济带高耗能产业集聚特征及其影响因素研究

第一节　引言

在国家统计局历年发布的国家国民经济和社会发展统计公报中，六类制造业行业（石油加工、炼焦和核燃料加工业，化学原料和化学制品制造业，非金属矿物制品业，黑色金属冶炼和压延加工业，有色金属冶炼和压延加工业，电力、热力生产和供应业）统称“高耗能行业”（亦称“高耗能产业”）。高耗能产业在历年长江经济带工业销售产值中占据较大比重，2011—2015 年分别为 32.86%、32.24%、31.65%、30.51%、28.87%（吴传清等，2017）。国家颁布实施的《国务院关于依托黄金水道推动长江经济带发展的指导意见》（2014）、《长江经济带创新驱动产业转型升级方案》（2016）、《长江经济带发展规划纲要》（2016）、《关于加强长江经济带工业绿色发展的指导意见》（2017）等政策、规划文本，均强调推进长江经济带传统制造业绿色转型发展。其中，高耗能产业绿色转型发展是长江经济带传统产业绿色转型发展的难点。科学研判长江经济带高耗能产业集聚水平的演变特征及其影响因素，可为完善长江经济带高耗能产业转型发展政策提供决策参考。

学术界关于高耗能产业相关研究成果主要聚焦在高耗能产业绿色发展、产业转移、产业集聚等议题。①高耗能产业绿色发展研究侧重生态效率测算和发展路径探讨。测算高耗能产业生态效率的方法主要有

DEA 或改进 DEA 模型（沈可挺等，2011）、温室气体排放核算法（佟庆等，2015）、耦合协同度模型（吴卫红等，2016）；高耗能产业绿色发展路径分析主要涉及高耗能产业的环境影响与能源消耗研究（郑季良和陈盼，2013）。②高耗能产业转移研究侧重高耗能产业转移路径及影响因素分析。③高耗能产业集聚研究主要涉及产业集聚水平测算、产业集群发展模式（汤维祺等，2016）。测算高耗能产业集聚水平的方法主要有区位熵（LQ）、产业集聚指数、行业集中度（CRn 指数）、赫芬达尔—赫希曼指数（HHI）、空间基尼系数和空间集聚指数（E－G 指数）等（龚健健、沈可挺，2011）。高耗能产业集群发展研究主要涉及高耗能产业集群协同发展（郑季良、王少芳，2017）、高耗能产业集群循环经济发展（郑季良、陈墙，2015）。此外，少量研究成果还涉及高耗能产业产能过剩化解、高耗能产业创新发展等（邹蔚、宋维玮，2015）。

总体而言，目前学术界关于长江经济带高耗能产业集聚特征及其影响因素的相关研究成果稀少。本研究侧重定量刻画长江经济带高耗能产业集聚水平演化特征；实证检验影响长江经济带高耗能产业水平变化的主要因素；提出促进长江经济带高耗能产业绿色化发展的对策建议。

第二节　长江经济带高耗能产业集聚水平测度

一　测算方法和数据来源

采用产业集聚指数测算高耗能产业动态集聚水平。假定某一经济体有 n 个地区和 m 类产业，研究时间段为［0，t］，有 X_{ij0} 和 X_{ijt} 分别表示在 j 地区 i 产业初期和末期的产值，则产业 i 在地区 j 的产业集聚指数计算公式为：

$$A_{ijt} = \frac{S_{ijt}}{S_{it}} = \frac{\sqrt[t]{X_{ijt}/X_{ij0}} - 1}{\sqrt[t]{\sum_{j=1}^{n} X_{ijt} \Big/ \sum_{j=1}^{n} X_{ij0}} - 1} \tag{24-1}$$

学术界一般多选取工业总产值、工业增加值、从业人口、销售收入、产品产量等指标衡量产业集聚水平。根据高耗能产业高能耗、高产能、高污染特点以及统计数据可得性，选取工业销售产值指标衡量高耗能产业动态集聚水平。工业销售产值相关数据采自《中国工业经济统计年鉴》(2002—2012)、《中国工业统计年鉴》(2013—2016)、《中国经济普查年鉴(2004)》。

采用σ收敛和β收敛两种收敛分析方法检验长江经济带高耗能产业动态集聚水平敛散性，分析长江经济带沿线11省市高耗能产业动态集聚水平的地区差异特征（邓明亮、吴传清，2016）。采用如下公式分析长江经济带沿线11省市高耗能产业动态集聚水平的σ收敛特征：

$$\sigma_t = \left\{ N^{-1} \sum_{i=1}^{n} \left[A_i(t) - \left(N^{-1} \sum_{k=1}^{n} A_k(t) \right) \right]^2 \right\}^{\frac{1}{2}} \quad (24-2)$$

式中，$A_i(t)$ 为第 i 个地区在 t 时期的高耗能产业动态集聚水平，$N=11$ 为省市的个数。当 $\sigma_{t+1}<\sigma_t$ 时，各省市高耗能产业动态集聚水平离散系数在缩小，存在σ收敛，各省市高耗能产业动态集聚水平地区差异缩小；当 $\sigma_{t+1}>\sigma_t$ 时，各省市高耗能产业动态集聚水平离散系数在扩大，存在σ发散，各省市高耗能产业动态集聚水平地区差异扩大。

借鉴 Sala－I－Martin 的研究方法，长江经济带沿线11省市高耗能产业动态集聚水平绝对β收敛回归方程可表述为：

$$\frac{\ln(A_{i,T}) - \ln(A_{i,0})}{T} = \alpha + \beta \ln(A_{i,0}) + \varepsilon \quad (24-3)$$

式中，$A_{i,T}$和$A_{i,0}$分别表示为 T 时期和基期第 i 个地区高耗能产业动态集聚水平，$\ln(A_{i,T}) - \ln(A_{i,0})/T$ 表示第 i 个地区从 $t=0$ 时期到 $t=T$ 时期高耗能产业动态集聚水平增长率。若系数 $\beta<0$，则存在绝对β收敛，即高耗能产业动态集聚水平初始值与高耗能产业动态集聚水平增长速度为负向相关关系，落后地区存在“追赶”先进地区趋势；若系数 $\beta>0$，则各地区不存在β收敛，即落后地区“追赶”效应不明显。在β收敛检验之前，采用极大值标准模型无量纲处理长江经济带沿线11省市高耗能产业动态集聚水平数据。

二 测算结果与分析

1. 长江经济带高耗能产业动态集聚水平的时空演变特征

长江经济带沿线11省市高耗能产业集聚趋势明显（见表24－1）。就全国而言，长江经济带沿线11省市高耗能产业动态集聚水平平均值高于全国31个省市平均水平；近年来，长江经济带高耗能产业动态集

聚水平平均值大于1。就上中下游地区而言，长江经济带中游地区（含湘鄂赣皖4省份）高耗能产业动态集聚水平平均值最高，上游地区（含云贵川渝4省份）次之，下游地区（含苏浙沪3省份）高耗能产业动态集聚水平最低；长江经济带下游地区高耗能产业动态集聚水平呈下降趋势，中上游地区高耗能产业动态集聚水平趋于上升，且上游地区增长速度高于中游地区。就长江经济带沿线11省市比较而言，苏浙赣川滇5省份高耗能产业动态集聚水平绝对值>1，高耗能产业发展速度高于全国平均增长速度，5省份高耗能产业呈现出集聚趋势；沪皖鄂湘渝贵6省份高耗能产业<1，高耗能产业发展速度慢于全国平均增长速度，集聚水平呈上升趋势。

表24-1　长江经济带高耗能产业动态集聚水平测算结果

省市	云南	贵州	四川	重庆	湖南	湖北	江西	安徽	浙江	江苏	上海	mean1	mean2
2002年	1.89	0.78	1.28	0.90	0.65	0.90	1.40	0.82	1.38	1.23	0.31	0.57	1.05
2003年	1.48	0.87	1.11	1.02	0.83	0.77	1.08	0.86	1.17	1.07	0.69	0.77	1.00
2004年	0.10	-0.20	0.96	-0.38	0.73	1.02	0.18	0.50	2.09	2.77	1.80	0.45	0.87
2005年	1.18	0.90	1.01	0.95	0.88	0.81	1.04	0.93	1.26	1.11	0.78	0.86	0.99
2006年	1.22	0.90	1.00	0.97	0.91	0.79	1.10	0.95	1.22	1.11	0.77	0.89	0.99
2007年	1.19	0.86	1.02	0.98	0.94	0.80	1.16	0.97	1.15	1.10	0.72	0.91	0.99
2008年	1.10	0.78	0.98	1.01	0.95	0.91	1.21	1.06	1.12	1.10	0.74	0.91	1.00
2009年	0.57	0.24	1.02	0.35	0.90	1.03	0.80	0.89	1.47	1.94	1.19	0.72	0.94
2010年	0.60	0.27	1.03	0.46	0.95	1.06	0.85	0.92	1.42	1.82	1.19	0.74	0.96
2011年	1.05	0.79	1.07	1.10	1.00	0.99	1.21	1.13	1.06	1.03	0.69	0.93	1.01
2012年	1.06	0.82	1.01	1.06	1.02	1.01	1.21	1.11	1.07	1.05	0.64	0.94	1.01
2013年	1.06	0.87	1.01	1.07	1.03	0.99	1.22	1.13	1.03	1.06	0.61	0.94	1.01
2014年	1.05	0.90	0.99	1.10	1.01	0.99	1.24	1.13	1.03	1.05	0.57	0.95	1.01
2015年	1.00	0.89	1.03	1.13	1.03	0.99	1.27	1.14	0.99	1.06	0.54	0.95	1.01

注：mean1为全国高耗能产业动态集聚水平的平均值；mean2为长江经济带沿线11省市高耗能产业动态集聚水平的平均值。

资料来源：根据测算结果整理。

长江经济带沿线11省市化学原料及化学制品制造业发展速度高于全国平均水平（见表24-2）。就全国而言，长江经济带沿线11省市化

表 24-2　长江经济带高耗能产业细分行业动态集聚水平

行业		2002 年	2003 年	2004 年	2005 年	2006 年	2007 年	2008 年	2009 年	2010 年	2011 年	2012 年	2013 年	2014 年	2015 年
HEC0	m1	0.57	0.77	0.45	0.86	0.89	0.91	0.91	0.72	0.74	0.93	0.94	0.94	0.95	0.95
	m2	1.05	1.00	0.87	0.99	0.99	0.99	1.00	0.94	0.96	1.01	1.01	1.01	1.01	1.01
HEC1	m1	0.71	0.82	0.91	0.88	0.89	0.92	0.93	0.91	0.92	0.92	0.92	0.94	0.93	0.95
	m2	0.96	0.87	0.89	0.97	0.93	0.96	1.01	1.01	1.02	1.04	1.02	1.01	1.00	1.01
HEC2	m1	1.34	1.04	0.92	0.87	0.86	0.87	0.90	0.95	0.97	0.97	0.97	0.98	0.99	0.98
	m2	2.51	1.62	1.25	1.21	1.14	1.08	1.08	1.09	1.10	1.12	1.11	1.12	1.13	1.13
HEC3	m1	1.10	1.00	0.97	0.94	0.94	0.96	0.96	0.96	0.95	0.95	0.94	0.95	0.94	0.94
	m2	0.90	0.91	0.93	0.91	0.90	0.91	0.93	0.92	0.96	0.96	0.94	0.95	0.94	0.93
HEC4	m1	1.18	0.83	0.82	0.80	0.81	0.82	0.82	0.78	0.80	0.84	0.84	0.84	0.85	0.85
	m2	1.17	1.04	1.01	1.01	1.03	0.98	0.94	0.92	0.93	0.94	0.91	0.91	0.90	0.89
HEC5	m1	1.82	1.47	1.36	1.33	1.41	1.40	1.52	1.61	1.50	1.49	1.47	1.41	1.43	1.43
	m2	2.38	2.37	2.05	1.86	1.70	1.69	1.71	1.68	1.55	1.48	1.48	1.46	1.51	1.57
HEC6	m1	1.01	0.98	0.95	0.95	0.94	0.94	0.95	0.97	0.97	0.97	0.98	0.99	0.99	1.00
	m2	1.03	1.12	1.01	1.01	1.01	1.00	1.05	1.06	1.04	1.03	1.04	1.02	0.99	0.98

注：HEC0、HEC1、HEC2、HEC3、HEC4、HEC5、HEC6 分别表示高耗能产业、化学原料及化学制品制造业、非金属矿物制品业、黑色金属冶炼及压延加工业、有色金属冶炼及压延加工业、石油加工炼焦及核燃料加工业、电力热力的生产供应业动态集聚水平；m1 为全国平均值，m2 为长江经济带沿线 11 省市平均值。

资料来源：根据测算结果整理。

学原料及化学制品制造业动态集聚水平平均值高于全国31省份平均值；2008年以来长江经济带化学原料及化学制品制造业动态集聚水平平均值>1，长江经济带化学原料及化学制品制造业呈现出集聚趋势。就上中下游地区而言，长江经济带中游地区化学原料及化学制品制造业动态集聚水平普遍较高，上下游地区集聚水平相对较低，中游化学原料及化学制品制造业呈现出集聚趋势。就长江经济带沿线11省市比较而言，苏皖赣鄂湘川6省份化学原料及化学制品制造业发展速度高于全国平均水平，6省份化学原料及化学制品制造业呈集聚趋势；云贵渝浙沪5省份化学原料及化学制品制造业发展速度低于全国平均速度，产业集聚态势不明显。

长江经济带沿线11省市非金属矿物制品业有明显集聚趋势。就全国而言，长江经济带沿线11省市非金属矿物制品业平均增长速度快于全国平均水平，2008年以来动态集聚水平进一步提高，长江经济带沿线省市非金属矿物制品业呈现出集聚趋势。就上中下游地区而言，长江经济带中上游地区非金属矿物制品业动态集聚水平普遍较高，产业集聚趋势明显；下游地区非金属矿物制品业增长速度低于全国平均水平，产业集聚趋势不明显。就长江经济带沿线11省市比较而言，云川浙沪四省份非金属矿物制品业动态集聚水平下降趋势明显，发展速度放缓，产业集聚趋势减弱；贵渝湘鄂皖5省份非金属矿物制品业动态集聚水平有明显上升趋势，发展速度加快；赣苏2省份非金属矿物制品业动态集聚水平相对稳定，江西省非金属矿物制品业发展速度持续高于全国平均水平，集聚趋势明显，江苏省发展速度低于全国平均水平。

长江经济带沿线11省市黑色金属冶炼及压延加工业平均发展速度低于全国平均速度，产业集聚水平与全国平均水平相近，产业集聚趋势不明显。就上中下游地区而言，长江经济带中下游地区黑色金属冶炼及压延加工业动态集聚水平高于上游地区，上游地区产业集聚水平相对较低。就长江经济带沿线11省市比较而言，苏浙皖渝4省份黑色金属及压延加工业动态集聚水平较高，增长速度高于全国平均水平，产业集聚趋势明显；2015年云贵川湘鄂赣苏7省份黑色金属及压延加工业动态集聚水平小于1，产业集聚趋势不明显；云皖苏沪4省份黑色金属冶炼及压延加工业动态集聚水平呈下降趋势，贵川渝鄂皖5省份黑色金属冶炼及压延加工业动态集聚水平呈上升趋势，产业集聚趋势加强。

长江经济带沿线11省市有色金属冶炼及压延加工业动态集聚趋势减弱。就全国而言，长江经济带沿线11省市有色金属冶炼及压延加工业动态集聚水平高于全国31省市区平均水平，近年来产业发展速度低于全国平均水平，产业集聚趋势减弱。就上中下游地区而言，长江经济带中游地区有色金属冶炼及压延加工业动态集聚水平高于上下游地区，下游地区产业发展速度均低于全国平均增长速度，产业集聚趋势不明显。就长江经济带沿线11省市比较而言，皖赣渝3省份有色金属冶炼及压延加工业发展速度高于全国平均水平，产业集聚水平大于1；云贵川鄂苏沪浙7省份有色金属冶炼及压延加工业动态集聚水平呈下降趋势，产业发展速度趋缓，产业集聚趋势减弱；湘皖2省有色金属冶炼及压延加工业动态集聚水平呈上升趋势，产业集聚趋势加强。

长江经济带沿线11省市石油加工炼焦及核燃料加工业动态集聚水平高于全国平均水平。就全国而言，我国石油加工炼焦及核燃料加工业动态集聚水平大于1，产业集聚趋势加强；长江经济带石油加工炼焦及核燃料加工业平均发展速度高于全国平均发展速度，长江经济带石油加工炼焦及核燃料加工业呈现出集聚趋势。就上中下游地区而言，长江经济带上游地区石油加工炼焦及核燃料加工业动态集聚水平高于中下游地区；中下游地区除江苏外，石油加工炼焦及核燃料加工业平均增长速度低于全国平均增长速度，产业动态集聚水平小于1，产业集聚趋势减弱。就长江经济带沿线11省市比较而言，云贵川渝苏5省份石油炼焦及核燃料加工业动态集聚水平大于1，产业集聚趋势明显；川湘鄂浙沪5省份石油炼焦及核燃料加工业动态集聚水平呈下降趋势，产业集聚趋势减弱；渝赣皖苏4省份石油加工炼焦及核燃料加工业动态集聚水平呈上升趋势，产业增长速度加快，产业集聚趋势增强。

长江经济带沿线11省市电力、热力生产和供应业集聚趋势减弱。就全国而言，近年来我国31省份区电力、热力生产和供应业动态集聚水平小于1，产业平均增速低于全国平均增长速度；长江经济带电力、热力生产和供应业动态集聚水平下降到小于1，产业集聚趋势减弱。就上中下游地区而言，长江经济带上游地区电力、热力生产和供应业动态集聚水平相对较高，下游次之，中游地区增长速度慢于全国平均水平，产业集聚趋势减弱。就长江经济带沿线11省市比较而言，云川渝皖浙苏6省份电力、热力生产和供应业发展速度高于全国平均水平，产业集聚趋势明显；贵沪2省份电力、热力生产和供应业动态集聚水平下降，产业集聚趋势减弱。

长江经济带沿线11省市高耗能产业动态集聚水平整体下降并趋于稳定，接近于门槛值1（见图24－1）。总体而言，长江经济带石油加工炼焦及加工业、非金属矿物制品业动态集聚水平高于其他四类高耗能产业动态集聚水平，产业增长速度高于全国平均水平，产业集聚趋势明显；化学原料及化学制品制造业，黑色金属冶炼及压延加工业，有色金属冶炼及压延加工业，电力、热力生产和供应业动态集聚水平在门槛值"1"附近浮动变化，高耗能产业仍处于增长态势，平均增长速度接近全国平均水平，产业集聚趋势变化不够明显；长江经济带石油加工炼焦及加工业、非金属矿物制品业动态集聚水平呈下降趋势，产业增长速度下降，产业集聚趋势减弱，但发展速度仍高于全国平均水平，仍然具有明显的产业集聚趋势。

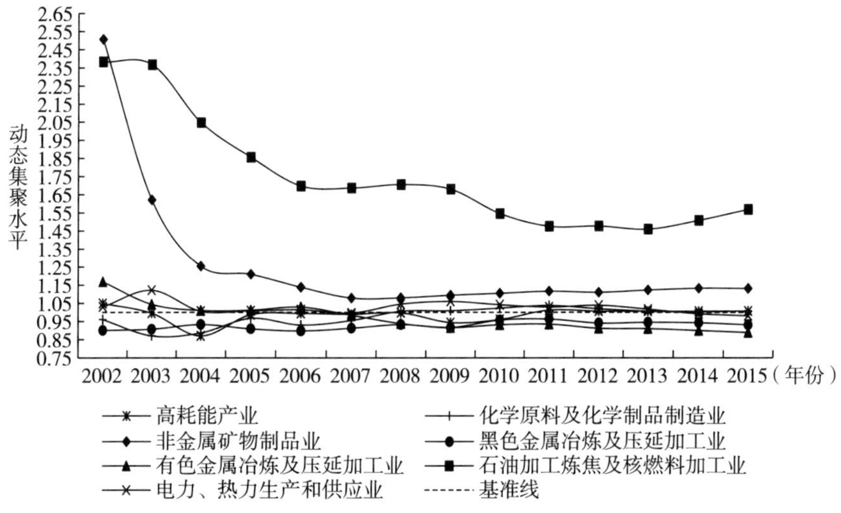

图24－1 长江经济带高耗能产业动态集聚水平平均值

资料来源：根据测算结果整理。

2. 长江经济带高耗能产业动态集聚水平的地区差异特征

2002年以来，长江经济带高耗能产业动态集聚水平σ收敛指数波动变化（见图24－2）。从高耗能产业整体动态集聚水平来看，2004年和2009年左右长江经济带高耗能产业动态集聚水平的地区差异出现扩大趋势；2011年以来，长江经济带沿线11省市高耗能产业动态集聚水平的地区差异趋于稳定，省际差异增大或缩小的趋势尚不明显。从高耗能产业细分行业来看，石油加工炼焦及核燃料加工业、非金属矿物制品业动态集聚水平σ收敛指数下降幅度最大，产业动态集聚水平的地区差异呈下降趋势，近年来下降趋势趋缓；化学原料及化学制品制造业、黑色金属冶炼及压延加工业、有色金属冶炼及压延加工业、电力、热力生产和供应业σ收敛指数波动幅度和频率相对较小，四类高耗能行业动态集聚水平的地区差异变化趋势不够明显。

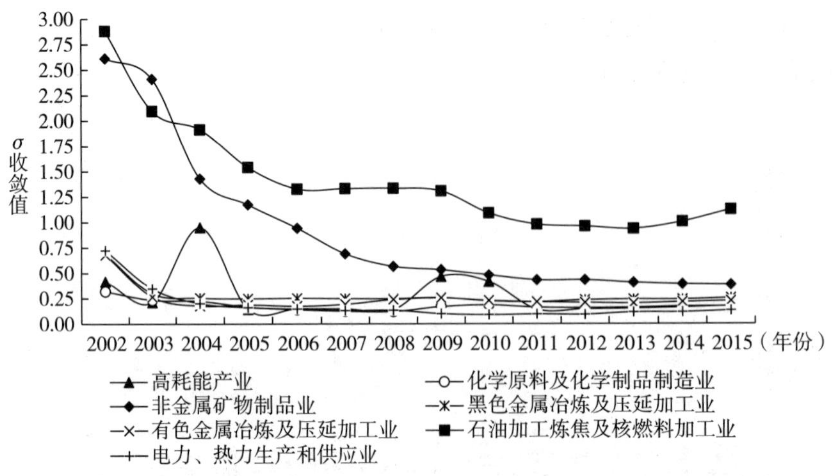

图24－2 长江经济带高耗能产业动态集聚水平σ收敛结果

资料来源：根据测算结果整理。

长江经济带沿线11省市高耗能产业（β_1）、化学原料及化学制品制造业（β_2）、黑色金属冶炼及压延加工业（β_4）动态集聚水平绝对β检验回归系数为负（见表24－3），低集聚水平省市对高集聚水平省份存在“追赶”效应，集聚趋势加强；化学原料及化学制品制造业（β_2）

动态集聚水平绝对 β 检验结果显著性水平较低，低集聚水平省市存在集聚趋势减弱的可能。非金属矿物制品业（β_3）、有色金属冶炼及压延加工业（β_5）、石油加工炼焦及核燃料加工业（β_6）、电力、热力的生产和供应业（β_7）动态集聚水平绝对 β 检验回归系数为正，低集聚水平省市对高集聚水平省市不存在“追赶”效应，产业动态集聚水平变化速度与初始水平呈正相关关系；非金属矿物制品业（β_3）、电力、热力的生产和供应业（β_7）动态集聚水平绝对 β 检验结果显著性水平较低，产业动态集聚水平的地区差异有降低的可能。

表 24－3　　长江经济带高耗能产业动态集聚水平 β 检验结果

A	Coef.	Std. Err.	t	P > |t|	[95% Conf. Interval]	
β_1	－0.129628	0.0244147	－5.31	0.000	－0.1778941	－0.0813619
β_2	－0.0357876	0.0304435	－1.18	0.242	－0.0959723	0.0243972
β_3	0.0124498	0.0209933	0.59	0.554	－0.0290524	0.053952
β_4	－0.0909727	0.0120918	－7.52	0.000	－0.1148774	－0.067068
β_5	0.1150867	0.0435714	2.64	0.009	0.028949	0.2012244
β_6	0.1070281	0.0515094	2.08	0.040	0.0051976	0.2088586
β_7	0.0079841	0.036192	0.22	0.826	－0.063565	0.0795332

资料来源：根据测算结果整理。

第三节　长江经济带高耗能产业集聚影响因素的实证分析

一　研究方法和数据来源

根据集聚经济理论，市场需求、交通条件、劳动力成本、政府政策、创新环境等是影响产业集聚的重要因素。其中，市场需求规模越大，越有利于产业集聚；便利的交通条件既利于降低运输成本，又利于开辟销售市场、扩大集聚辐射范围；低廉丰富的劳动力有助于集聚企业节约生产成本；政府财税政策、环境政策对产业集聚可起到一定的调控引导作用；良好的创新环境有利于知识溢出，有助于企业获取创新收益，可加速产业集聚。

参考现有研究成果（张强等，2015；钟昌宝、钱康，2017），根据高耗能产业显著的“高耗能、高产能、高污染”特征，构建如下模型实证检验影响高耗能产业集聚的因素：

$$\ln HEC = \beta_0 + \beta_1 \ln EB + \beta_2 \ln ER + \beta_3 \ln Road + \beta_4 \ln Tax + \beta_5 \ln Wage + \varepsilon \quad (24-4)$$

式中，HEC 表示高耗能产业动态集聚水平，采用产业集聚指数测算方法和工业销售产值测算；EB 表示资源禀赋，用地区能源生产总量衡量；ER 表示环境规制，用高耗能产业环境成本支付率对政府环境规制水平进行衡量［见式（24－5）］；Road 表示基础设施，用区域交通网密度衡量；Tax 表示财政收入，采用地方财政收入水平衡量；Wage 表示人力资本，用城镇就业人员平均工资衡量；ε 表示误差项。

$$ECL_t = \frac{\sum_{i=1}^{n} I_{it}}{\sum_{i=1}^{n} \frac{I_{it}}{DEQ_{it}} TED_{it}} (n = 1,2,3) \quad (24-5)$$

式中，ECL_t 表示第 t 年高耗能产业环境成本支付率，即环境规制强度；I_{it}表示第 t 年高耗能产业第 i 种污染物实际处理投资额；DEQ_{it}表示第 t 年高耗能产业第 i 种污染物处理量或排放达标量；I_{it}与 DEQ_{it}的商表示高耗能产业第 i 种污染物单位处理成本；TED_{it}表示第 t 年高耗能产业第 i 种污染排放物实际排放量；n 表示污染物排放种类，选取工业废水、二氧化硫和工业固体废弃物三种作为环境污染物的代表，即 $n=3$。

选取 2002—2015 年为样本期，相关数据均采自《中国工业经济统计年鉴》（2002—2012）、《中国工业统计年鉴》（2013—2016）和《中国经济普查年鉴（2004）》。

二　实证结果与分析

长江经济带沿线 11 省市高耗能产业动态集聚水平影响因素检验结果如表 24－4 所示。资源禀赋（EB）系数均为正，高耗能产业对于资源依赖性较强，随着长江经济带中上游地区资源的开发利用，高耗能产业从下游地区向中上游资源丰富的地区转移，资源丰富地区高耗能产业集聚趋势加强；在相邻省市之间，高耗能产业企业更倾向于向资源禀赋条件优越的地区集聚。具体来看，资源禀赋对长江经济带高耗能产业、化学原料及化学制品制造业、黑色金属冶炼及压延加工业、有色金属冶炼及压延加工业、电力、热力生产和供应业动态集聚水平的影响系数显著为正，产业集聚趋势受资源禀赋的影响更为显著；而资源禀赋对非金属矿物制品业、石油加工炼焦及核燃料加工业动态集聚水平的影响系数未通过显著性检验，产业集聚受资源禀赋的影响相对较弱。

表 24－4　31 个省份高耗能产业动态集聚水平空间杜宾模型估计结果

影响因素	LnEB	LnER	LnRoad	LnTax	LnWage
高耗能产业	0.2475***	-0.0889**	0.0335*	-0.0010*	0.0116**
化学原料及化学制品制造业	0.0577*	-0.0104***	0.0642	0.0004	0.0225*
非金属矿物制品业	0.0762	-0.3408**	0.0951***	-0.0030*	0.0460***
黑色金属冶炼及压延加工业	0.0510**	-0.0076*	0.0139*	0.0019	0.0097*
有色金属冶炼及压延加工业	0.0386***	-0.0578*	0.0606	-0.0153	0.0036
石油加工炼焦及核燃料加工业	0.02886	-0.1112***	0.0172*	0.0088	0.0091*
电力、热力生产和供应业	0.1770***	-0.0209***	0.0399	-0.0068*	0.0029**

注：*表示在 10% 的水平上显著、**表示在 5% 的水平上显著、***在 1% 水平上显著。

资料来源：根据回归结果整理。

环境规制（ER）变量系数均为负，将显著性水平放宽到 10%，检验结果均通过显著性检验，环境规制对高耗能产业集聚水平具有负向影响。高耗能企业科技创新能力较弱，主要依靠低成本参与市场竞争，对于具有“高污染”特征的高耗能产业，较低强度环境规制的区域更具有区位选择优势，产业集聚趋势也更强。环境规制对非金属矿物制品业、石油加工炼焦及压延加工业的影响系数绝对值最大，产业动态集聚水平受环境规制的影响程度最大。

基础设施（Road）对高耗能产业动态集聚水平的影响系数均为正，以便利交通为代表的基础设施水平能够为高耗能产业的发展降低生产成本，提供生产便利；同时基础设施的完善具有极强的扩散作用，不仅能够吸引本地投资，同时能够为周边地区的投资增加提供正向促进作用。

基础设施对化学原料及化学制品制造业、优势金属冶炼及压延加工业、电力、热力生产和供应业动态集聚水平的影响系数未通过显著性检验，基础设施对产业集聚趋势加强的影响作用相对较弱。

税收政策（Tax）对高耗能产业、非金属矿物制品业、电力、热力生产和供应业动态集聚水平的影响系数均为负，且通过10%的显著性检验，税收政策影响下的投资成本是高耗能产业投资过程中区位选择的重要参考指标，税负较轻地区对高耗能产业投资更有吸引力，产业集聚趋势更为明显。税收政策对化学原料及化学制品制造业、黑色金属冶炼及压延加工业、有色金属冶炼及压延加工业、石油加工炼焦及核燃料加工业动态集聚水平的影响系数未通过显著性检验，税收调节作用相对较弱。

人力资本水平（Wage）对高耗能产业动态集聚水平的影响系数均为正，高耗能产业虽然科技创新能力不足，更倾向于依赖资源，但人力资本对产业集聚具有正向作用。人力资本水平在高耗能产业转移过程中起到人力资本保障作用，是各省市区高耗能产业科技创新、绿色转型发展的基础，较高水平的人力资源储备能够给高耗能产业企业带来生产性收益之外的收益。人力资本水平对有色金属冶炼及压延加工业动态集聚水平影响系数未通过显著性检验，产业动态集聚水平受人力资本影响相对较弱。

第四节　研究结论与政策建议

一　研究结论

根据前述分析结果，关于长江经济带高耗能产业动态集聚问题，可得出以下结论：

（1）长江经济带高耗能产业整体集聚趋势明显。从细分行业来看，长江经济带沿线11省市化学原料及化学制品制造业、非金属矿物制品业有明显集聚趋势、石油加工炼焦及核燃料加工业动态集聚水平高于全国平均水平，黑色金属冶炼及压延加工业动态集聚水平接近于全国平均水平，有色金属冶炼及压延加工业、电力、热力生产和供应业动态集聚趋势减弱。

（2）长江经济带高耗能产业动态集聚水平地区差异变化趋势尚不明显。石油加工炼焦及核燃料加工业、非金属矿物制品业动态集聚水平区域差异呈下降趋势，化学原料及化学制品制造业、黑色金属冶炼及压延加工业、有色金属冶炼及压延加工业、电力、热力生产和供应业动态集聚水平区域差异变化趋势不够明显；化学原料及化学制品制造业、黑色金属冶炼及压延加工业动态集聚水平绝对β检验回归系数为负，非金属矿物制品业、有色金属冶炼及压延加工业、石油加工炼焦及核燃料加工业、电力、热力的生产和供应业动态集聚水平变化速度与初始水平呈正相关关系。

（3）影响长江经济带高耗能产业动态集聚水平的主要因素是多元的。资源禀赋、基础设施、人力资源对于高耗能产业动态集聚水平为正相关关系，高耗能产业更倾向于向资源丰富、基础设施完善、人力资源良好的省份集聚；环境规制、财政政策与高耗能产业动态集聚水平为负向相关关系，高水平的环境规制和高额的课税政策一定程度上抑制了高耗能产业的集聚。

二　政策建议

基于上述研究结论，提出以下政策建议：

（1）优化产业空间布局。必须落实主体功能区制度，严控高耗能产业在长江经济带重点生态功能区和农业主产区的集聚，严格按照长江流域资源环境承载能力，控制沿江石油加工、化学原料和化学制品制造、有色金属等产业项目环境风险，明确新建重化工项目到长江岸线的安全防护距离。

（2）严控产业污染转移。严格落实环境规制政策，推动沿江城市建成区现有黑色金属、有色金属、化学原料及化学制品制造等高污染企业有序搬迁改造或依法关闭；严格监督有色金属、化学原料及化学制品制造等产业的跨区域转移，对有色金属、化学原料及化学制品制造等产业的跨区域转移进行严格监督，实施严格的环保、能耗、水耗、用地等标准；严禁国家明令淘汰的落后生产能力和不符合国家产业政策的项目向长江经济带中上游地区转移。

（3）加强绿色制造人才培养。组织实施绿色制造人才培养计划，完善研发、转化、生产、管理综合人才培养体系；推广节能、节水、清洁生产新技术、新工艺、新装备、新材料，推进石化、钢铁、有色金属、危险化学品等重点高耗能产业智能工厂、数字车间、数字矿山和智慧园区改造，提升产业绿色化、智能化水平，推动沿江高耗能企业技术装备和管理水平领先全国平均水平；在沿江有色金属、化学原料及化学制品制造等重点耗水行业，推行清洁生产技术，从源头减少水污染，全面提升沿江重点行业和园区清洁生产水平。

（4）强化工业污染综合治理。加快钢铁、石化、化工等高耗水行业废水循环利用设施建设，规范长江经济带沿江涉磷企业渣场和尾矿库建设，推进工业企业化学需氧量、氨氮、总氮、总磷全面达标排放。

（5）完善高耗能产业税收政策。健全高耗能产业税收调控机制，积极运用税收政策引导高耗能产业绿色转型发展；创新税制，利用水资源税等税收政策促进高耗能产业绿色化发展。

第二十五章

破解“化工围江”难题的“湖北样本”和“江苏样本”

第一节 引言

2018 年 4 月 26 日，习近平总书记在湖北召开深入推动长江经济带发展座谈会，指出长江经济带沿线重化工业高密度布局，“化工围江”问题突出，要下大力气抓好化工产业落后产能，采取提高环保标准、加大执法力度等多种手段倒逼化工产业转型升级和高质量发展。

长江经济带拥有独特的生态系统，是我国重要的生态宝库。2016 年，长江经济带沿线 11 省份规模以上化学工业企业主营业务收入占全国比重为 48. 58%，以全国 21% 的土地承载着近一半的化工产能。在化工产业高速发展的同时，废水、化学需氧量、氨氮等污染物的排放严重威胁长江经济带生态安全。长江沿线已形成超过 600 千米的岸边污染带，约 60% 的水体都受到不同程度的污染，多种重金属严重超标，长江流域开发与资源环境承载力之间矛盾尖锐，沿线高风险化工企业众多且分布相对集中，化工行业整治与生态环境修复压力巨大（成长春等，2019）。

重化工业一般是以高耗水量、高污染排放为主要特征的资源消耗型产业和污染密集型产业，在带来巨大经济利益的同时也会产生环境污染等负外部性问题。长期以来，化工企业选址于长江两岸，不仅可以满足生产过程对水资源的巨大需求而降低生产成本，而且可以发挥长江航运优势降低运输成本，有助于更好地发挥规模经济效应。由于重化工业拥有投资额高、利税高、带动效应强等优势，一些地方政府为吸引重化工项目盲目降低化工产业准入门槛，在长江沿岸布局大量化工园区，采取以消耗资源和破坏环境为代价的粗放型发展模式，片面追求经济高速增长而忽视经济发展质量，导致“化工围江”难题愈演愈烈，长江流域污染负荷严重超载（张厚明，2016）。

综观世界各国，众多发达国家经历了“先污染、后治理”的发展过程，在工业化初期曾一度面临发展化工产业所导致的流域水体污染、生态系统退化等难题，采取一系列有效措施并取得积极成效。例如，20世纪50年代至70年代，莱茵河沿线化工企业密集分布，化工污染导致水质恶化严重，因此被称为“欧洲下水道”。德国政府颁布《联邦污染防治法》作为环保基本法，不断完善化工产业安全环保发展的法律框架体系，规定化工企业必须遵守“谁污染、谁付费”准则，缴纳足以覆盖排放污染物造成的环境损失成本的排污费，并对化工企业从规划、建设到运营进行全生命周期管理监测，高昂的排污费用倒逼产能落后、高污染的化工企业退出，促进化工企业向高端化、精细化、集约化发展。18世纪末至20世纪80年代，密西西比河两岸密集分布着数百家石油化工企业，被称作“石油化工走廊”，大量化工废水未经处理就排入密西西比河，导致水体富营养化问题突出。美国政府组织美国环保局、农业部、内政部、商务部、陆军工程兵团以及12个州的环保农业部门联合成立工作小组，建立跨部门、跨地区协调机制，实施生态系统综合治理方案，形成密西西比河流域保护的强大合力，并建立基于技术标准和水质标准的排污许可证制度，实行动态监测与评价，倒逼化工企业提升废水处理技术达到排污标准。上述国际典型流域与长江经济带同为大型河流，同样经历生态退化、大规模能耗、高工业污染阶段，为我国破解“化工围江”难题和推动化工产业高质量发展提供有益借鉴。

长江经济带化工产业主要集中于中下游地区，湖北省和江苏省在长江经济带化工产业发展格局中占据重要地位。其中，湖北省规模以上化工企业主营业务收入在长江经济带中游地区居首位。2016年以来，湖北省一手淘汰化工过剩产能，一手推动化工产业转型升级，着力破解

“化工围江”难题，治理成效受到党中央高度肯定。江苏省规模以上化工企业主营业务收入在长江经济带沿线11省份位居第1位，占长江经济带化工产业比重约为40%，工业废水排放量居长江经济带首位。江苏省将长江经济带生态环境修复作为压倒性任务，流域生态环境质量大幅提高。选取“湖北样本”和“江苏样本”作为典型案例，通过对比分析湖北省和江苏省化工产业发展现状，总结归纳破解“化工围江”难题的经验与启示，对促进长江经济带化工产业高质量发展，推动长江经济带发展成为引领我国经济高质量发展的生力军具有重要理论和实践意义。

第二节 湖北省破解“化工围江”难题的实践进展

一 湖北省化工产业发展现状分析

湖北省地处长江中游，拥有1061千米长江岸线，是拥有长江干线最长的省份。自改革开放以来，湖北省化学工业快速发展，多种化工产品产量排名领先，形成了以农用化工、石油化工、基础化工原料等为主体的化工生产体系。2017年，湖北省化学工业主营业务收入为5375亿元，占长江经济带比重为12.97%，居全国第6位、长江经济带沿线11省份第3位、长江经济带中游第1位；共有化工园区58个，主要分布在武汉、宜昌、襄阳、荆门、黄冈等地；共有化工企业1021家，其中，沿江1千米范围内化工企业105家，沿江1千米至15千米范围化工企业455家，沿江15千米范围外化工企业461家。

由于部分地区化工产业技术落后、园区布局分散、装备技术水平较低，以及环保安全标准执行不严等原因，化工企业偷排或超标排污等问题时有发生，导致化工产业与生态环境逐渐走向互斥。2013—2017年，湖北省“三废”排放量总体较高，其中，工业废水排放量、工业二氧化硫排放量、工业烟（粉）尘排放量总体呈下降趋势，工业固体废物产生量基本持平。总体而言，湖北省长江沿线化工企业数量多、排放污染大，粗放式发展导致“化工围江”问题突出，成为化工产业可持续发展的瓶颈（见表25-1）。

表 25 -1　　2013—2017 年湖北省工业“三废”排放量　　单位：万吨

年份	工业废水排放量	工业二氧化硫排放量	工业烟（粉）尘排放量	工业固体废物产生量
2013	77354	50	28	8181
2014	78183	41	31	8006
2015	76394	45	28	7750
2016	182058	17	20	8193
2017	151184	11	14	8112

资料来源：整理自《湖北统计年鉴》（2014—2018）、《中国城市统计年鉴》（2014—2018）。

二　湖北省破解“化工围江”难题的主要措施

（1）实施差异化的整治方案。从行政手段来看，湖北省突出科学性、针对性，注重因地制宜、分类施策，不搞“一刀切”，先后颁布《湖北省沿江化工企业关改搬转工作方案》《湖北省沿江化工企业关改搬转任务清单》等政策文本，明确在 2020 年年底前完成沿江 1 千米范围内化工企业“关改搬转”，在 2025 年年底前完成沿江 1—15 千米范围内化工企业“关改搬转”。为全省 479 家化工企业制定“一企一策”，其中，以安全环保标准倒逼 66 家化工企业关停，以市场机制推动 238 家企业自主改造，以政策资金引导 121 家化工企业搬迁入园，以保障政策扶持 54 家有意向转产的化工企业进行转产。明确 2018—2025 年的年度目标任务，为破解“化工围江”难题列出时间表，绘出路线图（见表 25 -2、图 25 -1）。

表 25 -2　2018—2025 年湖北省化工企业“关改搬转”目标任务　单位：家

整治类型	2018 年	2019 年	2020 年	2021—2025 年	共计
关停	26	10	25	5	66
改造	55	38	55	90	238
搬迁	8	30	58	25	121
转产	12	13	19	10	54

资料来源：整理自《湖北省沿江化工企业关改搬转任务清单》。

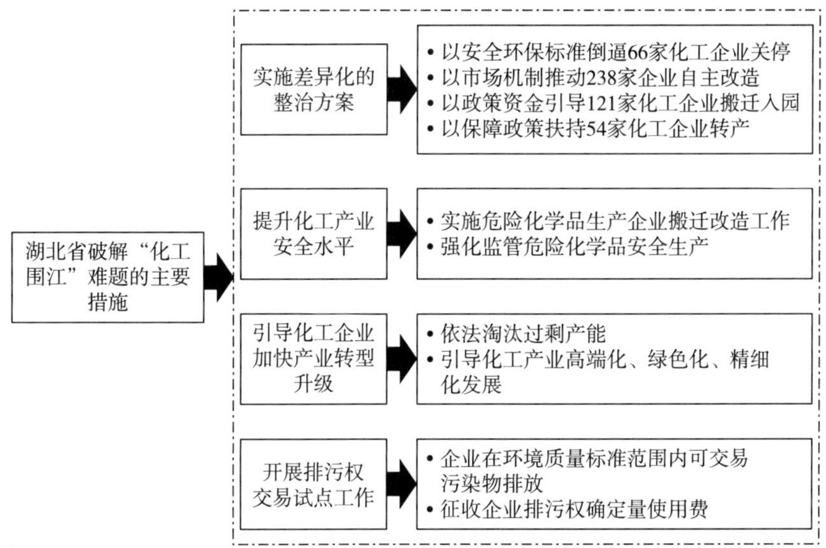

图 25－1 湖北省破解“化工围江”难题的主要措施技术路线

（2）提升化工产业安全水平。行政手段方面，湖北省注重把握化工产业安全与发展、安全与效益、安全与速度之间的关系，强化属地管理和部门联动，督促落实企业主体责任，成立危险化学品生产企业搬迁改造工作领导小组和攻坚指挥部，构建分工明确、相互协作、齐抓共管的安全生产监管体系，全面监测危险化学品、危险化工工艺、重大危险源，化工产业安全水平得到显著提升。2016 年起全面启动危险化学品生产企业搬迁改造工作，清晰地列出全省 144 家危险化学品生产企业搬迁改造任务清单，并督促搬迁改造企业加大安全生产监督检查力度，确保化工企业搬迁改造过程不发生安全事故、不遗留安全隐患。2019 年 3 月 21 日，江苏省响水县天嘉宜化工有限公司“3・21”特大爆炸事故发生后，湖北省吸取经验教训，陆续发布一系列关于化工产业安全整治的紧急通知和实施方案，进一步强化对危险化学品安全生产的监管、对危险化学品生产企业搬迁的执法检查。

（3）引导化工企业加快产业转型升级。从经济手段来看，湖北省注重反向倒逼与正向疏导相结合，在破解“化工围江”难题过程中，一方面，综合运用安全、环保、质量、能效等标准，依法淘汰落后产能，化解过剩产能，倒逼化工企业转型升级；另一方面，加快新旧动能转换，改变以往化工产业资源依赖型发展方式，把握精细化工产业发展趋势，利用先进科学技术对化工产业进行改造，有针对性地引进一批下游配套型、服务型、延链型项目，推动化工产业从原来的低端肥料和基础化工原料为主向化工新材料、高端精细化工、专用化学品升级，引导化工产业高端化、精细化、绿色化发展（王自宸，2019）。例如，湖北省宜昌市从 2016 年起启动长江生态治理“宜昌试验”，出台《宜昌化工产业专项整治及转型升级三年行动方案》，设立 10 亿元化工产业转型升级基金，引导 30 亿元化工产业股权投资基金，为化工产业转型升级提供信贷支持，对化工企业磷石膏综合利用设立专项补助资金，持续推进化工园区提档升级和化工企业改造升级。

（4）开展排污权交易试点工作。在体制机制创新方面，湖北省制定出台的《湖北省主要污染物排污权有偿使用和交易办法》，遵循“谁占有，谁付费”原则，按照排污许可证申请类别和行业重点污染物允许排放量核算方法，对企业征收化学需氧量和二氧化硫这两项主要污染物的排污权确定量使用费，从而对企业排污行为构成前置约束。企业若主要污染物实际排放量少于许可排放量，则其富余排污权可进入市场进行交易。湖北省排污权交易试点工作，既有效降低政府环境管理成本，提升行政效能，又激励化工企业加强先进节能环保工艺技术和装备的研发与应用，主动推行绿色生产方式。

三　湖北省破解“化工围江”难题的主要成效及现存问题

通过一系列有效措施，湖北省化工产业高质量发展成效凸显，具体表现为以下几个方面：一是化工企业“关改搬转”任务顺利推进。截至 2019 年年底，湖北省已完成 192 家化工企业“关改搬转”任务，占总目标任务的比重为 40.08%，其中，关闭化工企业 36 家，改造 93 家，搬迁 38 家，转产 25 家，全面完成年度目标任务，完成所有人口密集区危险化学品生产企业搬迁改造工作。二是化工产业规模逐步提升。2018 年，湖北省规模以上化工产业增加值增长 8.2%，利润增长 22.9%，分别高于全省工业增速 1.1%、10.9%，在化工行业整治初期虽然产业规模有所下滑，但很快回升。三是化工企业转型升级成效显著。一大批化工企业在政策引领下，引进采用新技术、新工艺、新装备，推进生产过

程不断向集约、高端、新型方向发展。虽然产业转型升级前期投入成本较大，但生产成本得到降低、资源利用率得到提高、产品质量得到优化，长期来看，将会产生更大的经济效益，更有利于化工产业可持续发展。例如，位于湖北省宜昌市的兴发集团在政府的引导支持下，通过一系列改造升级举措，建设宜昌新材料产业园和宜都绿色生态产业园两大综合性精细化工产业基地，成立湖北省磷化工产业技术研究院并获得多项专利和重大科技成果，发展磷精细化工、高端专用化学品、有机氟硅等新型合成材料、高浓度磷复肥新型肥料等新产品，开发一批食品级、医药级、电子级化工产品，实现从单一黄磷加工为主的磷化工向非磷化工、从无机化工向有机化工拓展升级，目前已发展成为世界最大的精细磷化工企业和食品级磷酸盐生产基地。四是生态环境质量不断改善。2019 年，湖北省 PM10、PM2.5 累计浓度均值分别同比下降 8.2%、8.0%；水环境质量呈持续改善趋势，集中式饮用水水源地水质达标率为 100%，在纳入国家考核的 114 个水质断面中，水质优良断面有 101 个，占比为 88.6%，同比提高 2.6 个百分点。

同时，湖北省仍然面临一些难题：一是财政压力巨大。化工产业转型升级过程中短期内化工产业产值必然有所回落，导致政府税收缩减；政府每年统筹安排 2 亿元专项资金支持化工企业“关改搬转”工作，对化工企业予以贷款贴息、基建投资补助、土地出让补偿等支持，对列入搬迁和改造计划的化工企业大力度实施税收返还，并支付破产企业职工安置费用、就业创业服务补贴、社会保险费用等，财政支出数额巨大（毕军，2019）。二是化工产业发展层次有待提高。总体而言，湖北省高端化学品和化工新材料比重较低，尿素、磷铵、电石、烧碱、聚氯乙烯、纯碱、黄磷等初级产品依然产能过剩，面临有效需求不足、自主创新能力较弱、专业人才队伍缺乏、要素成本上升、行业效益不佳等“瓶颈”。

第三节 江苏省破解“化工围江”难题的实践进展

一 江苏省化工产业发展现状分析

江苏省地处长江下游，南北横跨长江，拥有 800 千米长江岸线。依托长江独特的资源优势，化工产业发展成为江苏省重要基础性产业和支柱产业，形成以长江为中轴线向苏南、苏北两侧延伸的化工产业格局。

江苏省基础化学原料制造业、化学农药制造业、涂料、合成树脂及其共聚物制造业产量居全国首位。2017 年，江苏省化学工业主营业务收入为 17602 亿元，占长江经济带比重为 42.47%，在全国排名第二、长江经济带沿线 11 省份排名第一；规模以上化工企业 4069 家，占长江经济带化工企业数量比重为 32.33%，居长江经济带沿线 11 省份之首。

江苏省长江岸线集中了大量化工企业，资源环境承载能力逐渐趋于饱和（朱妍，2019）。2013—2017 年，江苏省“三废”排放量总体偏高，其中，工业废水排放量、工业二氧化硫排放量、工业烟（粉）尘排放量总体呈下降趋势，工业固体废弃物产生量基本持平。2017 年，江苏省工业废水排放量为 151184 万吨，位居长江经济带首位，长江江苏段水质降为Ⅲ类（见表 25 –3）。

表 25 –3　　2013—2017 年江苏省工业“三废”排放量　　单位：万吨

年份	工业废水排放量	工业二氧化硫排放量	工业烟（粉）尘排放量	工业固体废弃物产生量
2013	220558	91	46	10856
2014	204888	87	72	10925
2015	204917	81	61	10701
2016	182058	52	43	11649
2017	151184	19	33	12003

资料来源：整理自《中国城市统计年鉴》（2014—2018）、《江苏统计年鉴》（2014—2018）。

二　江苏省破解“化工围江”难题的主要措施

（1）大幅缩减化工企业数量。从行政手段来看，江苏省实施最严格的标准，对化工行业进行“铁腕”整治。从 2016 年起，江苏省先后出台一系列化工产业发展规划与政策，严格制定化工园区和化工企业发展的“负面清单”，实行“三个一律不批”，即一律不批新的化工园区，一律不批化工园区外的化工企业，一律不批环境基础设施不完善的化工新建项目，为化工行业发展明晰划出“红线”。开展全省化工企业“四个一批”专项行动，对于生产工艺装备、产品落后、安全环保不达标的化工企业一律关闭，对于城市人口密集区或园区外的化工企业引导其搬迁入园，对于产品质量不稳定、安全环保风险高的化工企业加快改造升级，对于有较强竞争力的化工企业推动其限期重组转型。

2019 年 4 月 27 日，江苏省政府办公厅发布了《江苏省化工产业安全环保整治提升方案》，强调深刻吸取响水天嘉宜化工有限公司“3·21”特大爆炸事故教训，进一步加大对化工行业的整治力度，综合采用提高产业准入门槛、对化工园区进行再评价等方式，大幅压减化工园区数量和化工企业数量，将 4022 家化工企业纳入整治范围，占全省化工企业总数比重为 67.03%，其中，关闭退出 1431 家、停产整改 267 家、限期整改 1302 家、异地迁建 77 家、整治提升 945 家，并定期督察通报全省各地化工产业安全环保整治工作进展（聂欣，2019）。

（2）量化化工园区评价标准。江苏省科学制定量化评价标准，为化工园区系统性评估的重要依据，综合运用专家评价、部门评审、政府审定机制，倒逼部分化工园区和化工企业主动关停、搬迁或转型。制定出台“江苏省化工园区规范发展综合评价指标体系”和“江苏省化工园区（集中区）环境绩效评价体系”。其中，“江苏省化工园区规范发展综合评价指标体系”设置规范发展、规范管理、安全生产、环境保护、基础建设 5 个一级指标以及规划布局、经济发展、环境质量等 14 个二级指标，由江苏省化工产业安全环保整治提升领导小组办公室对全省 50 家化工园区综合评分，对园区是否布局满足生态保护红线管控要求和符合城市总体规划、是否有园区管理机构、是否发生过安全生产事故或环境污染事件实行一票否决制；“江苏省化工园区（集中区）环境绩效评价体系”设置废水的收集与处理、废气的收集与处理、危废的收集与处理、能源清洁化利用能力、环境监测监控能力、园区管理水平 6 个一级指标以及园区废气治理、企业废水收集情况等 14 个二级指标，对于环境绩效评价 80 分以下的园区取消其化工定位。各地结合实际情况，进一步细化化工园区评价标准，例如，江苏省泰兴经济开发区建立“三评级一评价”制度，针对化工园区开展安全生产、环境保护、节能降耗评级和综合评价，并提出“一园一档”“一企一策”具体处置意见（朱建华，2017）。

（3）着重发展循环经济。经济手段方面，江苏省实施化工园区循环化改造工程，大力发展一体化循环经济，强化化工园区化工企业产业链配套，促进产业链向上下游延伸，加强能源高效阶梯使用、水资源充分回用、工业固体废物综合利用，培育一批循环经济型化工企业，着力打造化工产业绿色发展样板区。例如，江苏省泰兴经济开发区专门建立静脉产业园，采用 PPP 合作模式，成立管委会全资废水处理企业——泰兴市滨江污水处理有限公司，参股十余家固废处置公司，提升园区"三废"处置能力，构建化工产业横生和代谢生态链，并建设泰兴市长江生态湿地和绿色廊道（李寿生，2019）；位于江苏省镇江新区新材料产业园的镇江江南化工有限公司在国际上首创草甘膦—有机硅氯元素循环利用技术，形成特有的有机硅和草甘膦氯资源循环综合利用方式，发展成为拥有集上游原料生产到下游产品应用完整产业链条的氯资源循环经济一体化生产企业。

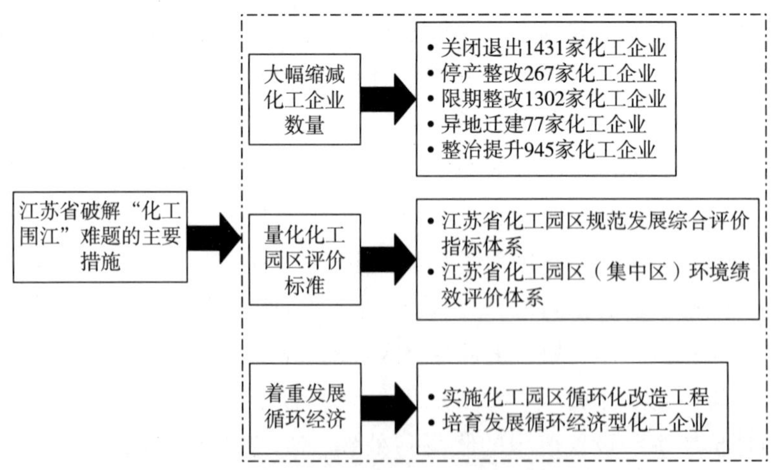

图 25－2　江苏省破解"化工围江"难题的主要措施技术路线

三　江苏省破解"化工围江"难题的主要成效及现存问题

随着破解"化工围江"难题实践不断深入，江苏省化工产业正逐步迈向绿色化、高端化、精细化。一是实现化工企业减量化发展。2017 年，江苏省关停化工企业 1421 家、转移化工企业 16 家、升级化工企业

461家、重组化工企业99家；2018年，关停化工企业750家、转移化工企业54家、升级化工企业950家、重组化工企业174家；2019年，关停化工企业579家，取消化工定位园区9家（宗文，2019）。二是化工园区发展水平不断提升。2019年，全省化工企业入园率为50%，提前实现2020年入园率为50%的目标；化工园区对化工行业主营业务收入总额贡献率为65%，提前实现2020年贡献率达65%的目标；全省53家化工园区中年销售收入1000亿元以上的有5家，占比为9.43%，年销售收入500亿元以上的有20家，占比为37.74%，在中国石油和化学工业联合会公布的2019年中国化工园区30强名单中，江苏省占据8席。三是生态环境持续优化。2019年，江苏省PM2.5、PM10、二氧化硫、二氧化氮和一氧化碳浓度同比大幅降低，环境空气质量优良天数比率为71.4%，年均水质符合Ⅲ类标准的断面比例为77.9%，同比上升9.8个百分点，劣Ⅴ类断面全部消除。

江苏省在推进化工行业整治过程中，依然存在以下问题：一是治理手段协同性不足。对江苏省“四个一批”（关停一批、转移一批、升级一批、重组一批）总目标任务进行分解，截至2019年年底，江苏省已提前完成化工企业关停任务，但还需转移化工企业202家、升级化工企业2916家、重组化工企业423家。可见，江苏省治理化工行业的手段主要集中于运用强制性行政手段关停企业，而对化工企业升级、重组的引导和支持力度不足。如此一来，在短时期内关停大量化工企业势必对经济发展造成冲击，带来较大经济社会压力。二是化工产业同质化较为严重。江苏省各地区化工产业主要集中于石油化工、化工新材料和精细化工，特色化工园区较少，结构性过剩问题较为严重；在产业转型升级高质量发展背景下，一大批化工产业园转型为新材料产业园，进一步加剧化工行业同质化竞争现象。

第四节　对破解“湖北样本”和“江苏样本”的比较分析

为破解“化工围江”难题，湖北省和江苏省关停了一大批不符合安全环保要求的化工企业，不断加大环保投入，导致短期内经济下行压力较大，经济增速短期滑落，但很快呈现上升态势。究其原因，根据环境库兹涅茨曲线，环境质量与经济增长之间呈倒“U”形关系，在经济发展水平较低阶段，工业发展对环境质量产生负规模效应，环境质量随着工业发展而不断恶化；在经济发展水平较高阶段，工业发展对环境质量产生技术效应和结构效应，环境质量随着工业发展而不断改善。因此，适当的环境规制促进企业转型升级、绿色技术创新，提升产业整体竞争实力，虽然可能短期内产值下滑，但长期来看，环境规制加快产业升级，推动经济结构调整，提升经济韧性，有助于实现经济更高质量的发展。

一　化工行业整治方式的对比分析

在共同性方面，湖北省和江苏省均着重推动化工企业减量化发展，综合运用安全、环保、质量、能效等多种标准，提高化工产业准入门槛，对化工企业开展清理整顿、逐个排查，坚决淘汰产能落后、环保不达标且风险突出的企业，严禁在长江干流及主要支流岸线1千米范围内布局化工企业，均关停了一大批化工企业，从源头上破解“化工围江”的难题。

在差异性方面，湖北省将66家化工企业纳入关停目标任务，占全省化工企业总数的比重为6.46%；江苏省计划关停2077家化工企业，占全省化工企业总数的比重为48.53%。江苏省设立更高的准入门槛，采用最严格的标准，以量化评分的方式对化工企业进行打分，得分不合格的化工企业一律计划关停，列入计划关停的化工企业数量和比重远高于湖北省。究其原因，由于环境资源的公共品属性，破解“化工围江”难题仅靠市场机制难以解决，必须依靠政府合理引导，需政府根据本地区化工产业发展实际，明确目标与重点任务，制定差异化的整治方式。江苏省作为沿海省份，曾经一度成为外国投资的“污染避难所”，在2016年以前实施沿海、沿江化工领先发展战略，导致化工企业主要集聚于长江沿线，沿江1千米以内化工企业数量远高于湖北省，沿江地区安全环保风险集聚和资源环境承载能力饱和问题也更为突出。对于江苏省而言，在化工企业“四个一批”（关停一批、转移一批、升级一批、重组一批）整治工作中，最为重要的是“关停一批”，有必要倒逼近一半的化工企业关停，从源头解决水污染问题；对于湖北省而言，在化工企业“关改搬转”（关停、改造、搬迁、转产）整治工作中，重点是“改造”，亟须加快化工产业转型升级。

二 化工产业发展水平的对比分析

在共同性方面，湖北省和江苏省均注重促进化工产业高端化发展，设立化工产业转型升级专项引导基金，培育和扶持产品前景好、符合产业定位的化工企业，加快化工产品由基础化工品向化工新材料、专用化学品升级，促进化工产业向高科技含量、高附加值的精细化工产业延伸，推动化工产业基础高级化和产业链现代化。

在差异性方面，江苏省化工产业层次高于湖北省。从化工产业精细化率来看，2018 年，湖北省化工产业精细化率为 33%，江苏省化工产业精细化率为 45%，江苏省高于湖北省 12 个百分点；江苏省化工企业中高新技术企业、外资企业、世界 500 强企业数量与占比远高于湖北省。究其原因，江苏省位于长江经济带下游地区，开放型经济发展水平较高，具备更坚实的产业基础和更强大的要素集聚能力。伴随着长三角高质量一体化，一流人才和科技资源等创新要素不断向江苏省集聚，化工产业高端化发展态势更为迅速。江苏省在长江经济带沿线 11 省份中率先启动产业转型升级，将产能较为落后的化工产业向中上游地区转移。湖北省传统落后产能占比较高，且承接了大量来自长江经济带下游地区的落后化工产能，导致化工产业发展总体层次偏低。因此，对于长江经济带下游地区，化工产业发展的重点方向为巩固扩大产业优势，吸收应用国际先进清洁生产技术和管理经验，构建世界级绿色化工产业体系；对于中上游地区，化工产业发展的主要方向为吸收先进地区化工企业转型发展经验，增强自主创新能力，提高化工绿色生产效率，不断提升化工产业层次。

三 化工园区发展水平的对比分析

在共同性方面，湖北省和江苏省均着力推动化工企业入园集聚发展，规定新建化工项目必须进合规化工园区，禁止在园区外新建化工企业，引导园区外化工企业向化工园区搬迁转移；着力提升化工园区一体化水平，注重强化产业链培育，提高产业关联度，发挥企业间知识溢出效应和协同创新效应，建立企业间专业化分工体系，促进上下游企业生产要素合理分配和有效链接（罗胤晨等，2019）；加强化工园区基础设施建设，健全化工园区“三废”收集处理设施，促进企业循环式生产、产业循环式组合、资源循环式利用，推进园区公共物流体系建设；提高园区安全生产水平，建设集日常管理、实时监测、应急预警等多功能一体化安全环保管理平台。

在差异性方面，江苏省化工园区发展水平远高于湖北省。从化工企业入园率来看，2019 年，湖北省化工企业入园率为 45.34%，江苏省化工企业入园率为 50%，江苏省高于湖北省约 5 个百分点；从化工园区发展水平来看，在中国石油和化学工业联合会公布的 2019 年中国化工园区 30 强名单中，江苏省有 8 家化工园区入选，湖北省仅有 1 家化工园区入选。究其原因，江苏省化工企业中，大型企业数量与占比较高，这些大型企业为追求行业聚集效应和规模经济效应，往往会建立专业化工园区，并衍生出一大批上下游配套化工企业，且政府长期以来对化工园区发展予以充足的资金支持，推动形成了一批规模化生产、产业链完备、基础设施齐全、综合管理水平高的化工园区；而湖北省中小型化工企业数量与占比较高且布局分散，对化工园区建设投入不足，导致化工园区整体发展水平不高，部分化工园区产业关联度低、安全环保基础设施配套不完善。因此，就长江经济带下游地区而言，应更加注重化工园区内企业协同创新，培育智慧化工园区、绿色化工园区、循环经济示范园区，实现化工园区更高质量的发展；就中上游地区而言，应着力引导化工企业入园发展，加强园区基础设施建设，提升园区内企业协作配套、互联互供的专业化分工水平，改造提升或依法关停安全系数低、污染严重的化工园区。

四　生态环境治理成效的对比分析

通过一系列有效措施破解“化工围江”难题，湖北省和江苏省生态环境均得到大幅改善。2013 年和 2017 年，长江经济带工业废水化学需氧量呈下降态势，湖北省和江苏省均降幅显著，这与两省化工企业采用新技术、新工艺，推行绿色生产方式密不可分（见图 25－3）。

2015 年和 2019 年，长江经济带沿线 11 省份水环境质量均有所提升。2019 年，湖北省河流断面水质达到Ⅲ类以上占比达到 91.1%，相比 2015 年提高 6.9%；江苏省河流断面水质达到Ⅲ类以上占比达到 91.1%，相比 2015 年提高 36.9%（见图 25－4）。

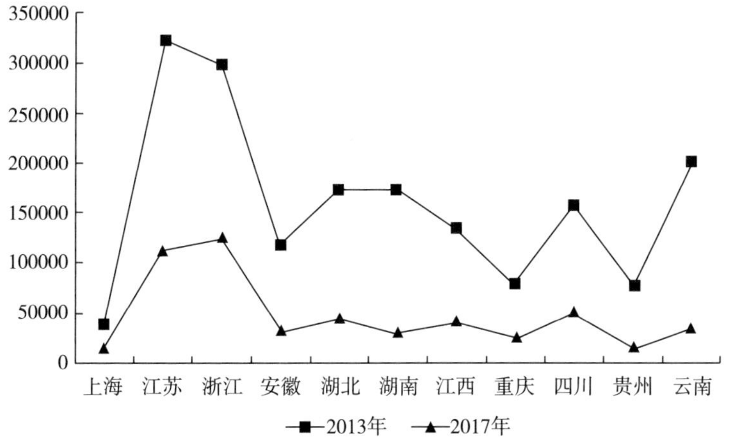

图 25-3 2013 年和 2017 年长江经济带沿线 11 省份工业废水化学需氧量（mgO_2/L）分布

资料来源：国家统计局：《中国统计年鉴》（2014—2018）。

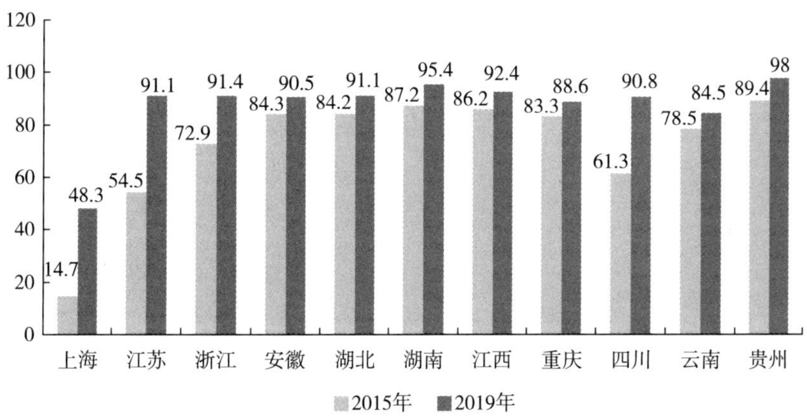

图 25-4 2015 年和 2019 年长江经济带沿线 11 省份河流断面水质达到Ⅲ类以上占比（%）分布

资料来源：整理自长江经济带沿线 11 省市《环境统计公报》（2015—2019）。

2015 年、2017 年和 2019 年，长江经济带沿线 11 省市空气质量不断改善，空气质量优良率呈逐步上升态势。2019 年，湖北省空气质量优良率为 77.7%，较 2015 年提高 11.1%；江苏省空气质优良率为 71.4%，较 2015 年提高 4.6%（见图 25-5）。

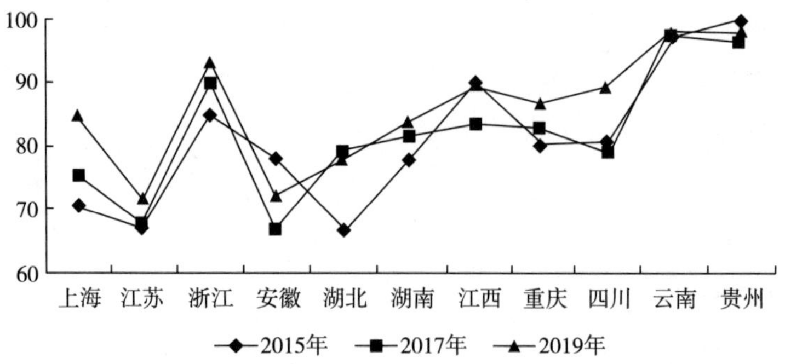

图 25－5　2015 年、2017 年和 2019 年长江经济带沿线 11 省份空气质量优良率（%）分布

资料来源：整理自长江经济带沿线 11 省市《环境统计公报》（2015—2019）。

在差异性方面，江苏省水污染治理效率更高，其河流断面水质达到Ⅲ类以上占比增长幅度显著高于湖北省。可见，江苏省化工行业整治对于生态环境产生更为显著的正向促进效用。究其原因，江苏省化工产业结构更为优化，对于生态治理投入更多的资金和设备，具备更加强大的绿色技术创新能力，生态治理效率相对较高；湖北省化工产业结构较为固化，绿色技术创新能力相对薄弱，且地区生态环境更为脆弱，经济发展与生态保护难以实现协调统一，导致生态治理效率相对较低。因此，就长江经济带下游地区而言，应继续重视环保投入，充分发挥环保投资的“乘数效应”，巩固提升环保绩效；就中上游地区而言，应进一步加大对环境污染的整治力度，还要通过提升绿色技术创新能力、提高环保设施运行效率等多种方式提升生态环境治理效率。

第五节　对破解“化工围江”难题的启示

湖北省和江苏省破解“化工围江”难题的生动实践为全球流域生态治理提供了“中国方案”。对比世界其他各国流域生态治理实践，“湖北样本”和“江苏样本”的创新性主要体现为理念创新、手段创新、制度创新。在理念创新方面，牢固树立践行“两山”理念，共抓大保护，不搞大开发，一切开发活动必须以生态优先、绿色发展为前

提，把生态文明建设和生态环境保护提升到前所未有的战略高度。在手段创新方面，采取复合型治理模式，采取更为严格的行政手段，以更高的环保安全标准倒逼落后产能淘汰，在短时间内关停了一大批不符合环保安全的化工企业；提供更加有效的政策支持，设立引导资金和专项资金，鼓励化工企业开展技术改造，引导化工产业高端化发展，从而提高经济效益，降低能耗和污染排放；实行更加严密的法治手段，组建长江流域综合执法队伍，加强长江经济带生态环境保护执法司法工作，杜绝非法排污等违法行为。在制度创新方面，全面推行河湖长制，推行跨区域协同治理，完善生态环境联防联控联治机制，形成破解“化工围江”难题的强大合力。结合“湖北样本”“江苏样本”成功经验与国际有益做法，进一步提出对破解“化工围江”难题的启示。

一　科学理念引导化工产业绿色发展

（1）全面提高安全环保标准。贯彻落实《长江经济带发展负面清单指南（试行）》，对沿江化工企业实施最严格的资源能源消耗、环境保护标准、污染排放标准，加大环境隐患排查和集中治理力度，对化工企业污染和偷排行为“零容忍”，倒逼不符合安全环保条件、存在环境污染风险的化工企业关闭停产或改造升级；禁止新建污染严重、产能过剩、工艺落后的化工项目，严禁在长江干流及重要支流岸线新建化工园区和化工企业；从全流域尺度统筹规划并加强各地区、各部门间的协调联动。

（2）化工行业整治要坚持精准施策。要做到全局统筹与分类施策相结合，杜绝“一关了之”“一搬了之”“一律关停”等“一刀切”的做法，突出问题导向、标本兼治，强化系统推进、精准施策，综合运用法治化和市场化手段，制定量化的考核评价体系，对化工园区、化工企业进行全面、科学评价，实施“一园一档”“一企一策”，重视园区、企业合理诉求，加强帮扶指导，对考核严重不达标且整改无望的化工园区、化工企业坚决关停清理，对有望整改达标的化工园区、化工企业责令限期整改。

（3）发展循环经济。通过实行严格的排污许可制度，推进化工企业围绕重点污染物开展清洁生产技术改造，降低污染排放强度，构建化工产业绿色发展体系；引导企业开展水资源重复利用，淘汰高能耗低产值企业，促进企业发展绿色循环经济。全面提升化工园区服务能力和基础设施，在园区内配套建设静脉产业园，提高化工园区水资源、能源梯度优化利用水平和“三废”处理能力，推广“企业内小循环、企业间中循环、园区内大循环”循环经济发展模式。

二　规划先行推动化工产业创新发展

（1）进行产业整体规划布局。以“一盘棋”思维统筹化工产业空间布局，规避产能过剩、同质化竞争等问题，形成价值链分工合作的协同创新格局。长江经济带上游地区要根据环境容量和产业承接力，提高承接化工项目的标准，找准化工产业发展定位，促进化工产业链条式、配套式、集群化发展；中游地区要加快化工产业转型升级和集聚发展，建成具有区域特色的化工产业体系；下游地区要发挥创新资源优势，着力推动化工产业向高端、高效、高附加值环节延伸。

（2）调整化工产业结构。提高化工产业准入门槛，明确化工产业退出产能和重点发展产能清单，依法淘汰落后产能，严控产能过剩行业投资，为新兴产业腾出发展空间。利用数字化、网络化、智能化技术改造提升传统化工产业，加快化工企业生产工艺和装备改造升级；培育化工新材料产业，加强化工核心产业链建设，加快发展化工新材料、新型专用化学品等高端产品，加快基础原材料与化工新材料一体化发展。

（3）提高化工企业创新水平。支持沿江地区龙头企业联合高校科研院所、行业协会共同搭建产学研协同创新基地，围绕绿色化工的源头技术创新和主要应用领域，突破共性关键技术，加强原始创新、集成创新和引进吸收再创新，加快新技术、新工艺、新产品的示范应用，培育一批拥有关键核心技术、质量效益优良的化工“专精特新”企业。

三　政策支持保障化工产业健康发展

（1）加大资金支持。政府要统筹安排沿江化工企业搬迁改造专项资金，对企业予以贴息贷款、土地征迁补偿、基建投资补助、职工安置等支持，并准许其享受一定期限的地方财政收入返还，鼓励有实力的企业通过股权混合所有制等方式参与化工企业搬迁改造和项目建设。设立市场化运作产业担保基金和融资担保机构，创新服务产品，扩大担保物范围，支持综合效益高的化工企业发展。

（2）建立多元化生态补偿机制。鼓励受益地区与生态保护地区、

流域上下游通过资金补偿、对口协作、产业转移、人才交流、联合招商、共建园区等多种形式建立横向补偿关系，建立健全长江经济带流域横向利益补偿机制；完善资源输出地和输入地之间的利益补偿机制，深化生态产品价值实现机制试点工作。

（3）完善环境税收机制。进一步完善环境税的税制结构、税率设计、征管模式等要素，根据各细分化工行业的边际治理成本以及企业污染水平，对化工企业实施差异化税率，通过征收环境税将企业环境外部成本内部化，从而约束化工企业排放行为。建立环境税收正向激励机制，对清洁生产水平较高的化工企业给予一定的税收减免，激发化工企业绿色转型的主动性。

第二十六章

长江经济带农业碳排放的时空差异特征分析

第一节 引言

联合国政府间气候变化专门委员会（IPCC）发布的《气候变化2007：联合国政府间气候变化专门委员会第四次评估报告》指出，农业生产是全球温室气体排放的第二大来源。《中华人民共和国国民经济和社会发展第十三个五年规划纲要》（2016）明确提出，要主动控制碳排放，落实减排承诺，增强适应气候变化能力，深度参与全球气候治理，为应对全球气候变化做出贡献。因此，控制农业碳排放对减缓全球气候变暖、提高我国国际话语权具有重要意义。

农业碳排放问题是近年来学术界关注的热点话题之一，现有的农业碳排放研究成果侧重农业碳排放及其效率测算（吴贤荣等，2014；高鸣等，2016）、动态演进（李秋萍等，2015）和影响因素分析（史常亮等，2017）。从研究的空间尺度来看，大致可分为三类：一是全国31个省份农业碳排放研究（文清等，2015），二是单个省份农业碳排放研究（王亚，2015），三是市县级行政单位农业碳排放研究（高标等，2017）。目前，对长江经济带农业碳排放研究成果只涉及江西省、湖北省等省份碳排放研究（曹俊文等，2016；徐磊等，2017），而研究长江经济带整体农业碳排放问题的成果缺乏。

第二节 农业碳排放测算方法

一 碳排放总量测算方法

本研究聚焦于狭义农业，即种植业。农业碳排放源主要为灌溉、翻耕、农用柴油、化肥、农药以及农膜六类，农业碳排放总量的测算公式如下：

$$C = \sum_{n=1}^{6} C_n = \sum_{n=1}^{6} CS_n \times \varepsilon_n \quad (26-1)$$

式中，C 为农业碳排放总量；C_n 为第 n 种碳源的碳排放量；CS_n 和 ε_n 分别为第 n 种碳排放源的量及其排放系数，碳排放源量的指标为有效灌溉面积、农作物总播种面积、农用柴油使用量、农用化肥施用折纯量、农药使用量和农药塑料薄膜使用量。其中，每种碳排放源的碳排放系数 ε_n 如表 26－1 所示。

表 26－1 农业碳排放源及其排放系数

碳源	碳排放系数	单位
灌溉	20.476	千克/公顷
翻耕	312.6	千克/公顷
柴油	0.5927	千克/千克
化肥	0.8956	千克/千克
农药	4.9341	千克/千克
农膜	5.18	千克/千克

资料来源：整理自李波等（2011）的研究成果。

二 碳排放强度测算方法

推进长江经济带低碳农业发展，不仅要控制农业碳排放总量，也要控制农业碳排放强度。农业碳排放强度即单位农业 GDP 所产生的碳排放量。测算公式如下：

$$CI_{it} = \frac{C_{it}}{GDP_{it}} \quad (26-2)$$

式中，CI_{it}为 i 省份在 t 时期的农业碳排放强度；C_{it}为 i 省份在 t 时期的农业碳排放总量；GDP_{it}为 i 省份在 t 时期的农业生产总值，为剔除价格变化的影响，采用农村居民消费价格指数对农业生产总值进行平减。

三　碳排放结构测算方法

为考察长江经济带农业碳排放来源的变化情况，必须对农业碳排放结构进行分析，碳排放量构成测算公式如下：

$$S_n = \frac{CS_n \times \varepsilon_n}{C_n} \times 100\%, \; n = 1, 2, \cdots, 6 \qquad (26-3)$$

式中，S_n 为第 n 种农业碳排放源产生的碳排放量占农业碳排放总量的比重，C_n、CS_n 和 ε_n 的解释与上文一致。

鉴于重庆市 1997 年升为直辖市，将考察期界定为 1997—2016 年。有效灌溉面积、农作物总播种面积、农用柴油使用量、农用化肥施用折纯量、农药使用量和农药塑料薄膜使用量的数据均源于《新中国农业六十年统计资料汇编》和历年《中国农村统计年鉴》，农业总产值、农村居民消费价格指数的数据均源于历年《中国统计年鉴》。

第三节　全国视野下的长江经济带农业碳排放特征分析

一　碳排放总量分析

1997—2016 年长江经济带农业碳排放总量及其占全国比重变化情况如图 26－1 所示，长江经济带农业碳排放总量总体呈平稳上升趋势。长江经济带农业碳排放总量年均增长率为 1.78%，低于 2.49% 的全国增长速度。根据其增长速度大致可分为三个阶段：①1997—2003 年，长江经济带农业碳排放总量以较慢速度增长；②2004—2014 年，长江经济带农业碳排放总量以较快速度增长；③2015—2016 年，长江经济带农业碳排放总量出现连续下降。1997—2016 年长江经济带农业碳排放总量占全国比重总体呈波动下降趋势，占比从 1997 年的 40.39% 下降到 2016 年的 35.38%。根据其下降速度可分为两个阶段：①1997—2007 年，长江经济带农业碳排放总量占全国比重以较快速度波动下降；②2008—2016 年，长江经济带农业碳排放总量占全国比重以较慢速度

持续下降。

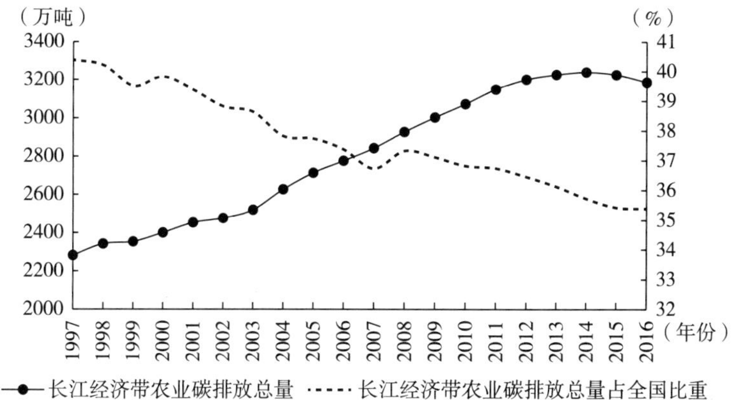

图 26－1　长江经济带农业碳排放总量

二　碳排放强度分析

1997—2016 年全国和长江经济带农业碳排放强度变化情况如图 26－2 所示。长江经济带农业碳排放强度总体呈下降趋势，且 20 年来基本都小于全国碳排放强度。长江经济带农业碳排放强度平均下降速度为 3.84%，快于 3.29% 的全国下降速度。根据其下降速度，大致可分为两个阶段：①1997—2002 年，长江经济带农业碳排放强度较为平稳，

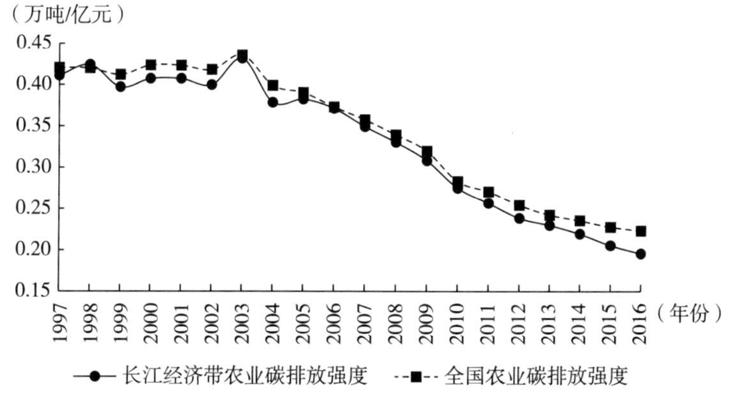

图 26－2　长江经济带农业碳排放强度

略有下降，除 1998 年外都低于全国碳排放强度；②2003—2016 年，长江经济带农业碳排放强度快速下降，且 2010 年以来，与全国碳排放强度的差距呈扩大趋势。由此可见，近年来长江经济带农业生产方式在快速转变，比较优势越发明显，这可能是由于长江经济带农业可持续发展政策成效显著。

三　碳排放结构分析

1997—2016 年全国和长江经济带农业碳排放结构如表 26 - 2 所示，长江经济带农业碳排放结构与全国相似，化肥、柴油、农药、农膜导致的碳排放量占绝对比重，其中化肥导致的碳排放量占比均超过 60%，说明我国农业发展高度依赖化肥施用。从碳排放变化情况来看，长江经济带农业碳排放结构变化基本与全国一致，灌溉、翻耕、化肥、农药导致的农业碳排放量占比总体上均呈下降趋势，而柴油、农膜导致的农业碳排放量占比均呈上升趋势。从均值来看，长江经济带灌溉、柴油和农膜导致的农业碳排放量占比低于全国水平，翻耕、农药、化肥导致的农业碳排放量占比高于全国水平。由此可见，长江经济带农业生产发展对化肥、农药等化学投入品的依赖度降低，但仍高于全国水平，且农业机械化和现代大棚农业也有所发展，但低于全国水平。

表 26 - 2　　全国和长江经济带农业碳排放结构　　单位：%

地区	碳排放源	1997 年	2002 年	2007 年	2012 年	2016 年	均值
全国	灌溉	1.86	1.74	1.50	1.47	1.53	1.61
	翻耕	0.85	0.76	0.62	0.58	0.58	0.68
	柴油	13.09	14.01	15.47	14.22	13.93	14.32
	化肥	63.11	60.93	59.11	59.54	59.48	60.27
	农药	10.44	10.14	10.34	10.14	9.53	10.19
	农膜	10.65	12.43	12.97	14.05	14.96	12.94
长江经济带	灌溉	1.81	1.71	1.51	1.45	1.58	1.59
	翻耕	0.90	0.81	0.68	0.65	0.66	0.74
	柴油	10.31	11.56	11.73	12.33	13.07	11.81
	化肥	65.75	63.40	62.04	60.70	59.96	62.24
	农药	12.40	11.82	12.65	12.04	11.01	12.16
	农膜	8.83	10.71	11.40	12.83	13.72	11.46

注：均值为算术平均值，下同。

第四节 长江经济带上中下游地区农业碳排放特征分析

一 碳排放总量分析

长江经济带上游地区包括重庆市、四川省、贵州省、云南省 4 省份，中游地区包括安徽省、江西省、湖北省、湖南省 4 省份，下游地区包括上海市、江苏省、浙江省 3 省份。1997—2016 年长江经济带上中下游地区农业碳排放总量变化情况如图 26 –3 所示。

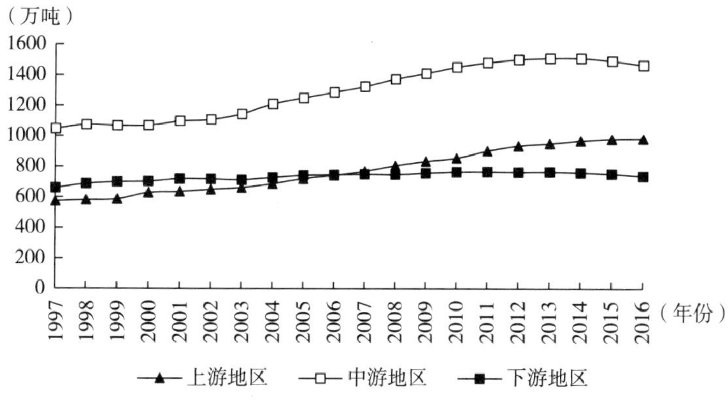

图 26 –3 长江经济带上中下游地区农业碳排放总量

从碳排放总量来看，长江经济带中游地区碳排放总量一直保持最高，2007 年以前长江经济带上游地区农业碳排放量低于下游地区，但在 2007 年以后超过下游地区，且差距越来越大。从增长速度来看，在长江经济带上中下游地区农业碳排放总量均有所增长，上游地区增长速度最快，中游地区次之，下游地区最慢。值得注意的是，近年来长江经济带中下游地区农业碳排放总量均出现下降。

二 碳排放强度分析

1997—2016 年长江经济带上中下游地区农业碳排放总量变化情况如图 26 –4 所示。长江经济带中游地区农业碳排放强度最高，下游地区次之，上游地区最低。从下降速度来看，上中下游地区农业碳排放强度下降速度依次为3.52%、4.22%和3.44%，均快于全国水平。20年来长江经济带上中下游地区农业碳排放强度下降幅度依次为49.36%、55.94%和48.61%，且差异越来越小，可见长江经济带上中下游地区低碳农业均取得快速发展。

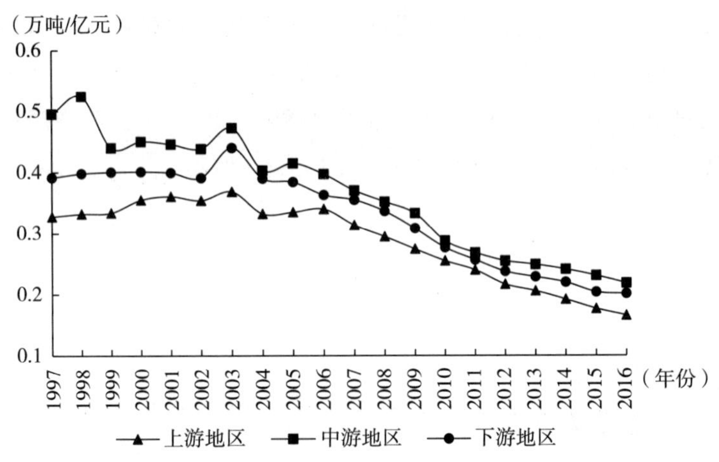

图26-4　长江经济带上中下游地区农业碳排放强度

三　碳排放结构分析

1997—2016年长江经济带上中下游地区各农业碳排放源产生的碳排放量占碳排放总量比重的均值如表26-3所示。长江经济带上中下游地区农业碳排放的主要来源都是化肥，且灌溉和翻耕产生的碳排放占比均较低，但长江经济带上中下游地区农业碳排放构成情况各有特色：长江经济带上游地区农业碳排放主要由化肥、农膜导致，中游地区农业碳排放主要由化肥、农药导致，下游地区农业碳排放主要由化肥、柴油导致。这是由各自的地理环境、气候条件和经济发展水平决定的：上游地区海拔较高，气温较低，因此大棚农业应用广泛，农膜使用量大；中游地区以丘陵山地为主，害虫种类繁多，因此农药使用量大；而下游地区以平原为主，适宜推进农业机械化，因此柴油使用量大。

表 26－3　　长江经济带上中下游地区农业碳排放结构　　单位：%

地区/碳排放源	灌溉	翻耕	柴油	化肥	农药	农膜
上游地区	1.51	1.00	8.85	64.97	8.14	15.54
中游地区	1.68	0.74	7.44	65.43	15.24	9.46
下游地区	1.54	0.47	22.61	53.74	10.87	10.77

第五节　长江经济带沿线 11 省份农业碳排放特征分析

一　碳排放总量分析

1997—2016 年长江经济带沿线 11 省份农业碳排放总量均值及年均增长率如表 26－4 所示。从均值来看，江苏省农业碳排放量均值最高，达 449.52 万吨；安徽省、湖北省、湖南省、四川省 4 个农业大省农业碳排放量均值较高，均超过 300 万吨/年；浙江省、江西省、重庆市、云南省、贵州省 5 个省份农业碳排放量均值均在 100 万—300 万吨；上海市农业碳排放量均值最低，仅为 35.14 万吨，这是因为上海市农业规模小，且农业现代化程度高。从年均增长率来看，长江经济带沿线 11 省份农业碳排放总量均有所增长，上海市、江苏省、浙江省、湖北省 4 个省份的农业碳排放量年均增长率较低，均低于长江经济带水平；安徽省、江西省、湖南省、重庆市、四川省 4 个省份农业碳排放量年均增长率较高，均高于长江经济带水平，但低于全国水平；贵州省、云南省 2 省农业碳排放量年均增长率最高，分别为 3.11%、4.35%，均高于全国水平。

表 26－4　　长江经济带沿线 11 省份农业碳排放总量

地区	均值（单位：万吨）	年均增长率（%）
上海市	35.14	0.79
江苏省	449.52	0.39
浙江省	249.42	0.94
安徽省	397.69	2.00

续表

地区	均值（单位：万吨）	年均增长率（%）
江西省	193.36	1.82
湖北省	398.68	1.22
湖南省	304.63	2.25
重庆市	111.54	2.34
四川省	316.03	1.82
贵州省	104.04	3.11
云南省	241.32	4.35
长江经济带	2801.37	1.78
全国	7483.44	2.49

二　碳排放强度分析

1997—2016 年长江经济带沿线 11 省份农业碳排放强度均值及年均增长率如表 26－5 所示。从均值来看，江苏省、湖南省、重庆市、四川省、贵州省 5 个省份农业碳排放强度均值较小，均低于长江经济带水平；上海市农业碳排放强度均值高于长江经济带水平，但低于全国水平；浙江省、安徽省、江西省、湖北省、云南省 5 个省份农业碳排放强度均值较高，均高于全国水平。从年均增长率来看，长江经济带沿线 11 省份农业碳排放强度均有所降低，江苏省、湖北省、湖南省、四川省、贵州省 5 个省份农业碳排放强度下降速度最快，均快于长江经济带水平；重庆市农业碳排放强度下降速度慢于长江经济带水平，但快于全国水平；上海市、浙江省、安徽省、江西省、云南省 5 个省份农业碳排放强度下降速度最慢，均慢于全国水平。

表 26－5　　　长江经济带沿线 11 省份农业碳排放强度

地区	均值（万吨/亿元）	年均增长率（%）
上海市	0.3336	－0.12
江苏省	0.3109	－3.99
浙江省	0.3694	－2.70
安徽省	0.4191	－2.08

续表

地区	均值（万吨/亿元）	年均增长率（%）
江西省	0.3528	-2.97
湖北省	0.3810	-4.11
湖南省	0.3281	-7.86
重庆市	0.2906	-3.29
四川省	0.2641	-4.17
贵州省	0.2506	-4.68
云南省	0.3630	-2.06
长江经济带	0.3308	-3.84
全国	0.3432	-3.28

三　碳排放结构分析

1997—2016 年长江经济带年均农业碳排放构成情况如图 26 - 5 所示。化肥施用是长江经济带沿线省份农业碳排放的主要来源，而次要来源却有所不同。根据农业碳排放主次要来源的不同，将长江经济带沿线省市分为三类：①“化肥—农膜”主导型，包括上海市、重庆市、四川省、贵州省、云南省五个省份；②“化肥—柴油”主导型，包括浙江省、江苏省 2 省，值得注意的是，浙江省农业碳排放主要来源于柴油

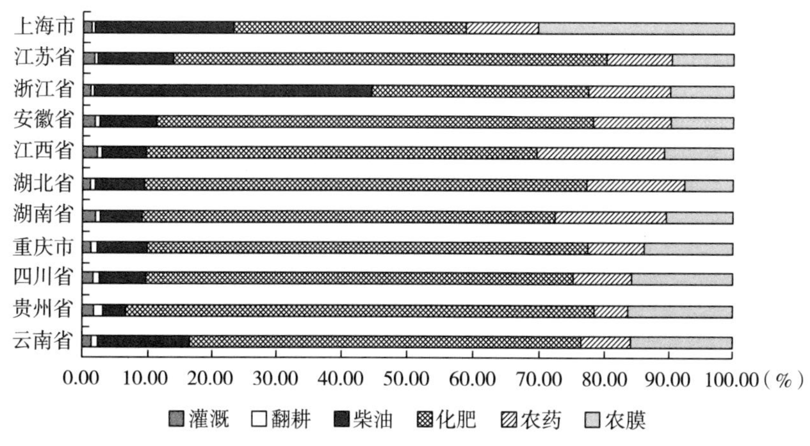

图 26 - 5　长江经济带沿线 11 省份农业碳排放结构

使用，这可能是由于浙江省农业机械化程度较高；③“化肥—农药”主导型，包括安徽省、江西省、湖北省、湖南省4个省份。这与上文中对长江经济带上中下游地区农业碳排放结构的差异高度吻合。

第六节　研究结论与政策建议

基于上述分析，可得出如下结论：

（1）长江经济带农业碳排放发展状况良好。虽然长江经济带农业碳排放总量总体呈平稳上升趋势，但增长速度趋缓，且占全国农业碳排放量总量呈下降趋势。长江经济带农业碳排放强度总体呈下降趋势，且下降速度快于全国水平。长江经济带农业碳排放结构变化基本与全国一致，灌溉、化肥、农药导致的农业碳排放量占比总体上均呈下降趋势，而翻耕、柴油、农膜导致的农业碳排放量占比均呈上升趋势，但长江经济带农业发展对化肥、农药等化学投入品依赖度较高。

（2）长江经济带上中下游地区农业碳排放发展状况存在显著差异。长江经济带中游地区农业碳排放量和农业碳排放强度最高，2007年以前长江经济带下游地区农业碳排放量和农业碳排放强度均高于上游地区，2007年以后上游地区农业碳排放总量超过下游地区，长江经济带上中下游地区农业碳排放次要来源分别是农膜、农药和柴油。

（3）长江经济带沿线11省份农业碳排放发展状况也存在显著差异。长江经济带沿线11省份农业碳排放总量均有所增长，增长速度差异较大，但大部分省份增长速度都低于全国水平。长江经济带沿线11省份农业碳排放强度均有所降低，下降速度差异较大，但大部分省份农业碳排放强度都低于全国水平。根据农业碳排放结构差异，长江经济带沿线11省市可分为“化肥—农膜”“化肥—柴油”“化肥—农药”三种主导类型，其省际差异特征与流域分布高度吻合。

根据上述研究结论，提出如下政策建议：

（1）加强农业碳排放统计与核算。目前，我国农业碳排放并没有官方统计数据，因此必须加强统计基础工作和能力建设，建立农业碳排放数据信息系统，完善农业碳排放计量和监测体系，并逐步建立完善各级行政区域农业碳排放年度核算方法和报告制度。

（2）建立农业碳排放总量和强度双重目标控制机制。近 20 年来长江经济带虽然农业碳排放强度有所降低，但农业碳排放总量仍大幅度增长。因此，必须要明确农业碳排放标准，制定短期和长期农业碳排放规划，控制高农业碳排放投入品的使用量，并大力开发低碳农业技术，以促进农业领域经济增长和环境保护的协调。

（3）加快农业碳排放结构转型。长江经济带以化肥等化学投入品为主导的农业生产模式并未发生根本性转变，应大力实施化肥使用量零增长行动，推广测土配方施肥，提高化肥使用效率，并实施耕地质量保护与提升行动，推广秸秆还田，增施有机肥，加强高标准农田建设。

参考文献

白俊红、蒋伏心：《协同创新、空间关联与区域创新绩效》，《经济研究》2015 年第 7 期。

柏玲、姜磊、刘耀彬：《长江中游城市群环境压力的时空特征——以工业 SO_2 排放为例》，《经济地理》2017 年第 3 期。

班斓、袁晓玲：《中国八大区域绿色经济效率的差异与空间影响机制》，《西安交通大学学报》（社会科学版）2016 年第 3 期。

毕军：《如何破解“重化工围江”难题?》，《中国环境报》2019 年 2 月 25 日第 3 版。

毕克新、杨朝均、黄平：《中国绿色工艺创新绩效的地区差异及影响因素研究》，《中国工业经济》2013 年第 10 期。

卞元超、白俊红：《“为增长而竞争”与“为创新而竞争”——财政分权对技术创新影响的一种新解释》，《财政研究》2017 年第 10 期。

薄文广、徐玮、王军锋：《地方政府竞争与环境规制异质性：逐底竞争还是逐顶竞争?》，《中国软科学》2018 年第 11 期。

曹俊文、曹玲娟：《江西省农业碳排放测算及其影响因素分析》，《生态经济》2016 年第 7 期。

曹振全、汪良兵、王博等：《两系统协同演化视角下区域科技创新效率影响因素研究——基于 29 个省区面板数据的实证检验》，《科技管理研究》2012 年第 23 期。

车磊、白永平、周亮等：《中国绿色发展效率的空间特征及溢出分析》，《地理科学》2018 年第 11 期。

陈超凡：《中国工业绿色全要素生产率及其影响因素——基于 ML 生产

率指数及动态面板模型的实证研究》,《统计研究》2016 年第 3 期。
陈德敏、张瑞:《环境规制对中国全要素能源效率的影响——基于省际面板数据的实证检验》,《经济科学》2012 年第 4 期。
陈华彬、袁青垂、胡德茂等:《创新能力:长江经济带不同区域的比较研究》,《湖北文理学院学报》2016 年第 2 期。
陈丽娴、魏作磊:《服务业开放优化了我国经济增长质量吗》,《国际经贸探索》2016 年第 12 期。
陈敏、李建民:《金融中介对我国区域科技创新效率的影响研究——基于随机前沿的距离函数模型》,《中国科技论坛》2012 年第 11 期。
陈升平、贺伟、李冠等:《对武汉市交通体系绿色度的定量分析》,《湖北工业大学学报》2012 年第 5 期。
陈燕丽、杨语晨、杜栋:《基于云模型的省域生态环境绩效评价研究》,《软科学》2018 年第 1 期。
陈勇、李小平:《中国工业行业的面板数据构造及资本深化评估(1985—2003)》,《数量经济技术经济研究》2006 年第 10 期。
陈运平、宋向华、黄小勇等:《我国省域绿色竞争力评价指标体系的研究》,《江西师范大学学报》(哲学社会科学版)2016 年第 3 期。
成长春:《长江经济带协调性均衡发展的战略构想》,《南通大学学报》(社会科学版)2015 年第 1 期。
成长春、冯俊、纪红兵等:《破除"重化工围江" 促进高质量发展》,《经济日报》2019 年 3 月 16 日第 7 版。
成金华、李悦、陈军:《中国生态文明发展水平的空间差异与趋同性》,《中国人口·资源与环境》2015 年第 5 期。
程中华:《集聚经济与绿色全要素生产率》,《软科学》2015 年第 5 期。
崔晓、张屹山:《中国农业环境效率与环境全要素生产率分析》,《中国农村经济》2014 年第 8 期。
代明、郑闽:《企业家创业、创新精神与全要素生产率增长——基于中国省际面板数据的实证分析》,《科技管理研究》2018 年第 1 期。
单豪杰:《中国资本存量 K 的再估算:1952—2006 年》,《数量经济技术经济研究》2008 年第 10 期。
邓明君、张和平、陈葵:《绿色交通系统关键要素关系及构建方法分析》,《交通科技与经济》2013 年第 6 期。

邓明亮、吴传清:《基于 PCA - DEA 组合模型的长江经济带生态效率研究》,《湖北经济学院学报》2016 年第 5 期。

邓明亮、杨馥娜、袁月等:《长江经济带农业发展问题研究回顾与展望》,《长江大学学报》(社会科学版)2017 年第 5 期。

邓晓兰、刘若鸿、许晏君:《经济分权、地方政府竞争与城市全要素生产率》,《财政研究》2019 年第 4 期。

刁秀华、李姣姣、李宇:《高技术产业的企业规模质量、技术创新效率及区域差异的门槛效应》,《中国软科学》2018 年第 11 期。

董旭、吴传清:《中国城市全要素生产率的时空演变与影响因素研究——来自 35 个主要城市 2000—2014 年的经验证据》,《学习与实践》2017 年第 5 期。

董直庆、王辉:《环境规制的"本地—邻地"绿色技术进步效应》,《中国工业经济》2019 年第 1 期。

杜江、王锐、王新华:《环境全要素生产率与农业增长:基于 DEA - GML 指数与面板 Tobit 模型的两阶段分析》,《中国农村经济》2016 年第 3 期。

杜鹏程、李敏、洪艳:《我国中部地区技术创新效率差异性研究》,《科技进步与对策》2014 年第 4 期。

杜耘:《保护长江生态环境,统筹流域绿色发展》,《长江流域资源与环境》2016 年第 2 期。

段学军、虞孝感、邹辉:《长江经济带开发构想与发展态势》,《长江流域资源与环境》2015 年第 10 期。

段学军、邹辉、王磊:《长江经济带建设与发展的体制机制探索》,《地理科学进展》2015 年第 11 期。

范丹、王维国:《中国省际工业全要素能源效率——基于四阶段 DEA 和 Bootstrapped DEA》,《系统工程》2013 年第 8 期。

范德成、李盛楠:《考虑空间效应的高技术产业技术创新效率研究》,《科学学研究》2018 年第 5 期。

范庆泉、张同斌:《中国经济增长路径上的环境规制政策与污染治理机制研究》,《世界经济》2018 年第 8 期。

范如国、罗明：《中国能源效率演化中的异质性特征及反弹效应影响》，《经济管理》2014 年第 6 期。

冯志军、朱建新：《我国区域科技创新二阶段效率评价及策略研究》，《科技进步与对策》2011 年第 6 期。

付保宗：《长江经济带产业绿色发展形势与对策》，《宏观经济管理》2017 年第 1 期。

干春晖、郑若谷、余典范：《中国产业结构变迁对经济增长和波动的影响》，《经济研究》2011 年第 5 期。

高标、房骄、卢晓玲等：《区域农业碳排放与经济增长演进关系及其减排潜力研究》，《干旱区资源与环境》2017 年第 1 期。

高琳、高伟华：《竞争效应抑或规模效应——辖区细碎对城市长期经济增长的影响》，《管理世界》2018 年第 12 期。

高鸣、宋洪远：《中国农业碳排放绩效的空间收敛与分异——基于 Malmquist - Luenberger 指数与空间计量的实证分析》，《经济地理》2015 年第 4 期。

高鸣、宋洪远、Carter Michael：《补贴减少了粮食生产效率损失吗？——基于动态资产贫困理论的分析》，《管理世界》2017 年第 9 期。

高苇、成金华、张均：《异质性环境规制对矿业绿色发展的影响》，《中国人口·资源与环境》2018 年第 11 期。

高雪莲、王佳琪、张迁等：《环境管制是否促进了城市产业结构优化？——基于“两控区”政策的准自然实验》，《经济地理》2019 年第 9 期。

葛鹏飞、黄秀路、韩先锋：《创新驱动与“一带一路”绿色全要素生产率提升——基于新经济增长模型的异质性创新分析》，《经济科学》2018 年第 1 期。

葛鹏飞、黄秀路、徐璋勇：《金融发展、创新异质性与绿色全要素生产率提升——来自“一带一路”的经验证据》，《财经科学》2018 年第 1 期。

葛鹏飞、徐璋勇、黄秀路：《科研创新提高了“一带一路”沿线国家的绿色全要素生产率吗》，《国际贸易问题》2017 年第 9 期。

龚健健、沈可挺：《中国高耗能产业及其环境污染的区域分布——基于省际动态面板数据的分析》,《数量经济技术经济研究》2011 年第 2 期。

龚新蜀、王曼、张洪振:《FDI、市场分割与区域生态效率:直接影响与溢出效应》,《中国人口·资源与环境》2018 年第 8 期。

呙小明、黄森:《FDI 偏好对中国区域经济绿色转型的影响》,《首都经济贸易大学学报》2018 年第 6 期。

呙小明、黄森:《"美丽中国"背景下中国区域产业转移对工业绿色效率的影响研究——基于 SBM - undesirable 模型和空间计量模型》,《重庆大学学报》(社会科学版)2018 年第 4 期。

郭进:《环境规制对绿色技术创新的影响——"波特效应"的中国证据》,《财贸经济》2019 年第 3 期。

郭跃芳:《生态文明进步与产业结构高级化——基于河南省的实证研究》,《生态经济》2017 年第 1 期。

韩兵、苏屹、李彤等:《基于两阶段 DEA 的高技术企业技术创新绩效研究》,《科研管理》2018 年第 3 期。

韩海彬、赵丽芬、张莉:《异质型人力资本对农业环境全要素生产率的影响——基于中国农村面板数据的实证研究》,《中央财经大学学报》2014 年第 5 期。

韩晶、陈超凡、王赟:《制度软约束对制造业绿色转型的影响——基于行业异质性的环境效率视角》,《山西财经大学学报》2014 年第 12 期。

韩先锋、惠宁、宋文飞:《信息化能提高中国工业部门技术创新效率吗》,《中国工业经济》2014 年第 12 期。

韩先锋、师萍、卫伟:《我国区域科技创新效率、模式与收敛性分析》,《统计与决策》2010 年第 16 期。

韩永辉、黄亮雄、王贤彬:《产业结构升级改善生态文明了吗——本地效应与区际影响》,《财贸经济》2015 年第 12 期。

郝枫:《超越对数函数要素替代弹性公式修正与估计方法比较》,《数量经济技术经济研究》2015 年第 4 期。

郝寿义、程栋:《长江经济带战略背景的区域合作机制重构》,《改革》2015 年第 3 期。

何丹、燕鑫：《金融支持科技创新效率实证分析》，《统计与决策》2017年第10期。

何小钢、王自力：《能源偏向型技术进步与绿色增长转型——基于中国33个行业的实证考察》，《中国工业经济》2015年第2期。

何玉梅、罗巧：《环境规制、技术创新与工业全要素生产率——对“强波特假说”的再检验》，《软科学》2018年第4期。

侯强、周雪：《基于超效率DEA模型的区域技术创新效率研究》，《沈阳工业大学学报》（社会科学版）2015年第3期。

侯小菲：《长江经济带一体化发展面临的挑战与应对策略》，《区域经济评论》2015年第5期。

胡鞍钢、周绍杰：《绿色发展：功能界定、机制分析与发展战略》，《中国人口·资源与环境》2014年第1期。

胡根华、秦嗣毅：《“金砖国家”全要素能源效率的比较研究——基于DEA-Tobit模型》，《资源科学》2012年第3期。

胡凯：《我国区域科技创新绩效分析——基于2000—2009年的面板数据》，《科技进步与对策》2012年第12期。

胡亚茹、陈丹丹：《中国高技术产业的全要素生产率增长率分解——兼对“结构红利假说”再检验》，《中国工业经济》2019年第2期。

胡志强、苗健铭、苗长虹：《中国地市工业集聚与污染排放的空间特征及计量检验》，《地理科学》2018年第2期。

黄成、吴传清：《主体功能区制度与西部地区生态文明建设研究》，《中国软科学》2019年第11期。

黄建欢、吕海龙、王良健：《金融发展影响区域绿色发展的机理——基于生态效率和空间计量的研究》，《地理研究》2014年第3期。

黄健柏、贺稳彪、丰超：《全球绿色发展格局变迁及其逻辑研究》，《南方经济》2017年第5期。

黄磊、程莉：《技术创新、政府投入与经济增长——基于重庆市的实证研究》，《经济体制改革》2016年第2期。

黄磊、文传浩：《长江经济带龙尾地区物流对区域经济增长的影响研究》，《西部经济管理论坛》2015年第4期。

黄磊、吴传清：《长江经济带工业绿色创新发展效率及其协同效应》，

《重庆大学学报》（社会科学版）2019 年第 3 期。
黄磊、吴传清：《长江经济带生态环境绩效评估及其提升方略》，《改革》2018 年第 7 期。
黄磊、吴传清、文传浩：《三峡库区环境—经济—社会复合生态系统耦合协调发展研究》，《西部论坛》2017 年第 4 期。
黄茂兴、叶琪：《马克思主义绿色发展观与当代中国的绿色发展——兼评环境与发展不相容论》，《经济研究》2017 年第 6 期。
黄奇、苗建军、李敬银等：《基于绿色增长的工业企业技术创新效率空间外溢效应研究》，《经济体制改革》2015 年第 4 期。
黄庆华、胡江峰、陈习定：《环境规制与绿色全要素生产率：两难还是双赢?》，《中国人口·资源与环境》2018 年第 11 期。
黄天蔚、刘容志：《长江经济带文化创意产业园创新能力评价研究》，《科研管理》2016 年第 S1 期。
黄先海、宋学印：《准前沿经济体的技术进步路径及动力转换——从“追赶导向”到“竞争导向”》，《中国社会科学》2017 年第 6 期。
黄秀路、韩先锋、葛鹏飞：《“一带一路”国家绿色全要素生产率的时空演变及影响机制》，《经济管理》2017 年第 9 期。
蒋育红、何小洲、过秀成：《城市绿色交通规划评价指标体系》，《合肥工业大学学报》（自然科学版）2008 年第 9 期。
揭懋汕、郭洁、陈罗烨等：《碳约束下中国县域尺度农业全要素生产率比较研究》，《地理研究》2016 年第 5 期。
解学梅、赵杨：《区域技术创新效率研究：基于上海的实证》，《中国科技论坛》2012 年第 5 期。
金碚：《关于“高质量发展”的经济学研究》，《中国工业经济》2018 年第 4 期。
金怀玉、菅利荣：《考虑滞后效应的我国区域科技创新效率及影响因素分析》，《系统工程》2013 年第 9 期。
金培振、张亚斌、邓孟平：《区域要素市场分割与要素配置效率的时空演变及关系》，《地理研究》2015 年第 5 期。
景维民、张璐：《环境管制、对外开放与中国工业的绿色技术进步》，《经济研究》2014 年第 9 期。

靖学青：《长江经济带产业协同与发展研究》，上海交通大学出版社2016年版。

孔凡斌、李华旭：《长江经济带产业梯度转移及其环境效应分析——基于沿江地区11个省（市）2006—2015年统计数据》，《贵州社会科学》2017年第9期。

孔原、刘览：《科技环境对区域高新技术创新效率的影响研究——以江苏省13个地级市为例》，《企业经济》2014年第12期。

雷国胜、蔡芳：《土地财政对产业结构合理化、高度化影响的实证研究》，《工业技术经济》2019年第2期。

雷辉、郑艳：《资源禀赋差异下中国工业企业的环境创新效率研究》，《财经理论与实践》2018年第4期。

雷琳洁、杜宏巍：《基于灰色关联分析的区域科技创新效率评价——以我国东部九省为例》，《河北联合大学学报》（社会科学版）2015年第3期。

雷钦礼：《偏向性技术进步的测算与分析》，《统计研究》2013年第4期。

雷潇雨、龚六堂：《基于土地出让的工业化与城镇化》，《管理世界》2014年第9期。

李斌、彭星、欧阳铭珂：《环境规制、绿色全要素生产率与中国工业发展方式转变——基于36个工业行业数据的实证研究》，《中国工业经济》2013年第4期。

李波、张俊飙、李海鹏：《中国农业碳排放时空特征及影响因素分解》，《中国人口·资源与环境》2011年第8期。

李长青、禄雪焕、逯建：《地方政府竞争压力对地区生产效率损失的影响》，《中国软科学》2018年第12期。

李干杰：《坚持走生态优先、绿色发展之路　扎实推进长江经济带生态环境保护工作》，《环境保护》2016年第11期。

李谷成：《中国农业的绿色生产率革命：1978—2008年》，《经济学（季刊）》2014年第2期。

李谷成、陈宁陆、闵锐：《环境规制条件下中国农业全要素生产率增长与分解》，《中国人口·资源与环境》2011年第11期。

李谷成、尹朝静、吴清华：《农村基础设施建设与农业全要素生产率》，《中南财经政法大学学报》2015 年第 1 期。

李洁：《生态文明背景下长三角制造业结构变迁对环境的影响和对策》，《江淮论坛》2016 年第 2 期。

李静、倪冬雪：《中国工业绿色生产与治理效率研究——基于两阶段 SBM 网络模型和全局 Malmquist 方法》，《产业经济研究》2015 年第 3 期。

李开然：《绿色基础设施：概念、理论及实践》，《中国园林》2009 年第 10 期。

李兰冰：《中国全要素能源效率评价与解构——基于“管理—环境”双重视角》，《中国工业经济》2012 年第 6 期。

李琳、刘琛：《互联网、禀赋结构与长江经济带工业绿色全要素生产率——基于三大城市群 108 个城市的实证分析》，《华东经济管理》2018 年第 7 期。

李琳、王足：《我国区域制造业绿色竞争力评价及动态比较》，《经济问题探索》2017 年第 1 期。

李强、高楠：《长江经济带生态效率时空格局演化及影响因素研究》，《重庆大学学报》（社会科学版）2018 年第 3 期。

李强、徐康宁：《制度质量、贸易开放与经济增长》，《国际经贸探索》2017 年第 10 期。

李秋萍、李长建、肖小勇等：《中国农业碳排放的空间效应研究》，《干旱区资源与环境》2015 年第 4 期。

李寿生：《潮头跨越——中国石油和化学工业强国梦时代报告》，化学工业出版社 2019 年版。

李小娟、岳宏志：《我国大中型工业企业技术创新效率及其收敛性研究》，《投资研究》2017 年第 5 期。

李小玉、邱信丰：《长江中游城市群工业绿色发展协作机制研究》，《经济纵横》2017 年第 10 期。

李晓星、杜军凯、傅尧：《基于结构熵权—模糊综合评价的企业环境绩效审计模型构建》，《企业经济》2018 年第 2 期。

李晓阳、赵宏磊、林恬竹：《中国工业的绿色创新效率》，《首都经济贸易大学学报》2018 年第 3 期。

李彦龙:《税收优惠政策与高技术产业创新效率》,《数量经济技术经济研究》2018 年第 1 期。

李艳、刘国歌:《出口产品质量如何影响区域经济增长质量?——来自广东出口消费品质量调查的证据》,《宏观质量研究》2017 年第 3 期。

李泽霞、董瑜、张薇:《应用 DEA 方法评价我国区域科技创新效率》,《图书情报工作》2011 年第 18 期。

梁俊、龙少波:《农业绿色全要素生产率增长及其影响因素》,《华南农业大学学报》(社会科学版)2015 年第 3 期。

廖冰、张智光:《生态文明评价的文献综述及其未来研究趋势》,《资源开发与市场》2018 年第 10 期。

廖冰、张智光:《生态文明指标优化和权重计量的实证研究——基于 PSIR 与 SEM 相结合方法》,《长江流域资源与环境》2018 年第 4 期。

廖重斌:《环境与经济协调发展的定量评判及其分类体系——以珠江三角洲城市群为例》,《广州环境科学》1996 年第 1 期。

林伯强、杜克锐:《要素市场扭曲对能源效率的影响》,《经济研究》2013 年第 9 期。

林伯强、刘泓汛:《对外贸易是否有利于提高能源环境效率——以中国工业行业为例》,《经济研究》2015 年第 9 期。

林伯强、谭睿鹏:《中国经济集聚与绿色经济效率》,《经济研究》2019 年第 2 期。

刘秉镰、李兰冰:《区域产业结构优化与升级研究》,经济科学出版社 2015 年版。

刘秉镰、李锡庆:《高技术产业研发效率研究——基于非合意产出 SBM - DEA 模型》,《经济与管理研究》2017 年第 7 期。

刘钒、邓明亮:《基于改进超效率 DEA 模型的长江经济带科技创新效率研究》,《科技进步与对策》2017 年第 23 期。

刘国涛:《绿色产业与绿色产业法》,《中国人口·资源与环境》2005 年第 4 期。

刘金林、冉茂盛：《环境规制、行业异质性与区域产业集聚——基于省际动态面板数据模型的 GMM 方法》，《财经论丛》2015 年第 1 期。
刘树林、姜新蓬、余谦：《中国高技术产业技术创新三阶段特征及其演变》，《数量经济技术经济研究》2015 年第 7 期。
刘毅、周成虎、王传胜等：《长江经济带建设的若干问题与建议》，《地理科学进展》2015 年第 11 期。
刘迎春：《中国战略新兴产业技术创新效率实证研究——基于 DEA 方法的分析》，《宏观经济研究》2016 年第 6 期。
刘振中：《促进长江经济带生态保护与建设》，《宏观经济管理》2016 年第 9 期。
刘志彪：《在新一轮高水平对外开放中实施创新驱动战略》，《南京大学学报》（哲学·人文科学·社会科学）2015 年第 2 期。
卢丽文、宋德勇、黄璨：《长江经济带城市绿色全要素生产率测度——以长江经济带的 108 个城市为例》，《城市问题》2017 年第 1 期。
卢丽文、宋德勇、李小帆：《长江经济带城市发展绿色效率研究》，《中国人口·资源与环境》2016 年第 6 期。
卢燕群、袁鹏：《中国省域工业生态效率及影响因素的空间计量分析》，《资源科学》2017 年第 7 期。
陆大道：《建设经济带是经济发展布局的最佳选择——长江经济带经济发展的巨大潜力》，《地理科学》2014 年第 7 期。
陆化普、张永波、赵文杰：《绿色交通系统评价指标与规划设计要点研究》，《建设科技》2012 年第 14 期。
罗良文、梁圣蓉：《中国区域工业企业绿色技术创新效率及因素分解》，《中国人口·资源与环境》2016 年第 9 期。
罗能生、王玉泽：《财政分权、环境规制与区域生态效率——基于动态空间杜宾模型的实证研究》，《中国人口·资源与环境》2017 年第 4 期。
罗清和、张畅：《长江经济带：一种流域经济开发的依据、历程、问题和模式选择》，《深圳大学学报》（人文社会科学版）2016 年第 6 期。
罗胤晨、文传浩、滕祥河：《破除长江上游“重化工围江”困境》，《中国环境报》2019 年 2 月 1 日第 3 版。

马晓琳、万志芳：《基于随机前沿分析的工业科技创新效率测度》，《统计与决策》2017 年第 3 期。

马晓明、张泽宜：《广东省市际工业绿色全要素生产率变动及影响因素研究》，《现代管理科学》2016 年第 12 期。

宓泽锋、曾刚、尚勇敏等：《中国省域生态文明建设评价方法及空间格局演变》，《经济地理》2016 年第 4 期。

缪小林、王婷、高跃光：《转移支付对城乡公共服务差距的影响——不同经济赶超省份的分组比较》，《经济研究》2017 年第 2 期。

聂爱云、何小钢：《企业绿色技术创新发现：环境规制与政策组合》，《改革》2012 年第 4 期。

聂欣：《江苏着力源头整治提升化工产业》，《中国应急管理报》2019 年 5 月 31 日第 4 版。

聂玉立、温湖炜：《中国地级以上城市绿色经济效率实证研究》，《中国人口 · 资源与环境》2015 年第 S1 期。

潘丹、应瑞瑶：《资源环境约束下的中国农业全要素生产率增长研究》，《资源科学》2013 年第 7 期。

潘雄锋、刘凤朝：《中国区域工业企业技术创新效率变动及其收敛性研究》，《管理评论》2010 年第 2 期。

庞瑞芝：《经济转型期间中国工业增长与全要素能源效率》，《中国工业经济》2009 年第 3 期。

彭迪云、刘畅、周依仿：《区域经济增长与创新能力耦合协调发展研究——以长江经济带为例》，《科技管理研究》2016 年第 7 期。

彭劲松：《长江经济带区域协调发展的体制机制》，《改革》2014 年第 6 期。

彭星、李斌：《贸易开放、FDI 与中国工业绿色转型——基于动态面板门限模型的实证研究》，《国际贸易问题》2015 年第 1 期。

戚湧、刘军：《长江经济带高技术产业创新效率评价及实证研究》，《科技管理研究》2017 年第 17 期。

钱丽、王文平、肖仁桥：《共享投入关联视角下中国区域工业企业绿色创新效率差异研究》，《中国人口 · 资源与环境》2018 年第 5 期。

钱丽、肖仁桥、陈忠卫：《环境约束、技术差距与企业创新效率——基于中国省际工业企业的实证研究》，《科学学研究》2015 年第 3 期。

钱争鸣、刘晓晨：《我国绿色经济效率的区域差异及收敛性研究》，《厦门大学学报》（哲学社会科学版）2014 年第 1 期。

钱争鸣、刘晓晨：《中国绿色经济效率的区域差异与影响因素分析》，《中国人口·资源与环境》2013 年第 7 期。

秦晓春、李宗禹、沈毅等：《美国、德国与中国的综合交通网规划中绿色交通规划研究》，《中外公路》2012 年第 2 期。

邱兆林：《高技术产业两阶段的创新效率》，《财经科学》2014 年第 12 期。

屈文建、唐晶、陈旦芝：《高新技术产业政策特征及演进趋势研究》，《科技进步与对策》2019 年第 3 期。

任胜钢、项秋莲、何朵军：《自愿型环境规制会促进企业绿色创新吗？——以 ISO14001 标准为例》，《研究与发展管理》2018 年第 6 期。

任胜钢、袁宝龙：《长江经济带产业绿色发展的动力找寻》，《改革》2016 年第 7 期。

芮雪琴、李亚男、牛冲槐：《科技人才聚集的区域演化对区域创新效率的影响》，《中国科技论坛》2015 年第 12 期。

尚勇敏、曾刚、海骏娇：《“长江经济带”建设的空间结构与发展战略研究》，《经济纵横》2014 年第 11 期。

邵帅、张可、豆建民：《经济集聚的节能减排效应：理论与中国经验》，《管理世界》2019 年第 1 期。

申晨、贾妮莎、李炫榆：《环境规制与工业绿色全要素生产率——基于命令—控制型与市场激励型规制工具的实证分析》，《研究与发展管理》2017 年第 2 期。

沈春苗、郑江淮：《宽厚的政府采购、挑剔的消费者需求与技能偏向性技术进步》，《经济评论》2016 年第 3 期。

沈可挺、龚健健：《环境污染、技术进步与中国高耗能产业——基于环境全要素生产率的实证分析》，《中国工业经济》2011 年第 12 期。

沈坤荣、金刚、方娴：《环境规制引起了污染就近转移吗?》，《经济研究》2017 年第 5 期。

沈能：《环境效率、行业异质性与最优规制强度——中国工业行业面板数据的非线性检验》，《中国工业经济》2012 年第 3 期。

沈裕谋、张亚斌：《两化融合对中国工业绿色全要素生产率的影响研究》，《湖南科技大学学报》（社会科学版）2014 年第 3 期。

盛世豪、张伟明：《特色小镇：一种产业空间组织形式》，《浙江社会科学》2016 年第 3 期。

师博、沈坤荣：《政府干预、经济集聚与能源效率》，《管理世界》2013 年第 10 期。

石风光：《中国省区工业绿色全要素生产率影响因素分析——基于 SBM 方向性距离函数的实证分析》，《工业技术经济》2015 年第 6 期。

史安娜、王绕娟、张鎏依：《长江经济带高技术产业创新要素集聚的空间溢出效应》，《河海大学学报》（哲学社会科学版）2018 年第 1 期。

史常亮、郭焱、占鹏等：《中国农业能源消费碳排放驱动因素及脱钩效应》，《中国科技论坛》2017 年第 1 期。

史丹：《中国能源效率的地区差异与节能潜力分析》，《中国工业经济》2006 年第 10 期。

宋德勇、邓捷、弓媛媛：《我国环境规制对绿色经济效率的影响分析》，《学习与实践》2017 年第 3 期。

苏丹妮、盛斌、邵朝对等：《全球价值链、本地化产业集聚与企业生产率的互动效应》，《经济研究》2020 年第 3 期。

苏永照：《产业转型升级背景下中国劳动力市场匹配效率提升研究》，《财贸研究》2017 年第 6 期。

孙博文、陈路、李浩民：《市场分割的绿色增长效率损失评估——非线性机制验证》，《中国人口·资源与环境》2018 年第 7 期。

孙志红、吴悦：《财政投入、银行信贷与科技创新效率——基于空间 GWR 模型的实证分析》，《华东经济管理》2017 年第 4 期。

汤维祺、吴力波、钱浩祺：《从“污染天堂”到绿色增长——区域间高耗能产业转移的调控机制研究》，《经济研究》2016 年第 6 期。

唐攀、钟翰虎、刘飞燕等：《基于绿色理念的长沙市交通系统评价》，

《湖南交通科技》2013 年第 3 期。

唐晓华、张欣珏、李阳：《中国制造业与生产性服务业动态协调发展实证研究》，《经济研究》2018 年第 3 期。

陶锋、王余妃：《环境规制、研发偏向与工业绿色生产率——“波特假说”再检验》，《暨南学报》（哲学社会科学版）2018 年第 5 期。

滕堂伟、孙蓉、胡森林：《长江经济带科技创新与绿色发展的耦合协调及其空间关联》，《长江流域资源与环境》2019 年第 11 期。

佟庆、吉日格图、秦旭映：《有色行业控制温室气体排放的前沿探索——其他有色金属冶炼及压延加工业企业温室气体排放核算方法研究》，《中国经贸导刊》2015 年第 31 期。

童纪新、陈继兴、蔡元成：《基于灰色关联分析的区域科技创新效率评价研究——以江苏省为例》，《科技进步与对策》2011 年第 10 期。

涂正革、王秋皓：《中国工业绿色发展的评价及动力研究——基于地级以上城市数据门限回归的证据》，《中国地质大学学报》（社会科学版）2018 年第 1 期。

万伦来、朱琴：《R&D 投入对工业绿色全要素生产率增长的影响——来自中国工业 1999—2010 年的经验数据》，《经济学动态》2013 年第 9 期。

汪发元、郑军、周中林等：《科技创新、金融发展对出口贸易技术水平的影响——基于长江经济带 2001—2016 年数据的时空模型》，《科技进步与对策》2018 年第 18 期。

汪芳、朱德宇：《我国汽车产业技术创新与对外开放协同水平研究》，《商业研究》2016 年第 12 期。

汪克亮、黄晴晴、孟祥瑞：《基于环境压力的矿业城市工业生态效率》，《系统工程》2017 年第 2 期。

汪克亮、刘悦、史利娟等：《长江经济带工业绿色水资源效率的时空分异与影响因素——基于 EBM - Tobit 模型的两阶段分析》，《资源科学》2017 年第 8 期。

汪克亮、孟祥瑞、杨宝臣等：《基于环境压力的长江经济带工业生态效率研究》，《资源科学》2015 年第 7 期。

汪克亮、孟祥瑞、杨宝臣等：《中国区域经济增长的大气环境绩效研究》，《数量经济技术经济研究》2016 年第 11 期。
汪克亮、杨宝臣、杨力：《基于技术差距的中国区域全要素能源效率研究》，《科学学研究》2011 年第 7 期。
王兵、侯冰清：《中国区域绿色发展绩效实证研究：1998—2013——基于全局非径向方向性距离函数》，《中国地质大学学报》（社会科学版）2017 年第 6 期。
王兵、唐文狮、吴延瑞等：《城镇化提高中国绿色发展效率了吗?》，《经济评论》2014 年第 4 期。
王惠、苗壮、王树乔：《空间溢出、产业集聚效应与工业绿色创新效率》，《中国科技论坛》2015 年第 12 期。
王犁、张焕明：《区域科技自主创新效率及其收敛性研究》，《云南财经大学学报》2009 年第 6 期。
王林辉、蔡啸、高庆昆：《中国技术进步技能偏向性水平：1979—2010》，《经济学动态》2014 年第 4 期。
王明康、刘彦平、李涛：《旅游产业集聚对环境污染的差异性影响：287 个地级市例证》，《改革》2019 年第 2 期。
王奇、王会、陈海丹：《中国农业绿色全要素生产率变化研究：1992—2010 年》，《经济评论》2012 年第 5 期。
王庆金、王强、周雪：《区域高技术产业研发活动效率评价及影响因素研究》，《科技进步与对策》2018 年第 23 期。
王仁祥、白旻：《金融集聚能够提升科技创新效率么？——来自中国的经验证据》，《经济问题探索》2017 年第 1 期。
王维：《长江经济带“4E”协调发展时空格局研究》，《地理科学》2017 年第 9 期。
王维国、范丹：《中国区域全要素能源效率收敛性及影响因素分析——基于 Malmqulist - Luenberger 指数法》，《资源科学》2012 年第 10 期。
王晓岭、丁相安、秦曦：《异质性视角下绿色转型绩效评价与提升研究》，《大连理工大学学报》（社会科学版）2018 年第 2 期。
王晓云、魏琦、胡贤辉：《我国城市绿色经济效率综合测度及时空分异——基于 DEA - BCC 和 Malmquist 模型》，《生态经济》2016 年第 3 期。
王亚：《吉林省农业碳排放的效率评价研究》，硕士学位论文，吉林大学，2015。
王玉霞、蒋伏心：《科技资源配置效率视角下区域自主创新能力的制约因素和提升路径——以苏南为例》，《经济问题》2010 年第 5 期。
王钺、刘秉镰：《创新要素的流动为何如此重要？——基于全要素生产率的视角》，《中国软科学》2017 年第 8 期。
王兆华、丰超：《中国区域全要素能源效率及其影响因素分析——基于 2003—2010 年的省际面板数据》，《系统工程理论与实践》2015 年第 6 期。
王智慧、蒋馥、蓝军：《面向环境的城市交通规划方法理论》，《系统工程理论方法应用》2000 年第 2 期。
王自宸：《湖北：沿江化工产业转型升级》，《人民政协报》2019 年 1 月 10 日第 7 版。
魏楚、郑新业：《能源效率提升的新视角——基于市场分割的检验》，《中国社会科学》2017 年第 10 期。
魏婧恬、葛鹏、王健：《制度环境、制度依赖性与企业全要素生产率》，《统计研究》2017 年第 5 期。
温惠英、杨锐烁、张子佳等：《中等城市绿色交通发展水平评价》，《城市交通》2017 年第 3 期。
温涛、张梓榆：《信贷扩张、研发投入与中国经济增长的“量”与“质”》，《科研管理》2018 年第 1 期。
文传浩、黄磊、兰秀娟等：《技术创新对重庆市经济增长的影响实证研究》，《西部论坛》2015 年第 6 期。
文清、田云、王雅鹏：《中国农业碳排放省域差异与驱动机理研究——基于 30 个省（市、区）1993—2012 年的面板数据分析》，《干旱区资源与环境》2015 年第 11 期。
文余源：《建设长江经济带的现实价值》，《改革》2014 年第 6 期。
邬晓霞、张双悦：《“绿色发展”理念的形成及未来走势》，《经济问题》2017 年第 2 期。
吴传清：《“十三五”期间促进长江经济带产业转型升级的战略思路》，

《区域经济评论》2015 年第 1 期。
吴传清：《建设长江经济带的国家意志和战略重点》，《区域经济评论》2014 年第 4 期。
吴传清：《区域经济学原理》，武汉大学出版社 2008 年版。
吴传清、董旭：《长江经济带全要素生产率的区域差异分析》，《学习与实践》2014 年第 4 期。
吴传清、董旭：《环境约束下长江经济带全要素能源效率研究》，《中国软科学》2016 年第 3 期。
吴传清、黄成、杜宇等：《长江经济带产业蓝皮书：长江经济带产业发展报告 2019》，社会科学文献出版社 2020 年版。
吴传清、黄磊：《长江经济带工业绿色发展绩效评估及其协同效应研究》，《中国地质大学学报》（社会科学版）2018 年第 3 期。
吴传清、黄磊：《演进轨迹、绩效评估与长江中游城市群的绿色发展》，《改革》2017 年第 3 期。
吴传清、黄磊、文传浩：《长江经济带技术创新效率及其影响因素研究》，《中国软科学》2017 年第 5 期。
吴传清、申雨琦：《中国装备制造业集聚对绿色创新效率的影响效应研究》，《科技进步与对策》2019 年第 5 期。
吴传清、孙智君、黄磊等：《长江经济带产业蓝皮书：长江经济带产业发展报告（2017）》，社会科学文献出版社 2017 年版。
吴传清、吴重仪：《长江经济带环境质量测度与提升策略》，《宏观质量研究》2018 年第 1 期。
吴传清、周西一敏、黄成：《长江经济带产业结构优化与生态文明建设的耦合协调关系研究》，《华中师范大学学报》（自然科学版）2020 年第 4 期。
吴卫红、王建英、张爱美等：《高耗能产业技术创新与节能减排效率协同发展实证研究》，《中国科技论坛》2016 年第 7 期。
吴贤荣、张俊飚、田云等：《中国省域农业碳排放：测算、效率变动及影响因素研究——基于 DEA - Malmquist 指数分解方法与 Tobit 模型运用》，《资源科学》2014 年第 1 期。
吴新中、邓明亮：《技术创新、空间溢出与长江经济带工业绿色全要素生产率》,《科技进步与对策》2018 年第 17 期。
吴旭晓:《区域工业绿色发展效率动态评价及提升路径研究——以重化工业区域青海、河南和福建为例》,《生态经济》2016 年第 2 期。
吴延瑞:《生产率对中国经济增长的贡献:新的估计》,《经济学(季刊)》2008 年第 3 期。
武舜臣、王静、王雪友:《中国区域农业技术进步偏向与要素结构匹配研究》,《中国科技论坛》2016 年第 6 期。
武宵旭、葛鹏飞、徐璋勇:《老龄化抑制了“一带一路”绿色全要素生产率的提升吗——基于创新和医疗的视角》,《山西财经大学学报》2018 年第 3 期。
武义青、陈俊先:《绿色全要素生产率测定的一种新方法——以河北省 11 个设区市工业为例》,《河北经贸大学学报》2018 年第 2 期。
肖金成、黄征学:《长江经济带城镇化战略思路研究》,《江淮论坛》2015 年第 1 期。
肖仁桥、陈忠卫、钱丽:《异质性技术视角下中国高技术制造业创新效率研究》,《管理科学》2018 年第 1 期。
肖仁桥、钱丽、陈忠卫:《中国高技术产业创新效率及其影响因素研究》,《管理科学》2012 年第 5 期。
肖锐、陈池波:《财政支持能提升农业绿色生产率吗?——基于农业化学品投入的实证分析》,《中南财经政法大学学报》2017 年第 1 期。
肖文、林高榜:《政府支持、研发管理与技术创新效率——基于中国工业行业的实证分析》,《管理世界》2014 年第 4 期。
肖滢、卢丽文:《资源型城市工业绿色转型发展测度——基于全国 108 个资源型城市的面板数据分析》,《财经科学》2019 年第 9 期。
肖滢、马静:《科技创新、人力资本与城市发展质量的实证分析》,《统计与决策》2018 年第 16 期。
谢冬水:《地方政府竞争、土地垄断供给与城市化发展失衡》,《财经研究》2016 年第 4 期。
徐长乐、徐廷廷、孟越男:《长江经济带产业分工合作现状、问题及发展对策》,《长江流域资源与环境》2015 年第 10 期。
徐成龙、庄贵阳:《供给侧改革驱动中国工业绿色发展的动力结构及时空效应》,《地理科学》2018 年第 6 期。
徐建中、贯君、林艳:《基于 Meta 分析的企业环境绩效与财务绩效关系研究》,《管理学报》2018 年第 2 期。
徐杰、陈明禹:《我国石化行业环境绩效及其影响因素研究——基于企业环境责任信息披露的分析框架》,《产业经济评论》2017 年第 6 期。
徐磊、董捷、张俊峰等:《基于 SD 模型的湖北省农业碳排放系统仿真与政策优化》,《资源开发与市场》2017 年第 9 期。
徐丽梅:《长江经济带产业转型的国际镜鉴》,《改革》2015 年第 8 期。
徐小钦、黄馨、梁彭勇:《基于 DEA 与 Malmquist 指数法的区域科技创新效率评价——以重庆市为例》,《数理统计与管理》2009 年第 6 期。
徐晔、胡志芳:《鄱阳湖生态经济区战略性新兴产业环境技术效率测度研究》,《江西师范大学学报》(自然科学版)2014 年第 4 期。
许和连、邓玉萍:《外商直接投资与资源环境绩效的实证研究》,《数量经济技术经济研究》2014 年第 1 期。
许珂、卢海:《区域金融结构与科技创新效率——基于江苏省沿江八市面板数据的实证分析》,《上海金融学院学报》2014 年第 4 期。
薛建良、李秉龙:《基于环境修正的中国农业全要素生产率度量》,《中国人口·资源与环境》2011 年第 5 期。
严耕、林震、吴明红:《中国省域生态文明建设的进展与评价》,《中国行政管理》2013 年第 10 期。
严红、何雄浪:《新形势下我国科技创新效率的区域分析》,《湖北经济学院学报》2010 年第 6 期。
杨飞:《劳动禀赋结构与技能偏向性技术进步——基于技术前沿国家的分析》,《经济评论》2013 年第 4 期。
杨桂山、徐昔保、李平星:《长江经济带绿色生态廊道建设研究》,《地理科学进展》2015 年第 11 期。
杨立勋、刘宇宇:《中国地区工业产能利用率测度及其影响因素再研究》,《经济体制改革》2017 年第 4 期。
杨仁发:《产业集聚能否改善中国环境污染》,《中国人口·资源与环境》2015 年第 2 期。

杨世迪、韩先锋、宋文飞:《对外直接投资影响了中国绿色全要素生产率吗》,《山西财经大学学报》2017 年第 4 期。

杨文举、龙睿赟:《中国地区工业绿色全要素生产率增长——基于方向性距离函数的经验分析》,《上海经济研究》2012 年第 7 期。

杨宜勇、吴香雪、杨泽坤:《绿色发展的国际先进经验及其对中国的启示》,《新疆师范大学学报》(哲学社会科学版)2017 年第 2 期。

杨志江、文超祥:《中国绿色发展效率的评价与区域差异》,《经济地理》2017 年第 3 期。

姚西龙、牛冲槐、刘佳:《创新驱动、绿色发展与我国工业经济的转型效率研究》,《中国科技论坛》2015 年第 1 期。

叶初升、惠利:《农业生产污染对经济增长绩效的影响程度研究——基于环境全要素生产率的分析》,《中国人口·资源与环境》2016 年第 4 期。

叶锐、杨建飞、常云昆:《中国省际高技术产业效率测度与分解——基于共享投入关联 DEA 模型》,《数量经济技术经济研究》2012 年第 7 期。

尹传斌、蒋奇杰:《绿色全要素生产率分析框架下的西部地区绿色发展研究》,《经济问题探索》2017 年第 3 期。

尤济红、王鹏:《环境规制能否促进 R&D 偏向于绿色技术研发?——基于中国工业部门的实证研究》,《经济评论》2016 年第 3 期。

尤瑞玲、陈秋玲:《我国沿海地区科技创新效率的省域差异研究》,《技术经济与管理研究》2017 年第 5 期。

游达明、黄曦子:《长江经济带省际工业生态技术创新效率评价》,《经济地理》2016 年第 9 期。

于伟、张鹏:《城市化进程、空间溢出与绿色经济效率增长——基于 2002—2012 年省域单元的空间计量研究》,《经济问题探索》2016 年第 1 期。

于伟咏、漆雁斌、李阳明:《碳排放约束下中国农业能源效率及其全要素生产率研究》,《农村经济》2015 年第 8 期。

余泳、陈龙、王筱:《中国区域高技术产业创新绩效测度与评价——基于因子分析和空间计量模型的实证研究》,《西安财经学院学报》2015 年第 2 期。

余泳泽:《我国高技术产业技术创新效率及其影响因素研究——基于价值链视角下的两阶段分析》,《经济科学》2009 年第 4 期。

俞雅乖、刘玲燕:《我国城市环境绩效及其影响因素分析》,《管理世界》2016 年第 11 期。

袁润松、丰超、王苗等:《技术创新、技术差距与中国区域绿色发展》,《科学学研究》2016 年第 10 期。

袁晓玲、张宝山、杨万平:《基于环境污染的中国全要素能源效率研究》,《中国工业经济》2009 年第 2 期。

岳鸿飞、徐颖、吴璘:《技术创新方式选择与中国工业绿色转型的实证分析》,《中国人口·资源与环境》2017 年第 12 期。

岳鸿飞、徐颖、周静:《中国工业绿色全要素生产率及技术创新贡献测评》,《上海经济研究》2018 年第 4 期。

岳书敬、杨阳、许耀:《市场化转型与城市集聚的综合绩效——基于绿色发展效率的视角》,《财经科学》2015 年第 12 期。

岳书敬、邹玉琳、胡姚雨:《产业集聚对中国城市绿色发展效率的影响》,《城市问题》2015 年第 10 期。

臧传琴、刘岩:《山东省全要素能源效率及其影响因素分析》,《中国人口·资源与环境》2012 年第 8 期。

张彩云、苏丹妮、卢玲等:《政绩考核与环境治理——基于地方政府间策略互动的视角》,《财经研究》2018 年第 5 期。

张成、陆旸、郭路等:《环境规制强度和生产技术进步》,《经济研究》2011 年第 2 期。

张桂香、霍治国、吴立等:《1961—2010 年长江中下游地区农业洪涝灾害时空变化》,《地理研究》2015 年第 6 期。

张厚明、秦海林:《破解长江经济带“重化工围江”难题》,《中国经济时报》2016 年 10 月 28 日第 5 版。

张虎、宫舒文:《基于 DEA - Malmquist 的工业绿色全要素生产率测算及分析——以湖北省为例》,《江西师范大学学报》(自然科学版)2017 年第 5 期。

张欢、成金华、陈军等：《中国省域生态文明建设差异分析》，《中国人口·资源与环境》2014 年第 6 期。

张欢、罗畅、成金华等：《湖北省绿色发展水平测度及其空间关系》，《经济地理》2016 年第 9 期。

张建升：《我国主要城市群环境绩效差异及其成因研究》，《经济体制改革》2016 年第 1 期。

张健东、曲小瑜：《基于 DEA - Malmquist 指数法的中国食品工业绿色全要素生产率评价》，《大连工业大学学报》2017 年第 5 期。

张健华、王鹏：《中国全要素生产率：基于分省份资本折旧率的再估计》，《管理世界》2012 年第 10 期。

张江雪、王溪薇：《中国区域工业绿色增长指数及其影响因素研究》，《软科学》2013 年第 10 期。

张姣芳、姚晓萍：《基于 Malmquist 指数法的我国区域科技创新效率评价》，《中国城市经济》2011 年第 18 期。

张军、吴桂英、张吉鹏：《中国省际物质资本存量估算：1952—2000》，《经济研究》2004 年第 10 期。

张强、黄森、蒲勇健：《区域产业集聚与经济增长影响因素研究》，《重庆大学学报》（社会科学版）2015 年第 3 期。

张伟、吴文元：《基于环境绩效的长三角都市圈全要素能源效率研究》，《经济研究》2011 年第 10 期。

张勰、王俊东、杨丽等：《基于模糊层次分析的兰州区域科技创新评价体系》，《河北省科学院学报》2016 年第 1 期。

张英浩、陈江龙、程钰：《环境规制对中国区域绿色经济效率的影响机理研究——基于超效率模型和空间面板计量模型实证分析》，《长江流域资源与环境》2018 年第 11 期。

赵菁奇、赵晓瑾：《长江经济带科技创新能力的区域性评价及对策》，《三峡大学学报》（人文社会科学版）2016 年第 3 期。

赵立成、任承雨：《绿色经济视角下环渤海经济圈经济效率的再评价——基于熵权法和 DEA - Malmquist 方法》，《资源开发与市场》2012 年第 1 期。

赵领娣、张磊、徐乐等：《人力资本、产业结构调整与绿色发展效率的作用机制》，《中国人口·资源与环境》2016 年第 11 期。
赵洋：《我国资源型城市产业绿色转型效率研究——基于地级资源型城市面板数据实证分析》，《经济问题探索》2019 年第 7 期。
郑垂勇、朱晔华、程飞：《城镇化提升了绿色全要素生产率吗？——基于长江经济带的实证检验》，《现代经济探讨》2018 年第 5 期。
郑德高、陈勇、季辰晔：《长江经济带区域经济空间重塑研究》，《城市规划学刊》2015 年第 3 期。
郑季良、陈盼：《高耗能产业群节能减排进程比较研究——基于产业群循环经济协同发展视角》，《昆明理工大学学报》（社会科学版）2013 年第 6 期。
郑季良、陈墙：《基于循环经济的高耗能产业群供应链协同管理运营系统研究》，《科技管理研究》2015 年第 7 期。
郑季良、王少芳：《高耗能产业群协同创新网络模型构建及评价研究》，《科技进步与对策》2017 年第 19 期。
钟昌宝、钱康：《长江经济带物流产业集聚及其影响因素研究——基于空间杜宾模型的实证分析》，《华东经济管理》2017 年第 5 期。
钟世川、毛艳华：《中国经济增长率的分解——基于要素分配参数的讨论》，《统计研究》2016 年第 9 期。
周成、冯学钢、唐睿：《区域经济—生态环境—旅游产业耦合协调发展分析与预测——以长江经济带沿线各省市为例》，《经济地理》2016 年第 3 期。
周海涛、张振刚：《政府科技经费对企业创新决策行为的引导效应研究——基于广东高新技术企业微观面板数据》，《中国软科学》2016 年第 6 期。
周明生、王帅：《产业集聚是导致区域环境污染的“凶手”吗？——来自京津冀地区的证据》，《经济体制改革》2018 年第 5 期。
周正柱：《长江经济带人口、经济、社会及空间城镇化耦合协调发展研究》，《统计与决策》2019 年第 20 期。
朱建华：《开泰图兴——泰兴经济开发区践行新发展理念的绿色崛起之道》，《人民日报》（海外版）2017 年 12 月 22 日第 6 版。
朱向东、贺灿飞、李茜等：《地方政府竞争、环境规制与中国城市空气污染》，《中国人口·资源与环境》2018 年第 6 期。

朱妍：《江苏重拳整治化工环保隐患》，《中国能源报》2019 年 4 月 22 日第 19 版。

朱有为、徐康宁：《中国高技术产业研发效率的实证研究》，《中国工业经济》2006 年第 11 期。

朱远、刘国平：《全要素福利绩效的时空演化与影响因素研究——以长江经济带 11 省市为例》，《东南学术》2017 年第 6 期。

宗文：《化工园区“停摆”就安全了?》，《中国化工报》2019 年 8 月 13 日第 1 版。

邹辉、段学军：《长江经济带研究文献分析》，《长江流域资源与环境》2015 年第 10 期。

邹蔚、宋维玮：《可持续发展视阈下的武汉高耗能产业技术创新能力研究——基于 2010—2013 年的行业面板数据》，《数量经济研究》2015 年第 2 期。

Acemoglu D. , “Equilibrium Bias of Technology”, *Econometrica*, Vol. 75, No. 5, 2007.

Anderson P. , Peterson N. C. , “A Procedure for Ranking Efficient Units in Data Envelopment Analysis”, *Management Sciences*, Vol. 39, No. 10, 1993.

Barbera A. J. , Mcconnell V. D. , “The Impact of Environmental Regulations On Industry Productivity: Direct and Indirect Effects”, *Journal of Environmental Economics and Management*, Vol. 18, No. 1, 1990.

Beckerman W. , “Economic Growth and the Environment: Whose Growth? Whose Environment?”, *World Development*, Vol. 20, No. 4, 1992.

Bos J. W. B. , Economidou C. , Koetter M. , “Technology Clubs, R&D and Growth Patterns: Evidence From EU Manufacturing”, *European Economic Review*, Vol. 54, No. 1, 2010.

Bravo G. , “The Human Sustainable Development Index: The 2014 Update”, *Ecological Indicators*, Vol. 50, No. 3, 2015.

Carraro C. , Cian E. D. , “Factor – Augmenting Technical Change: An Empirical Assessment”, *Environmental Modeling & Assessment*, Vol. 18,

No. 1, 2013.

Chambers R. G., Färe R., Grosskopf S., "Productivity Growth in Apec Countries", *Pacific Economic Review*, Vol. 1, No. 3, 1996.

Chen C., Han J., Fan P., "Measuring the Level of Industrial Green Development and Exploring its Influencing Factors: Empirical Evidence From China's 30 Provinces", *Sustainability*, Vol. 8, No. 2, 2016.

Chen P., Yu M., Chang C. et al., "Total Factor Productivity Growth in China's Agricultural Sector", *China Economic Review*, Vol. 19, No. 4, 2008.

Chung Y. H., Färe R., Grosskopf S., "Productivity and Undesirable Outputs: A Directional Distance Function Approach", *Journal of Environmental Management*, Vol. 51, No. 3, 1997.

Elhorst J. P., *Spatial Econometrics: From Cross – Sectional Data to Spatial Panels*, Heidelberg: Springer, 2014.

Edmonds J., Calvin K., Clarke L. et al., "Energy and Technology Lessons Since Rio", *Energy Economics*, Vol. 34, 2012.

Farrell M. J., "The Measurement of Productive Efficiency", *Journal of the Royal Statistical Society*, Vol. 120, No. 3, 1957.

Feng Z., Zeng B., Ming Q., "Environmental Regulation, Two – Way Foreign Direct Investment, and Green Innovation Efficiency in China's Manufacturing Industry", *International Journal of Environmental Research & Public Health*, Vol. 15, No. 10, 2018.

Ferrier G. D., Lovell C. A. K., "Measuring Cost Efficiency in Banking: Econometric and Linear Programming Evidence", *Journal of Econometrics*, Vol. 46, No. 1, 1990.

Fukuyama H., Weber W. L., "A Directional Slacks – Based Measure of Technical Inefficiency", *Socio – Economic Planning Sciences*, Vol. 43, No. 4, 2009.

Färe R., Grosskopf S., Pasurka C. A., "Environmental Production Functions and Environmental Directional Distance Functions", *Energy*, Vol. 32, No. 7, 2007.

Färe R., Grosskopf S., Pasurka C. A., "Environmental Production Functions and Environmental Directional Distance Functions", *Energy*, Vol. 32, No. 7, 2007.

Galli A., "On the Rationale and Policy Usefulness of Ecological Foot – print Accounting: The Case of Morocco", *Environmental Science and Policy*, Vol. 48, No. 4, 2015.

Gautam M., Yu B., "Agricultural Productivity Growth and Drivers: A Comparative Study of China and India", *China Agricultural Economic Review*, Vol. 7, No. 4, 2015.

Grosskopf S., "Some Remarks on Productivity and its Decompositions", *Journal of Productivity Analysis*, Vol. 20, No. 3, 2003.

Guan J., Chen K., "Measuring the Innovation Production Process: A Cross – Region Empirical Study of China's High – Tech Innovations", *Technovation*, Vol. 30, No. 5, 2010.

Hall R., Jones C., "Why Do some Countries Produce so Much More Output Per Worker than Others?", *The Quarterly Journal of Economics*, Vol. 114, No. 1, 1999.

Hansen B. E., "Threshold Effects in Non – Dynamic Panels: Estimation, Testing, and Inference", *Journal of Econometrics*, Vol. 93, No. 2, 1999.

Hansen B. E., "Sample Splitting and Threshold Estimation", *Econometrica*, Vol. 68, No. 3, 2000.

He F., Shi Y., Luo R., et al., "Irrigation Investment in China: Trends, Correlates and Impacts", *China Agricultural Economic Review*, Vol. 7, No. 3, 2015.

Honma S., Hu J., "Total – Factor Energy Efficiency of Regions in Japan", *Energy Policy*, Vol. 36, No. 2, 2008. Hu J., Kao C., "Efficient Energy – Saving Targets for APEC Economics", *Energy Policy*, Vol. 35, No. 1, 2007.

Hu J., Wang S., "Total – Factor Energy Efficiency of Regions in China", *Energy Policy*, Vol. 34, No. 17, 2006.

Jefferson G. H., Rawski T. G., Zhang Y., "Productivity Growth and Convergence Across China's Industrial Economy", *China Economic Quarterly*, Vol. 6, No. 2, 2008.

Kao C., Hwang S., "Efficiency Decomposition in Two – Stage Data Envelopment Analysis: An Application to Non – Life Insurance Companies in Taiwan", *European Journal of Operational Research*, Vol. 185, No. 1, 2008.

Klump R., Mc Adam P., Willman A., "Unwrapping some Euro Area Growth Puzzles: Factor Substitution, Productivity and Unemployment", *Journal of Macroeconomics*, Vol. 30, No. 2, 2008.

Lesage J., Pace R. K., *Introduction to Spatial Econometrics*, Boca Raton: CRC Press, 2009.

Larrán Jorge M., Herrera Madueño J., Martínez – Martínez D. et al., "Competitiveness and Environmental Performance in Spanish Small and Medium Enterprises: Is there a Direct Link?", *Journal of Cleaner Production*, Vol. 101, 2015.

Lee J. W., "The Contribution of Foreign Direct Investment to Clean Energy Use, Carbon Emissions and Economic Growth", *Energy Policy*, Vol. 55, 2013.

Lee L., Yu J., "Estimation of Spatial Autoregressive Panel Data Models with Fixed Effects", *Journal of Econometrics*, Vol. 154, No. 2, 2010.

Liu S., Zhu Y., Du K., "The Impact of Industrial Agglomeration on Industrial Pollutant Emission: Evidence From China Under New Normal", *Clean Technologies & Environmental Policy*, Vol. 19, No. 9, 2017.

Liu Z., Chen X., Chu J. et al., "Industrial Development Environment and Innovation Efficiency of High – Tech Industry: Analysis Based On the Framework of Innovation Systems", *Technology Analysis & Strategic Management*, Vol. 30, No. 4, 2017.

Moran D. D., Wackernagenl M., Kitzes J A. et al., "Measuring Sustainable Development Nation by Nation", *Ecological Economics*, Vol. 64, No. 3, 2008.

Morse S., "Stirring the Pot Influence of Changes in Methodology of the Human Development Index on Reporting by the Press", *Ecological Indicators*, Vol. 45, No. 10, 2014.

Nasierowski W., Arcelus F. J., "On the Efficiency of National Innovation Systems", *Socio – Economic Planning Sciences*, Vol. 37, No. 3, 2003.

Oh D. H., "A Global Malmquist – Luenberger Productivity Index", *Journal of Productivity Analysis*, Vol. 34, No. 3, 2010.

Ouyang X., Shao Q., Zhu X., et al., "Environmental Regulation, Economic Growth and Air Pollution: Panel Threshold Analysis for OECD Countries", *Science of The Total Environment*, Vol. 657, 2019.

Patterson M. G., "What is Energy Efficiency?: Concepts, Indicators and Methodological Issues", *Energy Policy*, Vol. 24, No. 5, 1996.

Petersen N. C., "A Procedure for Ranking Efficient Units in Data Envelopment Analysis", *Management Science*, Vol. 39, No. 10, 1993.

Raab R. A., Kotamraju P., "The Efficiency of the High – Tech Economy: Conventional Development Indexes Versus a Performance Index", *Journal of Regional Science*, Vol. 46, No. 3, 2006.

Salvo G., Simas M. S., Pacca S. A. et al., "Estimating the Human Appropriation of Land in Brazil by Means of an Input – output Economic Model and Ecological Footprint Analysis", *Ecological Indicators*, Vol. 53, No. 6, 2015.

Sekovsoi I., Newton A., William C., "Megacities in the Coastal Zone: Using a Drive Force – pressure – state – impact – response Framework to Address Complex Environmental Problems", *Estuarine, Coastal and Shelf Science*, Vol. 96, No. 1, 2012.

Shapiro J. S., Walker R., "Why is Pollution from US Manufacturing Declining? The Roles of Environmental Regulation, Productivity, and Trade", *The American Economic Review*, Vol. 108, No. 12, 2018.

Sivak R., Caplǘnovǘ A., Hudson J., "The Impact of Governance and Infrastructure On Innovation", *Post – Communist Economics*, Vol. 32, No. 2, 2011.

Sun P., Yuan Y., "Industrial Agglomeration and Environmental Degradation: Empirical Evidence in Chinese Cities", *Pacific Economic Review*, Vol. 20, No. 4, 2015.

Tone K., Tsutsui M., "Network DEA: A Slacks – Based Measure Approach", *European Journal of Operational Research*, Vol. 197, No. 1, 2009.

Tone K., "A Slacks – Based Measure of Efficiency in Data Envelopment Analysis", *European Journal of Operational Research*, Vol. 130, No. 3, 2002.

United Nation Division of Sustainable Development, *Indicators of Sustainable Development: Guideline and Methodologies*, New York: UNDSD, 2001.

Wang X., Li M., "The Spatial Spillover Effects of Environmental Regulation on China's Industrial Green Growth Performance", *Energies*, Vol. 12, No. 2, 2019.

Yang X., Li C., "Industrial Environmental Efficiency, Foreign Direct Investment and Export —Evidence from 30 Provinces in China", *Journal of Cleaner Production*, Vol. 212, 2019.

Zhang A., Zhang Y., Zhao R., "A Study of the R&D Efficiency and Productivity of Chinese Firms", *Journal of Comparative Economics*, Vol. 31, No. 3, 2003.

Zhang J., Chang Y., Wang C. et al., "The Green Efficiency of Industrial Sectors in China: A Comparative Analysis Based On Sectoral and Supply – Chain Quantifications", *Resources Conservation and Recycling*, Vol. 132, 2017.

Zheng Q., Lin B., "Impact of Industrial Agglomeration on Energy Efficiency in China's Paper Industry", *Journal of Cleaner Production*, Vol. 184, 2018.

后　记

推动长江经济带发展是党中央作出的重大决策，是关系国家发展全局的重大战略。新时期国家长江经济带发展战略萌芽于 2013 年、正式启动于 2014 年。标志性大事有：习近平总书记 2013 年 7 月 21 日视察湖北省武汉市时提出，“长江流域要加强合作，发挥内河航运作用，把全流域打造成黄金水道”，吹响了长江经济带发展战略号角；2013 年 9 月 23 日，国家发展改革委会同交通部在北京召开《依托长江建设中国经济新支撑带指导意见》研究起草工作动员会议；2014 年 3 月 5 日，李克强总理在《政府工作报告》正式提出“建设长江经济带”；2014 年 9 月 25 日，国务院颁布《国务院关于依托黄金水道推动长江经济带发展的指导意见》。

由湖北省发展改革委推荐，我于 2013 年 9 月 29 日有幸参加了湖北省人民政府组织召开的湖北省关于《依托长江建设中国经济新支撑带指导意见》前期研究准备工作专题会议。会后我即着手带领武汉大学区域经济研究中心研究团队开展“长江流域经济”相关研究工作。七年间（2013 年 9 月至 2020 年 9 月）开展了以下初步工作：

（1）搭建学术交流平台。获批成立武汉大学中国发展战略与规划研究院长江经济带发展战略研究中心、中国区域经济学会长江经济带专业委员会，组建武汉大学长江经济带高质量发展多学科研究团队。以中国区域经济学会长江经济带专业委员会名义发起举办三届“长江经济带发展高端论坛”会议、多期“长江经济带发展 30 人论坛”会议、多期“珞珈长江经济带高质量发展论坛”会议。

（2）承担相关研究课题。承担国家社科基金项目“推动长江经济带制造业高质量发展研究”；国家发展改革委课题“落实长江经济带‘生态优先、绿色发展’战略理念重大问题研究”“长江经济带高质量发展动力转换机制研究”；湖北省人民政府智力成果采购办公室重大招标项目“长江经济带生态保护和绿色发展研究”；湖北省发展改革委招标项目“湖北省长江经济带绿色发展‘十四五’规划”等。

（3）出版相关学术著作。已出版《黄金水道：长江经济带》（收录“改革开放 40 周年 · 大国议题丛书”，重庆大学出版社 2018 年版）；《长江经济带产业发展报告（2017）》（社会科学文献出版社 2017 年版）；《长江经济带产业发展报告（2018）》（社会科学文献出版社 2018 年版）；《长江经济带产业发展报告（2019）》（社会科学文献出版社 2020 年版）；《长江中游城市群发展研究》（社会科学文献出版社 2018 年版）。即将出版《长江经济带高质量发展研究报告（2020）》《长江经济带创新驱动与绿色转型发展研究》《长江经济带工业发展研究》《长江经济带产业发展报告（2020）》等。和长江出版社合作，正在组织出版“长江经济带高质量发展”系列丛书。

（4）发表相关学术论文。围绕长江经济带生态文明建设、产业转型升级、新型城镇化等议题，发表了一系列报刊论文。多篇论文被人大复印报刊资料《区域和城市经济》《生态环境保护》全文转载。

中共中央办公厅 2016 年颁布实施的《长江经济带发展规划纲要》明确长江经济带发展的“四带”（生态文明建设的先行示范带、引领全国转型发展的创新驱动带、具有全球影响力的内河经济带、东中西互动合作的协调发展带）战略定位，提出长江经济带发展的六大重点战略任务（保护长江生态环境、构建综合立体交通走廊、创新驱动产业转型升级、推动新型城镇化、构建全方位开放新格局、创新区域协调发展体制机制）。长江经济带“创新驱动发展”和“绿色转型发展”问题，一直是长江经济带发展研究领域的热门议题和实践热点。我们研究团队自 2014 年以来对上述两大论题开展持续的关注和研究，《长江经济带创新驱动与绿色转型发展研究》一书呈现了我们研究团队的初步探索成果。参加本书研创工作的团队成员有：吴传清、董旭、黄磊、郑开元、杜宇、黄成、叶云岭、宋筱筱、张雅晴、邓明亮、宋子逸、周西一敏等。陈翥博士、万庆博士、郑雷博士、龚晨博士以及文传浩教授、孙智君副教授、刘钒副教授等对本书研创工作也多有贡献。陈翥博士、董旭博士也对本书编排工作多有贡献。

本书系国家社会科学基金项目“推动长江经济带制造业高质量发展研究”（19BJL061）的阶段性成果之一。

不忘初心，砥砺前行！我们研究团队将在长江经济带发展研究领域继续深耕细作！

本书出版得到了中国社会科学出版社卢小生、刘晓红等老师的大力支持！

吴传清

2020 年 9 月 30 日